Devocional en un año para niños

En Un Año®

DEVOCIONAL
NIÑOS
PARA

Tyndale House Publishers, Carol Stream, Illinois

Visite Tyndale en Internet: www.tyndaleespanol.com y www.BibliaNTV.com.

Visite Tyndale para niños: tyndale.com/kids.

TYNDALE, En un año, The One Year, One Year y el logotipo de la pluma son marcas registradas de Tyndale House Publishers, Inc. El logotipo de En un año, el logotipo de The One Year, el logotipo de Tyndale Niños y el logotipo de Tyndale Kids son marcas de Tyndale House Publishers, Inc.

Devocional en un año para niños

© 2013 Children's Bible Hour. Todos los derechos reservados.

Originalmente publicado en inglés en 1995 como *The One Year Devotions for Kids #2* por Tyndale House Publishers, Inc., con ISBN 978-0-8423-4592-7.

Las historias fueron escritas por: Katherine Ruth Adams, Susan Arcand, Esther M. Bailey, Carol Baker, Evelyn J. Behrens, Teresa M. Beverly, Judith K. Boogaart, Janet L. Boulter, Kathy A. Brand, Julie J. Brooks, Wanda E. Brunstetter, Jean A. Burns, David C. Carson, Jane K. Chase, Susanna B. Chenoweth, Karen E. Cogan, Mildred P. Colvin, Rosalie J. Currier, Carol A. DeCesare, Becky L. Decker, Mary L. DeMott, Douglas G. DeVries, Karen R. Ditthardt, Harriett A. Durrell, Sandra E. Dusa, Corrine Canavan Fifield, Dean A. Fowler, Linda Lee Gerard, Katherine F. Gibson, Brenda K. Good, Ruth M. Hamel, Mary E. Hanks, Myrina D. Harris, Diane K. Hesselberg, Beth R. Hoppers, Rebecca R. Howell, Clara E. Hustus, Vera M. Hutchcraft, Lyn Jackson, Christie P. Kehn, Margaret M. Keiffer, Nance E. Keyes, Dorothy R. King, Bonnie L. Kinne, Phyllis I. Klomparens, Daryl B. Knauer, Linda E. Knight, Pamela J. Kuhn, Sherri L. Kuyt, Donna A. LeBlanc, Joyce R. Lee, Glenn G. Luscher, Richard S. Maffeo, Linda M. Magoon, Blanche Manos, Hazel Marett, Tanya K. Marshall, Ruth K. McQuilkin, Lenora McWhorter, Valarae C. Murphy, Emilia M. D'Andrea Nichols, Emma L. Noll, Matilda H. Nordtvedt, Della R. Oberholtzer, Bill K. O'Conner, Linda J. Opp, Ellen C. Orr, Mary Rose Pearson, Richelle J. Pfeiffer, Judith A. Philip, Cynthia Y. Powell, Tait E. Powell, Margaret M. Primrose, Elizabeth A. Raum, Victoria L. Reinhardt, Janet E. Rhine, Deana L. Rogers, Darlene Minkler Root, Nathan Runyon, Shelley L. Russwurm, Alan A. Sawyer, Charissa S. Schalk, Heidi J. Schmidt, A. J. Schut, Elzina A. Scott, Maria I. Sellers, Marilyn J. Senterfitt, Sheri Shaw, Marie Shropshire, Debra W. Smith, Sam L. Sullivan, Lois A. Teufel, Kimberley J. Tracey, Trudy M. Vander Veen, Debra A. VanDyke, Cindy M. VanSchalkwyk, Rebecca L. Velez, Geri Walcott, Lyndel F. Walker, Linda M. Weddle, Carolyn E. Yost, Pauline O. Youd, Carol J. Zileski.

Las iniciales de los autores aparecen al final de cada historia. Todas las historias se tomaron de publicaciones de *Keys for Kids*, publicadas cada dos meses por Children's Bible Hour, Box 1, Grand Rapids, Michigan 49501.

Diseño: Alberto C. Navata Jr.

Traducción al español: Mayra Urízar de Ramírez

Edición del español: Mafalda E. Novella

El texto bíblico sin otra indicación ha sido tomado de la *Santa Biblia*, Nueva Traducción Viviente, © Tyndale House Foundation, 2010. Usado con permiso de Tyndale House Publishers, Inc., 351 Executive Dr., Carol Stream, IL 60188, Estados Unidos de América. Todos los derechos reservados.

Versículos bíblicos indicados con NVI han sido tomados de la Santa Biblia, *Nueva Versión Internacional,*® NVI.® © 1999 por Biblica, Inc.™ Usado con permiso de Zondervan. Todos los derechos reservados mundialmente. www.zondervan.com.

Versículos bíblicos indicados con RVR60 han sido tomados de la *Santa Biblia*, versión Reina-Valera 1960. © 1960 Sociedades Bíblicas en América Latina; © renovado 1988 Sociedades Bíblicas Unidas. Utilizado con permiso.

Versículos bíblicos indicados con LBLA han sido tomados de LA BIBLIA DE LAS AMÉRICAS®, © 1986, 1995, 1997 por The Lockman Foundation. Usado con permiso.

Para información sobre la fabricación de este producto, favor de llamar al 1-800-323-9400.

ISBN 978-1-4143-8356-9

Impreso en Estados Unidos de América
Printed in the United States of America

19	18	17	16	15	14	13
7	6	5	4	3	2	1

CONTENIDO

INTRODUCCIÓN

Por muchos años Children's Bible Hour (La hora bíblica para niños) ha publicado *Keys for Kids* (Claves para niños), una revista devocional para niños. Su buen ministerio para padres y niños ha sido muy apreciado con el pasar de los años, y Tyndale House se enorgullece en presentar esta nueva colección de historias de *Keys for Kids*.

El *Devocional en un año para niños* tiene todo un año de historias que ilustran la lectura bíblica del día. Después de cada historia está la sección: «¿Y tú?», que les pide a los niños que apliquen la historia a sus vidas. También hay un versículo para memorizar cada día, que generalmente se tomó de la lectura bíblica. Hemos citado los versículos para memorizar principalmente de la Nueva Traducción Viviente. Sin embargo, puede hacer que sus niños memoricen los versículos como aparecen o usar cualquier traducción bíblica que su familia prefiera. El devocional termina con una «clave» de dos a cinco palabras que es un resumen de la lección.

Las historias de este devocional están orientadas a niños que están entre las edades de ocho a doce años. Los chicos pueden disfrutar estas historias solos, a medida que desarrollan su propio tiempo a solas (con cualquier grado de participación de los padres), o se puede usar las historias como parte de un devocional familiar. Al igual que las muchas historias de la Biblia que enseñan lecciones valiosas acerca de la vida, estas historias hablarán no solo a los niños sino también a los adultos. Son sencillas, directas y concretas, como las parábolas de Jesús, que nos hablan a todos en palabras que podemos entender.

Este libro contiene un índice de pasajes bíblicos, tanto para las lecturas diarias como para los versículos para memorizar, así como un índice de temas. Los índices de pasajes bíblicos son útiles si quiere ubicar una historia que se relacione con un pasaje en el que se quiera hacer énfasis. Se incluye el índice de temas para inquietudes que puedan surgir en una familia de manera inesperada, como un traslado, una enfermedad o la pérdida de algún amigo o miembro de la familia. Esperamos que use este libro todos los días, pero los índices también están allí para que no se sienta atado a ningún formato. Por favor, use cualquier historia cuando sienta que se relaciona a una situación especial de su familia.

EL SECRETO

Lee Hechos 4:13-20

—Por favor, dime —le suplicó Dominick a Giovanni durante el recreo—. ¿Qué los hace saltar? —Giovanni tenía en sus manos unos frijoles saltarines. Al principio estaban quietos. Luego uno se movió.

—Es mi secreto —dijo Giovanni—. No te lo diré.

—Mamá —dijo Dominick cuando llegó a casa—, Giovanni tenía frijoles saltarines en la escuela, pero no me quiso decir qué es lo que hace que se muevan. Dijo que es un secreto.

—No es un secreto —dijo mamá—. Son vainas de frijoles que albergan polilla. La larva de la polilla que se mueve adentro ocasiona los saltos.

—Eso me estuvo volviendo loco todo el día —dijo Dominick—, y no tenía que haber sido un secreto en absoluto. Quisiera tener un secreto y no compartirlo con él, para que sepa cómo se siente.

—Creo que ya tienes un secreto que no le has dicho —respondió mamá—. Así como hay algo en ese frijol que lo hace saltar, hay algo en ti que te hace hacer las cosas que haces, pero no le has dicho a Giovanni qué es, ¿verdad? Cuando no quisiste burlarte del chico nuevo en la escuela, ¿cuál fue la razón que le diste a Giovanni? —preguntó mamá.

—Le dije que no tenía ganas de hacerlo —dijo Dominick.

—Y cuando recaudaste comida enlatada para los necesitados, ¿qué razón le diste a Giovanni? —preguntó mamá.

—Bueno... dije que solo tenía ganas de hacerlo —dijo Dominick.

—Y cuando oramos por papi para que mejorara y mejoró inmediatamente, ¿qué le dijiste a Giovanni en cuanto a eso? —preguntó mamá.

Dominick encogió los hombros.

—Nada —dijo.

—Entonces yo diría que tienes un secreto que no le has dicho a Giovanni —le dijo mamá—. Y es mucho más importante que él sepa tu secreto que tú supieras el de él. No se supone que debe ser un secreto que Jesús es tu Salvador y que su amor en tu corazón te impulsa a hacer las cosas que haces —dijo ella—. Tú sabes el secreto de Giovanni. ¿Vas a decirle el tuyo?

—Esa es una excelente idea. Me daba un poco de miedo decírselo, pero lo haré —dijo Dominick sonriendo. *NEK*

¿Y TÚ?

¿Tienes guardado el secreto de que Jesús es tu Salvador? Nunca debería ser un secreto que eres cristiano. ¿Les contarás a otros la maravillosa noticia?

No mantengas a Jesús en secreto

MEMORIZA:
«Nosotros no podemos dejar de hablar acerca de todo lo que hemos visto y oído». Hechos 4:20

LA BARRA DE EQUILIBRIO

Lee Proverbios 4:20-27

Alisha se balanceaba sobre la barra de equilibrio. Aunque el piso tenía una colchoneta de gimnasio, ella detestaba caerse de la angosta barra.

—¡Esto es difícil! —se quejó después de dar unos cuantos pasos—. Nunca seré lo suficientemente buena para el equipo de gimnasia.

—Enfócate —dijo mamá—. Enfoca tus ojos en ese cuadro que colgaste.

Alisha levantó el pie cuidadosamente mientras miraba hacia el cuadro que estaba colgado en la pared, justo enfrente, pero aún se preguntaba si su pie aterrizaría en la barra, o si mamá tendría que atraparla. Cuando miró a su mamá, se inclinó a la izquierda y luego se ladeó hacia la derecha. Trató de recuperar el equilibrio, pero cayó al suelo.

—Cada vez que pierdo el enfoque me desvío totalmente —dijo Alisha—. Quisiera poder evitar que mis ojos deambularan.

—A todos nos gustaría —coincidió mamá. Alisha se paró otra vez sobre la barra, preguntándose a qué se refería mamá. Después de todo, ella era la única que estaba sobre la barra de equilibrio—. Tenemos que practicar dos clases de equilibrio: uno para la gimnasia y otro para la vida —continuó mamá—. Por ejemplo, recientemente oí que alguien dijo: "Estoy muy preocupada por mi examen de matemáticas. Estudié mucho y oré para recordar los datos, pero ¿qué si fracaso?". —Al reconocer sus propias palabras de esa mañana, Alisha se volteó y miró a mamá, y se cayó de la barra.

—¡Ups! —exclamó Alisha, y de un salto se volvió a subir.

—"Sé que debo leer mi Biblia, pero hay un programa muy bueno en la televisión hoy en la noche" —murmuró mamá suavemente.

Esta vez, Alisha reconoció sus pensamientos, si no sus palabras exactas. Giró hacia el reloj para ver si ya era la hora del programa de televisión.

—¡Ups! —dijo, cuando sus pies se volvieron a resbalar de la barra.

—Así como perder el enfoque implica perder el equilibrio sobre la barra, descuidar nuestra devoción a Dios hace que fácilmente nos distraigamos y perdamos nuestro paso en el camino pacífico y correcto que Dios tiene para nosotros —dijo mamá. *NEK*

¿Y TÚ?

¿Qué es lo que aleja tu atención de Dios? ¿Las actividades de la escuela? ¿Los amigos? ¿La televisión? Todo esto puede ser bueno, pero no debe ser la parte más importante de tu vida. Pon a Dios primero, hablando con él en oración, y luego lleva pensamientos de él a tus otras actividades. Pídele que te ayude a enfocarte en él y a vivir como debes hacerlo.

MEMORIZA:
«Mira hacia adelante y fija los ojos en lo que está frente a ti». Proverbios 4:25

Enfócate en Dios

EL BILLETE DE CINCO DÓLARES

Lee Lucas 11:9-13

«Roberto, ¿puedes venir, por favor? —dijo mamá. Roberto dejó su juego de video favorito y se apresuró hacia la cocina—. Necesito que me hagas un encargo —dijo mamá—. Lleva este dinero al otro lado de la calle, a la casa de Lupe, por favor. Su madre va a comprarnos pan cuando vaya a la tienda».

Hacía frío afuera y los pequeños copos de nieve remolineaban en la ventana. Roberto se puso su abrigo, se cubrió el cuello y se puso sus guantes. Luego tomó el billete de cinco dólares que ella le entregó y se dirigió a la puerta.

Cuando Roberto se acercaba al otro lado de la calle, una fuerte ráfaga de viento le arrebató el dinero de su mano enguantada. El billete de cinco dólares cayó en alguna parte del seto que estaba enfrente de la casa de Lupe. Roberto corrió hacia el seto. Como no podía encontrar el dinero, se sentó y se cubrió la cara con sus manos.

—¿Qué pasa? —preguntó mamá cuando Roberto levantó la cabeza y vio que ella se acercaba.

—Lo siento, mamá. Perdí el dinero —dijo Roberto—. Debería estar precisamente aquí entre estas matas, pero no puedo encontrarlo.

—Te ayudaré —dijo mamá—, y oremos para que también Dios nos ayude. Podemos hacerlo mientras buscamos. —Le sonrió a Roberto—. Sabes que puedes hablar con Dios dondequiera que estés y cuando quieras. Él siempre oye.

Comenzaron a buscar, y después de unos cuantos minutos Roberto exclamó: «¡Mira! Dios respondió nuestras oraciones. ¡El billete de cinco dólares está metido justo allí entre las hojas!». *MS*

¿Y TÚ?

¿Piensas en orar durante el día, cuando necesitas la ayuda de Dios? Puedes hablar con él en cualquier momento y estar seguro de que él te oye. No importa dónde estés ni cuál sea tu problema. Dios solo quiere que te acuerdes de orar.

Ora siempre

MEMORIZA:
«Sigan pidiendo y recibirán lo que piden; sigan buscando y encontrarán; sigan llamando, y la puerta se les abrirá».
Lucas 11:9

LA DIRECCIÓN DE DIOS

Lee Efesios 2:11-22

—¿Qué haces con el directorio telefónico, Erin? —preguntó mamá.

Jeff, que ayudaba con los platos, tomó uno y lo secó.

—Debe estar buscando a alguien a quien llamar —dijo, y se rió burlonamente—. Claro, eso es un poco difícil cuando todavía no sabes leer.

—A los cinco años se es un poco joven como para comenzar a llamar a la gente, cariño —dijo mamá sonriendo.

—Oye, Erin —dijo Jeff poniendo un plato en la despensa—, ¿tienes un novio al que quieres llamar?

Erin levantó la cabeza.

—No —dijo—. No voy a llamar a nadie. Estoy buscando una dirección.

—Pensé que habías memorizado nuestra dirección —dijo mamá.

—Sí, Erin —dijo Jeff—. Es 445 Oakwood Aven...

—¡Yo sé nuestra dirección! —interrumpió Erin.

—¿Qué dirección estás buscando? —preguntó papá.

—Estoy tratando de encontrar la dirección de Dios.

Jeff explotó de la risa.

—Erin, eres más boba de lo que pensé —dijo—. ¡Dios no tiene dirección! Estás perdiendo el tiempo buscándola allí.

—Bueno, yo no estaría demasiado seguro de eso, Jeff —dijo papá. Sacó una silla y se sentó al lado de Erin—. ¿Quieres que te ayude? —preguntó. Erin empujó el directorio telefónico hacia su padre—. Bien, veamos —dijo papá. Hojeó el directorio telefónico—. Debe haber varios lugares distintos. —Pasó el dedo lentamente por la página, luego se detuvo—. ¡Sí! —dijo—. Como lo pensé. Aquí está, efectivamente.

—¡Ya viste! —exclamó Erin, y le dio una mirada de triunfo a Jeff.

—¿Qué? No puede ser —dijo Jeff. Miró por encima del hombro de su padre—. ¡Espera! —exclamó—. ¡Esa es nuestra dirección!

Papá se acomodó y sonrió.

—Claro, es nuestra dirección, pero Dios vive con nosotros, en nuestra vida y en nuestro hogar. Eso hace que también sea su dirección. —Papá cerró el directorio telefónico—. Esperemos que cualquiera que entre a nuestra casa pueda decir inmediatamente que Dios vive aquí. *AJS*

¿Y TÚ?

¿Tiene Dios tu misma dirección? ¿Vive en tu hogar... o en tu habitación? Si has aceptado a Jesús, él debería estar en cada parte de tu vida: en la iglesia, en la escuela y en casa.

MEMORIZA:

«En cuanto a mí y a mi familia, nosotros serviremos al SEÑOR». Josué 24:15

Incluye a Dios en todo

LA INSIGNIA DE IDENTIFICACIÓN

Lee Mateo 10:32-38

Cuando Kara y su madre examinaban el menú del restaurante, observaron a un grupo de gente con insignias. «Todos deben pertenecer a algún club», comentó Kara.

En ese momento, otro hombre con insignia entró al restaurante y miró rápidamente a su alrededor. Se unió al grupo y se presentó a ellos.

«Esa gente que está allí con insignias son políticos de otras ciudades —explicó la mesera cuando llegó a tomar la orden de Kara y su madre—. Hoy hay una reunión en nuestra ciudad».

Cuando su comida llegó, Kara y su madre inclinaron la cabeza y oraron antes de comer.

—Mamá, es fácil orar en un restaurante, pero ¿es en realidad tan importante hacerlo en la escuela? —dijo Kara entonces—. Sé que los chicos se burlarán de mí.

Con aire pensativo, mamá señaló al grupo de personas que portaban insignias.

—Aquel hombre encontró a su grupo al buscar las insignias —dijo—. Orar antes de una comida es algo así. Es una manera en la que podemos demostrar que somos cristianas.

Al día siguiente, Kara se sentó separada de los demás en el comedor. Miró a su alrededor con temor. Luego, respiró profundamente e inclinó su cabeza y le agradeció a Dios por su comida. Entonces Lindy, una compañera de clase, se sentó con ella.

—Tú debes ser cristiana —dijo Lindy—. Bueno, yo también, pero... me da vergüenza orar enfrente de todos. ¿Puedo comer contigo? Podríamos orar juntas.

—Seguro —asintió Kara y sonrió—. "Usé mi insignia" y encontré a otra socia del club inmediatamente, ¿verdad? —Ante la mirada confundida de Lindy, agregó—: Te lo explicaré mientras comemos. *MRP*

¿Y TÚ?

¿Saben los chicos de la escuela que eres cristiano? Una manera sencilla que te ayuda a identificarte como hijo de Dios es orar antes de comer, incluso en la escuela. ¡Usa tu «insignia» cristiana con orgullo! Te sorprenderás al encontrar que también hay otros cristianos en tu escuela.

Deja ver que eres cristiano

MEMORIZA:
«No me avergüenzo de la Buena Noticia acerca de Cristo». Romanos 1:16

EN LA LÍNEA

Lee Efesios 5:1-8

—¿Viste los pantalones que Reese tenía puestos hoy? —preguntó Brynn, mientras sostenía el teléfono cerca de su boca—. Se veía como un bicho raro.

—Todos en su familia son raros —respondió Danielle. Las chicas se rieron—. ¿Qué de Lynn? ¿Esa chica nueva? —continuó Danielle—. ¿Oíste que cuando se ríe resopla como un cerdo?

—Qué asco —dijo Brynn riéndose—. Tal vez creció en una granja de cerdos. —En ese momento el teléfono hizo un chirrido—. ¿Qué es eso? —preguntó Brynn.

—Ay, perdón, chicas —dijo la voz de la mamá de Brynn, que las interrumpió—. Iba a hacer una llamada desde el estudio y no me di cuenta de que ustedes estaban usando el teléfono. Esperaré a que terminen. —Brynn oyó el clic cuando Mamá colgó.

—¿De qué estábamos hablando? —preguntó Danielle.

—No sé, pero acabo de pensar en algo —dijo Brynn jadeando—. ¿Y si mi mamá nos oyó hablar de Reese y de Lynn? ¿Y si oyó las cosas malas que dijimos?

—No las oyó —dijo Danielle con confianza—. Nos habríamos dado cuenta.

—Sí. Bueno, será mejor que me despida —respondió Brynn.

—Mamá, ya no estamos en el teléfono —le dijo Brynn a su madre después de que colgaron. Hizo una pausa—. ¿Oíste lo que estábamos hablando cuando levantaste el teléfono?

—Sé que tus conversaciones son privadas —respondió mamá.

—¿Pero oíste las cosas que estábamos diciendo? —repitió Brynn—. Es decir, si hubiera sabido que estabas escuchando, no habría dicho algunas cosas.

Mamá levantó las cejas.

—No las oí —dijo—, pero el hecho de que eso te preocupe ¿quiere decir que dijiste cosas que no debieron decirse? Aunque *yo* no las oiga, cada vez que estás en el teléfono el Señor está en la línea contigo. *NEK*

¿Y TÚ?

¿Dices cosas de las que te avergonzarías si otros las escucharan? Recuerda que el Señor oye cada palabra que sale de tu boca. Hasta sabe tus palabras cuando todavía están en tus pensamientos. Ten cuidado con lo que dices.

MEMORIZA:

«No empleen un lenguaje grosero ni ofensivo. Que todo lo que digan sea bueno y útil». Efesios 4:29

Habla con bondad

CRISTALES ESCONDIDOS

Lee 1 Samuel 16:6-11

Rebeca observaba con interés mientras la señora Sanders levantaba una piedra vieja y fea. «Esta parece una piedra común, ¿verdad? —dijo la señora Sanders. Luego le dio vuelta. La piedra había sido cortada y la clase podía ver los bellos cristales brillantes que tenía en el interior—. Esta clase de piedra se llama geoda —dijo la señora Sanders mientras levantaba una caja y se la entregaba a un chico que estaba sentado al frente de la clase—. Cuando les llegue la caja, cada uno puede quedarse con un trozo».

Rebeca estaba emocionada. Nunca habría adivinado que el interior brillaba tanto al ver el feo exterior de la roca. Eligió uno de los pedazos, luego se volteó y le entregó la caja a Claire, que estaba sentada detrás de ella. A Rebeca no le caía muy bien Claire. Tenía dientes grandes y torcidos y no era muy bonita. *Es casi tan fea como el exterior de la geoda*, pensó Rebeca.

Cuando Rebeca bajaba por las escaleras de la escuela, al final del día, alguien se topó con ella. Sus libros se cayeron por las gradas y sus papeles se regaron por todos lados. Quien la había topado ni siquiera se detuvo.

Rebeca estaba recogiendo sus pertenencias cuando oyó una voz.

—Oye, déjame ayudarte. —Rebeca levantó la cabeza y vio que Claire se arrodillaba a su lado y recogía papeles sueltos.

—Gracias —dijo Rebeca entre dientes. Estaba tan sorprendida que no podía pensar en nada más que decir mientras recogían el resto de sus cosas.

—¡Oh! ¡Aquí está tu piedra! —exclamó Claire. Recogió el pedazo de geoda de la última grada y se lo entregó a Rebeca—. Es bonita, ¿verdad?

Cuando Rebeca tomó la piedra, pensó en cómo la gente puede ser como una geoda: no muy bonita por fuera, pero bella por dentro. Como Claire.

—Tengo una colección de piedras en casa, Claire. ¿Te gustaría ir a mi casa para verla? —la invitó Rebeca.

Claire sonrió.

—Seguro —respondió. *JKC*

¿Y TÚ?

¿Eliges a tus amigos por su apariencia? ¿Ignoras a la gente que tiene sobrepeso, o que tiene orejas grandes o una nariz torcida? Dios mira el interior, la parte que es importante. Si quieres ser más como él, no juzgues lo que está dentro de una persona al mirar solamente su apariencia. Conócela.

No juzgues por las apariencias

MEMORIZA:
«Miren más allá de la superficie, para poder juzgar correctamente». Juan 7:24

LECCIONES DE UN CACHORRO

Lee el Salmo 105:1-5

Joey miraba cómo el tío Stan le ponía un hueso enfrente a Duke. «¡No, Duke! —le ordenó el tío Stan al cachorro—. ¡Mírame! —Duke miró directamente a la cara de su dueño, luego miró abajo al hueso que tanto quería—. ¡Duke, no! ¡Mírame!», repitió el tío Stan. Duke levantó la mirada y volvió a mirar a su amo.

—¿Por qué quieres que Duke te mire? —preguntó Joey.

—Si me mira a mí y no al hueso, sé que me obedecerá —respondió el tío Stan. Le dio unas palmadas y elogió a Duke y le dio golosinas—. Duke me hace recordar cómo debemos actuar cuando nos vemos tentados a hacer algo malo —dijo el tío Stan—. Si mantenemos la mirada en nuestro Amo, Jesucristo, será mucho más probable que lo obedezcamos, pero si miramos lo que nos está tentando, será más fácil que cedamos a la tentación.

—No entiendo lo que significa mantener la mirada en Jesús —dijo Joey—. En realidad no podemos verlo.

El tío Stan sonrió.

—Bien, veamos... —dijo—. Estoy pensando en aquella competencia de tenis en la que participaste hace algunas semanas. Te esforzaste mucho para estar en forma; hasta renunciaste a los postres para estar listo cuando fuera la hora de jugar. ¿Por qué lo hiciste?

—Quería ganar el trofeo —dijo Joey sonriendo—. ¡Y lo logré!

El tío Stan asintió.

—¿Entenderías a lo que me refiero si te dijera que mantuviste la mirada en el trofeo? —preguntó y Joey asintió con la cabeza lentamente—. No podías verlo en realidad, pero seguiste pensando en él. De manera similar, mantenemos la mirada en Jesús al pensar en él y en lo que él quiere que hagamos. Por ejemplo, si pensáramos en Jesús y en cómo se siente en cuanto a algunos programas de la televisión, la apagaríamos. Pero si nos olvidamos de Jesús, podemos seguir viéndolos, aunque eso no le agrade a él. Lo mismo podría decirse de libros, videos o de cualquier cosa que hagamos —agregó el tío Stan.

Joey asintió otra vez. Decidió que a partir de entonces «pondría la mirada» en Jesús, su Amo. *CEY*

¿Y TÚ?

¿Mantienes «la mirada» en tu Amo, Jesucristo? Eso es lo que evitará que cedas a la tentación. Su fortaleza puede mantenerte firme para pelear contra cualquier tentación con la que te encuentres.

MEMORIZA:

«Busquen al SEÑOR y a su fuerza, búsquenlo continuamente». Salmo 105:4

Pon tu mirada en Jesús

LA PLOMADA

Lee Amós 7:7-9

—Papá, el papel tapiz de la esquina de mi habitación no está recto —observó Jared—. Mira, la línea azul comienza justo al lado de la pared en la parte de arriba, pero no está al lado de la pared en la parte de abajo.

—Tienes razón —asintió papá—. Tal vez la pared no está recta. Averigüémoslo. —Tomó una bola de cuerda gruesa y le ató un aro pequeño de metal al extremo para darle peso. Luego le dio a Jared una regla y se subió a una silla para poder sostener la cuerda cerca del techo. Lentamente desenrolló la cuerda hasta que el pequeño aro llegó al zócalo. Aunque papá sostuvo la cuerda al lado de la pared en el techo, esta se alejó de la pared en el zócalo—. El peso de ese aro hace que la cuerda cuelgue recta, y eso deja ver que la pared en realidad está torcida —dijo papá—. Mide la distancia entre la cuerda y la pared para ver qué tan lejos está.

Jared tomó la regla y se puso a trabajar.

—Como dos centímetros y medio —reportó—, y no nos habríamos dado cuenta si no fuera por la línea del papel tapiz.

—Correcto —dijo papá—, pero la plomada dice la verdad.

—¿La plomada? —preguntó Jared—. ¿Así es como se llama la cuerda con el aro en ella?

Papá asintió.

—Tal vez te gustaría oír lo que la Biblia dice de una plomada —sugirió—. Cuando sea la hora del tiempo devocional lo buscaremos. —dijo, y le sonrió a Jared—. Cuando Dios iba a juzgar a una nación por sus malos caminos, siempre usaba algún tipo de instrumento de medición para hacerles ver sus pecados. Algunos de los profetas llamaban «plomada» a la ley de Dios y a sus mandamientos.

—Puedo ver por qué —dijo Jared—. Eso les haría ver si estaban a la altura de los estándares de Dios.

—¿Crees que Dios usa una plomada con nosotros actualmente? —preguntó papá.

—Sí —dijo Jared asintiendo—. Y apuesto a que sé cómo se llama —agregó—. La Biblia. *POY*

¿Y TÚ?

¿Estás a la altura de la «plomada» de Dios? La Biblia te dice cómo quiere Dios que vivas. En lugar de solamente leerla, aplícala a tu vida para ver si haces lo que le agrada a Dios.

MEMORIZA:
«Tu palabra es una lámpara que guía mis pies y una luz para mi camino».
Salmo 119:105

Estudia la Biblia

¿QUIÉN ESTÁ PARALIZADO?

Lee Efesios 4:17-24

—Abuelita, siento mucho que no puedas hacer todo como solías —dijo Cody. No estaba seguro de qué era un derrame cerebral, pero sabía que un derrame cerebral había hecho que su abuela fuera diferente hacía varios meses—. He estado orando para que te mejores.

—Yo también —dijo la abuelita—, pero sabía que este cuerpo viejo se daría por vencido tarde o temprano, ¿sabes? Eso le ocurre a los mejores de nosotros. —La abuelita siempre tenía una sonrisa, aunque no podía caminar muy bien con su andador y aunque su brazo izquierdo le colgaba flojo a su costado—. ¿Sabías que mucha gente en el mundo está paralizada y algunos ni siquiera lo saben? —agregó.

Cody se sorprendió.

—¿Cómo podrían no saberlo? —preguntó.

—Bueno, verás, el pecado a veces funciona como un derrame cerebral y paraliza —dijo la abuelita—. A veces, una persona simplemente sigue haciendo algo malo hasta que ya no le «duele». —Tomó un par de tijeras de una mesa que estaba cerca y suavemente se hincó el brazo izquierdo con la punta afilada—. Pierde el sentimiento de culpa, así como yo he perdido la sensación en mi brazo, y a menos que la sensación regrese, puede permanecer en pecado hasta que ya es demasiado tarde para cambiar.

—Yo no creo estar paralizado —dijo Cody—. Cuando mentí en cuanto a lo que hice después de la escuela el lunes, ¡me sentía terrible!

—Qué bueno —dijo la abuelita—, pero recuerda, puedes sentir que las cosas están bien en una parte de tu cuerpo —agitó su brazo derecho—, mientras que otra parte carece de sensación. —Señaló a su brazo izquierdo sin movimiento—. ¿Hay otras áreas en las que necesitas obedecer?

—Pensaré en ello —dijo Cody con aire pensativo. *NEK*

¿Y TÚ?

¿Te has dado cuenta de que mientras más haces algo malo, menos te preocupa? Quizás hasta has llegado a pensar que lo malo está bien. Es importante que no dejes que tu conciencia quede paralizada por el pecado. Cuando te veas tentado a hacer algo malo, aléjate de eso rápidamente.

MEMORIZA:

«Aléjense de toda clase de mal».
1 Tesalonicenses 5:22

Que el pecado no te paralice

LO MISMO DE SIEMPRE

Lee el Salmo 119:127-135

Max vio a su hermana Miranda ponerse su abrigo, lista para irse a la noche de niños de su iglesia.

—Qué pena que tengas ese resfrío tan fuerte y que no puedas ir —dijo Miranda. Max encogió los hombros.

—Ah, bueno —dijo—, el doctor Walters solo va a hablar de Noé. Lo mismo de siempre.

—La palabra de Dios nunca es solo "lo mismo de siempre" —le recordó mamá mientras ella y Miranda salían de la casa.

Es lo mismo de siempre, pensó Max. *Me alegra no tener que ir.*

Max estaba mirando algunas revistas viejas de béisbol cuando mamá y Miranda volvieron a casa.

—¿Qué podemos cenar? —preguntó mamá.

—¡Pizza! —dijo Max rápidamente.

—¿Otra vez? —preguntó mamá.

—Seguro —respondió Max—. Nunca me canso de la pizza.

Cuando comían, Miranda le dijo a Max cuánto le había gustado la reunión de esa noche. Max no estaba impresionado.

—Ya sé todo lo de Noé —le dijo—. Pregúntame cualquier cosa.

—¿Qué tan grande era el arca, en comparación con un campo de fútbol? —preguntó Miranda—. ¿Cuánta comida tuvo que reunir Noé?

—Bueno... —Max no sabía las respuestas.

—Dices que la historia de Noé es «lo mismo de siempre», pero esas revistas de béisbol de hace un año todavía te interesan —comentó papá.

—Y nunca te cansas de la pizza —dijo mamá.

—¿Por qué se están confabulando en mi contra? —dijo Max.

—Sencillamente, es que no queremos que creas que la Biblia es «lo mismo de siempre» —dijo papá sonriendo—. Siempre hay más qué aprender, incluso de las historias conocidas. —Max pensó en eso y Miranda le sonrió.

—Te habría gustado el doctor Walters —dijo ella—. ¡Compramos una grabación!

—Gracias —dijo Max—. La escucharé. Lo prometo. *LW*

¿Y TÚ?

¿Te quejas por oír «lo mismo de siempre» en la iglesia? ¿Lo usas como excusa para no aprender sobre el Señor? No importa cuántas veces hayas oído una lección, todavía hay más que puedes aprender.

La Palabra de Dios siempre es nueva

MEMORIZA:
«La hierba se seca y las flores se marchitan, pero la palabra de nuestro Dios permanece para siempre». Isaías 40:8

12

ELECTRICIDAD ESTÁTICA

Lee los Salmos 19:12-14; 139:23-24

El suéter de Rosa crujía por la estática cuando ella se lo puso por la cabeza y lo alisó. Humedeció un peine para domar su pelo suelto y se apresuró a bajar para desayunar.

—¿Por qué te ríes? —le preguntó Rosa a su hermano cuando se sentó a la mesa.

Javier señaló la espalda de Rosa, y mamá y papá también se rieron.

—¡Tienes una media rosada pegada en la espalda! —dijo Javier.

—¡Ay! —dijo Rosa, y se quitó la media del suéter—. Me alegra que la hayan visto —dijo—. Habría sido muy vergonzoso si me hubiera ido así a la escuela.

Después del desayuno, papá tomó la Biblia de la familia.

—Leamos algunos versículos antes de que se vayan a la escuela —dijo—. Ya quitamos el artículo que estaba pegado a tu ropa. Ahora hagamos una revisión para asegurarnos de que no haya ningún pecado pegado a nuestra vida.

—Yo no tengo ningún pecado pegado a mi vida —afirmó Rosa con confianza.

—¿Estás segura? —preguntó mamá.

—¿Qué hay de la manera en que metes cosas debajo de tu cama cuando mamá nos dice que limpiemos nuestras habitaciones? —preguntó Javier sonriendo—. Lo haces todo el tiempo.

—¿Cómo es que lo sabes? —preguntó Rosa. Estaba avergonzada—. Además, en realidad no creo que hacer eso sea pecado. Después de todo, limpio después. —Miró a Javier con el ceño fruncido—. ¿Qué hay de los chismes? —agregó.

—Si no tenemos cuidado, el pecado puede acercarse sigilosamente y pegársenos sin que nos demos cuenta —dijo papá—. Está allí tan claro como lo estaba tu media, pero de alguna manera, no lo vemos. Por eso es que cada uno de nosotros debe hablar con Dios todos los días y pedirle que nos muestre lo que está mal en nuestra vida. *NEK*

¿Y TÚ?

¿Le pides a Dios frecuentemente que te muestre tu pecado para que puedas deshacerte de él? ¿Te adhieres al pecado o dejas que se te pegue? Es importante aprender a reconocer el pecado a través de la Palabra de Dios, o al hablar con cristianos como pastores, maestros o con los padres.

MEMORIZA:

«Examíname, oh Dios, y conoce mi corazón; pruébame y conoce mis pensamientos». Salmo 139:23, RVR60

Examina tu vida

SIN ESPEJISMOS

Lee 2 Timoteo 3:14-17

Levantando la vista de su libro, Sara dijo:

—La niña de este libro siempre ve espejismos. ¿En realidad existen?

—Seguro —respondió papá—. Un espejismo es una ilusión óptica. Por ejemplo, una persona con sed en el desierto podría creer que ve un lago o una corriente de agua, pero el agua en realidad no está allí.

Sara volvió a su libro. En ese momento su hermanita, Kari, entró a la habitación, dando sus primeros pasos y golpeando dos juguetes.

—¿Juegas conmigo? —preguntó. Sara frunció el ceño.

—¿No puedes ver que trato de concentrarme en este libro? —le dijo bruscamente—. Ahora, sal de aquí. —Kari hizo una mueca y se fue.

Después, unos ruidos de voces y risas entraron a la habitación cuando el hermano de Sara, Daniel, y sus amigos hablaban del juego de básquetbol.

—¿No pueden callarse? —gritó Sara enojada—. Se oyen como un montón de cerdos chillando. —Papá dejó su periódico y la miró severamente.

—Sara, esta noche has sido grosera con tu hermana y con tu hermano... y he observado que últimamente estás actuando así —dijo.

—Pero, papá, me vuelven loca —objetó Sara.

—Entonces es el momento perfecto para comenzar a practicar el mandamiento de Dios que leímos hoy en el tiempo devocional. ¿Lo recuerdas?

Sara hizo pucheros mientras sacudía la cabeza.

—Se me olvidó —dijo entre dientes. Papá frunció el ceño.

—¿Cuál era esa palabra sobre la que preguntaste: *espejismo*? Bueno, me temo que tratas a los mandamientos de la Biblia como si fueran un espejismo —dijo—. Los ves, pero actúas como si en realidad no estuvieran allí. Dios quiere que los pongamos en práctica, así que escucha otra vez. El versículo que leímos fue Filipenses 4:5: «Que todo el mundo vea que son considerados en todo lo que hacen». Tenemos que ser amables con los demás en todo sentido, incluso en nuestra forma de hablar.

—Lo... lo siento —dijo Sara—. Trataré de ser más amable. *CEY*

¿Y TÚ?

¿Oyes los mandamientos de Dios y no los obedeces? Sus mandamientos no son un espejismo. Son reales, y él quiere que los obedezcas. A veces, es más difícil ser amable y cortés con tu propia familia que con otras personas. Si en realidad quieres agradarlo en esto, pídele a Dios que te ayude, y él lo hará.

MEMORIZA:
«Que todo el mundo vea que son considerados en todo lo que hacen. Recuerden que el Señor vuelve pronto»
Filipenses 4:5

Sé amable

EL AYUDANTE INVISIBLE

Lee el Salmo 121:1-8

¡Pum! Connor se levantó de un salto de la cama.

—¡No estoy borracho! —tronó la voz de su padre desde abajo—. Dame las llaves. —Connor caminó sigilosamente hacia la parte superior de las gradas y vio a su padre que se acercaba tambaleándose hacia mamá. Ella tenía las llaves del auto.

—No es seguro que conduzcas —dijo mamá.

—¡No me importa! —gritó papá—. ¡Dame esas llaves! —Trató de agarrarla. Ella se dio la vuelta y lanzó las llaves detrás del piano—. ¿Por qué hiciste eso? —gritó papá. Agarró a mamá por los hombros y la sacudió.

Connor se estremeció cuando su mamá gritó. Sabía que ella necesitaba ayuda, pero tenía demasiado miedo como para moverse. Mientras estuvo parado ahí temblando, sus ojos quedaron fijos en una foto de la montaña Pike, coronada de nieve. ¿Qué le había dicho su vecino, el señor Simms, cuando le regaló la foto? Algo sobre montañas y la ayuda del Señor. *Oh, Dios, necesito ayuda*, dijo Connor en oración. *Muéstrame qué debo hacer.*

Connor abrió los ojos. Podía ver la puerta del frente, en la planta baja. La espalda de su padre estaba hacia él. Connor bajó las gradas. Abrió la puerta, se apresuró por el camino y corrió hacia el porche de los Simms.

Connor golpeó la puerta del frente, y pronto el señor Simms abrió la puerta. «Papá está borracho y está lastimando a mi mamá», dijo Connor.

«Llama a la policía, Donna», dijo el señor Simms a su esposa. Unos minutos después, un policía se llevó al padre de Connor.

—¿Qué le va a ocurrir a papá? —le preguntó Connor al señor Simms.

—La policía lo llevará al Hogar de Esperanza. Tu papá obtendrá ayuda allí para su problema con la bebida. Hiciste algo muy valiente esta noche.

—Tuve ayuda —le dijo Connor—. La foto de la montaña Pike me hizo recordar aquel versículo de la Biblia acerca de la ayuda que viene del Señor. Le pedí a Dios que me ayudara a mí y a mi mamá también.

—Es la mejor ayuda que alguien puede tener —dijo el señor Simms. *HJS*

¿Y TÚ?

¿Te da miedo cuando la gente que amas está fuera de control? ¿Te preocupan las situaciones aterradoras? Recuerda que Dios, que creó nuestro mundo con solo unas cuantas palabras, siempre está listo para ayudar. Pídele sabiduría y valor.

MEMORIZA:

«Levanto la vista hacia las montañas, ¿viene de allí mi ayuda? ¡Mi ayuda viene del SEÑOR, quien hizo el cielo y la tierra!». Salmo 121:1-2

Confía en que Dios te ayudará

LA GRAN MANCHA

Lee Isaías 1:16-20

Los ojos de Adán se abrieron desmesuradamente de horror cuando su codo botó del escritorio el frasco de tinta, que se quebró en el suelo. La tinta azul se extendió en un círculo cada vez más grande sobre el piso del comedor de sus abuelos. Adán saltó de su silla y rápidamente se inclinó para recoger el frasco. *Tengo que limpiar esto antes de que lo vean.*

Adán corrió a la lavandería, tomó unos trapos y llenó una pequeña cubeta de agua. Al volver al comedor, comenzó a raspar... a raspar... y a raspar la mancha de tinta. Pero sus esfuerzos fueron en vano. De hecho, parecía que la mancha empeoraba. Lo que había sido solo una pequeña mancha sobre el piso ahora era una mancha de tinta grandote. *¡Ay! ¡Esto no va a funcionar!*, pensó Adán. Sabía que tendría que decírselo a sus abuelos.

La abuelita frunció el ceño cuando vio la mancha, pero sabía que había sido un accidente. Rápidamente le pidió al abuelito que trajera un limpiador del garaje, y pronto todo rastro de tinta había desaparecido.

—Sabes, Adán —dijo el abuelito cuando se lavaban las manos con el jabón especial que habían usado para limpiar el piso—, tal vez los dos podemos aprender una buena lección de lo que acaba de pasar.

—De no andar jugando con tinta, ¿verdad? —preguntó Adán.

—Bueno, sí —dijo el abuelito sonriendo—, pero estaba pensando en una lección aún más importante. La Biblia nos dice que todos estamos manchados por el pecado, y que no importa cuánto lo intentemos, no podemos quitarnos la mancha. —El abuelito se secó las manos y continuó—: Pero la Biblia también dice que Jesús murió por nosotros y que su sangre puede limpiarnos completamente de toda la mancha oscura del pecado.

Adán se miró las manos. Estaban totalmente limpias.

—Necesité jabón para limpiar el piso y mis manos, y necesito a Jesús para que limpie mi corazón, ¿verdad? —dijo. El abuelito sonrió.

—Es cierto —dijo—. Es totalmente cierto. *RSM*

¿Y TÚ?

¿Ya han sido lavados todos tus pecados? Puedes tratar de limpiar tu corazón y tu vida tratando de ser bueno o haciendo cosas buenas, pero eso no funcionará. Solamente Jesús puede dejarte totalmente limpio. ¿Le pedirás que limpie tu corazón del pecado?

Deja que Jesús te limpie

MEMORIZA:
«Aunque sus pecados sean como la escarlata, yo los haré tan blancos como la nieve. Aunque sean rojos como el carmesí, yo los haré tan blancos como la lana». Isaías 1:18

ENERO
16

ESPADAS Y COSAS

Lee 2 Corintios 10:3-6

Sin duda, Kendrick estaba en apuros. Su maestro, el señor Hancock, había dicho su nombre, pero había estado demasiado preocupado como para oírlo. El señor Hancock se acercó, tomó el cuaderno de Kendrick y lo hojeó. «Quiero verte después de la clase», dijo.

Cuando el timbre sonó, Kendrick se acercó con nerviosismo al escritorio de su maestro. El señor Hancock tomó el cuaderno de Kendrick y lo abrió en unos dibujos que Kendrick había hecho. Todos eran dibujos raros de espadas y puñales. Algunos tenían lo que parecía ser rayos de luz que salían de la espada. Otros tenían un ojo en la empuñadura con algo extraño escrito.

—¿Qué es todo esto? —preguntó el señor Hancock.

—Espadas —respondió Kendrick.

—Puedo verlo. Pero ¿qué significan? ¿No es inusual solo dibujar espadas? —preguntó el señor Hancock.

—Son como las de un juego de video que juego —dijo Kendrick—. Mire... todas estas espadas tienen poderes especiales.

—Kendrick —dijo el señor Hancock—, ya era suficientemente malo cuando no ponías atención en clase, pero me molesta *verdaderamente* ver lo que ha estado ocupando tus pensamientos. Le has dado a un objeto hecho por el hombre el poder que le pertenece solo a Dios. Eso es idolatría.

—Solo es un juego —protestó Kendrick—. Sé que en realidad no tienen poderes.

—En este momento lo sabes —reconoció el señor Hancock—, pero mucha gente le ha abierto la puerta a Satanás para que obre en su vida al dejar que sus pensamientos se ocupen de cosas como estas. La Biblia dice que debemos destruir «todo obstáculo de arrogancia que impide que la gente conozca a Dios». Verás, hasta las cosas en las que pensamos, o imaginamos, pueden tener poder espiritual real. Por eso es que debemos ser tan cuidadosos con nuestros pensamientos. *DCC*

¿Y TÚ?

¿Has estado jugando juegos que no le agradan a Dios? Esos juegos generalmente le darán el poder de Dios a algún objeto hecho por el hombre. Esto es de Satanás; él siempre ha querido el poder de Dios. ¿Decidirás hoy que no te involucrarás con nada que le dé el poder de Dios a algo que no sea Dios?

MEMORIZA:

«Destruimos todo obstáculo de arrogancia que impide que la gente conozca a Dios. Capturamos los pensamientos rebeldes y enseñamos a las personas a obedecer a Cristo». 2 Corintios 10:5

No dejes que Satanás controle tu mente

LA MANERA DE GANAR

Lee Proverbios 6:4-11

Ty se sentó a la mesa de la cocina a leer una revista.

—¿Memorizaste el versículo de hoy? —le preguntó su hermana Shawna—. Ya sabes que esta es la última semana del concurso.

—Ah, no voy a ganar nada —dijo Ty—. Es demasiado difícil.

—Será mejor que te apresures —le aconsejó mamá—. Ya casi es hora de irnos a la iglesia y todavía tienes que darle de comer a Riley.

Al escuchar su nombre, Riley tomó su plato y lo lanzó a los pies de Ty. «Espera un minuto», dijo Ty.

«¡Ty! —dijo mamá—. ¡Vamos!» Ty se fue a su habitación. Riley tomó su plato, lo siguió y volvió a tirarlo a sus pies. Ty buscó su versículo con poco entusiasmo. Luego regresó a la cocina y volvió a tomar la revista. ¡PUM! Riley volvió a tirar su plato. Ty se rió. «No te rindes, ¿verdad, Riley? —dijo—. Está bien, te voy a dar tu comida». —Mamá sonrió.

—Todos deberíamos ser un poco más diligentes, como Riley —dijo.

—¿Diligente? —preguntó Ty—. ¿Qué es eso?

—Es lo que acabas de decir: rehusar rendirse —explicó mamá.

Una semana después se anunció a los ganadores del concurso de memorización. ¡Shawna era una de las ganadoras! El premio era un viaje a Chicago.

—La señora Morris va con nosotros —dijo con emoción camino a casa—. ¡Estoy ansiosa por ir!

—No es justo —dijo Ty refunfuñando—. ¡A Shawna le toca todo!

—Shawna trabajó duro para ganar ese concurso —dijo papá.

—Correcto —asintió mamá—. Demostró tanta diligencia como Riley. Él quería su desayuno y estuvo dispuesto a seguirte hasta que lo obtuvo. No se puso haragán ni se rindió.

Papá asintió con la cabeza.

—Tú memorizaste solo tres o cuatro versículos. Eso no es dar lo mejor de ti —le dijo a Ty—. Esa no es la manera de ganar.

Ty se sintió un poco tonto; ¡no esperaba aprender una lección de su perro! *Me pregunto, ¿cuándo comenzará el próximo concurso?*, pensó. *La próxima vez voy a hacer lo mejor que pueda. LM*

¿Y TÚ?

¿Haces a veces un esfuerzo a medias para algo y luego te molestas al no recibir premios? ¿Te quejas a veces porque las cosas «no son justas», cuando en realidad lo que es injusto son tus quejas? El Señor nos dice que seamos diligentes: que demos lo mejor de nosotros en todo lo que hagamos.

Trabaja con diligencia

MEMORIZA:
«Procuren hacer lo bueno delante de todos». Romanos 12:17, NVI

18

EL LUGAR PERFECTO

Lee Efesios 4:29-32

—Sé que no debía haberle dicho tramposa a Savannah —le dijo McKenzie a su madre en el auto, cuando se dirigían a casa por un camino montañoso—, pero me enojé mucho porque ella sacó una "A" en su examen de ortografía y yo apenas saqué una "C".

—Bueno, ¿por qué no la llamas y te disculpas? —sugirió mamá.

—Ay, mamá —dijo McKenzie lloriqueando—, eso es muy difícil. Creo que simplemente esperaré unos días y veré si tengo la oportunidad de volver a ser su amiga. —Mamá frunció el ceño. Giró hacia una vía lateral.

—Me enteré de que este es un camino más corto para llegar a la ciudad —dijo—. Probémoslo. —Por un corto tramo, el camino estaba bueno, pero luego terminó el pavimento y el camino estaba enlodado.

—Creo que deberíamos regresar —dijo McKenzie finalmente.

—Creo que tienes razón —coincidió mamá—. Solo tendremos que conducir un poco más hasta que encontremos un lugar para dar la vuelta.

Continuaron y pronto McKenzie vio un gran espacio abierto adelante.

—Puedes girar aquí —le dijo a su madre. Mamá sacudió la cabeza.

—No —dijo—. Creo que puedo encontrar un mejor lugar.

Cuando avanzaron más, McKenzie hizo señas con su brazo.

—¿Qué te parece allí? —preguntó. Pero mamá también lo pasó.

—Estoy tratando de encontrar el mejor lugar para volver —dijo.

—¡Mamá! Si me lo preguntas, ¡el primer lugar posible es el mejor lugar!

—En realidad, yo también creo lo mismo —dijo mamá sonriendo, mientras se detenía y dio la vuelta—. Creo que volveremos aquí mismo. Esperar un lugar perfecto fue tonto, ¿verdad? Cometimos un error al venir por este camino, y la primera oportunidad de corregir ese error era la mejor oportunidad. Eso es cierto también cuando cometemos otros errores, como cuando tenemos que disculparnos por algo. —McKenzie sonrió.

—Lo entiendo. Dices que debería disculparme con Savannah inmediatamente. —Mamá le sonrió también.

—Sí. Lo entendiste. *CCF*

¿Y TÚ?

¿Te cuesta disculparte? ¿Lo dejas para después en lugar de hacerlo inmediatamente? Recuerda que Dios no quiere que te aferres a tu enojo. Cuando te disculpes, te sentirás mucho mejor.

MEMORIZA:

«Sean amables unos con otros, sean de buen corazón, y perdónense unos a otros, tal como Dios los ha perdonado a ustedes por medio de Cristo». Efesios 4:32

Pide perdón

UNA PIEZA DE BARRO

Lee Isaías 45:6-13

Jon tenía en sus manos el animal de barro sin cabeza.

—¡Mira, mamá! —gritó—. ¿Cómo puedo llevar esto sin cabeza a la escuela? —Abrió su otra mano lentamente. En ella tenía una bola de barro deformado, dura y áspera—. Esto iba a ser su cabeza —dijo entre dientes—. ¡Olvidé regresarla al contenedor!

—Lo siento, Jon —dijo mamá—, pero es demasiado tarde para hacer algo con eso ahora. Es hora de que te metas a la cama; necesitas descansar.

—Mi proyecto es para mañana, ¡y ahora todo este trabajo fue para nada! —dijo Jon con un gruñido. Dejó caer los materiales en su cómoda, dobló las colchas y se metió entre las sábanas. —Mamá miró la Biblia que estaba sobre la cómoda de Jon, al lado del proyecto de la escuela.

—¿Todavía lees tu Biblia antes de acostarte? —preguntó. Jon suspiró.

—A veces —dijo—, pero he estado muy ocupado últimamente. Además, no la entiendo muy bien. —Jaló las colchas hasta su barbilla—. ¿Crees que tiene sentido que los chicos la lean? —preguntó—. ¿No sería mejor esperar a que sea mayor y pueda entenderla mejor? —Mamá levantó el trozo de barro endurecido. Lo sostuvo extendido en dirección a Jon.

—Nos parecemos mucho a este barro —dijo.

—¿De veras? —preguntó Jon. Mamá asintió.

—La Biblia nos compara con barro que Dios puede moldear —dijo ella—. Pero si queremos que Dios nos moldee, tenemos que ser moldeables. Una manera de hacerlo es pasando tiempo con su Palabra, la Biblia.

Jon miró el barro endurecido.

—Entonces, si espero hasta ser mayor para comenzar a leer mi Biblia, podría endurecerme así como este barro —dijo.

—Eso podría ocurrir —asintió mamá—. La gente mayor que se ha mantenido lejos de Dios frecuentemente parece mucho más endurecida y menos abierta a que Dios la moldee.

—Bueno... ¿puedes pasarme mi Biblia, entonces? —dijo Jon—. No me gusta este asunto de viejo y duro. *AJS*

¿Y TÚ?

¿Estás dispuesto a que la mano de Dios te moldee? ¿Lees la Biblia y oras regularmente para que el Espíritu Santo te ayude a entender lo que dice? Nada es más importante que pasar tiempo con Dios cada día para permitir que te moldee en la persona que él quiere que seas.

Deja que Dios te moldee

MEMORIZA:
«De la misma manera que el barro está en manos del alfarero, así estás en mis manos». Jeremías 18:6

CÓMO HACER UN RELLENO

Lee Levítico 19:17-18; Mateo 5:43-48

Josué caminó directamente de la escuela al edificio donde su mamá trabajaba como asistente dental. Josué llegó, se dejó caer en una de las sillas de la sala de espera y dejó que su mochila se deslizara al suelo, a su lado. Estaba contento de que la escuela hubiera terminado. ¡Qué día el que había pasado! Le dio una pequeña patada de enojo a su mochila. Mamá se dio cuenta.

—¿Qué te pasa, Josué? —dijo mamá cuando iban caminando a su casa.

—Brian no me cae bien —respondió Josué—. De hecho, después de lo que hizo hoy en la escuela, ¡creo que lo odio!

—¡Un momento! —exclamó mamá—. *Odio* es una palabra que no me gusta oír. ¿Qué pasó?

—Brian lanzó una enorme bola de papel y golpeó a Sadie en la parte de atrás de la cabeza. Como yo me siento justo atrás de Sadie, ella le dijo a la señora Cramer que yo lo había hecho. Yo dije que no había sido yo, pero la señora Cramer hizo que me quedara parado en el pasillo durante toda la clase. Brian tendría que haber admitido que él lo había hecho, pero dejó que yo me quedara parado ahí. Después de la escuela trató de disculparse, como si eso ayudara en algo. ¡Para entonces ya era demasiado tarde!

—Parece que necesitas un relleno, Josué —dijo mamá.

—¡Un relleno! —exclamó Josué—. ¿Quién está hablando de dientes? Además, ¡acaban de hacerme unos cuantos rellenos y ahora mis dientes están bien! —Mamá sonrió.

—Cuando tenías las caries, ¿qué hizo el dentista? —preguntó.

—Bueno... barrenó para sacar la caries y llenó el espacio con un material especial —respondió Josué—. Pero ¿qué hay de Brian?

—Pensaba en el problema con Brian —dijo mamá—. Brian se equivocó, pero creo que tú necesitas barrenar la caries, que es el odio, en tu corazón y llenar el espacio con perdón.

—¿Barrenar el odio? —preguntó Josué—. ¿Cómo puedo hacer eso?

—Bueno —comenzó mamá—, necesitas usar una herramienta mucho más poderosa que el barreno de un dentista. Necesitas usar una herramienta llamada «oración». Con la ayuda de Dios, puedes deshacerte del odio y perdonar a Brian. *DRK*

¿Y TÚ?

¿Te cuesta perdonar? No es fácil, pero con la ayuda de Dios se puede hacer. Cuando le pidas a Dios que te dé un espíritu perdonador, también serás una persona más feliz.

MEMORIZA:
«¡Ora por los que te persiguen!»
Mateo 5:44

Deshazte del odio

OÍDOS ABIERTOS

Lee 1 Samuel 3:1-10

—Hoy tuvimos una niña nueva en la escuela dominical —anunció Yvette el domingo al mediodía—. Su nombre es Jazmín, y es sorda. Tiene que leer los labios. También sabe el lenguaje de señas.

Mamá asintió.

—Conocí a su madre —dijo—. La familia se trasladó acá para que Jazmín pueda ir a la clase especial de sordos de tu escuela. —Mamá puso un guiso en la mesa—. Recientemente leí que cuatro millones de personas en nuestro país son totalmente sordas —agregó—. Y todavía hay más que no pueden oír tan bien como deberían.

—¡Qué terrible! —exclamó Yvette—. Creo que la sordera debe ser lo peor del mundo. Me alegra no ser sorda.

—Ah, yo puedo pensar en muchas cosas que serían mucho peor que ser sordo, pero estoy de acuerdo en que todos debemos estar agradecidos por tener dos buenos oídos —dijo papá—. Es muy triste que algunos que tenemos dos buenos oídos seamos sordos de otra manera: sordos espiritualmente —agregó después de un momento.

—¿Sordos espiritualmente? ¿Qué significa? —preguntó Yvette.

—Algunas personas no escuchan a Dios —explicó papá—. Me temo que en nuestro país hay más gente que es sorda espiritualmente que gente con problemas físicos de audición. Incluso los cristianos frecuentemente no oyen tan bien a Dios como deberían hacerlo. Después de que aceptan su regalo de salvación descuidan el estudio bíblico y la vida de oración. Dejan de oír; no mantienen abiertos sus oídos espirituales.

Mamá asintió.

—Estemos especialmente conscientes de ello durante este año —dijo—. No lleguemos a ser duros de oído cuando haya algo que Dios quiera decirnos. *MS*

¿Y TÚ?

¿Eres duro de oído, es decir, espiritualmente? Asegúrate de leer tu Biblia y de orar todos los días. Como lo viste en el pasaje bíblico de hoy, el niño Samuel estuvo listo para escuchar al Señor; todos nosotros también debemos estar listos. Si se lo pides al Señor, él te ayudará a que nunca tengas oídos sordos para él.

Escucha a Dios

MEMORIZA:
«Presto mucha atención a lo que dice Dios el SEÑOR». Salmo 85:8

MÚSICA BELLA

Lee 1 Corintios 12:11-14

—¿Ya está arreglado el equipo de sonido, papá? —preguntó Natán.

—Pruébalo —sugirió papá con una sonrisa.

Natán presionó uno de los botones del equipo de sonido, pero lo único que oyó fue un fuerte zumbido. Intentó con otro botón. Más del zumbido.

—No, no está arreglado todavía —dijo y miró el conglomerado de cables coloridos en la parte de atrás del aparato—. Se ve muy complicado.

—Lo único que necesita es un poco de sintonización —dijo papá—. Mira. —Después de conectar cuidadosamente varios cables, Papá miró a Natán—. Prueba ahora —dijo—. Natán lo hizo y música bellísima comenzó a salir de los parlantes.

—¡Fue pan comido! —exclamó Natán.

—Solo había que conectar los cables de la manera adecuada —dijo papá mientras ponía en su lugar el tablero del equipo—. Sabes, Natán, todos estos cables me recuerdan el cuerpo de Cristo, los cristianos. Por nuestra cuenta, todos hacemos ruido, algo como el zumbido que oíste, pero cuando estamos juntos, sintonizados unos con otros, hacemos una música bella —agregó mientras recogía sus herramientas.

—No entiendo —dijo Natán.

—Bueno, ¿te acuerdas cuando el señor Valdez y yo trabajábamos juntos en el comité de construcción de la iglesia?

—¡Ah, sí! ¡Por mucho tiempo ese comité te estaba volviendo loco! —recordó Natán.

—Eso se debía a que el señor Valdez y yo necesitábamos un buen afinamiento. Durante algunas semanas estuvimos haciendo ruido y zumbidos como este estéreo inútil —dijo papá—. Pero cuando el señor Valdez y yo comenzamos a depender el uno del otro y a trabajar bien juntos, en verdad logramos hacer el trabajo.

—¡Entonces produjeron música bella juntos! —dijo Natán en son de broma.

—Exactamente —dijo papá. *LEK*

¿Y TÚ?

¿Sientes a veces que no necesitas a otros creyentes? ¿Piensas que no necesitas ir a la iglesia tan frecuentemente como solías hacerlo? Es cierto que Dios puede usarte a ti solo, pero muy frecuentemente eres más efectivo cuando trabajas junto con otros que conocen al Señor.

MEMORIZA:

«Todos ustedes en conjunto son el cuerpo de Cristo, y cada uno de ustedes es parte de ese cuerpo». 1 Corintios 12:27

Los cristianos se necesitan unos a otros

HIELO GRUESO O DELGADO

Lee Hechos 16:25-32

Patricio no podía creer lo que oía cuando el abuelito sacó unas fotos y comenzó a contarle a la familia de su último viaje de pesca a Minnesota.

—¿Quieres decir que verdaderamente condujiste sobre el hielo, abuelito?

—Sí, efectivamente —respondió el abuelito—. Conduje sobre él, acampé sobre él y pesqué a través de un agujero en él.

—¡Pero siempre me adviertes de que no camine sobre el hielo del río en el invierno! —exclamó Patricio.

—Es cierto. Cuando tu padre tenía tu edad, casi se muere porque confió en el hielo del río, pero yo no estuve en peligro. La diferencia entre el lago y el río fue el grosor del hielo. —Titubeó. El padre de Patricio se rió.

—Adelante, papá —le dijo al abuelito—. Es obvio que quieres decir algo de nuestra vida espiritual. —El abuelito se rió.

—Bueno, ahora que lo mencionas, sí me hace recordar nuestro caminar con Cristo —dijo—. Patricio, no importa cuánta fe tuviera tu padre en el hielo del río, no lo habría sostenido. Por otro lado, aunque hubiera temido pararme en el hielo del lago, todavía me habría sostenido porque, a pesar de mis sentimientos, era grueso y fuerte.

Patricio asintió pensativamente.

—Nuestros *sentimientos* no son tan importantes como *aquello en lo que confiamos*. Algunas personas se sienten muy bien consigo mismas. Se sienten seguras de que su membresía en la iglesia o las cosas buenas que hacen las llevarán al cielo. Sin embargo, esas cosas son como el hielo delgado; no los sostendrá. Otra gente sabe que es pecadora. Pero también sabe que Dios dice que los ama y que Jesús murió para salvarlos, por lo que pone su confianza en él. Jesús es como el hielo grueso y fuerte. Cuando confías en él, estás a salvo.

—¿Aunque a veces apenas me *sienta* como cristiano? —preguntó Patricio—. Como... tal vez cuando he hecho algo malo, pero Dios dice que lo soy porque he aceptado a Jesús como mi Salvador, ¿verdad?

—¡Exacto! —asintió el abuelito—. Tu fe puede ser débil, pero Jesús es fuerte y siempre te apoya y te guarda.

¿Y TÚ?

¿Confías en Jesús? No confíes en el «hielo delgado»: las cosas buenas que puedes hacer. Confía en Jesús y en lo que ha hecho por ti. Si tu fe está en él, estás a salvo, aunque esa fe a veces pueda ser débil. Si no lo has hecho antes, ¿no quieres confiar en él hoy?

Pon tu fe en Jesús

MEMORIZA:
«Cree en el Señor Jesús y serás salvo».
Hechos 16:31

LO VIEJO RENOVADO

Lee el Salmo 103:8-14

Un día, Cristian fue con su abuelito a un museo de automóviles.

—Abuelito, ¿no se ven raros esos autos viejos? —dijo Cristian.

El abuelito sonrió.

—Bueno —dijo—, ¿sabías que en su época eran muy elegantes? —Señaló uno de los autos—. Allí hay uno como el que mi padre conducía cuando yo tenía tu edad. Los había del color que quisieras, siempre y cuando fuera negro.

Cristian se rió del chiste del hombre mayor.

—Sé que estos autos son viejos, ¡pero algunos de ellos se ven nuevos! —exclamó, y miró por la ventana de uno de los autos—. Este se ve como si ni siquiera hubiera salido de este edificio.

—Ah, pero sí ha salido —dijo el abuelito—. Es muy viejo, pero lo restauraron. Las partes usadas las reemplazaron, le quitaron la pintura vieja y la reemplazaron con pintura nueva y brillante. ¿Puedes ver dentro? Esa tapicería de pana de los asientos es tela nueva, ¡hecha específicamente para que encajara con la tela original que cubría estos asientos cuando salió de la sala de exhibiciones de la fábrica!

—¡Genial! —dijo Cristian—. Abuelito, tal vez tú y yo deberíamos ahorrar y comprar un auto viejo y trabajar para restaurarlo.

—Eso sería divertido —asintió el abuelito—. La restauración parece un pasatiempo que vale la pena. Después de todo, la restauración es lo que Jesús hace con nosotros. Él restaura nuestra alma.

—Jesús no hace que nos *veamos* distintos —dijo Cristian.

—Bueno —dijo el abuelito—, podríamos llevar una sonrisa en lugar de un ceño fruncido cuando nos restaura. Pero yo pensaba en cómo nos cambia por dentro, cómo se lleva todo nuestro pecado cuando se lo confesamos y nos deja limpios otra vez. Creo que podrías llamarlo el Restaurador divino. *SLS*

¿Y TÚ?

¿Necesitas ser restaurado? Cuando lamentes tu pecado y lo confieses, Dios te restaurará y hará que tu corazón esté limpio otra vez.

MEMORIZA:
«Él restaura mi alma». Salmo 23:3, LBLA

Jesús restaura a sus hijos

LA LUPA

Lee el Salmo 34:1-8

«*Egandece, oh, egandece...*», cantaba Kristi, la hermanita de Jack, mientras caminaban hacia la casa de su abuelita.

—Hola, abuelita —dijo Jack cuando entraron a la casa—. ¿Qué estás haciendo? ¿Leyendo el periódico? —La abuelita asintió.

—¿Qué es eso? —preguntó Kristi y señaló la mano de la abuelita.

—Es una lupa —dijo Jack.

—Correcto —dijo la abuelita—. Esto hace que las letras se vean más grandes para que pueda verlas mejor. Mira... —La abuelita les hizo señas para que se acercaran—. Pruébenla.

—¿Sabes qué, abuelita? —dijo Kristi—. El domingo pasado una señora cantó una canción acerca de lo que egandece una lupa. —Jack se rió.

—La palabra es *engrandece,* no *egandece* —le informó a su hermana—. Y no se trataba de que una lupa engrandece. Cantaba: "Engrandece al Señor". —Hizo una pausa—. Pero ¿qué significa, abuelita? —preguntó—. Engrandecer algo significa hacerlo más grande, pero ¡no podemos hacer a Dios más grande! —La abuelita sonrió.

—Cuando uso esta lupa para leer, las letras parecen más grandes para mis ojos, pero en realidad no son más grandes, ¿verdad?

—Todavía no entiendo qué significa engrandecer al Señor —dijo Jack.

—Bueno, creo que engrandecemos a Dios cuando tratamos de apartarnos de las cosas que nos distraen y solo nos enfocamos en él. Entonces lo conocemos mejor y tenemos un mejor entendimiento de lo grande que es él en realidad. Sentimos su presencia cerca de nosotros. ¿Tiene sentido para ti?

Mientras Jack asentía lentamente con su cabeza, Kristi gritó: «¡Miren! —Tenía en sus manos la lupa sobre una caricatura del periódico—. ¡Miren qué grandes son los bigotes de Bugsy!».

«Creo que Kristi acaba de señalar otra manera en que engrandecemos al Señor —dijo la abuelita—. Ella es quien está viendo la caricatura, pero aun desde aquí podemos ver algo de lo que ella ve. Cuando engrandecemos al Señor, lo elevamos y lo alabamos, y también ayuda a otra gente a comenzar a ver lo grande que es él». *HM*

¿Y TÚ?

¿Pasas un poco de tiempo cada día pensando en lo grande que es Dios? Si lo haces, pronto comenzarás a pensar más en él aunque estés ocupado, y la gente que te rodea podría comenzar a verlo también.

Engrandece al Señor

MEMORIZA:
«Engrandezcan al Señor conmigo; exaltemos a una su nombre».
Salmo 34:3, NVI

EL DOLOR DE CUELLO

Lee Génesis 19:15-17, 24-26

Whitney volteó la cabeza y miró por la ventana de atrás del auto. Si entrecerraba los ojos, apenas podía ver su antigua casa.

—No quiero mudarme —dijo mientras las lágrimas corrían por sus mejillas—. Quiero quedarme en Greenwood con mis amigos. —Mamá extendió una mano y suavemente volteó el rostro de Whitney hacia ella.

—Yo también voy a extrañar a mis amigos —dijo—, pero papá tiene un trabajo nuevo y tenemos que mudarnos.

Whitney se hizo hacia atrás. Ella quería ver Greenwood tanto como le fuera posible. «Cantemos», sugirió mamá. Whitney no tenía ganas de cantar. Volteó su rostro hacia la ciudad que le era tan familiar.

«Somos una familia, Whitney —dijo su padre—. Nos vamos a ayudar unos a otros». Whitney fingió que no lo había escuchado.

Cuando se detuvieron para almorzar, Whitney quiso quedarse en el auto, pero tenía hambre. Entró al restaurante dando pasos fuertes y se sentó en la banca. «¿Vieron los vagones del circo cuando entraron a la ciudad?», preguntó la mesera que llegó a atenderlos.

La niña que estaba en la otra mesa elevó la voz. «¿Te saludaron los payasos? —le preguntó a Whitney—. A nosotros nos saludaron». Pero Whitney había pasado por alto a los payasos.

«Whitney, te acuerdas de la historia de la esposa de Lot? —le preguntó mamá—. Cuando Dios quería que se fuera a otro lugar al que ella no quería ir, seguía mirando hacia atrás. Debido a que miró hacia atrás, se convirtió en una estatua de sal. Ya no pudo ayudar a su familia. Ya no pudo hacer amigos». Mamá abrazó a Whitney y la acercó a ella.

—Papá y yo te necesitamos, cariño —dijo—. Necesitamos tu amor y tu sonrisa. Lo único que vimos esta mañana fue la parte de atrás de tu cabeza.

Whitney se frotó el cuello. Se había perdido los vagones del circo y los payasos. Su corazón estaba cargado de tristeza, pero esperaba no perderse otras cosas emocionantes. Tampoco quería lastimar a sus padres.

—Bueno —dijo—. Me alegra no haberme convertido en una estatua de sal. —Luego sonrió—. Pero sí que me duele el cuello. *RMH*

¿Y TÚ?

¿Estás alegre cuando hay cambios que no te gustan? ¿Eres un buen miembro de la familia cuando las cosas no salen como a ti te gusta? A veces es difícil entender el plan de Dios, pero tienes que confiar en él todo el tiempo.

MEMORIZA:
«Yo confío en el gran amor de Dios eternamente y para siempre». Salmo 52:8 NVI

Acepta los cambios con alegría

UNA HISTORIA NUEVA

Lee Marcos 5:18-20

«Estoy tan contenta por esto, Nico. —Mamá le dio un gran abrazo—. La decisión de aceptar a Jesús es la más importante que tomarás en toda la vida». Nico también se sentía feliz; era bueno saber que era parte de la familia de Dios, con sus padres, abuelos y amigos de la iglesia. Claro, sus amigos de la escuela... La sonrisa de Nico desapareció como la nieve en un día soleado. Sus dos amigos de la escuela ¡ni siquiera iban a la iglesia! Los tres chicos habían estado juntos desde el primer grado, y su maestro siempre se refería a ellos como «los tres mosqueteros». Estaba Pete, el bromista, y Mike, el cuentacuentos. Por supuesto que a todos les gustaba contar historias divertidas, ¡y algunas de ellas no eran de las que querrían que sus madres escucharan! *¿Van a querer Mike y Pete seguir siendo mis amigos cuando averigüen que soy cristiano?*, se preguntaba Nico.

A la mañana siguiente, Nico perdía el tiempo mientras se preparaba para ir a la escuela. Tal vez no debería decirles a sus amigos lo que había ocurrido.

—Tu huevo se enfría, Nico —dijo mamá.

Nico se dejó caer en su silla y le dio unas mordidas a su pan tostado.

—No tengo mucha hambre —dijo.

—Bueno, es hora de que te vayas —dijo mamá.

En la escuela Nico llegó a su escritorio arrastrando los pies, precisamente cuando sonó el timbre. Pete agitó el brazo y le señaló una araña de plástico que había puesto en el hombro de la niña que estaba enfrente. Nico fingió que no lo había visto. El bueno de Pete; haría cualquier cosa por reírse, pero Nico no tenía ganas de reírse.

Al mediodía, él estaba muy callado mientras los chicos comían.

—Oye, Nico, ¿sabes alguna historia nueva? —le preguntó Mike. Luego lo pinchó en las costillas—. ¡Yo sé una! —agregó.

Nico se retorció y respiró profundamente. De repente supo que era el momento apropiado para contarles.

—Sí, chicos, tengo una historia nueva. —Habló rápidamente antes de perder el valor—. No se imaginan lo que pasó anoche... *DMR*

¿Y TÚ?

¿Te da miedo hablarles a tus amigos de Jesús? Algunos chicos crecen en hogares donde no se lee la Biblia. Podrían estar esperando que alguien les cuente lo que significa ser cristiano. ¿No te gustaría ser esa persona?

Cuéntales a tus amigos acerca de Jesús

MEMORIZA:
«Ve a tu casa y a tu familia y diles todo lo que el Señor ha hecho por ti y lo misericordioso que ha sido contigo».
Marcos 5:19

MÍOS OTRA VEZ

Lee Hebreos 9:11-15

«Mamá, ¿me puedes dar dinero para la subasta de los objetos perdidos?», preguntó Joel mientras desayunaba. Mamá asintió. Durante el almuerzo, la escuela de Joel iba a hacer una subasta de todo lo que había en el cajón de objetos perdidos.

Ese mediodía, la mayoría de estudiantes se reunió en el auditorio. Joel observó cómo pujaban por las bufandas, los guantes y los suéteres. No obstante, cuando el subastador —el director— levantó un par de zapatos de gimnasia, Joel se enderezó. ¡Se dio cuenta de que era el par que pensaba que había dejado en la casa de su abuelita! Por lo que Joel decidió recuperarlos. Las ofertas venían de todos lados. Se preguntaba si tendría suficiente dinero. Después de haber ofrecido su último centavo, contuvo la respiración, pero no hubo ninguna otra oferta, por lo que los zapatos eran suyos.

Ya en casa, Joel refunfuñó un poco.

—Los zapatos son míos otra vez —dijo—, pero siempre fueron míos. No me parece justo que tuviera que volver a comprarlos. ¡Me costaron todo mi dinero!

Papá asintió con la cabeza.

—Puedo entender cómo te sientes —dijo—, pero ¿sabes qué? Tu experiencia es un buen ejemplo de lo que Dios ha hecho por nosotros. Tú sabes que él nos hizo, por lo que en un sentido todos le pertenecemos; pero así como tus zapatos, la humanidad se perdió; se perdió en el pecado. Así como tus zapatos, él también tuvo que recuperarnos.

—Es cierto —asintió mamá—. Así como se requirió de todo el dinero que tenías para recuperarlos, se requirió de todo lo que Jesús tenía. Dejó el cielo y vino acá a morir para llevarnos de vuelta a Dios. —Le sonrió a Joel.

—Creo que aquí es donde termina la comparación —dijo papá con una sonrisa—. Tus zapatos no tuvieron opción; tuvieron que venir a casa contigo ya sea que lo quisieran o no. Pero nosotros tenemos una opción. Podemos aceptar lo que Jesús hizo por nosotros e ir a vivir con él algún día, o podemos rechazarlo. Depende de nosotros.

—Sí —dijo Joel pensativo—, pero ¿quién la rechazaría? *HM*

¿Y TÚ?

¿Has aceptado lo que Jesús hizo por ti? Él pagó un gran precio para salvarte de tus pecados y ofrecerte un hogar en el cielo. Si no lo has hecho, ¿quieres aceptarlo ahora?

MEMORIZA:

«Ustedes fueron rescatados [...] con la preciosa sangre de Cristo».
1 Pedro 1:18-19, NVI

Jesús pagó para salvarte

PREGUNTAS

Lee Proverbios 2:3-9

Aunque Kevin había orado y orado para que su tía mejorara, no parecía mejorar. Al ver que fruncía el ceño, su hermana melliza, Jodi, le preguntó:

—¿En qué piensas? —Kevin vaciló.

—En la tía Brenda —dijo—. Me he estado preguntando si Dios en realidad nos oye cuando oramos.

—¡Por supuesto que nos oye! No puedo creer que cuestiones a Dios —lo reprendió Jodi—. ¡Será mejor que papá no te oiga hacer eso!

—¿Hacer qué? —preguntó papá al unírseles—. Vamos, hablen.

—Bueno —dijo Kevin entre dientes y con la mirada puesta en sus pies—, a veces no entiendo las cosas de la Biblia y de Dios. Tengo preguntas. Jodi dice que es malo hacer preguntas.

—Es cuando se tratan de Dios —declaró Jodi—. Kevin no cree que Dios responderá nuestras oraciones en cuanto a la tía Brenda.

—Ah —dijo papá—. Bueno, está bien que Kevin haga preguntas.

—¿De veras? —exclamaron los mellizos.

—Hacer preguntas nos ayuda a aprender —explicó papá—. Por ejemplo, Kevin, anoche hiciste macarrones con queso para la cena, ¿verdad? —Kevin asintió con la cabeza—. ¿Cómo aprendiste a hacerlo?

—Le hizo muchísimas preguntas a mamá —replicó Jodi—. Como: "¿Cuánta agua?", "¿A qué temperatura?", "¿Por cuánto tiempo?". Has visto a mamá hacerlo un millón de veces, Kevin, pero parecía que no sabías nada cuando trataste de hacerlo.

—Hacerlo solo es más difícil de lo que parece —respondió Kevin—. Pero ahora puedo hacerlo. —Papá asintió.

—Apuesto a que puedes. Nos has visto a tu mamá y a mí tratar de seguir a Dios y de vivir por él, y has imitado lo que nos has visto hacer. Pero mientras ustedes comienzan a seguir a Dios solos, pueden tener preguntas. No tengas miedo de hacerlas, aunque sean difíciles. Tus preguntas te ayudarán a saber realmente lo que crees para que puedas amar y seguir a Dios por tu cuenta. Ahora bien... oigamos tu pregunta otra vez, Kevin... *SS*

¿Y TÚ?

¿Hay cosas que no entiendes? ¿Hay veces en las que te preguntas si Dios está allí? Está bien hacer preguntas. Pregúntales a tus padres o a cualquier adulto cristiano con quien sientas que puedes hablar. También pídele a Dios que te ayude a entender, y busca en su Palabra, la Biblia, las respuestas.

Pregunta y aprende

MEMORIZA:
«Clama a mí, y yo te responderé, y te enseñaré cosas grandes y ocultas que tú no conoces». Jeremías 33:3, RVR60

TERMINADO

Lee Juan 19:28-30

—¡Mmm! ¡Pastel! —exclamó Eric, al entrar a la cocina donde su madre y su hermana Kari trabajaban. Miró con ansias la mezcla amarilla esponjosa que Kari estaba revolviendo.

—Vete —dijo Kari—. Todavía no lo he terminado.

Eric se fue, pero el olor a limón lo perseguía. Cuando volvió más tarde, Kari había puesto el relleno de limón en la base del pastel.

—¿Me puedes dar un pedazo? —preguntó.

—No —le dijo Kari—. El relleno todavía está caliente.

Un poco más tarde, Eric vio el pastel en el mostrador y pidió un pedazo.

—Todavía no —respondió Kari—. Hice el pastel para el postre de esta noche. Además, es un pastel de limón *con merengue* y todavía no tiene el merengue. Aún no está terminado.

Eric regresó una vez más antes de la cena. «Ya lo he terminado —le dijo Kari—, pero te dije que es para el postre».

Sí comieron el pastel de postre. Eric levantó cuidadosamente con la cuchara y se comió cada miga que había en su plato. «Ahora el pastel se ha terminado —dijo—. Ya no queda nada».

Durante el tiempo devocional, papá leyó del Evangelio de Juan.

—Algunas de las palabras que escuché hoy en la tarde me hicieron recordar las palabras de Jesús en la cruz —dijo—. Las palabras «todo ha terminado» son en las que he estado pensando. Un par de veces oí a Kari decirle a Eric que todavía no había terminado el pastel. Finalmente, dijo que lo había terminado, pero incluso entonces no le hizo ningún bien. ¿Por qué?

—Porque todavía no podía comerlo —respondió Eric rápidamente.

—Jesús vino al mundo para llevarse el castigo de nuestros pecados. Su buen trabajo terminó. Pero ¿por qué algunas personas no lo creen?

—Porque no lo quieren aceptar como su Salvador —sugirió Kari.

—Es cierto —dijo papá—. Para recibir el beneficio del pastel terminado, tuvimos que servirlo y comerlo. Para recibir el beneficio del trabajo terminado de Cristo, también tenemos que aceptarlo. *HM*

¿Y TÚ?

¿Ya aceptaste lo que Jesús hizo por ti? Él terminó el trabajo de morir por tu salvación, y te lo ofrece ahora mismo. ¡Hoy es un día grandioso para que lo aceptes!

Acepta el trabajo terminado de Jesús

MEMORIZA:

«El SEÑOR puso sobre él los pecados de todos nosotros». Isaías 53:6

MÁS RÁPIDO QUE UN TELEGRAMA

Lee el Salmo 139:1-3, 13-18

¡Din don! Chase levantó la cabeza al oír el timbre de la puerta. «Por favor abre la puerta, Chase», gritó su madre. Ella y Melisa, la hermana de Chase, le estaban dando los últimos toques a su pastel de cumpleaños.

«¡Mamá! ¡Hay un payaso en la puerta! —gritó Chase un momento después—. ¡Ven a ver! ¡Apúrate!»

—Bueno, señor Payaso, ¿qué lo trae por acá? —preguntó mamá cuando entró al salón con una sonrisa en su cara.

—¡Hola! —dijo el payaso—. Ustedes deben ser la familia Bennett. Yo soy el payaso Kevin y busco al señor Chase Bennett, ¡que hoy cumple seis años!

—¡Guau! ¡Ese soy yo! ¡Yo soy Chase! —exclamó Chase sorprendido.

—Toma, Chase. Estos son para ti —dijo el payaso y le ofreció un montón de globos de colores—. Y ahora tengo un telegrama cantado para ti. —El payaso comenzó a cantar: «¡Feliz cumpleaños a ti! ¡Feliz cumpleaños a ti! ¡Que Dios te bendiga hoy, y todo el año!». Chase, Melissa y mamá aplaudieron y se rieron cuando la canción terminó.

Más tarde Chase le contó todo a su papá.

—Ese payaso sabía que hoy era mi cumpleaños —dijo, todavía sorprendido por lo que había pasado.

Papá sonrió.

—¡Qué maravilloso! —dijo—. Supongo que alguien le habló de ti. Pero ¿sabes algo? Hay alguien que sabía que hoy era tu cumpleaños sin que se lo dijéramos. De hecho, él sabía que iba a ser tu cumpleaños hoy, incluso *antes* de que nacieras. ¿Sabes quién es?

—¡Lo sé! —exclamó Chase—. ¡Estás hablando de Jesús!

—Correcto, Chase —asintió papá—. Él sabe todo acerca de ti y le encanta cuando te comunicas con él. Y lo mejor de todo es que ni siquiera necesitas un teléfono ni un telegrama para hacerlo. Solo tienes que orar: simplemente habla con él en cualquier momento. *LEK*

¿Y TÚ?

¿Te preguntas si Dios piensa en ti? ¿Te preguntas si alguna vez él está demasiado ocupado como para saber lo que te pasa? ¡Dios no! Siempre estás en sus pensamientos, y eres alguien muy especial para él. ¡Él nunca te olvidará ni estará demasiado ocupado para satisfacer tus necesidades!

Dios sabe todo de ti

MEMORIZA:
«Sabes todo lo que hago». Salmo 139:3

EL DINERO INSUFICIENTE

Lee 2 Corintios 5:14-21

—Ay, no —gruñó Josefina—. No logro que esto cuadre.

—¿Qué estás haciendo? —le preguntó su madre.

—Estoy contando el dinero del Club Conquistadores Jóvenes. —Josefina señaló el dinero sobre la mesa—. Estamos ahorrando para comprar un reproductor de DVD para la iglesia. Me eligieron como tesorera, y la señorita Schmidt me dio el dinero para guardarlo hasta mañana después de la escuela y luego depositarlo en el banco. Este papel dice que se supone que tengo $27,75, pero solamente tengo $22,25. ¡Ya lo conté seis veces!

—Deja que yo lo cuente para ver si me sale lo mismo —sugirió mamá. Lo hizo, y su total fue el mismo que el de Josefina.

—¿Y si me culpan por el dinero que falta? —dijo Josefina lamentándose—. ¡La señorita Schmidt confía en mí!

El teléfono interrumpió la conversación y Josefina lo respondió. Habló unos minutos. Después colgó el teléfono y se volteó hacia su madre con una gran sonrisa.

—¡Oh! Qué alivio —dijo—. Era la señorita Schmidt, y llamó para disculparse. Gastamos algo de dinero para nuestra fiesta, y la señorita Schmidt tenía que cambiar el total, pero se le olvidó. Dijo que usamos $5,50 para la fiesta, por lo que eso nos deja con $22,25, precisamente lo que está aquí.

—¡Qué bien! —exclamó mamá—. Me alegra que pudieras conciliar el dinero con el registro.

—¿*Conciliar*? —preguntó Josefina—. ¿Qué significa esa palabra? La oigo mucho en la iglesia.

—Significa arreglar una cuenta. El dinero que en realidad tenías no ascendía a la suma que supuestamente debías tener, por lo que esas dos cuentas tenían que conciliarse —explicó mamá—. Y, sí, oyes esa palabra en la iglesia, porque como pecadora, no tenías la justicia que Dios requiere de ti. Tú y Dios tenían que conciliarse. Eso ocurrió cuando aceptaste a Jesús como tu Salvador; allí fue cuando recibiste la justicia que Dios requiere.

—Ah, ya veo —dijo Josefina sonriendo—. Creo que es asombroso, y desde ahora, conciliar la cuenta de mi club me hará recordar que estoy conciliada con Dios. *LW*

¿Y TÚ?

¿Estás conciliado con Dios, o tu pecado todavía te separa de él? Cuando aceptas a Jesús como tu Salvador, puedes tener una relación con el Señor.

MEMORIZA:

«Hablamos en nombre de Cristo cuando les rogamos: "¡Vuelvan a Dios!"».
2 Corintios 5:20

Concíliate con Dios

MEDIO OSCURO

Lee Romanos 12:1-2, 21

—Julia, ¡no puedo ver nada! —gritó Katie cuando Julia apagó la luz de la habitación—. ¡Mi nueva lámpara de noche no brilla mucho!

—Katie, sabes que tus ojos tardan un minuto en acostumbrarse a la oscuridad —le dijo Julia consolándola.

Justo entonces, mamá se unió a las niñas en la habitación de Katie. Se sentó en la cama y quitó los rizos de la frente de Katie.

—Ahora puedo ver mejor —dijo Katie—. Puedo ver las fotos en la pared.

—Qué bien —dijo mamá—. Oremos juntas y luego te duermes. Julia, ¿puedes hacer la oración de la hora de dormir, por favor?

Cuando Julia terminó de orar, Katie abrió los ojos.

—Ahora puedo ver aún mejor —dijo—. Se veía muy oscuro al principio, pero ahora casi hay tanta luz como si la luz grande estuviera encendida.

—Dios hizo nuestros cuerpos para que se ajustaran gradualmente a muchas cosas —dijo mamá—. Así es con nuestra mente. Frecuentemente, nuestros pensamientos se ajustan gradualmente a las cosas.

—¿Lo hacen? —Julia no entendió, y Katie también se veía confundida.

—Por ejemplo la televisión —dijo mamá—. Algunas de las cosas de la televisión no son verdaderamente buenas ni terriblemente malas. Son como "medio oscuras". Si ves esas cosas en lugar de participar en actividades buenas y sanas, también puedes acostumbrarte a esa clase de oscuridad.

—Generalmente me divierto más jugando con mis amigos —dijo Julia—, pero Angie siempre quiere ver televisión cuando voy a su casa.

—¿En qué cosa divertida podrías interesarla? —preguntó mamá.

—Podría llevar mi juego nuevo —dijo Julia—. O tal vez podríamos venir aquí y hacer pastelillos de chocolate.

—¡O tal vez podrían jugar conmigo! —intervino Katie.

—Son buenas ideas para que te mantengas en la luz —dijo mamá. *POY*

¿Y TÚ?

Es fácil dejar que el mundo te dé sus pensamientos, pero el punto de vista del mundo no es el de Dios. Mantén tu mente y tu cuerpo activos con juegos y lecturas. El estudio bíblico diario y la oración te ayudarán a ver qué actividades le agradan a Dios.

No veas demasiada televisión

MEMORIZA:

«No imiten las conductas ni las costumbres de este mundo, más bien dejen que Dios los transforme en personas nuevas al cambiarles la manera de pensar. Entonces aprenderán a conocer la voluntad de Dios para ustedes». Romanos 12:2

ANILLOS Y COSAS

Lee Mateo 25:14-29

Leticia corrió todo el camino a casa desde la escuela.

—No voy a cantar en el recital de la escuela —le dijo a su madre—. Me salté unas notas y los chicos se rieron. No voy a pararme allí y verme tonta. Nunca volveré a cantar otra vez.

—¡Qué pena! —dijo mamá—. Dios te dio una linda voz. —Pensó por un momento, luego se quitó un bello anillo de su dedo, uno que papá le había dado la noche anterior para celebrar su aniversario de bodas.

—¿Por qué te quitas tu anillo nuevo? —preguntó Leticia.

—La señora Knapp y Benjamín vinieron esta mañana —respondió mamá—. Benjamín dijo que se parecía a un anillo de plástico que sacó de una máquina de bolas de chicle. No me gusta que se burlen del anillo, así que si lo mantengo en esta caja y ya no lo uso, eso no ocurrirá.

—Pero, mamá —objetó Leticia—, Benjamín solo es un niñito; no sabe nada de anillos. ¡Tu anillo es bello! Piensa en lo decepcionado que estará papá si no lo tienes puesto cuando vuelva a casa.

—Bueno, creo que mis sentimientos son más importantes que los suyos.

—¡Mamá! —exclamó Leticia—. ¿Cómo puedes decir eso? ¡Sabes lo mucho que trabajó papá para comprarte ese anillo! —Mamá miró la joya.

—¿Sería correcto decir que tu padre «me bendijo» con el anillo y que no debería preocuparme lo que cualquiera diga de él? —preguntó. Leticia estaba confundida—. Nuestro Padre celestial también nos bendice con regalos —continuó mamá. Leticia la miró.

—Ah, ¡entonces de eso es de lo que se trata todo! —exclamó Leticia—. Me estás demostrando que Dios me dio el talento de cantar, por lo que debería usarlo, sin importar lo que diga otra gente.

—Exactamente —dijo mamá con una sonrisa. Se volvió a poner su anillo—. Así como tu padre se decepcionará si no uso mi regalo, Dios se decepcionará si tú no usas el tuyo. *CCF*

¿Y TÚ?

¿Leíste el pasaje bíblico de hoy? Los talentos que se discuten allí son distintos de las habilidades que Dios te dio, pero el principio es el mismo. No desperdicies tus habilidades solo porque alguien te molesta cuando las estás desarrollando. Usa los talentos que Dios te dio, y nunca te avergüences de ellos.

MEMORIZA:

«Toda buena dádiva y todo don perfecto descienden de lo alto, donde está el Padre que creó las lumbreras celestes». Santiago 1:17, NVI

Usa los dones de Dios

SUFICIENTE AMOR

Lee 1 Juan 4:16-20

—Abuelita, te quiero mucho, pero mamá me hace mucha falta —dijo Nina cuando entró a la lavandería donde la abuelita sacaba toallas de la secadora—. Quisiera que ella hubiera llegado hoy del hospital.

—Lo sé, cariño, pero recuerda, ella vendrá mañana —le dijo la abuelita para animarla—. Y piensa en que traerá a tu nuevo hermanito. —La abuelita cerró la secadora y le dio a Nina un abrazo antes de comenzar a doblar las toallas.

—Lo sé —dijo Nina vacilando—. Pero, abuelita, me preocupa algo —agregó después. Bajó la mirada a sus pies—. Me... me pregunto si mamá aún me ama. Es decir... tanto como me amaba antes de que llegara el bebé nuevo.

—¡Vaya! Claro que sí, cariño —dijo la abuelita rápidamente—. ¿Por qué pensaste que no podría amarte tanto?

Nina frunció el ceño.

—Ah, no sé. Solo es que me lo pregunto a menudo.

—Bueno, Nina, permíteme preguntarte algo —dijo la abuelita—. Sé que tu papá te prometió que cuando el bebé sea un poquito mayor, todos harán un viaje de regreso a Springdale, donde vivían antes. ¿Por qué quieres volver allá?

—Jamie vive allí, ¡y ella es mi mejor amiga! —respondió Nina.

—Pero te trasladaste de allá hace tres meses —respondió la abuelita—, y ahora tienes amigos *nuevos*.

—Pero, abuelita, yo no me olvidé de Jamie cuando hice amigos nuevos —dijo Nina—. ¿No lo entiendes?

—¿Quieres decir que todavía la amas? —preguntó la abuelita. Nina asintió con la cabeza—. Entonces, ¿por qué crees que tu madre dejaría de amarte? —preguntó la abuelita con una sonrisa—. Ella tiene suficiente amor para ti y tu hermanito bebé así como tú tienes suficiente amor para Jamie y tus amigos nuevos.

Nina sonrió. Luego le dio un gran abrazo a la abuelita.

—Creo que ahora lo entiendo —dijo. *MS*

¿Y TÚ?

¿Te preguntas a veces si tus padres te aman tanto como aman a tus hermanos y hermanas? ¿Estás celoso de algún miembro de tu familia? El amor de Dios puede ayudarte a vencer esos celos. Dios no ama a algunos más que a otros. Él ama a todos de igual manera.

Dios te ama

MEMORIZA:
«Nos amamos unos a otros, porque él nos amó primero». 1 Juan 4:19

EL OTRO DANIEL

Lee Daniel 1:8, 11-15

—No me gusta el pollo —le dijo Daniel a la abuelita. Ella le puso un poco en su plato—. Por favor no me des habichuelas ni zanahorias.

—Solo pondré un poquito de cada uno en tu plato —dijo la abuelita.

Daniel frunció el ceño.

—¿Puedo beber un poco de gaseosa? —preguntó.

—La leche es mejor para ti —respondió la abuelita—. Ahora, inclina tu cabeza mientras le doy gracias a Jesús por nuestro almuerzo. —Daniel inclinó la cabeza, pero no estaba agradecido. Jugaba con su comida.

—Creo que esto es horrible —anunció.

La abuelita frunció el ceño, pero no lo obligó a que se lo comiera. Cuando ella terminó, llevó una manzana para cada uno.

—¿No tienes helado? —preguntó Daniel.

—No has comido suficiente comida saludable como para que hoy comamos helado —le dijo la abuelita.

—Odio las manzanas —dijo Daniel lloriqueando.

—Me temo que tienes el nombre equivocado —dijo la abuelita tranquilamente—. El Daniel de la Biblia comía comida que lo hacía fuerte. Sabía que Dios había hecho su cuerpo y que mantenerse saludable es una manera de darle gloria al Señor. —Retiró la comida sin decir ni una palabra más.

Oscureció antes de que la abuelita tuviera lista la cena. Daniel estaba ansioso. Ella le dio el almuerzo que había rechazado antes.

—No podemos tirar la comida —dijo ella.

—¡Guácala! —dijo Daniel, pero probó el pollo, de todas formas. Estaba mejor de lo que había pensado. Se lo comió todo. Las zanahorias y las habichuelas también estaban buenas. Bebió la leche y miró la manzana—. ¿Al otro Daniel le gustaban las manzanas? —preguntó.

—No sé —dijo la abuelita.

—Creo que de todas formas se las comía —dijo Daniel, dándole una mordida a la fruta. Se sorprendió de lo buena que estaba—. ¿Soy ahora como el otro Daniel? —preguntó.

—Sí —dijo la abuelita con una sonrisa—. Estoy orgullosa de ti y creo que Dios está complacido también. *MMP*

¿Y TÚ?

¿Tomas leche y comes las frutas y verduras que tu cuerpo necesita? ¿O en lugar de eso comes papas fritas y dulces, y bebes gaseosa? Recuerda que Dios te creó y quiere que trates bien a tu cuerpo.

MEMORIZA:
«Honren a Dios con su cuerpo».
1 Corintios 6:20

Come comida saludable

LA MEJOR COMPRA

Lee Filipenses 3:12-16

—¡Estos son los que quiero! —exclamó Alicia, mientras admiraba los zapatos que se estaba probando—. ¿Puedo comprármelos?

—Está bien —dijo mamá—, si estás segura. Pero podemos ver otros. Esta es nuestra primera parada, y sabes que estás gastando tu propio dinero.
—Pero Alicia estaba segura. No solo compró los zapatos; decidió usarlos.

En otra tienda, Alicia señaló hacia una exhibición.

—Mira... allí hay más zapatos como los que acabo de comprar. Estos cuestan menos —dijo—. Tal vez debí comprarlos en lugar de los otros.

—Ya es demasiado tarde —dijo mamá.

Después vieron los mismos zapatos en oferta. Alicia estaba enojada. «Tendría que haber esperado —dijo—. Pude haber ahorrado mi dinero».

Alicia hizo pucheros por tanto tiempo que mamá se molestó. «Mira —dijo—, encontraste los zapatos que querías, y los tienes. Aunque hayas hecho el peor negocio posible, ya es demasiado tarde para hacer algo al respecto, por lo que te sentirás más contenta si ya no comparas más. ¿Está bien?» Alicia asintió y ya no miraron más zapatos ese día.

Ya en casa, Alicia le mostró sus zapatos a su padre. Y no pudo evitar contarle acerca del dinero que pudo haber ahorrado si solo se hubiera esperado.

—Pero mamá dice que me olvide de eso y que disfrute mis zapatos —concluyó. Papá asintió.

—Es un buen consejo —dijo—. La próxima vez, recuerda que es beneficioso comparar precios, pero en lo que a esta compra respecta, no sigas preocupándote. —Luego de un momento él añadió—: Casi todo en la vida es así, realmente. De nada sirve desear haber hecho algo de manera distinta. Es cierto, debemos considerar los errores y aprender de ellos, pero pensar demasiado en ellos solo nos hace sentir desdichados.

—Preocuparse por lo que se hizo no cambia nada —dijo mamá—. En lugar de eso, debemos confesarle nuestros errores a Dios y dejárselos a él, pidiéndole que nos ayude en el futuro. *HM*

¿Y TÚ?

¿Te inquietas por las cosas que no puedes cambiar? ¿Por las veces que no no ayudaste a alguien o que no le hablaste a alguien de Jesús? Aprende de esos errores, pero después déjalos atrás. Dios quiere que mires hacia adelante y que lo sirvas con alegría en el futuro.

No insistas en los errores pasados

MEMORIZA:
«Olvido el pasado y fijo la mirada en lo que tengo por delante, y así avanzo hasta llegar al final de la carrera».
Filipenses 3:13-14

NADA ABURRIDO

Lee Apocalipsis 21:1-14, 22-27

Rubén vio a la pequeña Raquel de reojo. La bebé parpadeó, luego movió la cabeza y, finalmente, sus ojos se cerraron mientras se acurrucaba en su silla del auto. Cuando se aseguró de que estaba dormida, le habló suavemente a su madre que estaba al otro extremo.

—Sabes, mamá, sigo pensando en el sermón de ayer del pastor Donovan —dijo—, pero a veces no estoy seguro de querer ir al cielo pronto; no por muchísimo tiempo. —Mamá lo miró.

—¿Por qué dices eso, cariño? —Rubén se retorció.

—Bueno, sé que los predicadores siempre dicen que será grandioso, pero toda esa música y cantos me parecen aburridos —confesó—. Me gusta la iglesia, pero no creo que me guste todo el tiempo. Extrañaría el béisbol, las hamburguesas y la televisión. ¡Aquí afuera hay un mundo grandioso!

Raquel se despertó y lloró. Mamá se estiraba para darle unas palmaditas.

—¿Supones que Raquel pensaba en eso hace algunos meses? —preguntó.

—¿Qué? —Rubén estaba confundido—. ¡Apenas tiene dos meses!

—Sí, pero sabes que estaba viva antes de nacer —respondió mamá—. Tal vez le gustaba estar donde estaba entonces.

—Bueno... lo dudo —dijo Rubén—. Ella estaba en la oscuridad y ni siquiera podía moverse mucho antes de nacer.

—Es cierto —asintió mamá—, pero se sentía abrigada y cómoda, y nunca tenía hambre. Imagino que podría haber pensado que su vida era muy buena. Tal vez, si alguien hubiera tenido una manera de preguntarle si quería nacer y ser parte de un mundo nuevo, quizás hasta podría haber dicho: "No, prefiero quedarme aquí".

—Bueno, entonces se habría perdido un montón —declaró Rubén.

—Estoy de acuerdo —dijo mamá—. Las vistas, los sonidos y los sabores que ni siquiera podríamos comenzar a describírselos. Cosas que tenía que experimentar por su cuenta para entender. —Le sonrió a Rubén—. Estoy segura de que así también es en el cielo. Es más fantástico de lo que podemos imaginar y mejor de lo que podemos entender aquí abajo. *SA*

¿Y TÚ?

¿Temes que en el cielo no habrá mucha diversión, que podría ser hasta aburrido? Recuerda que el Dios que creó a todas las cosas que te hacen feliz aquí también hizo el cielo. Podemos confiar en que no será decepcionante.

MEMORIZA:

«Buscaban un lugar mejor, una patria celestial. Por eso, Dios no se avergüenza de ser llamado el Dios de ellos, pues les ha preparado una ciudad». Hebreos 11:16

El cielo será grandioso

EL BARCO TRANSATLÁNTICO DE DIOS

Lee el Salmo 23:1-6

Juan, de diez años, miraba apesadumbrado la televisión. Enormes tanques transitaban por las calles de la ciudad en un país lejano. La gente, con rostros asustados, se amontonaba, mientras que otros gritaban y agitaban los puños. *Si Dios ama al mundo*, pensó Juan, *¿por qué pelea la gente y se matan los unos a los otros? Si Dios se interesa en los pequeños gorriones, ¿no puede hacer algo para que la gente sea buena unos con otros?*

—Hola, Juan. ¿Alguna noticia buena esta noche? —Juan sintió la mano de papá en su hombro cuando su padre se sentó. Juan sacudió la cabeza.

—Están muy malas, como siempre. —Luego expuso sus pensamientos en voz alta—. ¿Te preguntas alguna vez si Dios sabe lo que está pasando? Y si lo sabe, ¿no puede detenerlo? —Papá pensó por un momento.

—Juan —dijo—, tal vez una historia te ayudará a entender. Solo supón que un barco transatlántico sale de Nueva York y se dirige a Londres, Inglaterra. Hay muchos pasajeros a bordo y no están encerrados en sus cabinas ni encadenados a la baranda. Son totalmente libres para hacer lo que quieran. Algunos eligen cosas buenas y agradables, como jugar juegos, comer o leer; otros toman malas decisiones como apostar o beber. Mientras tanto, el gran barco los lleva constantemente a Inglaterra, porque el dueño del barco ha planificado su destino, y nada puede cambiarlo.

—Sí, y... —insistió Juan.

—Bueno, piensa en el barco como la tierra y que el dueño del barco es Dios, que mantiene al mundo en un curso constante sobre el mar del tiempo —dijo papá—. Dios le da a la gente libertad para elegir, aunque esta tome malas decisiones a veces. Sin embargo, la Biblia nos asegura de que Dios está al mando de este mundo, y nos da esperanza para el futuro. Dios nos conoce y se interesa por cada uno de nosotros. —Juan suspiró.

—Bueno, creo que todavía me asusto al pensar en la guerra y en las peleas.

—Puede ser aterrador —admitió papá—, pero tu Padre celestial te ama y está en control de este «barco»: su mundo. Puedes estar seguro de que hará lo correcto.

La sonrisa y el abrazo de Papá fueron tranquilizadores. *PIK*

¿Y TÚ?

¿Te da miedo ver las noticias aterradoras en la televisión? Dios no tiene miedo, y él sabe cómo acabará todo. Recuérdalo. Él quiere que obedezcas su Palabra y que confíes en él para el futuro.

Confía en Dios

MEMORIZA:
«No tengas miedo, porque yo estoy contigo; no te desalientes, porque yo soy tu Dios». Isaías 41:10

SIN ELECTRICIDAD, NO HAY MÚSICA

Lee Hechos 1:7-9; 2 Timoteo 1:6-7

—¿Puedo faltar al grupo de estudio bíblico hoy en la noche? —preguntó Colin al levantarse para ayudar a limpiar la mesa de la cena—. No tuve tiempo de preparar mi lección esta semana, y sé que al pastor Frank realmente no le gusta cuando eso pasa.

—Bueno —dijo la madre de Colin—, me alegra que el pastor Frank espere que estudies por tu cuenta, pero creo que debes ir a la clase bíblica aunque no hayas hecho tu lección.

—No sé, mamá —dijo Colin con duda—. De todas formas, he estado pensando en dejar de ir. Es que no tengo tiempo para hacer esas tareas.

Mamá frunció el ceño mientras encendía el radio.

—Mmmm —murmuró después de un momento—. Me pregunto por qué no está funcionando este radio. —Giró el dial y presionó el botón de encendido—. Quería escuchar un poco de música mientras lavo la vajilla.

Colin miró el radio. Giró el dial. Luego se dio cuenta de que el cordón colgaba suelto al otro lado del mostrador.

—Este es tu problema —dijo riéndose—. No estaba conectado. Sabes que debe tener electricidad para que funcione. Sin electricidad, no hay música.

—¡Ups! —Mamá se rió mientras sintonizaba el dial—. Este radio me hace pensar en ti —dijo, mientras el agua comenzó a llenar el fregadero.

—¿Qué quieres decir? —preguntó Colin.

—Bueno —dijo mamá—, tú dices que quieres vivir una vida cristiana; incluso dices que quieres testificar a otros. Pero obtenemos el poder para vivir para Cristo y para testificar al conectarnos a la Palabra, al pasar tiempo en adoración y en oración, y al pasar tiempo con otros cristianos. Entonces, cuando no haces esas cosas, eres como un radio desconectado, sin electricidad. Como dijiste, "sin electricidad, no hay música", o en tu caso, sin llegar a conocer mejor a Dios. Si en realidad quieres hacer lo que dices, el grupo de estudio bíblico puede ayudarte.

Colin suspiró, pero sabía que su madre tenía razón.

—Mamá —dijo mientras se iba a preparar para el estudio bíblico—, todo el tiempo supiste que el radio estaba desconectado, ¿verdad? *LFW*

¿Y TÚ?

¿Haces las cosas que te mantienen conectado a tu «fuente de energía»: cosas como leer tu Biblia, ir a la iglesia y a la escuela dominical, y memorizar versículos de la Biblia? Pon a Dios primero para que tengas su poder.

MEMORIZA:

«Dios trabaja en ustedes y les da el deseo y el poder para que hagan lo que a él le agrada». Filipenses 2:13

El poder espiritual viene de Dios

¡TRATO HECHO!

Lee 1 Corintios 11:23-26

Linnea y Carrie habían sido amigas por mucho tiempo. Vivían en la misma calle y habían ido a la misma escuela. Ahora la familia de Linnea iba a trasladarse lejos. En su último día juntas, jugaron en la casa de Carrie, mientras los papás de Linnea empacaban. Pero no se divirtieron mucho.

—No puedo jugar —dijo Carrie finalmente—. No dejo de pensar en mañana y en pasado mañana. ¿Con quién voy a jugar entonces?

—Lo sé —dijo Linnea—. Quisiera no tener que irme.

La madre de Carrie las llamó para su último almuerzo juntas: el último jugo, los últimos palillos de zanahoria, los últimos sándwiches. La mamá de Carrie les había hecho su favorito: de mantequilla de maní con jalea de fresa. Las niñas estaban tristes y pensaban en su próxima separación.

—Ya sé qué podemos hacer —dijo Carrie con aire pensativo cuando tomó su sándwich—. Podemos hacer un trato. Cuando comamos sándwiches de mantequilla de maní y jalea, podemos pensar en la otra y recordar las cosas que hacíamos juntas y recordar que somos amigas.

—¡Sí! —asintió Linnea—. ¡Buena idea! —Le sonrió a su amiga—. Es como en la iglesia —agregó—. Eso es lo que Jesús hizo con sus amigos en su última cena juntos. No les dio ningún regalo para que lo recordaran. Pero les dijo que frecuentemente tenían que comer pan y beber vino juntos como lo hicieron en esa última cena, pensar en él y en lo que él hizo, y recordar que volvería. Por eso es que tenemos la Cena del Señor.

Carrie asintió con la cabeza.

—Entonces, ¡hagámoslo!

Linnea sonrió y abrazó a su amiga.

—¡Trato hecho! —dijo—. ¡No lo olvidaré! *MDH*

¿Y TÚ?

¿Has pensado en lo que significa el servicio de la Cena del Señor? El tiempo de quietud durante el servicio es para recordar que Jesús te ama y que murió por ti. Para que lo recuerdes a él como recordarías a un amigo que te ha dejado por un tiempo. Después de todo, Jesús *es* tu amigo, ¡tu mejor amigo!

Recuerda siempre a Jesús

MEMORIZA:

«[Jesús] tomó un poco de pan y dio gracias a Dios por él. Luego lo partió en trozos, lo dio a sus discípulos y dijo: "Esto es mi cuerpo, el cual es entregado por ustedes. Hagan esto en memoria de mí"». Lucas 22:19

LA OFRENDA DE SHANE

Lee Marcos 12:41-44

«¿Ven lo que traje para la ofrenda?» Shane agitó en el aire un billete de cinco dólares. La mayoría de los demás chicos en la escuela dominical lo miró irritada. Se jactaba mucho de todo lo que daba. «Todos ustedes están celosos», dijo con un tono cantarín. Dayna y su mejor amiga, Chantel, se miraron con tristeza. En privado las dos habían acordado orar por Shane, que siempre se jactaba en la escuela dominical.

Cuando fue la hora de recoger la ofrenda, los estudiantes colocaron su dinero en un globo terráqueo que habían cortado para que sirviera de alcancía. La mayoría de los estudiantes daba su ofrenda en silencio y se sentaba, pero Shane orgullosamente agitaba su billete de cinco dólares como una bandera. «¡Vine preparado!», dijo en voz alta.

Se rió cuando otro alumno dejó caer unas monedas. «¿Es eso todo lo que les darás a esos pobres chicos con hambre? —Su voz fue fuerte—. ¿Una o dos tristes monedas de cinco centavos? Yo di cinco dólares».

—¿De quién era el dinero? —preguntó Dayna.

—¿Qué? —preguntó Shane—. Mi papá me dio ese dinero. —Sonrió—. Él tiene mucho más.

—Bueno, Chantel trabajó en casa de su abuela ayer durante toda la tarde —puntualizó Dayna suavemente—. A ella le pagaron, pero Chantel había ayudado a su abuela sin esperar dinero, por lo que decidió darlo todo esta mañana para los misioneros.

—¿Y tu papá no te da dinero para la ofrenda? —preguntó Shane sorprendido.

—El mío a veces lo hace —dijo Chantel—. Generalmente solo traigo parte de mi mesada cada semana.

—A veces mi papá también me da dinero —respondió Dayna amablemente—. Pero esta vez mi ofrenda era de mi propio dinero.

Nadie dijo ni una palabra, pero era obvio que la actitud de Chantel hacia ofrendar era la que le agrada al Señor.

¿Y TÚ?

¿Estás dispuesto a darle a Dios de tu propio dinero? ¿O compartirás solamente lo que tus padres te dan los domingos en la mañana? ¿Qué hay de tu tiempo? ¿Le estás dando al Señor una porción cada día? Él se alegra cuando lo haces.

MEMORIZA:

«No le presentaré ofrendas quemadas al SEÑOR mi Dios que no me hayan costado nada». 2 Samuel 24:24

Sé un dador

LOS ABUELOS DE JESSE

Lee 1 Pedro 4:12-16

Jesse vio que el abuelito Hoffman entró al auto, retrocedió lentamente por el camino de entrada y salió a la calle.

—Mamá —dijo Jesse—, ¿por qué el abuelito todavía va a ver a la abuelita al asilo todos los días? Tú misma dijiste que ella ya no le habla.

—Bueno, aunque la abuelita ha estado enferma por mucho tiempo, tu abuelito todavía la ama y quiere estar con ella —explicó mamá—. Aunque ella no lo reconozca ahora.

—Bueno, ¡siento lástima por él! —soltó Jesse—. Seguramente no es nada divertido para él. A Kyle, sus abuelitos lo llevan a jugar minigolf y otras cosas. Kyle dijo que van a comprar una autocaravana y que quizás él pueda ir con ellos a un viaje al oeste.

—Jesse, ¿en realidad sientes lástima por el abuelito, o por ti? —La pregunta de mamá hizo que Jesse sintiera sus orejas calientes de la vergüenza por la mirada directa que ella le dio—. Escucha, Jesse, las cosas no siempre resultan como a nosotros nos gustaría —dijo—. A tus abuelos les habría encantado tener la clase de vida que tienen los abuelos de Kyle, pero el abuelito sabe que Jesús tuvo una buena razón para haber permitido que sea muy distinta.

—Pero parece tan injusto —dijo Jesse quejándose.

—Piénsalo así —sugirió mamá—. Cuando el abuelito renuncia de buen grado a las así llamadas cosas divertidas de la vida y comparte el sufrimiento de la abuelita, comparte de alguna manera los sufrimientos de Jesús. La Biblia dice que hay bendiciones especiales para la gente que hace eso.

Jesse no podía recordar mucho a la abuelita, pero verdaderamente amaba a su amable y tierno abuelito, y lamentó haberse sentido celoso de Kyle.

—Voy a compartir con el abuelito también —dijo—. Le haré una tarjeta especial para que se la lleve a la abuelita la próxima vez que vaya a verla. ¿Le gustaría eso a Jesús?

—Estoy segura que sí, y también al abuelito —dijo mamá—. Tal vez la abuelita sonría cuando él se la muestre. *PIK*

¿Y TÚ?

¿Te pones celoso cuando los parientes de otros niños les dan regalos espléndidos y los tuyos no? Esta puede ser una gran oportunidad para demostrar el amor de Dios a la gente especial de tu familia, cuando los aceptas como son y no por lo que hacen por ti.

Valora a tu familia

MEMORIZA:
«Tendré cuidado de llevar una vida intachable». Salmo 101:2

13

LOS PRIMEROS PASOS

Lee Gálatas 6:1-6

Scott cerró la puerta posterior de un golpe y dejó caer sus libros sobre la mesa. Entró a la sala y se dejó caer pesadamente en el sofá.

—¿Qué pasa? —le preguntó mamá mientras hacía saltar a la bebé Sofía sobre su rodilla.

—Es mi nuevo amigo, Chad —respondió Scott—. Cuando se convirtió en cristiano dijo que dejaría de fumar. Pero esta tarde lo vi fumando con un par de sus antiguos amigos, detrás del edificio de la escuela.

Mamá puso a Sofía sobre la alfombra.

—Tendrás que ser paciente con Chad —dijo mamá—. Solo hace algunas semanas que se convirtió en cristiano. Hasta que llegue a conocer mejor a Jesús, lo más seguro es que cometerá unos cuantos errores.

Scott suspiró y miró cómo Sofía jugaba feliz con un grupo de bloques que había en el suelo. Golpeó dos bloques, luego gateó hacia la mesa de centro y se irguió. Scott se rió, y por un momento se olvidó de su enojo con Chad. «Creo que te estás luciendo», le dijo a Sofía.

Como a propósito, Sofía se sostuvo de la mesa y dio unos cuantos pasos alrededor de ella. Vio a mamá y sonrió. Mamá le extendió los brazos. Sofía dio un paso tembloroso y cayó en los brazos de mamá. Scott aplaudió. «¡Qué bien, Sofía! —exclamó—. ¡Diste tu primer paso!».

Mamá puso a Sofía de pie frente a ella y la soltó. Sofía extendió sus brazos, dio un paso pequeño y cayó al suelo. Se vio sorprendida por un momento, pero después frunció toda la cara. «No llores, Sofía —dijo Scott mientras la levantaba—. Solo son tus primeros pasos. —La volvió a poner de pie al lado de la mesa—. Todo lo nuevo requiere práctica», agregó.

«Como ser cristiano —dijo mamá—. Tu amigo Chad está dando sus primeros pasos como cristiano. Al principio es fácil tropezar. —Scott pensó en eso por un momento—. Tal vez podrías echarle una mano a Chad», sugirió mamá al extender los brazos para alcanzar a Sofía que daba otro paso. *JAP*

¿Y TÚ?

¿Conoces a alguien que dice ser cristiano pero que no actúa como tal? Tal vez esa persona necesite aprender a caminar con Dios. En lugar de criticarla, ora por ella. Anímala a asistir a eventos cristianos y a que evite las malas acciones. Sé un buen ejemplo.

MEMORIZA:

«Si otro creyente está dominado por algún pecado, ustedes, que son espirituales, deberían ayudarlo a volver al camino recto con ternura y humildad». Gálatas 6:1

Ayuda a los cristianos más débiles

DOS CORAZONES NUEVOS

Lee el Salmo 51:10-17

El hecho de que la camioneta azul estuviera estacionada en el camino de entrada de Ian significaba que la tía Dee estaba allí. Tal vez había traído a la abuelita de regreso del hospital; el doctor había dicho que podría volver a casa hoy. La abuelita había estado cerca de la muerte cuando el doctor les dijo que debían encontrar a un donante de corazón pronto. Aun después del trasplante de corazón, había parecido que su cuerpo podría rechazar el corazón nuevo, pero ahora ella estaba mejor.

Ian entró corriendo a la casa. Estaba encantado de saber que la abuelita efectivamente estaba en casa, y ella estaba ansiosa por verlo.

—¿Cómo estás, abuelita? —preguntó Ian después de darle un abrazo suave.

—Estaba agradeciéndole a Dios por mis dos corazones nuevos. —Los ojos de la abuelita brillaban como frecuentemente lo hacían cuando estaba a punto de compartir un secreto.

—Pero, abuelita, solo recibiste un corazón nuevo —dijo Ian. Sabía que la abuelita tendría una explicación y se preguntaba cuál sería.

—En el hospital, sí. Pero recibí mi primer corazón nuevo cuando tenía como tu edad —respondió la abuelita. Ian pensó que sabía a qué se refería, pero esperó a que ella continuara—. Cuando le pedí a Jesús que entrara a mi corazón y que me limpiara de mi pecado, fue como si me hubiera dado un corazón nuevo —le dijo la abuelita—. Estoy agradecida por el corazón nuevo que los doctores me dieron, pero estoy aún más agradecida con Jesús por morir para que yo pudiera tener espiritualmente un corazón nuevo.

Ian asintió.

—Yo también tengo un corazón espiritualmente nuevo, ¿verdad? —dijo.

—Lo tienes si has aceptado a Jesús como tu Salvador —dijo la abuelita—. ¿Lo has hecho?

Ian volvió a asentir.

—Sí, lo he hecho, abuelita —dijo con una sonrisa—. Los dos tenemos corazones nuevos. *EMB*

¿Y TÚ?

¿Tienes un corazón nuevo? Puedes tenerlo. No un corazón físico nuevo, sino uno espiritual. Tal vez has pensado en aceptar a Jesús como tu Salvador, pero lo has estado aplazando. ¿Por qué no aceptas el corazón nuevo que Dios te ofrece ahora mismo?

Acepta un corazón nuevo

MEMORIZA:
«Deja atrás tu rebelión y procura encontrar un corazón nuevo y un espíritu nuevo». Ezequiel 18:31

LA PROGRAMACIÓN APROPIADA

—Nuestra computadora no funciona bien —se quejó Alana con su padre, y le explicó lo que quería que hiciera—. Oí que le dijiste al tío Bob que una computadora podía hacerlo —dijo.

Papá sonrió.

—Sí, pero *nuestra* computadora no lo hará porque nunca la programé para eso. Sin las instrucciones adecuadas adentro, la computadora no hará nada —dijo. Luego se sentó frente al teclado y comenzó a teclear—. Escribiré un programa para que le diga a la computadora lo que quieres. Solamente responde a lo que se le ha dicho. —Pronto se puso de pie—. Inténtalo ahora —sugirió, y le dijo qué teclas usar.

El programa nuevo funcionó. La computadora hizo precisamente lo que Alana quería.

—¡Excelente, papá! —dijo—. ¡Esto es maravilloso!

—Verdaderamente, no —respondió su padre—. Es una ley básica de las ciencias de computación que solo puedes sacar lo que has introducido. Si le pones basura, sacarás basura. Si le introduces buenas cosas, sacarás buenas cosas. Como en la vida.

—¿Como en la vida? —preguntó Alana—. ¿Qué quieres decir?

—Quiero decir que tu vida también se convierte en lo que haces de ella —respondió papá—. Tu mente es como una computadora. Es una enorme base de datos que almacena todo lo que le introduces y responde a las instrucciones que le das. Si almacenas cosas buenas, tu mente responde con pensamientos y acciones buenas. Si almacenas un montón de basura, eso es lo que tu mente te devuelve, y así es como actúas. Lo que pones en tu mente determina la respuesta que sale en tu vida. De alguna manera, estás programando o escribiendo tu propio futuro ahora mismo con lo que pones en tu mente y en tu vida. *BKO*

¿Y TÚ?

¿Estás almacenando pensamientos e ideas que te ayudarán después? ¿Para qué clase de futuro te estás programando? Las cosas como los libros buenos (especialmente la Biblia), los amigos buenos (particularmente los cristianos) y los programas buenos (que tienen moral y valores cristianos) te ayudarán a prepararte para un gran futuro.

MEMORIZA:

«Porque cual es su pensamiento en su corazón, tal es él». Proverbios 23:7, RVR60

Programa el bien en tu vida

UN DIAMANTE EN BRUTO

Lee Romanos 5:1-5

Jocelyn dejó caer su mochila en la esquina del mostrador de la cocina de su abuela. Sacudió la cabeza cuando la abuelita le ofreció una merienda de yogurt y frutas.

—No gracias, abuelita —dijo—. No tengo ganas de comer. —Suspiró—. ¡Nada me sale bien! Hasta oraste conmigo para que pasara mi examen de matemáticas y que hiciera amigos esta semana, pero no sirvió de nada. Ay, abuelita, ¡solo quiero volver a Hickory Falls! —Una lágrima corrió por su mejilla—. Odio estar aquí —agregó.

La abuelita le dio un pañuelo. Luego se quitó lentamente el anillo de diamante de su dedo.

—¿Sabes algo de diamantes? —preguntó, y le dio el anillo a Jocelyn.

Jocelyn tomó el anillo.

—Bueno, sé que son bellos y valiosos —dijo—. Que proceden de minas y que se requiere de muchísimo tiempo para hacer uno. —Se probó el anillo en el dedo y lo levantó a la luz—. ¡Ah, mira cómo brilla! —agregó.

La abuelita asintió con la cabeza.

—Los diamantes no se ven como este cuando salen de la tierra —dijo—. A un tallador experto le toma mucho tiempo cortarlo y pulirlo cuidadosamente.

—Ah, sí. Recuerdo haber estudiado eso en la escuela —dijo Jocelyn—. Usa herramientas muy afiladas y un desliz puede hacer que un diamante se destroce y se arruine.

—¡Correcto! ¿Sabías que somos como diamantes en bruto, Jocelyn? —preguntó la abuelita—. Dios es el Tallador Maestro. Aunque las herramientas que usa a veces nos parecen dolorosas, las usa para hacernos fuertes y bellos. Él nunca tiene un desliz. Si confiamos en él, nunca permitirá que nos destrocemos.

Mientras Jocelyn seguía admirando el diamante, la abuelita puso el yogurt en la mesa, frente a ella. Pensativa, Jocelyn extendió la mano para tomar la cuchara. *JRL*

¿Y TÚ?

¿Te has decepcionado cuando le has pedido a Dios que te ayude a tener éxito, y eso no ocurrió? Confía en él de todas formas, y deja que el Tallador Maestro te convierta en una joya.

Los tiempos difíciles te fortalecen

MEMORIZA:
«¡Confío en ti, mi Dios! No permitas que me avergüencen, ni dejes que mis enemigos se regodeen en mi derrota».
Salmo 25:2

LA CASA DE MUÑECAS

Lee Efesios 6:1-4

—¡Hola, abuelita! —exclamó Senja cuando bajó del bus—. Me alegra poder pasar el fin de semana contigo. —La abuelita puso el equipaje de Senja en su auto y luego se dirigieron a la autopista.

—¿Cómo está todo en casa? —preguntó la abuelita—. ¿Te llevas bien con tu madrastra?

—Al principio sí, pero ahora ya no me cae bien —respondió Senja.

—Ah, eso no está nada bien —dijo la abuelita—. Senja, la Biblia dice que debes honrar a tus padres. Eso significa que a tu madrastra también.

—Bueno, ya que ella no honra a mi madre, yo no voy a honrarla a ella —declaró Senja obstinadamente.

—Tu madre murió antes de que tu padre conociera a Mónica. ¿Qué es lo que crees que hace mal? —preguntó la abuelita.

—Lo cambia todo —le dijo Senja—. Mamá tenía nuestra casa en perfectas condiciones, pero Mónica mueve los muebles y los cuadros por todas partes. No es justo. Primero perdí a mi madre, y ahora estoy perdiendo mi hogar. —Luego Senja cambió de tema.

Después de la cena, la abuelita llevó a Senja al ático.

—Tu madre quería que tuvieras esto cuando tuvieras la edad suficiente.

—¡Su casa de muñecas! —exclamó Senja—. ¡Me encanta! —Bailó alrededor, aplaudiendo de emoción. Comenzó a sacar todas las muñecas y los muebles—. ¿Sabes qué, abuelita? —dijo—. Voy a pintar la habitación de la niña de color lila y voy a hacer un salón de diversiones en la sala anticuada.

—¿De veras? —preguntó la abuelita—. A tu madre le gustaba como estaba. ¿No crees que tus planes van a deshonrarla?

—No veo por qué —protestó Senja—. Yo solo... Abuelita, tú me diste esta casa de muñecas hoy por Mónica, ¿verdad? —La abuelita asintió.

—Dios te bendijo con maravillosos padres cristianos, y ahora tienes una madrastra cristiana bondadosa —dijo—. Esperaba que esto te ayudara a darte cuenta de eso.

Senja puso a toda la familia de la casa de muñecas en su cocina.

—Y yo debo recordar que cuando Mónica cambia los muebles, no lo hace para deshonrar a mi madre en absoluto. *RKM*

¿Y TÚ?

¿Tienes padrastros o quizás abuelastros? ¿Les demuestras respeto como debes hacerlo? Cuando los honras como padres agradas al Señor.

MEMORIZA:
«Honra a tu padre y a tu madre».
Éxodo 20:12

Honra a los padres y a los padrastros

LA DECISIÓN

Lee el Salmo 1:1-6

Brock estaba sentado callado en la silla y mirando por la ventana mientras su padre leía la nota de su maestra que había llevado a casa.

—¿Quieres hablar de esto? —preguntó papá suavemente después de que puso a un lado la carta. —Brock se preguntaba cómo decírselo.

—Yo... yo comencé a alejarme de los chicos cuando vi que la revista que leían tenía fotos sucias en ella —empezó—. Pero ellos comenzaron a decir cosas como: "Anda, diviértete un poco", "No seas un santito", "Sé hombre" y cosas así. —Brock respiró profundamente y suspiró—. Entonces, supongo que regresé y vi las fotos con el resto de ellos, hasta que la señora DeSantis vio lo que estábamos haciendo y nos llevó a la oficina del director. —Miró a su padre—. De verdad lo siento, papá.

—¿Cómo crees que se sintió el Señor cuando lo hiciste? —le preguntó su padre suavemente.

Brock encogió los hombros.

—Triste, creo.

Por un momento su padre se sentó en silencio.

—¿Qué dirías si algunos de tus amigos inventaran chistes de tu hermana o de tu madre y los contaran solo para divertirse? —preguntó papá—. ¿Te unirías a ellos?

—¡Claro que no! —respondió Brock.

—Tu mamá y Suzanne te importan demasiado como para querer lastimarlas, ¿verdad? —preguntó papá y Brock asintió—. Pero, ¿y si tus amigos te insultaran porque no quisiste seguir con su diversión? —persistió papá.

—¡No me importaría! —Brock pensó que sabía a lo que papá quería llegar.

Papá lo miró y sonrió un poco.

—Es fácil decir "no" cuando se le hará daño con lo que haces a alguien que quieres, ¿verdad? —Brock sintió que las mejillas se le sonrojaban. Entendió lo que su padre le estaba diciendo en realidad—. Brock —dijo papá suavemente—, si Jesús nos importara como debería importarnos, probablemente cambiaríamos mucho de lo que pasa en nuestra vida. Esto simplemente nos deja ver cuánto necesitamos su ayuda para amarlo a él y a los demás cada vez más. *RSM*

¿Y TÚ?

¿Amas al Señor lo suficiente como para decir «no» cuando tus amigos te piden que hagas algo malo? ¿Le pedirás al Señor que te ayude a permanecer firme por él?

Dile «no» al pecado

TESTIGO SIN SABERLO

Lee 1 Corintios 3:5-10

«Sí, pastor Milheim. —Papá estaba hablando por teléfono—. Ajá... sí. Bueno, ¡alabado sea Dios!». Después de terminar la conversación, Papá gritó: «¡Adivinen qué pasó!». Kassie y su mamá llegaron a la cocina.

—¿Qué? —preguntó Kassie.

—Kassie, ¿te acuerdas cuando tú y tu clase de la escuela dominical fueron a comer pizza el mes pasado después de tu fiesta de patinaje? —preguntó papá. Kassie asintió y papá continuó—: El pastor Milheim acaba de decirme que un hombre que estaba en la pizzería cuando todos ustedes entraron fue hoy a su oficina.

—¿De veras? —preguntó Kassie—. ¿Cómo supo quiénes éramos?

—Vio el nombre de la iglesia en la camioneta que ustedes usaron esa noche —explicó papá—. Bueno, dijo que se había molestado mucho al ver a todos los jóvenes que habían entrado porque tenía miedo de que fueran demasiado alborotadores. Pero no lo fueron. Y cuando todos inclinaron la cabeza para agradecerle al Señor la comida, el hombre dijo que de repente recordó los días en que era un chico de la escuela dominical.

—¡Qué fabuloso! —dijo mamá. Papá asintió.

—Este hombre le dijo al pastor Milheim que esa noche se fue a su casa y no podía dejar de pensar en cómo se había desviado del Señor, y ahora quiere volver a Cristo. ¿No es maravilloso?

—En otras palabras, ¡ustedes chicos fueron testigos sin saberlo siquiera! —exclamó mamá.

—Sí —coincidió papá—, la semilla de la Palabra de Dios fue plantada en la vida de ese hombre hace mucho tiempo. Ustedes la regaron y Dios la hizo crecer.

Kassie estaba emocionada.

—¿Quieres decir que la regamos solo con agradecer a Dios por la pizza y por portarnos bien? —preguntó. Papá asintió.

—Correcto, cariño. Nunca podemos saber cómo Dios usará hasta el acto de fe más pequeño de nuestra parte para acercar a otros a sí mismo. *RSM*

¿Y TÚ?

¿Dejas ver que amas a Jesús con tu vida y acciones? Dios puede usarte de muchas maneras para acercar a la gente a sí mismo: una palabra amistosa, una acción amable o una oración por tu comida en un restaurante. Pídele a Dios que te ayude a ser fiel y fructífero para él.

MEMORIZA:

«Yo planté la semilla en sus corazones, y Apolos la regó, pero fue Dios quien la hizo crecer». 1 Corintios 3:6

Sé fiel

LA EMBOSCADA

Lee 1 Pedro 5:8-9

—Mira a Hugger agachada debajo de la maleza —dijo Haley y señaló a su gata por la ventana.

—Ella está mirando a las palomas que comen en el patio —dijo papá—. Va a emboscarlas.

Precisamente entonces la gata saltó hacia las aves. Las palomas rápidamente salieron volando y Hugger se quedó oliendo las cáscaras de alpiste.

—Me alegra que se hayan ido —dijo Haley—. Son muy inteligentes. Creo que saben que hay una gata en nuestro jardín, por lo que están atentas a ella mientras comen. —Papá asintió.

—Debemos ser así de inteligentes —dijo. Haley pensó que debía verse sorprendida porque él le explicó—: Esa gata me hace recordar que a Satanás le gusta esconderse y luego saltar hacia nosotros cuando menos lo esperamos. Tenemos que estar atentos a las trampas que pone y que nos llevan al pecado.

Al día siguiente, Haley llamó a papá desde el patio de atrás.

—Ven a ver lo que está haciendo Hugger ahora.

Papá se rió cuando vio a Hugger, con su cola levantada, atravesando lentamente el patio hacia las palomas.

—Creo que trata de fingir que es su amiga y que no les hará daño —dijo. De nuevo, las aves se fueron volando cuando la gata se acercó mucho—. Esa es otra lección de Hugger —agregó papá—. Satanás también finge ser nuestro amigo. Inclusive trata de engañarnos para que lo sigamos y desobedezcamos a Jesús.

—Esas aves son inteligentes —dijo Haley. Papá asintió.

—Dios les dio instinto —dijo—. Tienen la habilidad natural de estar atentas al peligro y de huir de él.

—Quisiera que tuviéramos instinto respecto a Satanás —dijo Haley.

—Si le pertenecemos a Jesús, tenemos algo aún mejor —le dijo papá—. Tenemos a su Espíritu Santo que vive en nosotros para guiarnos, para advertirnos del peligro y para ayudarnos a escapar. *POY*

¿Y TÚ?

¿Sabes cuando Satanás trata de hacer que hagas algo malo? Puedes protegerte al leer tu Biblia, al obedecer a tus padres y al pedirle a Dios que te ayude. Cuando el Espíritu Santo te pone incómodo por algo, ponle atención a la advertencia y evita las cosas malas.

No confíes en Satanás

MEMORIZA:
«Pongan a prueba todo lo que se dice. Retengan lo que es bueno».
1 Tesalonicenses 5:21

CÓMO VOLAR ALTO

Lee Romanos 8:1-9

«¡Ay, no!», gruñó Zach. Se sentó en su escritorio, con sus dedos cubiertos de pegamento. Se quitó la goma de los dedos. Sabía que debía tomar un descanso, pero en lugar de eso se dijo: *Solo necesito colocar esta hélice.* Zach trató de mantener estable la parte delantera del modelo, pero sus dedos temblaban de frustración. Oyó un crujido y vio la hélice hecha pedazos en sus manos. «¡Qué tontería!», gritó Zach. Recogió el avión y lo lanzó contra la pared. Zach sentía las lágrimas calientes del enojo. Se inclinó sobre su escritorio, puso la cabeza entre sus brazos y lloró.

Esa noche, papá se sentó con Zach en su cama. Papá tenía en su mano el avión destrozado.

—Zachary, de algunas maneras, tu vida con Jesús se parece mucho a un avión —dijo. Zach estaba confundido—. La gravedad mantiene a un avión en la tierra. Ese avión nunca despegará hasta que leyes mayores venzan la ley de la gravedad, ¿correcto? —preguntó papá. Zach asintió, y papá continuó mientras movía el avión a lo largo del cubrecama—. A medida que el avión avanza, el aire fluye sobre el ala curva y la presión del aire debajo del ala presiona hacia arriba y genera la elevación. Finalmente, la elevación es mayor que la fuerza de gravedad, y tienes...

—¡El despegue! —exclamó Zach—. Pero ¿qué tiene eso que ver conmigo? Papá le sonrió amablemente.

—Zach, con ese temperamento eres como un avión pegado a la tierra —dijo—. Verás, la ley de gravedad puede compararse con lo que la Biblia llama la ley del pecado y la muerte. Si la ley del pecado te controla, nunca tendrás victoria con tu temperamento.

—Ah... supongo que no —murmuró Zach.

—Necesitas una ley mayor, una fuerza mayor que la ley del pecado que te mantiene abajo —dijo papá—, y como cristiano, ¡la tienes! Tienes al Espíritu Santo. Cuando sientas que tu temperamento se eleva, pide que su poder te ayude a "volar por encima" de tu ira, en lugar de rendirte a ella. *CPK*

¿Y TÚ?

¿Tienes problemas para controlar tu temperamento? Al perder el autocontrol, ¿te lastimas y lastimas a otros? El Espíritu Santo puede darte poder por encima de tu temperamento. En ese momento difícil de tentación, detente y pídele que te ayude a estar tranquilo.

MEMORIZA:

«El Espíritu que vive en ustedes es más poderoso que el espíritu que vive en el mundo [Satanás]». 1 Juan 4:4

Controla tu temperamento

SIN CUENTOS DE HADAS

Lee 2 Pedro 1:19-21

David se sentó con el manual del conductor en sus manos. Lo agitó cuando papá entró a la habitación.

—Sam sabe todas las reglas, por lo que está listo para tomar el examen para su permiso de conducir este sábado y así podrá aprender a conducir —reportó David sonriendo—. Lo he estado ayudando a estudiar. Prometió comprarme un helado después de obtener su licencia y que tú lo dejes llevarse el auto.

—Ah, ya veo —dijo papá—. Bueno, eso tardará un poco, ¿sabes? Después de que le den el permiso a Sam, todavía tiene que tomar las clases para conducir y también tiene que pasar el examen de conducir. —Le sonrió a su hijo—. A propósito —agregó papá—, espero que no te olvides de tus propias lecciones. ¿Ya estudiaste tu lección de la escuela dominical de esta semana?

—Lo haré ahora mismo —respondió David. Frunció el ceño—. Pero tengo un problema. Mi amigo Jaime dice que algunas de las historias de la Biblia son solo mitos, entonces, ¿cómo sé cuáles debo creer?

—Sí que tienes un problema —dijo papá. Se quedó pensativo por un momento—. Déjame preguntarte algo —dijo—. Después de aprender todas esas reglas para conducir un auto, ¿supones que Sam solo elegirá las que le gustaría obedecer e ignorará el resto de ellas? —David sonrió.

—Será mejor que no lo haga —dijo—, o tendrá problemas. Obtendrá muchas multas.

Papá asintió y tomó el periódico. Le mostró a David una foto de la primera página.

—Esto es lo que pasó cuando un conductor ignoró un semáforo —dijo.

—¡Vaya! —dijo David—. ¡Esos autos son un desastre!

—Cuando comienzas a elegir lo que quieres creer de la Biblia, tu vida cristiana también será un desastre —dijo papá—. Todas las reglas para conducir deben creerse y obedecerse. También todo lo que hay en la Biblia. *HAD*

¿Y TÚ?

¿Tienes amigos o compañeros de clase que te dicen que la Biblia contiene cuentos de hadas? ¿Te hacen dudar de la Biblia? Jesús reprendió al diablo citándole pasajes bíblicos. Esa es una buena manera en que todos nosotros podemos responder. Trata de citar el siguiente versículo cuando alguien te diga que hay partes de la Palabra de Dios que son falsas.

La Biblia es la Palabra de Dios

MEMORIZA:
«Toda palabra de Dios demuestra ser verdadera. Él es un escudo para todos los que buscan su protección».
Proverbios 30:5

FEBRERO
23

VUELO EN FORMACIÓN

Lee Efesios 4:1-6

«Bueno, si así es como van a estar por eso, buscaré a alguien más con quien hacer mi proyecto de ciencias», le dijo Antonio a Garrett y a Tomás en tono enojado. Cruzó los brazos, se volteó y se alejó de los chicos.

Durante la cena esa noche, Antonio todavía estaba enojado.

—Esos chicos simplemente no me escuchan —se quejó—. Quieren cambiar todo el proyecto y no les importa lo que yo diga en cuanto a eso. Buscaré a alguien más con quien hacer mi proyecto de ciencias.

—Mmm —murmuró papá—. ¿Entiendo que no puedes volar en formación? —preguntó con el ceño fruncido.

—¿Qué? —dijo Antonio con un gruñido—. ¿De qué estás hablando?

—¿Te acuerdas cuando fuimos a ver al equipo de vuelo de la marina actuar en la exhibición aérea? —preguntó papá. Antonio asintió—. ¿Te acuerdas a qué distancia volaban unos de otros esos seis aviones?

—Creo que como a un metro de distancia —respondió Antonio—. ¡Sí que se requiere de trabajo en equipo para eso! Cuando uno de ellos se movía, todos se movían. —Su ceño fruncido se convirtió en una sonrisa al recordar la emoción de ver los brillantes aviones azul con amarillo.

—Para volar en formación sin duda se requiere de trabajo en equipo —asintió papá—. Se requiere para hacer un buen trabajo en cualquier equipo, incluyendo tu proyecto de ciencias. Es cierto que los otros chicos deberían escuchar tus ideas, pero tú también debes escuchar las suyas, ¿no crees?

—Bueno... tal vez —admitió Antonio lentamente—. Sí, creo que tienes razón, papá. Si todos vamos a volar en la misma formación, tenemos que trabajar juntos. Será mejor que llame a Tomás y le pregunte sobre sus ideas.

—Bueno, ya que estamos en el tema del trabajo en equipo —dijo mamá rápidamente cuando Antonio comenzó a levantarse—, recordemos que el equipo más importante de todos es el equipo de Dios. Todos tenemos que trabajar juntos para mostrarles a otros su amor.

—Temes que haya olvidado la reunión especial del grupo de jóvenes hoy en la noche, ¿verdad? —preguntó Antonio soriendo—. Bueno, no lo olvidé, y cuando hable con Tomás le pediré que venga también. *DKH*

¿Y TÚ?

¿Ignoras a veces las ideas que no son tuyas? ¿Te cuesta trabajar como parte de un equipo? Recuerda que Dios quiere que los cristianos trabajen juntos en unidad. Si no están trabajando en equipo, les será muy difícil lograr su meta.

MEMORIZA:
«¡Qué maravilloso y agradable es cuando los hermanos conviven en armonía!» Salmo 133:1

Trabaja bien con otros

LAS INSTRUCCIONES CORRECTAS

Lee el Salmo 119:105-112

—¡Esto no funciona! —exclamó Brandon. Mamá levantó la vista.

—¿Qué no funciona? —preguntó.

—No puedo resolver este problema de matemáticas —dijo Brandon.

—Veámoslo juntos —sugirió mamá mientras miraba su trabajo—. ¿Estás seguro de que lo estás haciendo bien? —Brandon asintió.

—Quentin es el chico más inteligente de nuestra clase —dijo—, y hoy me enseñó a hacer estas fracciones.

—Mmm —murmuró mamá—. Bueno, de todas formas, busquemos el capítulo en tu libro de texto, solo para asegurarnos.

—Está bien —dijo Brandon a regañadientes. Encontró el capítulo.

—Ahora —dijo mamá—, trata una vez más, y sigue estas instrucciones. Brandon comenzó de nuevo. Pronto encontró la respuesta correcta.

—¡Estaba pasando por alto un paso! —exclamó—. Gracias, mamá.

Más tarde esa noche, papá le pidió a Brandon que leyera el pasaje bíblico para el devocional familiar. Brandon suspiró.

—Papá, ¿por qué no puedo leer la historia del devocional? —preguntó—. Algunas de las palabras de la Biblia son muy difíciles de leer.

—Las historias pueden ayudarnos a entender el pasaje bíblico —dijo su padre—, pero no son la Palabra de Dios. El Señor quiere que leamos su Palabra. Si se lo pedimos, él nos ayudará a entenderla. Tu madre y yo te ayudaremos con las palabras difíciles.

—Brandon, ¿qué pasó cuando hacías tu tarea hoy? —preguntó su madre.

—¿Qué quieres decir? —preguntó Brandon.

—No podías obtener la respuesta correcta usando las instrucciones de Quentin, ¿verdad? —preguntó su madre.

—No —respondió Brandon—, pero cuando seguí el libro la obtuve.

—Exacto —dijo mamá—. Ese es un ejemplo de la razón por la que necesitamos leer la Palabra de Dios y seguir sus instrucciones. La gente puede darnos la dirección equivocada, pero la Palabra de Dios no tiene errores. Creo que podrías llamarla nuestro libro de texto para toda la vida. *SLR*

¿Y TÚ?

¿Te es difícil entender la Biblia? ¡Sigue leyendo la Palabra de Dios de todas formas! Tus padres, maestros o pastor pueden ayudarte a entenderla, pero pídele a Dios que también te ayude. Las respuestas de la vida se encuentran en la Biblia.

La Biblia es el libro de texto de la vida

MEMORIZA:
«Tu palabra es una lámpara que guía mis pies y una luz para mi camino».
Salmo 119:105

LO GENUINO

Lee Hebreos 13:7-9

—¡Adivinen qué! —exclamó papá, mientras la familia cenaba—. Hoy alguien trató de darme un billete falsificado de veinte dólares.

—¿Falsificado? —Mamá estaba sorprendida.

—¿Qué significa *falsificado*? —preguntó Savannah.

—Falso —dijo Caleb, su hermano—. Pásame el *ketchup*, por favor.

—Sí, significa falso —respondió papá, pasándole el *ketchup* a Caleb, al otro lado de la mesa—. El dinero falsificado parece algo genuino, pero no lo es.

Savannah tomó su hamburguesa y comenzó a comer.

—¿Cómo puedes saber que no es genuino? —preguntó entre mordidas.

—Bueno, a veces se requiere un experto —comenzó papá—, pero yo manejo mucho dinero todos los días en la tienda, ¿verdad? —Savannah asintió. Su padre era el dueño de la abarrotería, y ella frecuentemente lo veía en la caja registradora—. Bueno, después de manejar tanto dinero todos los días, uno se acostumbra de alguna manera a lo verdadero. Entonces, aunque no ocurra muy seguido, cuando aparece un billete falso, frecuentemente sobresale. —Papá bebió un poco de su limonada y luego continuó—: Cuando el hombre me dio el billete falsificado hoy, no lo sentí bien, y cuando lo vi más de cerca, estuve bastante seguro de que era falso.

—¡Vaya! —dijo Caleb— ¡Como el FBI! —Papá se rió.

—Bueno, no tanto así. Pero estoy agradecido de haberlo descubierto; de otra manera, habríamos perdido veinte dólares. —Después de un momento agregó—: ¿Saben?, ahora que lo pienso, lo que pasó hoy se parece un poco a nuestra fe cristiana.

—¿Qué quieres decir? —Savannah estaba confundida.

—Si dedicamos una buena cantidad de tiempo a leer la Biblia, aprendemos lo que enseña en realidad —explicó papá—. Entonces, cuando alguien viene con una enseñanza falsa, no aceptaremos el mensaje falso tan fácilmente, aunque se parezca mucho a lo genuino.

—Es cierto —asintió mamá—. Cuando estamos muy familiarizados con la Palabra de Dios, no nos engañarán tan fácilmente. *RSM*

¿Y TÚ?

Es muy importante saber lo que enseña la Palabra de Dios. ¿Lees la Biblia todos los días? ¿Escuchas cuidadosamente en la escuela dominical y en la iglesia? ¿Pones atención durante el devocional de tu familia? Dios puede ayudarte a estudiar y a entender su Palabra.

MEMORIZA:

«No se dejen cautivar por ideas nuevas y extrañas. Su fortaleza espiritual proviene de la gracia de Dios». Hebreos 13:9

Estudia la Biblia

¡A RODAR FRUTAS!

Lee Gálatas 5:16-23

El bolsillo del suéter rojo de Ashley estaba abultado. Ella no quería que la señorita Álvarez se diera cuenta, por lo que entró al salón de clases sin su usual «Buenos días» y se sentó. Rápidamente sacó una gran naranja de su bolsillo y la escondió dentro de su escritorio.

La mañana avanzaba lentamente. Generalmente, a Ashley le gustaba la clase de lectura, pero hoy no. No podía mantener su mente en la historia. Pero Micah le había dicho que la clase tenía que esperar hasta la hora de matemáticas. Cuando la señorita Álvarez se volteara, él daría la señal.

La emoción aumentó en realidad después del recreo. Todos miraban a Micah. Cuando metió su mano en su escritorio, Ashley se tapó la boca. Ella no quería que la señorita Álvarez viera que se estaba riendo. Ella también metió la mano dentro de su escritorio y agarró la naranja.

Al fin la señorita Álvarez le dio la espalda a la clase. Ashley inspiró profundamente mientras Micah gritaba: «¡A rodar frutas!». En un segundo, la naranja de Ashley rodó con muchas otras por el espacio entre los escritorios. El salón se llenó de bulla y la señorita Álvarez se veía confundida.

—Son para usted —dijo Micah y señaló las frutas.

—¡Oh! —dijo la señorita Álvarez sorprendida—. ¡Qué amables! Gracias.

Esa tarde Ashley le contó a su madre cuánto se habían divertido.

—La señorita Álvarez dijo que nunca había oído de las frutas que rodaban —dijo Ashley—. Recibió naranjas, toronjas, algunas mandarinas y hasta un limón. Le gustó. Y después nos dejó jugar Canasta de Frutas.

—Qué bueno —dijo mamá—. Estaba segura de que te gustaría. —Le sonrió a Ashley—. ¿Sabías que debes tener frutas que ruedan todos los días?

—¿Todos los días? —exclamó Ashley. —Mamá asintió.

—Estoy pensando en el fruto del Espíritu —dijo—. Es un gran listado. El amor, la alegría, la paz, la paciencia, la amabilidad, la bondad, la fidelidad, la humildad y el dominio propio deberían salir rodando de tu vida todos los días. No sé si nuestro Padre celestial se ríe de la manera en que lo hiciste cuando las frutas rodaron, pero estoy segura de que se alegra cuando él ve su fruto en ti. *MMP*

¿Y TÚ?

¿Son parte de tu vida las frutas que ruedan? Debemos mostrar el fruto del Espíritu cada día. Dios te ayudará a mostrar estas características.

Muestra el fruto de Dios

MEMORIZA:
«En cambio, el fruto del Espíritu es amor, alegría, paz, paciencia, amabilidad, bondad, fidelidad, humildad y dominio propio». Gálatas 5:22-23, NVI

¡UNO, DOS, TRES!

Lee Juan 10:30; 14:16-20, 26

—El pastor Rhoads dice que va a predicar acerca de la Trinidad, por lo que me pidió que practicara esta canción para el próximo domingo —anunció Kelsey y le mostró a su madre la música—. Ni siquiera sé qué es la Trinidad.

—Bueno, la palabra *trinidad* no se encuentra en la Biblia, pero la idea de Dios en tres personas se encuentra en varios lugares —dijo mamá—. Significa que Dios el Padre, Jesús el Hijo y el Espíritu Santo son tres personas, pero son un solo Dios.

Justo entonces sonó el timbre de la puerta. La tía Lila, hermana de mamá, había llegado a pedir ayuda para calcular su presupuesto, por lo que Kelsey practicó su canción mientras mamá y la tía Lila trabajaban.

La tía Lila acababa de irse cuando papá entró a la habitación.

«Cariño, ¿puedes ayudarme? —le preguntó a la mamá de Kelsey—. Se me acaba de caer un botón de esta camisa. ¿Podrías cosérmelo, por favor?»

«Tuve que coser mis botones cuando estaba en el ejército —le dijo papá a Kelsey mientras esperaba—, pero mamá lo hace mejor y más rápido que yo».

Mientras Kelsey esperaba, frunció el ceño al pensar en lo que mamá había dicho en cuanto a la Trinidad. Pero para cuando mamá volvió a entrar a la habitación, tenía una sonrisa en la cara. Mamá tomó su Biblia.

—Ahora bien —dijo—, veamos si puedo pensar en un ejemplo para ayudarte a entender la Trinidad. —Kelsey se rió.

—Creo que ya tengo el concepto —dijo—. Tú eres un buen ejemplo.

—¿Yo? —exclamó mamá, y se veía confundida.

Kelsey asintió.

—Tú eres una sola persona —dijo—, ¡pero eres la hermana de la tía Lila, la esposa de papá y mi madre! Como hermana, esposa y madre, haces cosas distintas para nosotros, ¡pero aun así eres solo una persona! Una, dos, tres, ¡tan sencillo como eso! *LAT*

¿Y TÚ?

La Trinidad es un poco difícil de entender, ¿verdad? Ninguno de los ejemplos que se nos pueda ocurrir es perfecto. Sin embargo, la Palabra de Dios enseña esta verdad importante. Cada persona de la Trinidad es distinta, pero son un solo Dios. No te preocupes si no lo entiendes perfectamente. Dios lo dijo, así que puedes creerlo.

MEMORIZA:

«Dios Padre los conocía y los eligió desde hace mucho tiempo, y su Espíritu los ha hecho santos. Como resultado, ustedes lo obedecieron y fueron limpiados por la sangre de Jesucristo». 1 Pedro 1:2

Dios es tres en uno

EL DESASTRE DEL JUGO

Lee Proverbios 15:13-16

Miguel y Ángela habían pasado un día con su tío y su tía y les estaban contando a sus padres todo acerca de eso.

—Adivinen qué pasó —dijo Ángela riéndose—. La tía Julia puso jugo de naranja en una jarra de vidrio. Y cuando lo levantó...

—¡El fondo de la jarra se cayó! —terminó Miguel.

—¡Ay! —exclamó mamá—. ¡Qué extraño que le sucediera eso! Tuvo que haber sido un terrible desastre.

—Lo fue —dijo Ángela—. El jugo salpicó todo el piso y también los mostradores. La tía Julia tenía jugo por todas partes.

—Tendrías que haber visto su cara —agregó Miguel—. Seguía sosteniendo la jarra y la miraba. Pero entonces comenzó a reírse. El tío Gene estaba en la sala y llegó para ver qué ocurría.

—Pensé que se molestaría al ver el gran desastre, pero no se molestó —dijo Ángela riéndose un poco más—. Tenía una gran sonrisa en su cara y luego dijo: "Bueno, Julia, sabía que no te gustaba esa jarra, pero no tenías que llegar a esto para deshacerte de ella, ¿verdad?". Entonces todos nos reímos hasta que nos dolió el estómago.

Papá se rió.

—Así son tu tía y tu tío —dijo—. Generalmente pueden tomar una situación difícil y encontrarle la gracia. Al tío Gene le encanta citar el versículo de Proverbios que dice que un corazón alegre es como una buena medicina.

Ángela asintió.

—Limpiar todo ese jugo pegajoso no pareció tan difícil cuando nos estábamos riendo —dijo.

—Voy a intentar ser como la tía Julia y el tío Gene —declaró Miguel.

—¡Qué bien! —dijo mamá—. Puedes comenzar ahora mismo. Yo... ah... tengo que decirte que... tu camiseta favorita, de alguna manera, se metió con el grupo de ropa equivocado. ¡Quedó rosada! *LJO*

¿Y TÚ?

¿Te molestas cuando te pasan cosas inconvenientes? Si tratas de encontrarle alguna gracia a la situación, disfrutarás mucho más de la vida. Claro que algunas cosas son demasiado serias como para reírse de ellas, pero Dios quiere que disfrutemos la vida que nos ha dado.

Disfruta la vida

MEMORIZA:
«El corazón alegre es una buena medicina, pero el espíritu quebrantado consume las fuerzas». Proverbios 17:22

LA NATURALEZA A LA ESPERA

Lee Romanos 8:19-25

Henrik salió corriendo para ver por qué el perro del abuelito, Blackie, ladraba tan fuerte. Encontró a Blackie saltando cada vez más alto, tratando de alcanzar una ardilla en el manzano. «Qué vergüenza, Blackie», dijo Henrik mientras la ardilla recriminaba fuertemente desde su rama en el árbol. Henrik alejó al perro.

Henrik decidió ir a buscar al abuelito. Mientras se dirigía al cobertizo de las herramientas vio al gato, Smokey, escondido entre la hierba mientras acechaba a unas aves que picoteaban unas semillas en la tierra. «Aléjate de esos pájaros, Smokey», le advirtió Henrik.

Al oír la voz de su nieto, el abuelito salió del cobertizo con dos rastrillos.

—¿Qué tal si me ayudas a limpiar el jardín? —preguntó el abuelito. Henrik tomó un rastrillo y siguió al abuelito—. Parece que un búho estuvo en este árbol durante las últimas noches. Aquí están el pelo y los huesos de algún animal pequeño que el búho tuvo para la cena.

Henrik frunció el ceño.

—Abuelito, ¿por qué algunos animales se comen unos a otros? —preguntó—. Parece tan cruel.

El abuelito asintió.

—Bueno, la Palabra de Dios dice que la naturaleza gime por el pecado en el mundo —dijo—. Desde que el pecado entró al mundo en el jardín del Edén, los animales han sufrido junto con la gente.

Cuando el abuelito y Henrik rastrillaban cuidadosamente los palos y las hojas muertas del lugar de las flores, vieron pequeños brotes verdes por encima de la tierra. El abuelito los señaló.

—Vida nueva —dijo—. Me hace recordar que un día Dios va a hacer un mundo nuevo, donde los animales no tendrán miedo de los demás ni se harán daño unos a otros. Va a ser más maravilloso de lo que podamos imaginar. —Le sonrió a Henrik—. Dios gobierna en la naturaleza, a pesar del pecado —agregó. *CEY*

¿Y TÚ?

¿Te da tristeza que algunos animales se tengan que matar unos a otros para comer? ¿O que los animales más grandes acosen a los más pequeños? Llegará un día mejor para los que conocen a Jesús. Cuando veas que salen plantas nuevas, puedes agradecerle a Dios que algún día él hará todas las cosas nuevas.

MEMORIZA:

«El lobo y el cordero comerán juntos. El león comerá heno, como el buey». Isaías 65:25

Dios hará un mundo nuevo

UN EMPUJÓN MUY NECESARIO

Lee 1 Tesalonicenses 5:11-22

Lily y Mateo estaban ayudando a su papá a cargar los abarrotes en el auto. «Espero que deje de nevar pronto», dijo Mateo, mientras cerraba el baúl. Al oír el ruido de llantas que giraban, miró a su alrededor para ver quién estaba atascado.

«Ayudemos a ese conductor», dijo papá, y los tres caminaron al otro lado del estacionamiento cubierto de nieve, hacia un auto gris. Adentro, un anciano bajó la ventana.

«No creo que esté tan atascado —dijo papá—. Trate de no acelerar demasiado el motor y le daremos un empujón».

Cuando el hombre presionó el acelerador, los otros empujaron. El auto se movió fácilmente y el conductor se fue agradecido.

—Eso me hizo recordar lo que dijo nuestra maestra de la escuela dominical hace algunas semanas —dijo Mateo cuando volvían a su auto—. Dijo que a veces la gente se atasca en la vida y solo hace girar sus llantas.

Papá asintió.

—Creo que hay veces en que todos necesitamos un pequeño empujón en la dirección correcta —dijo al emprender el camino a casa—. ¿Puedes pensar en algunas maneras en que podemos darle esa clase de ayuda a alguien? —Papá sonrió—. Es decir, además de darles un empujón cuando están atascados en la nieve.

Nadie habló por unos minutos. Entonces Lily tuvo una sugerencia.

—Ya lo sé —dijo—. Mateo me dio un empujón cuando me ayudó con mi tarea el otro día.

—Bien —dijo papá—. Y tú me diste un empujón cuando me dijiste que a los padres de tu amigo les gustó mi clase de la escuela dominical. Yo estaba un poco desanimado con ella.

Cundo giraron hacia su camino de entrada, Mateo tuvo otra idea.

—Creo que mamá nos dio un empujón a Lily y a mí cuando nos hizo pasar un tiempo sin pelear —admitió.

Papá sonrió.

—Creo que tienes razón —dijo. *GGL*

¿Y TÚ?

¿Puedes darle un «empujón» a alguien? ¿Puedes darle un poco de ayuda o una palabra de ánimo a alguien que parece que está «girando sus llantas»? Dios se alegra cuando nos animamos y nos ayudamos unos a otros.

Anima a los demás

MEMORIZA:
«Aliéntense y edifíquense unos a otros».
1 Tesalonicenses 5:11

NO MÁS BURLAS

Lee Lucas 6:31-36

Elisabet deseaba no tener que pasar por la casa de la esquina, pero era el único camino de la escuela a casa. *Bueno, tal vez Troy ya está adentro*, pensó. *Tal vez no me moleste hoy.* Pero entonces lo vio sentado en su porche.

«Allí va ella, tan alta, ¡y camina con zancos!», gritó Troy. Se rió en voz alta y Elisabet enrojeció. Era alta y delgada y muy susceptible por eso.

Cuando llegó a casa, su madre pudo ver que estaba molesta.

—¿Qué te pasa, cariño?

—Troy siempre se burla de mí cuando paso por su casa. —La voz de Elisabet temblaba—. Me las pagará uno de estos días.

—Puedo entender por qué estás molesta —dijo mamá—, pero pensaba que... ¿Te acuerdas cuando te regañé la semana pasada por algo que no habías hecho? No te enojaste conmigo. En lugar de eso, me explicaste lo que había pasado y me entregaste unas flores silvestres. —Elisabet sonrió.

—Y tú me diste un abrazo —dijo. Mamá asintió.

—Tal vez ni siquiera te diste cuenta de que estabas respondiendo de la manera en que Dios dice que debes hacerlo, pero lo hiciste —dijo—. Yo estaba equivocada, pero no estoy segura de cómo habría reaccionado si en cambio tú te hubieras enojado. Como resultado, tu explicación y tus flores fueron una respuesta suave a mi enojo. Como ves, tu amabilidad hacia alguien que no la merece ni la espera frecuentemente cambia la actitud de esa persona. Tal vez funcionaría con Troy.

—Bueno, tal vez —dijo Elisabet. Luego sonrió al agregar—: Pero no creo que a él le gusten las flores. —Mamá sonrió.

—No, pero hay una tarjeta de béisbol en una de las cajas de cereal. ¿Por qué no se la das a Troy mañana?

Al día siguiente, Elisabet caminó hasta Troy y le entregó la tarjeta. Él la miró sorprendido. «También te guardaré la próxima», le prometió.

Troy no dijo nada, pero al día siguiente Elisabet casi había pasado por su jardín cuando gritó: «Gracias por la tarjeta». Las bromas terminaron. *KEC*

¿Y TÚ?

Cuando alguien es malo contigo, ¿sigues el consejo de Dios? Él quiere que trates a tus enemigos con amabilidad, así como tratas a tus amigos. Con la manera en que actúas, les demuestras a los demás qué es amar a Jesús y solo un poco de cómo es que Jesús los ama.

MEMORIZA:
«La respuesta apacible desvía el enojo, pero las palabras ásperas encienden los ánimos». Proverbios 15:1

Responde a la falta de amabilidad con amor

PANES Y PECES

Lee Juan 6:5-13

—Hoy leímos mi historia bíblica favorita —dijo Robby mientras ayudaba a su madre y a su hermano mayor, Mitch, a poner la mesa para la cena del domingo—. La del niño con los panes y los peces. Quisiera poder ser como ese niño y compartir mi almuerzo con Jesús.

—¿Sabes, Robby? —dijo Mitch mientras llenaba los vasos con agua—, a mí también siempre me gustó esa historia, pero nunca pude averiguar por qué un niñito llevaba cinco panes. ¿Lo sabes, mamá?

—Bueno —dijo mamá, mientras colocaba el tazón de ensalada en la mesa—, estás pensando en nuestros panes de esta época. En los tiempos bíblicos probablemente eran más pequeños y más planos. Puede ser que el niñito llevaba panes del tamaño de nuestros panes para perritos calientes.

—¿Y los peces? —preguntó Mitch—. ¿No olerían mal después de haber estado en el sol caliente por horas?

—Probablemente —asintió mamá—. Tal vez estaban ahumados o secos.

Robby llevó el salero y el pimentero.

—Todavía quiero ser como ese niño —dijo.

—Puedes serlo —le dijo Mitch—. Solo empieza a llevar cinco panes y dos latas de sardinas contigo.

—No dejes que tu hermano chistoso te desanime —le aconsejó mamá—. Los cristianos tienen muchas oportunidades para compartir.

El miércoles, Robby y su clase iban hacia la cafetería cuando él observó que un niño nuevo de su clase se veía muy triste.

—¿Qué te pasa, Wyatt? —le preguntó Robby.

—Olvidé mi almuerzo —dijo Wyatt—, y no tengo dinero para la cafetería. Mamá dice que no tenemos dinero para gastarlo así. Tengo hambre.

—Podemos compartir mi almuerzo —sugirió Robby—. Hoy es día de pizza, así que podemos dividirla y todo lo demás también, ¿te parece? —Wyatt asintió alegremente. *RKM*

¿Y TÚ?

¿Alguna vez compartes con tus compañeros de clase cuando olvidan su almuerzo o el dinero de su almuerzo, o cuando pierden sus lápices o necesitan papel? ¿Compartes en casa con tus hermanos, hermanas y padres? Pregúntale a Dios qué puedes compartir. Es posible que quiera que compartas tu tiempo y talentos, así como tu dinero y tus posesiones.

MEMORIZA:
«Queridos hijos, que nuestro amor no quede solo en palabras; mostremos la verdad por medio de nuestras acciones».
1 Juan 3:18

Comparte con los demás

UNA CONDICIÓN TRISTE

Lee Efesios 4:17-24

Darnell saltaba de asiento en asiento en la parte de atrás del bus escolar. Se reía y bromeaba con los niños que estaban molestando a unas niñas. Se les unió y se rió a carcajadas cuando algunos de los niños les hicieron gestos a los autos que pasaban. Pronto la conductora del bus se detuvo a un lado del camino y reprendió a los niños. Darnell se sintió avergonzado, y cuando se enteró que sus padres serían informados, se sintió aún peor.

Esa noche, Darnell esperaba que sus padres lo reprendieran, pero no pasó nada. Se alegró cuando aparecieron las noticias en la televisión y toda la atención de papá se volcó a ellas. Las noticias mostraban a un joven que habían encontrado vagando en las calles. No podía recordar nada de su pasado; ni siquiera podía recordar su nombre. El presentador de las noticias pidió que cualquiera que tuviera información notificara a la policía para identificar al hombre.

—¿Cómo es posible? —preguntó Darnell—. La gente olvida algunas cosas, pero no todo.

—Las autoridades creen que este hombre tiene amnesia —explicó mamá—. Creen que tal vez pasó algo traumático y el cerebro del hombre reaccionó bloqueando todo de su mente.

—¡Ay, qué triste! —exclamó Letisha, hermana de Darnell.

—Pero ¿en realidad puede una persona olvidar quién es? —volvió a preguntar Darnell.

—Precisamente eso nos preguntamos esta tarde cuando la conductora de tu bus llamó —dijo papá y lo miró severamente—. ¿Sabes por qué llamó?

—Ella... mmm... creo que ella reportó lo que pasó en el bus —balbuceó Darnell.

—Exactamente —respondió papá—. Aparentemente, esta tarde olvidaste quién eres. Eres un cristiano. Pero hoy no te comportaste como tal.

—Parece que sufrías de amnesia espiritual —agregó mamá—. En efecto, ¡esa es una condición muy triste! *NEK*

¿Y TÚ?

¿Recuerdas quién eres? Si has aceptado a Jesús, eres hijo de Dios, miembro de su familia. Aléjate de la amnesia espiritual. Recuérdate a ti mismo que eres hijo de Dios y que ¡debes actuar como tal!

MEMORIZA:
«Pues todos ustedes son hijos de Dios por la fe en Cristo Jesús». Gálatas 3:26

Recuerda que eres cristiano

EL JUGUETE NUEVO DE JOSÉ

Lee 2 Pedro 1:2-8

—Pero, mamá —suplicó José cuando él y su madre se sentaron a la mesa de la cocina—, no costó mucho. —Había llegado a casa con el juego electrónico que había visto anunciado en el periódico y temía que su madre iba a hacer que lo devolviera.

—Ya hemos hablado de esto antes —respondió mamá—. Gastas el dinero que te ha costado tanto ganar repartiendo periódicos en cosas con las que juegas unos cuantos días y que luego casi ni usas. ¿Por qué no esperaste un poco antes de comprar esto?

—Pero mamá, esto es distinto —insistió José—. De veras quiero este juego. —Mamá suspiró.

—Está bien —dijo—. Es tu dinero; tú lo ganaste. Pero creo que lo lamentarás. —José estaba eufórico.

—¡Guau! —exclamó—. ¡Muchas gracias, mamá! —Estaba contento porque su madre había cedido. Pero la emoción de José con el juego pronto se esfumó. No era tan divertido como él esperaba.

—Últimamente no te he visto jugar con tu juguete nuevo —dijo mamá una noche, después de la cena. José jugueteaba con su servilleta—. ¿Qué pasó? —dijo, insistiendo suavemente.

—Nada —dijo José entre dientes, sin levantar la vista. La miró—. ¿Estás enojada conmigo por haberlo comprado? —Mamá sonrió.

—José, no estoy enojada contigo —dijo—, pero creo que Dios puede enseñarnos a los dos algo a través de esto. —José estaba confundido.

—¿A los dos?

—Sí, a los dos —asintió mamá—. Querías tanto ese juego que no me consultaste, y no me hiciste caso cuando te aconsejé. Pero ha habido veces en que yo también he querido algo muchísimo y seguí adelante sin pedirle a Dios su guía. Otras veces, he ignorado lo que sabía que él quería.

José miró a su mamá. ¡Entonces ella también había cometido esta clase de errores! «Oremos para que Dios nos enseñe a los dos una lección importante de paciencia, ¿te parece?», sugirió mamá. José sonrió y asintió. *RSM*

¿Y TÚ?

¿Eres impaciente a veces? ¿Te enojas si tus padres dicen que no cuando quieres que digan que sí? ¿Y cuando Dios dice que no? Él sabe qué te hará verdaderamente feliz. Confía en que él hará lo correcto para ti.

MEMORIZA:
«Añadid a vuestra fe virtud; a la virtud, conocimiento; al conocimiento, dominio propio; al dominio propio, paciencia».
2 Pedro 1:5-6 RVR60

Sé paciente

LA HORA DE PAGAR

Lee Mateo 6:1-4; Lucas 14:12-14

Renee miró el sobre rosado y brillante que había llegado por correo.

—Apuesto a que es la invitación a la fiesta de cumpleaños de Samantha —dijo. Luego asintió con la cabeza—. Sí —dijo con un suspiro.

—No te ves muy contenta por eso —observó mamá—. Pensé que la razón por la que habías invitado a Samantha una vez había sido porque esperabas que te pagara con una invitación a esa gran fiesta que ha organizado. Hablamos de eso, ¿te acuerdas?

—Lo que quieres decir es que me reprendiste por eso —dijo Renee—. Bueno, efectivamente me pagó, pero ahora lamento haberlo hecho. Samantha no es en realidad la clase de persona que quiero como amiga, ni tampoco los otros chicos a los que invitó a la fiesta.

—Ese es el problema con planificar tu propia recompensa —dijo mamá—. A veces el tiro sale por la culata.

—¿Qué quieres decir? —preguntó Renee.

Mamá explicó.

—Jesús dijo que cuando hacemos cosas para la gente, no debemos hacerlo con la idea de que nos devuelvan el favor. Cuando ellos nos lo devuelven, eso podría ser nuestra única recompensa. Pero si hacemos algo por alguien que no puede pagarnos, el Señor mismo nos bendecirá con recompensas celestiales.

—¿De veras? —preguntó Renee en tono pensativo. Un momento después agregó—: Entonces debería invitar a LeAnn. Su papá ha estado sin trabajo por mucho tiempo. Ella usa ropa vieja y no puede darse el lujo de hacer cosas con los otros chicos. Estoy segura de que ella no podría pagarme. —Renee miró a su madre—. ¿Puedo invitarla mañana después de la escuela? —preguntó.

—Parece un plan excelente, cariño —dijo mamá sonriendo—. Pregúntale si puede quedarse a cenar. *KRD*

¿Y TÚ?

Cuando haces algo por alguien, ¿lo haces con la idea de que puedes sacar algo de eso? Esa no es la manera de Dios. Él promete recompensas divinas a sus hijos que hacen cosas por otros sin pensar en sí mismos.

MEMORIZA:
«Almacena tus tesoros en el cielo, donde las polillas y el óxido no pueden destruir, y los ladrones no entran a robar».
Mateo 6:20

Trabaja por recompensas celestiales

LA «O» DE OSOS

Lee 2 Reyes 2:23-24; Santiago 3:5-10

—El señor Herschel se ve tan divertido —dijo Abigail—. Sus orejas son tan grandes que solo tiene que agitarlas y volará. —Set se rió.

—Sí, si sus pies tan grandes no lo mantuvieran anclado —dijo.

Abigail vio que la abuelita hizo una pausa, con la taza a medio camino de su boca. El señor Herschel había sido maestro de escuela dominical por años.

—¡Y la señora Pritchard! —continuó Set—. ¡Usa el mismo vestido todos los domingos! —Abigail asintió, y la abuelita casi deja caer su taza.

—¡*Ejem*! —La abuelita aclaró su garganta—. Su conversación me trae algo a la mente —dijo—. Cuando yo era niña, tenía un libro de historias bíblicas con el abecedario. Puedo recordar la historia solamente por una letra: la "o". Se llamaba "La 'o' de osos".

—Cuéntanos la historia, abuelita —le suplicaron Abigail y Set.

—Bueno, no es una historia agradable —les dijo la abuelita e hizo una pausa—. Estos osos no eran del tipo lindo y adorable —dijo—. Eran bestias enormes y peludas, con colmillos afilados. Unos jóvenes corrían. Se veían aterrorizados, y algunos se habían caído.

—¡Uf! —exclamó Abigail—. ¡Nunca oí algo igual en la Biblia!

—No es una historia que nos guste mucho contar —dijo la abuelita—. ¿Saben algo de Eliseo? Bueno, unos jóvenes crueles lo persiguieron, burlándose y gritando: "¡Vete, calvo!". A Dios no le gustó que se burlaran de su siervo, por lo que envió a los osos. Verán, ridiculizar a los siervos de Dios es como darle un golpe a Dios. —Miró a los chicos muy directamente cuando agregó—: El señor Herschel y la señora Pritchard son siervos de Dios. El señor Herschel es uno de los hombres más amables que haya conocido, y la señora Pritchard frecuentemente me lleva en su auto a las citas con mi médico. —Abigail sintió que su cara enrojecía.

—Me alegra que no nos hayan oído —dijo.

—A mí también —asintió Set.

—Yo los oí. Y Dios los oyó —les recordó la abuelita—. Creo que será mejor que le pidan que los perdone. Y la próxima vez que se vean tentados a hablar de manera irrespetuosa, recuerden a los osos. *BLK*

¿Y TÚ?

¿Te acuerdas de hablar solo palabras agradables de los demás aunque no estén allí para oírte? Recuerda que Dios siempre oye. A él le importa y sí castiga. Sé sabio. Habla palabras amables.

Habla respetuosa- mente

MEMORIZA:
«Las palabras sabias traen aprobación, pero a los necios, sus propias palabras los destruyen». Eclesiastés 10:12

LA HORA DECISIVA PARA DANIEL

Lee Proverbios 4:20-27

Camino a casa de la escuela, Daniel vio una gran foto de colores brillantes con un joven y una chica montados sobre una motocicleta negra. La película que anunciaba se exhibía en el cine por el que él y sus amigos pasaban todos los días. También era al que lo había invitado su amigo Grant. Por el anuncio, Daniel se dio cuenta de que no iba a ser la clase de película que sus padres lo dejarían ver, y deseó que no lo hubieran invitado. En su corazón parecía que una voz le susurraba: *Solo esta vez no hará daño. Si la película no es buena, simplemente la ignoras y disfrutas la gaseosa y las palomitas de maíz.* Pero al mismo tiempo, percibía una voz que le advertía: *No vayas.*

Daniel caminó lentamente a casa, pero se volteó rápidamente cuando un auto se detuvo a su lado al borde de la acera. Era su padre.

—¡Hola, Daniel! —lo saludó su papá—. ¿Quieres que te lleve?

—¡Seguro! Gracias, papá. —Daniel lanzó sus libros en el asiento de atrás y se subió.

—¿Qué te pasa? —preguntó papá.

—Ah, es solo uno de esos asuntos de pizza y película que mis amigos tienen para sus cumpleaños —explicó Daniel con un suspiro—. La fiesta suena divertida, pero sé que es una película mala, por lo que le diré a Grant que no voy a ir. —Miró por la ventana para esconder las inesperadas lágrimas que se acumularon en sus ojos.

—Daniel, no hay manera de que esto sea fácil —dijo papá—, pero me alegra que ahora seas firme, mientras eres joven. —Hizo una pausa, después agregó—: Esta clase de situaciones siempre me hacen recordar algo que oí hace muchos años. Supón que estuvieras en un tren que se dirige a un puente roto. No sabes exactamente dónde está ese puente. ¿Te bajarías inmediatamente, o te arriesgarías a quedarte por un momento?

—Me bajaría —respondió Daniel rápidamente—. Ese puente podría aparecer más rápido de lo que pudiera pensar.

Papá asintió.

—Es mejor dar el paso inmediatamente que después desear haberlo hecho. Así es con muchas decisiones en la vida. Toma las decisiones correctas ahora, antes de que sea demasiado tarde. *PIK*

¿Y TÚ?

Cuando tienes que tomar una decisión, ¿le pides sabiduría y valor a Jesús para hacer lo que le agradará a él? Él te mantendrá lejos de las decisiones malas a medida que confíes en él.

MEMORIZA:
«Elige hoy mismo a quién servirás».
Josué 24:15

Decide hacer lo correcto

GABRIEL, EL GRUÑÓN

Lee Filipenses 4:7-9

Gabriel cerró de un golpe la puerta e ingresó dando fuertes pisadas.

—¡Ya no voy a jugar con Micah! —dijo en voz alta.

Papá, que estaba ocupado preparando pasta, se volteó para mirarlo.

—¿Por qué estás hoy tan gruñón? —preguntó.

—Micah no me deja jugar con su cachorro nuevo —dijo Gabriel lloriqueando—. ¡Es tan egoísta!

—Lamento que Micah no sea amable, pero esta mañana también estuviste gruñón en el desayuno —le recordó papá. Gabriel arrugó la nariz.

—Había avena, y a mí no me gusta la avena —dijo.

—La avena es buena para ti —le dijo papá.

—Yo quería comer huevos revueltos —dijo Gabriel gruñendo. Jaló una silla de la cocina y casi se sentó encima de Goldie, la gata. Goldie estaba acurrucada en el cojín de la silla, y ronroneaba fuertemente—. Estás en mi silla —dijo Gabriel quejándose, mientras ponía a la gata en el suelo. Goldie lo miró y ronroneó aún más fuerte; luego, con un movimiento rápido, saltó a sus piernas. Puso su cabeza peluda sobre sus rodillas y ronroneó con satisfacción—. ¿Por qué ronroneas, Goldie? —preguntó Gabriel.

—Creo que tiene un corazón alegre —dijo papá. Gabriel lo miró inquisitivamente—. Goldie es una gata feliz —explicó papá—. Aunque le quitaste su silla, ella se alegra de verte, por lo que está en tus piernas ronroneando y no se puso de mal humor ni se fue de la cocina.

Gabriel le rascaba la oreja a Goldie mientras su padre seguía hablando.

—Necesitas un corazón alegre. Si pensamos en cosas alegres, nos hace sentir mejor. Los malos pensamientos nos hacen ser gruñones.

—Puedo pensar en Goldie y cómo me hace cosquillas en la nariz con su cola peluda —dijo Gabriel sonriendo. Papá asintió.

—Y lo mejor que puedes pensar es en cuánto te ama Dios. Con solo recordar que él nos ama tanto que nos envió a Jesús debemos alegrarnos.

Gabriel abrazó a Goldie, que todavía ronroneaba fuertemente.

—De todas formas, es más divertido estar alegre que gruñón —dijo en tono decisivo. *WEB*

¿Y TÚ?

¿Son alegres tus pensamientos? ¿Piensas en cosas que son buenas y correctas? La próxima vez que te sientas triste o gruñón, pensar en todo lo que Dios ha hecho por ti te ayudará a tener un corazón alegre.

Ten un corazón alegre

MEMORIZA:

«Sí, el SEÑOR ha hecho grandes cosas por nosotros, y eso nos llena de alegría».
Salmo 126:3, NVI

LA CRUZ DE JILLIAN

Lee el Salmo 3:1-8

Jillian se despertó de repente y se quedó temblando en su cama. *¿Qué fue ese ruido?*, se preguntó mientras se cubría con las colchas. Luego recordó algo, y rápidamente extendió su mano hacia la mesa de noche y a tientas buscó su pequeña cruz blanca de porcelana. La tomó, tuvo una sensación de alivio y la sostuvo cerca de sí. *Ahora estoy a salvo. Nada puede hacerme daño si sostengo mi cruz*, pensó. Jillian se relajó y tranquilamente se volvió a dormir. A la mañana siguiente, Jillian le contó a su madre lo que había ocurrido.

—¡Me alegra mucho que la tía Ingrid me haya regalado esa cruz para mi cumpleaños! —concluyó.

—Bueno, cariño, me alegra que al sostener la cruz te sintieras consolada —dijo mamá—. Sin embargo, tú sabes que tu cruz en realidad no te protege, ¿verdad?

—¿De veras? —preguntó Jillian.

Mamá sacudió la cabeza.

—¿Sabes qué significa la cruz? —preguntó.

—Seguro —asintió Jillian—. Jesús murió en la cruz por mis pecados —respondió.

—Tienes razón —dijo mamá—. La cruz de porcelana es para recordarte lo que Dios hizo por ti, pero solo es un símbolo. Deja que te recuerde que Jesús está siempre contigo. Cuando tengas miedo o problemas, él te consolará y te ayudará. Es bueno respetar la cruz y saber lo especial que es, pero si confías en ella, en realidad estás haciendo un ídolo de ella. Asegúrate de poner tu confianza en Jesús, no en el símbolo, ¿está bien?

Jillian asintió.

—Está bien —aceptó con una sonrisa—. Supongo que lo mismo es cierto de la Biblia, ¿verdad?

—¡La Biblia es maravillosa! Es tu línea directa de comunicación con Dios —dijo mamá—. Pero tienes razón. Ese libro con esas páginas no te protege como un amuleto de buena suerte. Tu seguridad se encuentra en la poderosa protección de Dios. *JJB*

¿Y TÚ?

¿Tienes miedo a veces? ¿Tienes algún objeto que te gusta sostener cuando tienes miedo? Recuerda que un objeto, incluso una cruz, solamente es un símbolo. La cruz es un recordatorio de la muerte de Jesús por nuestros pecados. Él es el único que da verdadera paz. Él quiere ayudarte a superar el miedo.

MEMORIZA:

«Pero cuando tenga miedo, en ti pondré mi confianza». Salmo 56:3

Confía en Dios, no en las cosas

EL TÉ EXTRAORDINARIO

Lee Juan 15:4-11

La tía Jan preparaba un té de hierbas cuando Emily llegó a verla un domingo por la tarde. Emily se sentó con mucho gusto en la acogedora cocina y olió el ambiente.«Té de flor de naranja, mi favorito —dijo la tía Jan con una sonrisa. Señaló hacia un azafate con un pastel—. Sírvete», le ofreció.

Emily se sirvió del pastel de limón. La tía Jan arqueó las cejas.

—¿Por qué estás tan callada hoy, cariño? —preguntó—. Generalmente estás llena de vida y hablas hasta por los codos.

Emily levantó la mirada hacia el agradable rostro de su tía.

—Solo pensaba —dijo—. Nuestra lección de la escuela dominical trató acerca de morar en Cristo, pero en realidad no entendí qué significaba —Le sonrió a su tía—. Tal vez tú puedes explicármelo mejor —sugirió.

La tía Jan se recostó en su silla de madera y pensó.

—El té —dijo, después de un rato.

—¿El té? —dijo Emily haciendo eco.

—Sí, el té —repitió la tía Jan—. Cuando recién aceptamos a Cristo, es como poner esa bolsa de té en agua caliente. Como cristianos nuevos, somos como el té poco cargado. Así como el agua lentamente se transforma en té más fuerte, debemos llegar a ser cristianos más fuertes lentamente; nuestra vida debe llegar a ser cada vez más semejante a la de Cristo. El té llega a ser tanto una parte del agua que no puedes decir: «Este es té, y esa es agua». —Le sonrió a Emily—. Cuando Jesús mora, o vive, en nosotros, y nosotros en él, él llega a ser tanto una parte de nuestra vida que los demás ven sus características cuando pasan tiempo con nosotros.

—¿Y la meta es llegar a ser verdaderamente fuertes en Jesús, como el té bien, bien cargado?

—¡Algo así! —La tía Jan se rió.

—Entiendo —dijo Emily con alegría. Mordió el pastel de limón y volvió a hablar con la boca llena—. ¡Nunca adivinarás qué ocurrió en la cafetería a la hora del almuerzo la semana pasada! *CMV*

¿Y TÚ?

¿Es Cristo parte de tu vida? ¿Eres cada vez más semejante a él? ¿Dejas que su verdad se vea en ti? Deja que Jesús llene tu vida al pasar tiempo con él, al escuchar su voz y al obedecer su Palabra. Deja que los demás vean a Cristo en ti.

Deja que Cristo se vea en ti

MEMORIZA:
«Todos los que me aman harán lo que yo diga. Mi Padre los amará, y vendremos para vivir con cada uno de ellos».
Juan 14:23

YA ESTÁ LLENO

Lee 2 Corintios 5:14-17

Raúl deseaba poder escapar del lugar, mientras su padre examinaba su libreta de calificaciones. Papá no objetaría las calificaciones de «B» y «C», pero iba a incomodarse con la nota de la señora Blair, que decía que Raúl se había metido en problemas otra vez. En realidad, la nota también incomodaba a Raúl.

—¿Qué te pasa, Raúl? —preguntó papá—. ¿Por qué sigues haciendo las cosas que sabes que son malas?

—No sé, papá. Simplemente parece que ocurren —murmuró Raúl—. Kris Jameson comienza a comportarse mal y, sin pensarlo, yo lo sigo.

—¿Y alguna vez le pides a Dios que te ayude? —preguntó papá.

—Sí —dijo Raúl. En realidad, no oraba mucho con anticipación, pero al menos oraba siempre para pedir perdón cuando se metía en problemas.

Papá pensó por un momento y luego dijo:

—Tengo una idea. —Sacó un vaso de la alacena y salió a su taller. Cuando volvió, el vaso tenía un poco de líquido que se veía sucio—. Supón que quisieras tomar un poco de agua, pero este fuera el único vaso en la casa. ¿Servirías un poco de agua en este vaso?

—Claro que no. —Raúl sabía que papá tenía algo específico en mente, pero no sabía qué—. El vaso ya está lleno de suciedad.

—Enséñame qué es lo que harías —dijo papá.

Raúl vaciló, después vació el vaso, lo lavó con jabón, lo llenó con agua y luego bebió del agua.

—Bien —dijo papá—. Tal vez nuestro problema es que has tratado de poner justicia encima de un corazón que ya está lleno.

—No entiendo.

—¿Le has pedido a Dios que limpie tu corazón de pecado? —dijo papá.

Raúl se retorció. Desde que tenía memoria, le habían enseñado que Jesús es el Salvador, pero nunca le había pedido a Jesús que lo salvara.

«Antes de pedirle a Dios que te ayude a hacer lo correcto, debes pedirle que limpie tu corazón de pecado —continuó papá—. Entonces él estará listo para ayudarte». *EMB*

¿Y TÚ?

¿Tienes problemas para hacer lo correcto? ¿Está tu corazón aún lleno de pecado? ¿Te gustaría pedirle a Jesús que limpie tu corazón para llenarlo de su justicia? Si no le has pedido a Jesús que te salve, puedes hacerlo ahora.

MEMORIZA:

«Todo el que pertenece a Cristo se ha convertido en una persona nueva. La vida antigua ha pasado, ¡una nueva vida ha comenzado!». 2 Corintios 5:17

Dios limpia tu corazón

DE CABEZA

Lee 2 Timoteo 3:13-17

—¡Quinn! —exclamó Adriana—. ¿Qué estás haciendo? —Miró cómo su amiga se caía después de pararse de cabeza. Quinn había estado apoyada en la pared de su habitación.

Mirándola desde el piso, Quinn sonrió.

—Creo que estaba haciendo yoga —explicó. Se levantó y se sentó sobre sus piernas cruzadas—. Estaba meditando.

—¡Ay, no! Otra moda pasajera —gimió Adriana—. Pensé que eras cristiana.

—Lo soy, pero a veces no me siento en contacto con Dios —dijo Quinn—. Solo estaba probando otra manera de sentirme cerca de él.

Adriana volvió a gemir.

—La semana pasada estabas "jugando" con un tablero güija —dijo con tono acusador.

—Bueno, quería tener algunas respuestas a algunas cosas —dijo Quinn y se apresuró a agregar—: Aunque solo lo hice para divertirme.

—La semana anterior trataste de encontrar a alguien que pudiera leer las hojas de té —le recordó Adriana. Quinn solo encogió los hombros—. De todas formas —dijo Adriana—, vine para ver si me puedes ayudar con las matemáticas. Traje mi libro.

—Por supuesto —asintió Quinn, pero entonces se rió al ver el libro que Adriana tenía—. Pero si quieres ayuda con matemáticas, ¿qué estás haciendo con tu libro de inglés? —preguntó.

—¡Ay, no! —gimió Adriana—. Traje el libro equivocado. —Luego se enderezó—. Puedes reírte —agregó—, pero tú eres peor. Es posible que yo esté tratando de aprender matemáticas de un libro de inglés, ¡pero tú tratas de averiguar cómo vivir metiéndote en todo menos en la Biblia! —Señaló el montón de libros de Quinn—. Yo iré a buscar mi libro de matemáticas y tú, ¿por qué no te deshaces de esos? *HAD*

¿Y TÚ?

¿Estás buscando respuestas para la vida cristiana en las cosas y en los lugares equivocados? Puede parecer que hacer yoga para meditar, jugar con un tablero güija o leer el horóscopo no sea dañino, pero la Biblia advierte contra esas cosas. Dios tiene todas las respuestas para el cristiano y te las da a medida que estudias su Palabra.

Estudia el Libro de Dios

MEMORIZA:
«Evita las discusiones mundanas y necias con los que se oponen a ti, con su así llamado "conocimiento"». 1 Timoteo 6:20

EL LLAMADO DEL MAESTRO

Lee Juan 6:35-40

—¡Mamá, Sheba no quiere venir! —gritó Li—. Cuando la llamo, solo ladra y corre en círculos o se va para otro lado. ¡Mira!

Mamá miró cuando Li llamó a Sheba, su cachorra de cuatro meses. Efectivamente, Sheba ladró y comenzó a correr alrededor de la cocina y se acercaba a Li, pero siempre se alejaba al último momento. Finalmente, cansada, se echó en una esquina, jadeando. Li la miró y suspiró. «¡Eres una mascota malcriada!», dijo entre dientes.

—Tienes razón —asintió mamá—, pero tengo una sugerencia que podría ayudar. Trata de ofrecerle un premio para animarla a que venga. Creo que tenemos algunas galletas para perro en el estante del porche. Cuando la llames, ignora sus brincos tontos. Cuando venga, elógiala, dale palmaditas y dale la galleta. Finalmente, ella se cansará de agotarse por nada. Aprenderá que debe acercarse para recibir su premio.

—Está bien —asintió Li—. Vale la pena probarlo.

Varios días después, Li gritó: «¡Mira, mamá! ¡Mira ahora a Sheba!».

Mamá se volteó para ver cuando Li llamaba a su mascota. «¡Sheba, ven!» La cachorra dejó de morder su juguete, miró a Li e inclinó su cabeza. Li repitió la orden. «¡Ven, Sheba!» Sacó una galleta para perro. Sheba rápidamente se acercó a Li. Se paró en silencio al lado de él y miró la galleta, pero se quedó quieta. «¡Muy bien, Sheba!» Li le acarició la cabeza y le dio su galleta, que se comió ávidamente.

—¡Excelente! —exclamó mamá. Li sonrió.

—Es muy inteligente —dijo. Se arrodilló y abrazó a la feliz cachorrita.

—Es inteligente para acercarse a su maestro —asintió mamá con una sonrisa. Con aire pensativo, le rascó detrás de las orejas a Sheba—. Si todos en el mundo se acercaran al Maestro... ¿no sería maravilloso?

Li levantó la mirada, sorprendido.

—¿Te refieres a que se acerquen a Jesús?

Mamá asintió.

—Los que se acercan a Jesús comparten el premio más grande de todos: la vida eterna. *SBC*

¿Y TÚ?

¿Ya te acercaste a Jesús? Él quiere que te acerques a él y recibas la vida eterna que ofrece. Es maravillosa y es gratuita, pero debes acercarte. ¿Lo harás hoy?

MEMORIZA:
«Vengan a mí todos los que están cansados y llevan cargas pesadas, y yo les daré descanso». Mateo 11:28

Responde al llamado de Jesús

LAS SALAMANDRAS CIEGAS

Lee 1 Corintios 12:13, 18-25

—Oye, papá, mira esa fea lagartija blanca —gritó Eduardo mientras miraba el terrario de la casa de reptiles del zoológico—. No tiene ojos. —La lagartija gateó desde su roca y se deslizó hacia el estanque en su terrario.

El padre de Eduardo se paró a su lado.

—En realidad, no es una lagartija —dijo papá—. Es una salamandra ciega de Texas. —Abrió su folleto del zoológico en la sección de reptiles—. Dice que las salamandras ciegas de Texas nacen con ojos minúsculos y ciegos, pero que los pierden cuando maduran. Viven en completa oscuridad, en cuevas subterráneas, y comen hongos, pedazos de plantas e insectos que caen en las cuevas durante las inundaciones de la primavera.

Eduardo observó a la salamandra. Era fácil entender por qué Dios no le había dado ojos. Si vivía toda su vida en la oscuridad, no había nada que ver. Eduardo señaló algo.

—¡Mira! Tiene pequeñas alas con plumas a los lados de su cabeza —dijo.

Papá volvió a ver el folleto.

—Son agallas —dijo—. Las salamandras ciegas pasan la mayor parte de su tiempo bajo el agua y respiran por las agallas, como los peces.

Cuando papá se inclinó hacia delante para ver mejor, dejó caer el folleto. Eduardo lo alcanzó antes de que cayera en el piso y se lo entregó a su papá.

Papá sonrió. «Gracias, Eduardo —dijo papá—. Fuiste rápido».

Eduardo encogió los hombros. Alcanzar el folleto había sido fácil. Pero comenzó a pensar acerca de lo que Dios le había, y no le había, dado. Eduardo siempre había sido pequeño, con brazos delgados y rodillas huesudas. No tenía una constitución grande y fuerte, pero tenía una buena coordinación. Tal vez Dios no le había dado músculos grandes porque Eduardo no los necesitaba.

Miró a la pequeña salamandra blanca nadando alegremente en el estanque. Tampoco tenía músculos grandes. *JKC*

¿Y TÚ?

¿Te gustaría ser más alto, más guapo o ser mejor en todos los deportes? ¿Sientes que no eres tan talentoso o inteligente como otros? Recuerda, Dios ha creado a todos con dones y habilidades especiales. Cada persona es distinta, y cada persona es valiosa ante los ojos de Dios, ¡y eso te incluye a ti!

Eres especial

> **MEMORIZA:**
> «Algunas partes del cuerpo que parecieran las más débiles y menos importantes, en realidad, son las más necesarias». 1 Corintios 12:22

APÁGALA

Lee Colosenses 3:1-8

—Mamá, ¿qué es ese olor? —preguntó Courtney cuando llegó a casa.

—Es esa basura que está en el garaje —respondió mamá—. Papá olvidó llevarla al basurero antes de irse de viaje de negocios.

—¿Y no podemos llevarla nosotras? —Mamá sacudió la cabeza.

—Papá se llevó la camioneta, por lo que no podemos llevarla. Pero mantendremos la puerta de la cocina cerrada, y eso nos ayudará bastante. Además, tu nariz se acostumbrará a él. —Sacó una vela con aroma—. Toma, enciéndela —dijo—. Esto también podría ayudar a cubrir el olor.

Courtney encendió la vela y luego se sentó a ver un programa de televisión. Después de oír que las niñas de la escuela hablaban de lo bueno que era el programa, ella había comenzado a verlo. Al principio se había sorprendido con las cosas que veía y oía. Pero pronto había quedado tan sumergida en la historia que las actividades erróneas ya no le parecieron tan malas. Estaba tan absorta que no vio que mamá estaba parada cerca.

—¿Es este el programa que has estado viendo tanto últimamente? —preguntó mamá, sobresaltando a Courtney.

—Sí —admitió Courtney incómoda—. Pero generalmente es mejor —agregó rápidamente cuando vio que había una escena que estaba segura su mamá no aprobaría—. Además, la historia es tan interesante que solo ignoro las cosas malas. —Mamá frunció el ceño.

—Tal vez simplemente te estás acostumbrando a las cosas malas —dijo—. Puedes acostumbrarte a la basura, ¿sabes? Como a la del garaje. ¿La notas mucho ahora que has estado cerca de ella por algún tiempo? Puedes tratar de cubrir el olor, e incluso puedes acostumbrarte —continuó mamá—, pero todavía es basura. Igual lo que acabo de ver.

—Supongo que sí —admitió Courtney con un suspiro.

—Bueno, por lo menos no tenemos que esperar a que papá vuelva a casa para deshacernos de esta basura —dijo mamá.

—Está bien —asintió Courtney—. Lo apagaré. *KRA*

¿Y TÚ?

¿Te has acostumbrado a cosas malas en los programas de televisión que ves, en la música que escuchas o en los libros que lees? No permitas que tu «nariz» espiritual se acostumbre a la basura. Si no le agrada a Dios, ¡apágala!

MEMORIZA:

«Concéntrense en todo lo que es verdadero, todo lo honorable, todo lo justo, todo lo puro, todo lo bello y todo lo admirable. Piensen en cosas excelentes y dignas de alabanza». Filipenses 4:8

No te acostumbres al mal

EL VIDRIO AGRIETADO

Lee 2 Corintios 4:6-10

—¡Hola, papá! ¡Ya llegué a casa! —gritó Alyssa al entrar saltando por la puerta de atrás, después de la escuela.

—¡Hola, cariño! —la saludó papá—. ¿Cómo estuvo tu día? ¿Aprendiste algo interesante?

—¡Vaya si lo hicimos! —exclamó Alyssa—. El señor Knight, nuestro maestro de ciencias, puso un poco de agua muy caliente en dos vasos. Uno tenía una cuchara dentro y el otro no. El vaso sin cuchara se agrietó. El señor Knight dijo que el otro vaso no se había agrietado por la cuchara de metal, que ayudó a absorber algo del calor y evitó que el vaso se agrietara.

—Mmm, qué interesante —murmuró papá—. ¡Espero que haya sostenido encima del lavabo el que se agrietó!

Alyssa se rió.

—Sí, lo tenía —dijo. Luego la sonrisa se desvaneció de su cara—. ¿Sabes qué? —preguntó—. El hermano de Mia Holmes se cayó por las escaleras de su sótano anoche, y esta mañana todavía estaba inconsciente. Ellos también tienen muchos otros problemas. Su mamá tiene la pierna rota, ¿sabes?, y su abuelita está muy enferma; ¡podría morirse! ¡Y ahora esto!

—Vaya, qué lástima —dijo papá con compasión—. Asegurémonos de orar por ellos. Y, ¿qué te parece si tú y yo vamos a la cocina y preparamos dos cenas para llevarles una a ellos?

Alyssa asintió.

—Simplemente no veo cómo pueden soportarlo —dijo—. Creo que yo no podría.

—Bueno, ellos conocen al Señor. Sin él, no sé cómo alguien pudiera aguantarlo —afirmó papá—. Tu experimento de ciencias de hoy es un buen ejemplo de lo que Dios hace por nosotros. Los vasos representan nuestra vida, y el agua caliente representa los problemas y dificultades que a veces parecen rodearnos. La cuchara representa al Señor Jesús. Él es quien ayuda a absorber nuestras pruebas. Su constante amor y cuidado evita que nuestro espíritu se "agriete". *LEK*

¿Y TÚ?

¿Te sientes a veces rodeado de problemas y situaciones difíciles? ¿Te hace sentir el estrés a veces como que te vas a «agrietar»? Entrégale tus temores y tu vida a Jesús. Él es quien te dará la fortaleza que necesitas para soportar lo que te suceda.

Dale tus preocupaciones a Dios

MEMORIZA:
«Pongan todas sus preocupaciones y ansiedades en las manos de Dios, porque él cuida de ustedes». 1 Pedro 5:7

MARZO
19

Lee Lucas 6:43-46

—Creo que mamá es injusta. No me deja comprar el CD que quiero —dijo Kara cuando, por décima vez, reorganizó cuadros de retazos de telas de colores sobre la mesa de centro de su abuelita. Examinó el diseño—. ¡Ya! Lo tengo. ¿Qué te parece, abuelita? —Su abuelita lo miró.

—Me gusta —respondió—. Será una bonita almohada de retazos.

—Y ¿qué le pasa a mamá? —continuó Kara—. ¿Cree que si escucho a grupos de rock voy a consumir drogas o algo así?

En ese momento se abrió la puerta y el abuelito entró apresuradamente con una ráfaga de viento. ¡*Zuum*! Varios de los cuadros para la almohada de Kara salieron volando por la habitación. «¡Ay, abuelito! ¡Mira lo que hiciste! —exclamó Kara—. Me tardé como una hora para organizarlos bien. —Recogió los retazos y trató de ponerlos otra vez en su lugar—. No puedo recordar cuál estaba en qué lugar», gruñó. El abuelito se disculpó.

La abuelita volvió a sus archivos de patrones antiguos de edredones de retazos que habían pertenecido a su abuela.

—Kara —dijo, y se veía un poco pensativa—, ¿crees que las palabras de esa música de rock del CD que quieres agradan al Señor?

—Pero bueno, abuelita —lloriqueó Kara—, ¿cómo va a ser dañina? Voy a a la iglesia. Escuchar música de rock no me va a cambiar.

—Ya veo —dijo la abuelita—. Has dividido tu vida en pequeños cuadros como estos retazos. Algunas de las piezas le pertenecen a Jesús, y otras no.

Kara frunció el ceño mientras ajustaba las piezas otra vez sobre la mesa.

«Cuando el viento sopló, algunos de tus retazos salieron volando al piso —continuó la abuelita—. Cuando los problemas o las tentaciones soplen en tu vida tal como ese viento, todos los lindos retazos de tu vida podrían salir volando. —Tomó una colcha grande y pesada que estaba hecha de una sola pieza de material estampado—. ¿Ves cómo el patrón se repite sistemáticamente sobre toda esta colcha? Nada puede desordenarla, o hacer que salga volando en pedazos. Jesús es el patrón que quieres que se repita en cada área de tu vida, cariño, no solo en ciertas áreas selectas de tu vida. ¡Entonces nada podrá hacer que el viento te arrastre!» *JRL*

¿Y TÚ?

¿Es Jesús el Señor de lo que escuchas y lo que miras? ¿Es el Señor del lenguaje que usas? No debes dividir tu vida en pequeños cuadros y solo darles unos cuantos. ¿Es Jesús el Señor de todo en tu vida?

MEMORIZA:

«Así que, ¿por qué siguen llamándome "¡Señor, Señor!" cuando no hacen lo que digo?». Lucas 6:46

Deja que Jesús sea tu Señor

LIMPIA OTRA VEZ

«¡Mamá! ¡Mamá! —gritó Amy mientras entraba corriendo a la casa—. ¡Mi nariz está sangrando!».

Mamá rápidamente humedeció un paño con agua fría para ponérselo a Amy en la nariz. Mientras su madre suavemente le limpiaba las manchas de sangre, Amy seguía llorando.

—T-T-Tommy B-Bentwater me golpeó —dijo lloriqueando—. Solo porque no le d-di mi d-dulce. —Los sollozos de Amy se detuvieron cuando de repente observó algo en su manga—. ¡Ay, no, mamá! ¡Mira! —exclamó—. ¡Tengo sangre en mi blusa nueva!

—Sí —dijo mamá—, y se manchará si no la lavo con agua fría ahora.

Amy se cambió la blusa y luego vio cómo mamá quitó la mancha.

—¿Pecó Tommy, mamá? —preguntó Amy.

—Sin duda lo hizo —respondió mamá.

—¿Significa que ahora no irá al cielo? —preguntó Amy.

—No —respondió mamá—. Si Tommy cree que Jesús murió por sus pecados y ha invitado a Jesús a su corazón, irá al cielo.

—¡Pero, mamá! ¡Él pecó! —protestó Amy. Mamá asintió.

—Sí, pero todos somos pecadores, cariño —dijo—. Es algo así como la mancha de tu blusa nueva. Imagina que la mancha es un pecado que cometiste, como golpear a tu hermano o decirle un apodo. Bueno, cuando quité esa mancha, tu blusa volvió a estar limpia. Jesús murió en la cruz para limpiar tus pecados, y cuando pides perdón, ¡también vuelves a estar limpia!

Amy se quedó callada por un momento.

—¿Y si Tommy no le pide perdón a Dios? —preguntó, preocupada.

—Si Tommy confía en Jesús, él le perdonará todo pecado que cometa —le aseguró mamá—. Pero eso no significa que pueda seguir pecando. Si en realidad ha sido salvo, él no va a querer pecar. Pero si lo hace, Dios le mostrará lo que ha hecho mal. Confiemos en que Dios lo hará. Nuestro trabajo es asegurarnos de que nuestra vida sea pura y limpia ante el Señor. *VLR*

¿Y TÚ?

¿Te preocupas porque haces cosas malas? Eso deja ver que el Espíritu Santo no te permite estar cómodo con tu pecado. Habla de eso con Dios. Confiésale tu pecado y pídele que te ayude a vivir una vida que le agrade a él.

MEMORIZA:
«Aunque sus pecados sean como la escarlata, yo los haré tan blancos como la nieve. Aunque sean rojos como el carmesí, yo los haré tan blancos como la lana». Isaías 1:18

Pídele perdón a Dios

LOS CHOCOLATES QUE SOBRAN

Lee Eclesiastés 11:7–12:1

—¿Te gustaría ir a la escuela dominical conmigo mañana, David? —le preguntó Raúl a su nuevo amigo—. Creo que te gustará.

—De ninguna manera —dijo David enfáticamente—. No quiero tener nada que ver con la religión.

Raúl estaba sorprendido.

—Pero... ¿no quieres ir al cielo algún día? —preguntó tímidamente.

—Hay mucho tiempo como para preocuparme por eso —dijo David encogiendo los hombros—. Ahora quiero divertirme.

Raúl no dijo nada más entonces, pero estaba decidido a hablar con David de la salvación de Jesús, cada vez que pudiera hacerlo. Un día, algo que su pastor dijo le dio una idea.

Raúl sabía que a David le encantaban los *toffees*. Entonces tomó un poco de dinero de su alcancía y compró una caja de chocolates.

—David, te compré una caja de dulces —le dijo—. Tiene muchos *toffees*.

—¿De veras? —exclamó David—. ¿Dónde está?

—En casa —dijo Raúl—. Te la traeré un día de estos. —Después de eso le dio la misma respuesta cada vez que David le preguntaba por los chocolates. Cada día Raúl abría la caja y se comía algunos de los caramelos.

Finalmente, la caja tenía solo unos cuantos dulces, pero Raúl se la dio a David.

—¡Cielos! ¡Muchas gracias! —exclamó David. Pero cuando abrió la caja, frunció el ceño—. ¿Dónde están los caramelos? —preguntó y miró a Raúl—. ¿Te los comiste? —Raúl asintió—. Bueno... este... de todos modos, gracias por estos —dijo entre dientes David.

Raúl sonrió.

—Solo quería mostrarte cómo tratas a Dios —dijo—. Mira, dijiste que pensarías en Dios algún día, después de haberte divertido. Quieres darle a Dios las sobras de tu vida, así como te di los chocolates que sobraron.

David miró los chocolates por un largo rato. Cuando Raúl lo volvió a invitar a la escuela dominical, David asintió lentamente con su cabeza. *MRP*

¿Y TÚ?

¿Has confiado en Jesús como tu Salvador? Si no, ¿cuándo piensas hacerlo? Cada día que pospones la salvación es un día más que vives para agradarte a ti mismo y no a Dios. Jesús dio lo mejor de sí mismo por ti cuando murió en la cruz. ¿Vas a darle las sobras de tu vida o toda tu vida?

MEMORIZA:

«Efectivamente, el "momento preciso" es ahora. Hoy es el día de salvación».
2 Corintios 6:2

Acepta a Cristo ahora

MÚSICA ARMONIOSA

Lee Romanos 12:3-10

Marci y sus padres iban en auto por la ciudad cuando Marci señaló el anuncio de un patio. «Venta de Garaje —leyó—. ¿Podemos detenernos?».

Se detuvieron, pero Marci no vio nada muy interesante hasta que caminaron hacia la parte de atrás del garaje. En la esquina había un objeto alto, cubierto con una sábana, y un letrero que decía: «No se vende». Marci tenía curiosidad, por lo que levantó la sábana y, para su sorpresa, vio un arpa alta y brillante. Se quedó con la boca abierta; ¡le encantaba la música de arpa!

¡Qué cantidad de cuerdas tenía! Algunas eran tan delicadas como el cabello, mientras que otras eran gruesas y fuertes. Algunas eran como espirales, otras eran ondeadas y otras eran lisas. Ciertas cuerdas eran de color rojo brillante; otras eran negras, plateadas o doradas. Una joven que supervisaba la venta le sonrió a Marci. «Esta arpa era de la tía abuela de mi madre —dijo—. Ahora yo la llevaré a mi casa para que mi hija pueda aprender a tocarla. —Tocó suavemente las cuerdas—. Cuando esté afinada y reparada, esta arpa volverá a producir música bella».

Esa noche, Marci estudió su lección de escuela dominical.

—¿Puedes ayudarme con esta pregunta? —le preguntó a su papá—. Se supone que debo explicar qué es la iglesia y dar un ejemplo. Ya sabes, como que toda la gente que es parte de la iglesia es como muchos granos que se hornearon en una sola hogaza de pan; tienen que trabajar juntos para hacer que la iglesia funcione bien. Pero no puedo usar esa; necesito una propia.

—Bueno, veamos. —Papá pensó por un minuto—. Tal vez puedes usar aquella bella arpa que viste hoy —sugirió.

—¡Oye, sí! —exclamó Marci sonriendo—. Muchas cuerdas forman un instrumento, así como mucha gente forma una iglesia.

—Cada cuerda es distinta; cada una está diseñada para que suene con su propia nota individual. Pero cuando cada cuerda está afinada con las demás, el arpa da una música bella y armoniosa —asintió papá.

—Algunas cuerdas de esa arpa necesitaban reparación —agregó mamá—. Y a veces necesitamos ayudar a reparar a los miembros de la iglesia que están dañados por pecado o dolor. Todo es parte de trabajar juntos. *TMV*

¿Y TÚ?

Cada miembro de la iglesia de Dios es distinto a todos los demás. No debemos esperar que todos piensen o actúen como nosotros. Pídele a Jesús que te ayude a «armonizar tu vida» con la vida de otros creyentes.

Los cristianos deberían vivir en armonía

MEMORIZA:
«Nosotros somos las diversas partes de un solo cuerpo y nos pertenecemos unos a otros». Romanos 12:5

EL PROBLEMA DE MARCOS

Lee Romanos 8:14-17; 1 Juan 3:1-2

—¿Por qué están los palos de golf de papá en la puerta? —preguntó Marcos.

—Mamá va a venderlos —respondió su hermana, Mollie.

—¿Venderlos? —dijo Marcos—. Papá va a quererlos cuando vuelva.

—Deja de soñar —dijo Mollie—. Él no volverá.

—A que sí —dijo Marcos—. Además, yo quiero usarlos cuando crezca.

—Bueno, mamá necesita el dinero —dijo Mollie.

Marcos corrió a su habitación y cerró la puerta de un golpe. Papá parecía más lejos que nunca.

Al día siguiente, Marcos fue a jugar a la casa de Lucas.

—¿Adivina qué? —dijo Lucas—. ¡Papá me dio su antiguo tren de juguete!

—¡Excelente! —dijo Marcos—. Supongo que tu mamá no lo venderá.

Lucas le dio una mirada extraña.

—Claro que no —dijo.

Marcos se divirtió cuando el papá de Lucas los ayudó a armar el tren. Pero se sintió celoso al ver a Lucas con su papá. De repente, Marcos tomó una pieza de la vía del tren y la tiró. Golpeó la alfombra con sus puños.

El padre de Lucas puso su mano suavemente en el hombro de Marcos.

—¿Te gustaría hablar de eso? —le preguntó suavemente.

—¡No! —gritó Marcos. Luego cambió de parecer—. Mamá va a vender los palos de golf de papá —dijo sollozando.

—Lo siento —dijo el señor Harris—, y creo que lo entiendo. Verás, mis padres también se divorciaron cuando yo tenía como tu edad. Pensaba que papá volvería a casa, pero nunca volvió.

—Mi papá *volverá* a casa —insistió Marcos. Él deseaba poder creer eso.

—Es posible que sí, pero sería un poco inusual —dijo el señor Harris—. Conozco el vacío que sientes, pero déjame decirte algo de alguien que te ama y que puede llenar ese espacio vacío. —Marcos levantó la mirada con una pregunta en sus ojos—. Permíteme hablarte de Jesús —continuó el señor Harris—. Si aceptas a Jesús en tu vida, Dios te hará su hijo. Él será tu Padre celestial y siempre estará contigo. Puedes hablar con él en cualquier momento y en cualquier lugar. Entonces las cosas como los palos de golf ya no importarán tanto. *MMP*

¿Y TÚ?

¿Le has pedido al Padre celestial que te haga su hijo? Lo necesitas, ya sea que vivas con un padre terrenal o no. Si nunca se lo has pedido, ahora es el momento para que le pidas a Dios que sea parte de tu vida.

MEMORIZA:

«El amigo verdadero se mantiene más leal que un hermano». Proverbios 18:24

Sé hijo de Dios

VIDA ETERNA

Lee Juan 14:1-6

—Abuelito —dijo Fernanda, al sentarse al lado de su abuelo para su historia bíblica de cada noche—, ¿preferirías vivir mucho tiempo o solo un poco de tiempo? —El abuelito se rió.

—Bueno, no conozco a nadie que se quiera morir.

—Yo conozco a alguien que se va a morir —dijo Fernanda suavemente.

—¿De veras? —preguntó el abuelito—. ¿Alguien viejo o alguien joven?

—Alguien de ocho años —respondió Fernanda—. Hoy nos enteramos que Darcy tiene SIDA.

—Ya veo —dijo el abuelito de manera solemne—. Por eso es que tu madre fue a la escuela hoy, ¿verdad? —Fernanda asintió.

—Todas las mamás y los papás fueron.

—¿Y Darcy va a permanecer en la escuela? —preguntó el abuelito.

—Tanto como pueda —dijo Fernanda.

—¿Qué piensan los otros chicos? —preguntó el abuelito.

—Algunos tienen miedo de sentarse cerca de ella o de comer con ella —respondió Fernanda—, pero la enfermera de la escuela dice que no nos dará SIDA solo por estar cerca de ella.

—¿Cómo te hace sentir eso? —dijo el abuelito. Fernanda rompió a llorar.

—Me siento mal cuando la gente se la queda mirando —dijo—. Ella no puede evitarlo. Quisiera que Dios hiciera que ella estuviera bien.

—Yo también —dijo el abuelito. Abrazó a Fernanda por un rato. Luego dijo—: ¿Qué dice Darcy? —Fernanda se limpió los ojos.

—Ella dice que su mamá le dijo que todos vamos a morir en algún momento y que solamente Dios sabe cuándo. Ella ama a Jesús y sabe que él tiene un lugar especial en el cielo para ella. Dijo que incluso su abuelita y su abuelito la están esperando allá arriba. —El abuelito asintió.

—Pienso en la pregunta que me hiciste —dijo—. La duración de la vida no es tan importante como lo que te pasa después de morir. En lugar de tener una vida larga y no saber a dónde iré cuando muera, eligiría tener una vida corta y saber que estaré para siempre en el cielo, en el lugar especial que Jesús preparó para mí. Así como Darcy. *POY*

¿Y TÚ?

¿Sabes a dónde irás cuando mueras? Puedes saberlo con seguridad si invitas a Jesús a tu vida. Entonces puedes vivir con él ahora. Luego, cuando mueras —o cuando él vuelva—, te llevará a vivir al cielo, en el lugar que hizo para ti.

Vive para siempre con Jesús

MEMORIZA:
«Voy a prepararles un lugar». Juan 14:2

EL MUNDO DIVERSO DE DIOS

Lee Hechos 10:28-35

—¿Qué color uso después, Trisha? —preguntó la tía Edie cuando ataba el hilo amarillo con el que tejía a ganchillo.

—¡Usa este morado! —dijo Trisha con avidez—. Esta es la manta de colores más bella que hayas hecho.

—La llamo la manta de la diversidad porque tiene muchos colores y puntos distintos —dijo la tía Edie.

Mientras su tía tejía, Trisha le habló de algunos de los estudiantes de la escuela.

—Juan es de México —dijo—, y a veces se le olvida hablar en inglés y comienza a hablar en español. Algunos de los niños se ríen de él. Dicen que debería volver a la escuela en México. —Luego le contó de Chan y de cómo los niños lo molestaban por los almuerzos raros que llevaba—. Waleed también es distinto —agregó—. Nació en Jordania y parece que no logra adaptarse.

—Tal vez esos chicos piensan que tú y los otros chicos que nacieron aquí son distintos —sugirió la tía Edie cuando levantó la manta que tejía y la miró cuidadosamente—. Trisha, si Dios hiciera una manta de colores, ¿crees que usaría un arcoíris de colores, o solamente usaría un color? —preguntó.

—Bueno... —Trisha vaciló. Nunca le habían hecho una pregunta tan extraña—. Creo que ya que usó tantos colores en la naturaleza, tendría que hacer lo mismo con una manta.

La tía Edie sonrió.

—Yo también creo lo mismo —afirmó—. Puedo hacer una manta colorida, pero solo Dios podría hacer nuestro mundo tan diverso. Usó muchos colores y puntos distintos cuando hizo las flores y los animales, ¡y a la gente!

Trisha estaba muy segura de que sabía lo que la tía Edie pensaba.

—¿Te refieres a esos chicos de la escuela de los que se burlan? —preguntó.

La tía Edie asintió. *TMB*

¿Y TÚ?

¿Aceptas a los demás así como son? Recuerda que Dios hizo y ama a cada persona. Aprende a disfrutar su creatividad mientras aprendes a disfrutar lo que hace que cada persona sea única.

MEMORIZA:

«Dios no muestra favoritismo. En cada nación, él acepta a los que lo temen y hacen lo correcto». Hechos 10:34-35

Sé amable con todos

¿EN QUÉ PUEDO SERVIRLE?

Lee 1 Crónicas 28:2-6, 9

A César le encantaba ir al taller de silenciadores de su abuelito. Las chispas salían volando cuando el soplete cortaba el metal. Después retiraban los silenciadores viejos y colocaban los nuevos brillantes, con un fuerte ruido que zumbaba mientras la llave de impacto apretaba los pernos. Cuando el abuelito respondía el teléfono, decía: «¿En qué puedo servirle?».

En casa, César jugaba al taller de silenciadores con su hermano menor y su hermana, Luis y Ana. Luis llamaba a César por el teléfono de juguete y César respondía: «¿En qué puedo servirle?». Entonces Luis llevaba su bicicleta para reparar y Ana montaba en su triciclo y lo acercaba para colocarle un silenciador nuevo. Una tarde, César, Luis y Ana estaban listos para jugar al taller de silenciadores cuando su papá dijo:

—Es hora de vestirse. Las familias de nuestra iglesia tienen turnos para visitar a la gente del hogar de ancianos, ¿se acuerdan? Esta noche nos toca.

—¿Por qué tenemos que ir allí? —gruñó César—. Esos ancianos no son divertidos. ¿No podemos pasarlo por alto?

—Ellos esperan mucho nuestra visita —dijo papá—. Especialmente les gusta ver niños; les ilumina todo su día con solo tenerlos allí.

—Bueno, no ilumina mi día ir allí —dijo César gruñendo.

—César, ¿cómo responde el teléfono el abuelo en el taller de silenciadores? —preguntó papá, cambiando de tema.

—Dice: "¿En qué puedo servirle?" —respondió César.

—Te he escuchado responder de la misma forma cuando tienes un taller simulado aquí en casa —dijo papá—. Es una buena manera de mostrar que tienes el deseo y la disposición de ayudar a alguien. Pero qué mal está que a veces les demos a los clientes una mejor respuesta de la que le damos a Dios.

—¿Qué quieres decir? —preguntó César.

—Bueno, la Biblia nos enseña que Dios quiere que los que lo aman lo sirvan de buena gana —explicó papá—. A él le gustaría que le dijéramos: "¿En qué puedo servirte, Señor?". Esta noche creo que respondería: "Puedes servirme animando a la gente del hogar de ancianos; de buena gana, sin quejas". —César lo pensó por un momento. Luego se dirigió a su habitación para cambiarse de ropa. *CEY*

¿Y TÚ?

¿Estás ansioso por servir al Señor? ¿Aunque quiera que hagas lo que no quieres hacer? Él sabe cuando lo sirves con un corazón alegre y dispuesto.

Sé el trabajador dispuesto de Dios

CAMPEÓN Y EL CACTUS

Lee Mateo 18:1-6; 19:13-14

«¡Guau! ¡Guau!» Un gran perro café se paró cara a cara con la bebé Lea. Una ventana de vidrio los separaba. «¡Campeón! ¡Perro travieso! —lo reprendió la abuelita—. ¡Aléjate de la ventana!»

La pequeña Lea y su hermana mayor, Ana, estaban visitando a la abuelita y estaban fascinadas con el perro grande y amigable.

—¿Es Campeón un perro travieso, abuelita? —preguntó Ana.

—Generalmente no, pero puede ser brusco y ruidoso —respondió la abuelita—. Por eso es que se queda afuera cuando ustedes están aquí.

Un fuerte grito las interrumpió. Lea extendió una mano.

—¡Ay! Tocó la planta de cactus. Yo tendría que haberla movido. —La abuela abrazó a Lea y le habló suavemente—. Ya, ya, cariño. Ese cactus viejo y malo está cubierto de espinas, ¿verdad?

—¿Es malo el cactus, abuelita? —Ana estaba confundida.

—Bueno, en realidad, no, Ana. —La voz de la abuelita tenía una sonrisa en ella—. Dios hizo que las plantas de cactus tuvieran espinas, pero no nos harán daño si nos mantenemos lejos de ellas.

—Pero Lea se acercó demasiado al cactus, ¿verdad? —persistió Ana—. Y sé que ella también caminaría directamente hacia Campeón.

—Cuando sea mayor, ella aprenderá que los perros pueden morder y que un cactus tiene espinas —dijo la abuelita—, pero hasta entonces, tenemos que protegerla. Dios sabe que los niños necesitan a los adultos para que los amen y les enseñen las cosas correctas que deben hacer.

—Sí —asintió Ana, y luego agregó rápidamente—: Pero yo tengo siete años, ¡por lo que ya sé qué hacer!

—Hay cosas que pueden lastimar incluso a los niños de tu edad, cariño, y Dios quiere protegerte a ti también —dijo la abuelita.

—Mamá me habló de esas cosas —anunció Ana—. Como preguntarle si puedo montar mi bicicleta en la cuadra, y muchas otras cosas. También lo recuerdo.

—Qué bueno, Ana —dijo la abuelita—. ¡Qué bueno! *PIK*

¿Y TÚ?

¿A quién proveyó Dios para que cuide de ti? ¿A tus padres? ¿Abuelos? ¿Maestros? Jesús ama a los niños, y a mucha gente le ha dado el trabajo de cuidarlos. Agradécele a Dios por ellos y decide escuchar lo que dicen.

MEMORIZA:
«Jesús les dijo: "Dejen que los niños vengan a mí. ¡No los detengan! Pues el reino del cielo pertenece a los que son como estos niños"». Mateo 19:14

Dios cuida de ti

EL GRANERO QUEMADO (PARTE 1)

Lee Efesios 2:19-22

Era temprano en la mañana del sábado cuando Donovan y su abuelo llegaron a la granja. Había habido un incendio la semana anterior, y ahora todos los edificios estaban en ruinas. Cuando caminaban por el jardín, el abuelito le contó a Donovan cómo había crecido en ese mismo lugar.

«Aquí estaba el almacén que mantenía los víveres frescos —dijo el abuelito—. Mi mamá guardaba huevos y mantequilla aquí porque se mantenían frescos; era algo parecido a un refrigerador». A Donovan le gustaba oír los recuerdos de su abuelo de hacía mucho tiempo, y le entristecía ver el montón de cenizas que era lo único que quedaba del pequeño edificio. El tronco puntiagudo y quemado de un árbol grande que evidentemente le había dado sombra al almacén estaba en los alrededores.

El abuelito siguió hablando. «Aquí es donde mi padre colgó un columpio de lazo para nosotros. Cuando yo me columpiaba fuertemente, podía ir lo suficientemente alto como para ver hasta los pastos del sur».

Después, Donovan y su abuelo rodearon un fundamento de piedra rectangular que delineaba la forma del antiguo granero.

—No queda mucho para ver —murmuró el abuelito.

—Por lo menos podemos ver dónde estaba —dijo Donovan—. La piedra no se quema, ¿verdad?

—Correcto —asintió el abuelito—. El viejo granero ya no está; no queda nada más que el fundamento, ¿verdad? Ni siquiera el fuego pudo destruirlo. Eso me hace recordar que cuando ponemos nuestra confianza en Jesús para salvación, él llega a ser el fundamento de nuestra vida. —Le sonrió a Donovan—. Nada puede destruir ese fundamento, tampoco —agregó—. Nada en absoluto... ¡nunca!

Donovan puso su mano en las piedras duras del fundamento del granero. Se sentía firme y fuerte, incluso cuando una ráfaga de viento formó un remolino de ceniza en el aire.

—Me alegra que Jesús sea el fundamento de mi vida, abuelito —dijo suavemente. *PIK*

¿Y TÚ?

¿Es Jesús el fundamento de tu vida? ¿Es tu Salvador? Cuando lo aceptas como Salvador, él se convierte en el fundamento del resto de tu vida. Aceptarlo hoy es la decisión más importante que tomarás en toda tu vida.

Deja que Jesús sea el fundamento de tu vida

MEMORIZA:
«Nadie puede poner un fundamento distinto del que ya tenemos, que es Jesucristo». 1 Corintios 3:11

EL GRANERO QUEMADO (PARTE 2)

Lee 1 Corintios 3:9-15

Avanzada la tarde del sábado, Donovan y su abuelo salieron lentamente de la granja en su auto, por el camino rural hacia la autopista.

El abuelito miró a Donovan sentado a su lado en el asiento delantero.

—¡Vaya! ¿Me veo tan sucio como tú? —preguntó riéndose.

—Tal vez peor —dijo Donovan.

Ambos estaban cansados y muy sucios después de curiosear por los escombros de los edificios de la granja, calcinados por el fuego, en búsqueda de algo de valor que todavía pudiera haber allí. En el baúl del auto estaban las pocas cosas que habían encontrado: una caja de lata que tenía un montón de herramientas, una hebilla de cinturón que todavía estaba adherida a un jirón de cuero y una jarra azul de porcelana.

—No quedó mucho —había dicho el abuelito con una sonrisa triste—. Solo algunos fundamentos de los edificios y unos cuantos cachivaches que no se quemaron.

—Pensé que habría más cosas para recoger —afirmó Donovan.

—Es sorprendente lo poderoso que es el fuego; no deja mucho tras de sí —explicó el abuelito.

Después de un momento agregó:

—Confío en que Dios encuentre que mi vida tiene más cosas de valor duradero que lo que tenían esos viejos edificios. ¿Te acuerdas que dijimos que cuando aceptamos a Jesús como Salvador, él llega a ser el fundamento de nuestra vida? —Donovan asintió—. Bueno, después de aceptarlo, nuestra parte consiste en hacer lo mejor para vivir de una manera que le agrade, para edificar sobre el fundamento que él provee —dijo el abuelito.

—¡Como edificar encima de esas piedras! —dijo Donovan rápidamente.

El abuelito asintió.

—La Biblia dice que las cosas que hacemos serán probadas, como con fuego —dijo—. Las que le agraden a Dios permanecerán. Las cosas que hacemos para complacernos a nosotros mismos desaparecerán. ¡Debemos ser cuidadosos sobre cómo edificamos! *PIK*

¿Y TÚ?

¿Con qué materiales estás edificando tu vida? ¿Te esfuerzas por agradar a Dios con tu actitud? ¿Obedeces rápidamente y con alegría? ¿Les hablas a otros de Jesús? ¿Eres honesto? Dios recompensará las acciones y actitudes que le agradan.

MEMORIZA:
«Si la obra permanece, ese constructor recibirá una recompensa». 1 Corintios 3:14

Agrada a Dios con acciones y actitudes

POR AMOR A SKIPPER

Lee Efesios 4:1-2, 32; 5:1-2

—No es que no los quiera —les dijo Bianca a sus padres—. Es que todos los hijos adoptivos se preguntan por qué sus madres los entregaron.

—En realidad, nosotros no sabemos mucho más de lo que tú sabes de tu madre de nacimiento —dijo su padre—. Lo único que nos dijeron, además de información médica, fue que tu madre pidió que te colocaran en un hogar cristiano y que tu primer o segundo nombre fuera Bianca.

La hermana de Bianca, Carly, entró repentinamente en la habitación.

—Bianca, tienes que hacer algo con esa gran mascota tuya —declaró—. Acaba de mordisquear mis zapatos.

—Debimos haber sabido que Skipper crecería demasiado para nuestra casa —dijo papá con un suspiro—. Necesita un área más grande para correr. ¿No crees que ya es hora de buscarle un nuevo hogar, cariño?

Skipper entró brincando con una media de Bianca. «Ay, Skipper —gritó Bianca—. Te amo demasiado como para entregarte a otro».

«El amor a veces significa sacrificio, Bianca —le dijo papá—. ¿No crees que Skipper sería más feliz con más espacio para correr y crecer?»

Bianca asintió a regañadientes.

Una amiga que trabajaba en el refugio de animales prometió buscarle un buen hogar a Skipper. Así que unos días después papá llevó a Bianca y a Skipper al refugio. Cuando llegaron, Bianca le dio a Skipper un último abrazo antes de que se lo llevaran. Entonces le dieron un formulario que debía llenar. Bianca tardó mucho tiempo para llenarlo, porque sus ojos se le llenaban de lágrimas a cada rato. Camino a casa, Bianca dijo:

—Tenías razón, papá. El amor sí significa sacrificio. Cuando estaba llenando ese formulario, me di cuenta de que hace once años mi madre de nacimiento tuvo que haber llenado un formulario como ese por mí.

—Así como tú quieres una vida mejor para Skipper, ella pudo haber querido una vida mejor para ti —asintió papá.

—¿Y sabes qué más creo? —preguntó Bianca—. Creo que ella ora todas las noches para que yo esté en un maravilloso hogar cristiano. ¡Y lo estoy!
—Le dio a papá un gran abrazo. *RKM*

¿Y TÚ?

¿Se ha sacrificado alguien para darte una vida más feliz? Debes estar agradecido por eso. ¿Estás dispuesto a sacrificarte por otros? ¿Amas a Dios lo suficiente como para renunciar a lo que quieres para agradarlo? Cuando le pides a Dios la fortaleza para hacer los sacrificios apropiados, él te bendecirá.

El amor puede significar sacrificio

MEMORIZA:
«Hay más bendición en dar que en recibir». Hechos 20:35

LAS AGARRADERAS DE LA ABUELITA

Lee el Salmo 119:9-11, 105, 165

—¿Qué estás haciendo, mamá? —preguntó María cuando ella y su hermano Marcos llegaron a casa de la escuela.

—La abuelita necesita unas agarraderas, por lo que pensé que tú y Marcos podrían hacerle unas para su cumpleaños —respondió mamá con una sonrisa. Les mostró a los niños unos pequeños telares manuales y tiras de tela—. Les enseñaré a hacerlas —agregó.

—¡Ah, yo sé cómo hacerlas! —exclamó María—. Lo aprendí en la escuela. Es divertido. —Insistió que no necesitaba nada de ayuda, por lo que mamá volvió su atención hacia Marcos.

Marcos observó cuidadosamente mientras mamá le enseñaba qué hacer. Primero, colocó una fila recta de lazos rojos entre dos lados del telar. Luego usó un gancho para comenzar las filas de lazos azules en el lado opuesto. Dirigió el gancho por encima y por debajo de los lazos rojos. Revisaba con mamá a cada momento, para asegurarse de que lo estaba haciendo bien.

—¿Cómo te va? —le preguntó mamá a María después de un rato.

—Pensé que sabía hacer esto —dijo María con un suspiro—, pero no me está saliendo bien. Creo que olvidé algunas de las cosas que aprendimos.

—¿Quisieras desmontar todo esto y comenzar de nuevo? —dijo mamá.

María asintió y comenzó a desarmar todo. Mamá le enseñó lo que tenía que hacer, y después de eso, María dejó que mamá le revisara cada fila.

Esa noche, María estaba leyendo una emocionante historia de misterio cuando mamá sugirió que leyeran juntas una historia bíblica, ya que era casi hora de irse a la cama.

—Ay, mamá —lloriqueó María—, ¿no puedo terminar este libro en lugar de oír la historia bíblica esta noche? De todas maneras, ya las conozco.

—¿Te acuerdas de las agarraderas? —preguntó mamá—. Es fácil olvidar lo que hemos aprendido si no lo revisamos continuamente. Las cosas que aprendemos en la Palabra de Dios no son cosas que podamos darnos el lujo de olvidar. —María suspiró, pero cerró su libro. Luego sonrió.

—Ah, bueno —dijo—, mis historias favoritas están en la Biblia. *MMP*

¿Y TÚ?

¿Crees que ya conoces todas las historias de la Biblia y las lecciones que enseñan? Cuando leas la Palabra de Dios cada día, él te enseñará cosas nuevas de las historias conocidas. Recordar lo que la Biblia dice y obedecerla es muy importante.

MEMORIZA:

«Me deleitaré en tus decretos y no olvidaré tu palabra». Salmo 119:16

Sigue leyendo la Palabra de Dios

¿A QUIÉN SE ENGAÑA?

Lee Juan 10:7-15

Cuando Rosa entró somnolienta a la cocina, su hermano Javier la miró pícaramente, y después miró hacia la ventana.

—¡Hay nieve en el suelo! —exclamó—. ¿Cómo puede haber nieve en esta época del año?

—¿Qué? —gruñó Rosa, y corrió para ver.

—¡Qué inocente! —Javier se rió placenteramente—. ¡Caíste!

—¡Ah! —gruñó Rosa, pero sonrió mientras se sentaban a comer.

En la mesa de la cena, esa noche, Rosa y Javier hablaron de las bromas del Día de los Inocentes que se habían hecho en la escuela.

—Espero que nadie se haya sobrepasado con las bromas —dijo papá.

—Nadie lo hizo —le aseguró Rosa—, y solo hacemos cosas de esas ese único día. —Hizo una pausa y luego agregó—: En cualquier caso, la mayoría de nosotros. Porque está Donalyn que engaña a la gente todos los días, especialmente a los adultos. Ellos creen que ella es una buena cristiana. Ella siempre los adula, especialmente a nuestros maestros de la escuela dominical y del club infantil.

—Y al pastor Thompkins —agregó Javier.

—Deberías ver cómo actúa en la escuela —dijo Rosa—. A ninguno de los chicos les cae bien; es muy mentirosa. Muchas veces, cuando alguien pierde dinero, un lápiz o algo, Donalyn aparece con eso después. Claro, siempre tiene una explicación de dónde lo sacó. Hoy fue toda sonrisas y dulzura con la señora Padilla, pero cuando la señora Padilla nos daba la espalda, Donalyn le sacaba la lengua. Siempre hace cosas así.

—Cuidado —dijo papá—. ¿Estás segura de que no exageras? Siempre he pensado que Donalyn parecía ser una niña muy buena. —Mamá asintió.

—¿Ven a lo que me refiero? —gruñó Rosa—. Hasta a ustedes dos los ha engañado.

—Bueno, aun si lo que dices es cierto, ella no ha engañado a todos —dijo papá—. Dios conoce exactamente qué hay en su corazón, y lo que hay en cada uno de nuestros corazones.

—Oigan, es cierto —dijo Javier con una sonrisa—. A él no se le puede engañar el Día de los Inocentes, ni ningún otro día del año. *HM*

¿Y TÚ?

¿Engañas a alguien al hacerle pensar que eres cristiano aunque no hayas aceptado a Jesús? Podrás engañar a tus padres, a tu pastor, a tus maestros y a tus compañeros de clase, pero nunca podrás engañar a Dios.

No puedes engañar a Dios

MEMORIZA:
«El Señor conoce a los que son suyos».
2 Timoteo 2:19

LA ABEJA SIN AGUIJÓN

Lee 1 Corintios 15:20-26, 54-57

«¡Ay!», gritó Jonatán y se agachó rápidamente. Una abeja pasó zumbando y apenas esquivó su cabeza. Él observó cuidadosamente cuando la abeja se paró en una flor del jardín.

—Esa abeja estuvo tan cerca de tu cabeza que casi te hace un corte de pelo —le dijo papá bromeando cuando se le acercó por detrás.

Pero Jonatán no se rió. Tenía otra cosa en mente.

—Papá —dijo—, ¿puedo hacerte una pregunta? La abuelita murió hace algunas semanas, pero todavía me entristece eso. ¿Es algo malo? Es decir, se supone que los cristianos deben estar contentos todo el tiempo, ¿no?

—Es muy normal sentirse triste —dijo papá—. Amábamos mucho a la abuelita, por lo que nos hace falta tenerla aquí, y eso nos hace estar tristes. La muerte es algo feo que comenzó cuando el pecado entró al mundo. Pero para los cristianos, la muerte no es quien gana. Aunque estemos tristes, podemos sentirnos bien por que la muerte no puede hacernos daño.

—¿Cómo que no puede hacernos daño? —preguntó Jonatán.

—Quiero decir que ya que la abuelita amaba a Dios y aceptó a Jesús como su Salvador, ahora está libre de la muerte y vivirá con gozo para siempre —respondió papá—. Veamos... ¿cómo podría explicártelo? ¿Por qué le tenías miedo a esa pequeña abeja que pasó volando hace un rato?

—Porque tiene un aguijón, y me pudo haber picado —dijo Jonatán.

Papá asintió.

—¿Habrías tenido miedo todavía si no tuviera un aguijón?

—No —dijo Jonatán—, no tanto.

Papá sonrió.

—Así es con los cristianos —dijo—. La muerte es como una abeja sin aguijón. Todavía asusta, pero no puede hacernos daño. Después de todo, los cristianos viviremos con Dios para siempre.

Jonatán dio un paso atrás cuando la abeja volvió a pasar zumbando.

—Veo lo que quieres decir —dijo—, ¡pero creo que me mantendré lejos de esta abeja hasta que pierda su aguijón! *AJS*

¿Y TÚ?

¿Ha muerto alguien que amabas? ¿Te sientes triste al pensar en eso? No hay nada malo con sentirse triste. Hasta Jesús lloró cuando su amigo Lázaro murió. Solo recuerda que Dios tiene victoria sobre la muerte y que se lleva el aguijón.

MEMORIZA:
«Oh muerte, ¿dónde está tu victoria? Oh muerte, ¿dónde está tu aguijón?».
1 Corintios 15:55

Jesús retira el aguijón de la muerte

TOMA TU CRUZ

Lee 1 Pedro 2:19-25

Marisela se inclinó hacia afuera por la ventana del auto para ver a una fila de gente que caminaba por el costado del camino. Acompañados de un policía como escolta, varios niños y adultos seguían a un hombre que estaba vestido como Jesús. Llevaba puesto lo que parecía una corona de espinas y cargaba una gran cruz en su espalda. «Una de las iglesias locales debe estar representando lo que pasó el Viernes Santo», dijo mamá, bajando la velocidad del auto por indicación de la policía.

Marisela miró a otro lado; era difícil observar la escena, pensar en lo que ocurrió en realidad, en lo que Jesús hizo por toda la gente. Pero cuando oyó que un hombre en un auto gritó algo, sus ojos volvieron otra vez a la escena. «¡Oigan! ¡Están locos!», gritó el hombre. Sonó su bocina y luego volvió a gritar. El actor que representaba a Jesús ni siquiera levantó la mirada. Él y la multitud de seguidores continuaron su recorrido solemne.

—Esa clase de cosas, y muchas peores, ocurrieron en realidad cuando la gente despreció a Jesús y se burló de él —dijo mamá—, pero Jesús también continuó. Estaba comprometido a obedecer a su Padre.

—Tuvo que haber sido difícil —observó Marisela.

—Pensaba en cómo a veces se burlan de ti porque vas a la iglesia o porque permaneces firme con lo que sabes que es lo correcto —dijo mamá—. Tú también debes continuar y obedecer a Dios.

—A veces me dan ganas de hacer lo que hacen los chicos, aunque sé que está mal —admitió Marisela—. Pero ser excluida de su diversión, o resistirme a las cosas malas que dicen, no significa mucho comparado con lo que Jesús hizo por mí, ¿verdad?

—No, claro que no —asintió mamá—. Cada uno de nosotros necesita hacer lo que sea necesario para seguir a Jesús. Nada debería detenernos ni retenernos para hacer la voluntad del Padre. *NEK*

¿Y TÚ?

¿Te han rechazado alguna vez o se han burlado de ti por lo que crees? Jesús conoce ese dolor y entiende por lo que estás pasando. Pídele que te ayude a seguir haciendo lo correcto, a pesar de los que son crueles contigo.

Sigue a Jesús todos los días

MEMORIZA:
«Entonces dijo a la multitud: "Si alguno de ustedes quiere ser mi seguidor, tiene que abandonar su manera egoísta de vivir, tomar su cruz cada día y seguirme"». Lucas 9:23

SOLICITUD NO VÁLIDA

Lee 1 Juan 5:13-15

La madre de Noelle la ayudó a comenzar a teclear en su computadora las invitaciones para una fiesta, y después regresó a preparar la cena. A Noelle le gustaba hacerlo. Pero entonces ocurrió algo inesperado. «¡Mamá! —gritó—, ¡algo está mal!». Mamá llegó y miró por encima de su hombro.

—¿Lo ves? —Noelle señaló la pantalla—. Dice: «Solicitud no válida».

—Esto significa que presionaste la tecla incorrecta, una que le pidió a la computadora que hiciera algo que no está programada para hacer —explicó mamá—. Mira, aquí te pondré en marcha de nuevo.

Mamá ayudó a Noelle y pronto las invitaciones estuvieron impresas.

En los días siguientes, Noelle oró y oró para que Dios permitiera que su fiesta fuera la mejor de la historia. Pero no fue así. Hubo tormenta el día de la fiesta; Lynne, la mejor amiga de Noelle, estuvo enferma y no pudo llegar; y ¡Paige derramó ponche en la alfombra y se fue a casa llorando!

—¡Qué fracaso! —se lamentó Noelle cuando se había ido el último invitado—. Todo el verano he oído de lo grandiosa que fue la fiesta de Gina y yo quería que la mía fuera mejor. Hasta oré para que lo fuera.

—¿Oraste para que tu fiesta fuera mejor que la de Gina? —repitió mamá.

—Bueno... —dijo Noelle, un poco avergonzada—, solo esperaba que las chicas dijeran que les había gustado más la mía y dejaran de alardear.

—Noelle —dijo mamá después de un rato—, ¿te acuerdas de la solicitud no válida que hiciste en la computadora? Cuando lo hiciste, no obtuviste lo que pediste. Por supuesto que no quiero insultar a Dios al compararlo con una computadora, pero me temo que también tu oración era una solicitud no válida. Tus motivos, tus razones para pedirla, no eran válidos.

—¿Quieres decir que no debí haber orado por una buena fiesta?

—Estaba bien orar por una buena fiesta, Noelle —dijo mamá—, pero quizás estabas pidiendo de la manera incorrecta, por las razones incorrectas. La Palabra de Dios dice que cuando oramos de esa manera, probablemente no recibiremos lo que pedimos. *TMV*

¿Y TÚ?

¿Qué pides cuando oras? ¿Tus peticiones darán bendiciones a otros y agradarán a Dios? Si no, podrían ser solicitudes no válidas. Trata de pedirle solo las cosas que él aprueba. La Biblia te ayudará a encontrar cuáles son esas cosas.

MEMORIZA:

«Aun cuando se lo piden, tampoco lo reciben porque lo piden con malas intenciones: desean solamente lo que les dará placer». Santiago 4:3

Ora por los motivos correctos

ATRAPADA

Lee Proverbios 22:3-8

Dayna se sorprendió cuando su amiga nueva, Shannon, encendió un cigarrillo e inhaló. No sabía qué decir cuando Shannon se lo ofreció y dijo:

—Toma, es tu turno.

¿Debo fingir que fumo para que Shannon sea mi amiga?, se preguntó. *Tal vez no hará daño solo poner el cigarrillo en mi boca.* Pero sabía que no debía dejar que nadie la convenciera de hacer algo que sabía que era malo, por lo que lentamente sacudió la cabeza.

—No, gracias —dijo.

—Eres una santurrona —dijo Shannon—. ¡Más te valdría irte a casa!

Entonces Dayna se dirigió a la puerta. Se preguntaba si había hecho lo correcto. Camino a casa, Dayna se detuvo en la casa de su tía Carrie.

—¿Por qué te ves tan triste, cariño? —preguntó su tía.

—Tengo una pregunta —dijo Dayna—. ¿Qué tiene de malo fumar, no todo el tiempo, sino solo de vez en cuando con una amiga?

La tía Carrie señaló una mosca que se golpeaba contra la ventana dentro de la casa. La mosca chocaba contra la ventana, tratando de escapar.

—Tal vez esa mosca atrapada tiene una lección para ti —dijo la tía Carrie—. Probablemente quería entrar a la casa por el calor y la comida. Ahora que está dentro, no puede salir, ¿verdad? Entonces, ¿qué crees que le pasará?

—Apuesto que será aplastada —sugirió Dayna.

—Sí —asintió la tía Carrie—. La gente que prueba las cosas como el tabaco, las drogas y el alcohol frecuentemente queda atrapada como esa mosca. Esas cosas forman hábitos, y a veces la gente no puede dejarlos. Los doctores nos dicen que esas cosas le harán daño a nuestro cuerpo, y Dios nos dice que cosechamos lo que sembramos. Eso quiere decir que nuestros hábitos nos afectan mucho, ya sea que sean útiles o dañinos. Si sembramos malos hábitos, cosecharemos los malos resultados de esos hábitos.

Zumbando fuertemente, la mosca se estrelló fuertemente contra la ventana. «Gracias por la lección, señora Mosca —dijo Dayna—. Nunca me pondré un cigarrillo en la boca. No quiero quedar atrapada». *CEY*

¿Y TÚ?

¿Te ves tentado a hacer algo malo porque alguien quiere que lo hagas? Tú eres el que se dañará con tu acción. No vale la pena para el precio que pagarás al final. Decide de antemano que no te rendirás.

Los malos hábitos te atrapan

MEMORIZA:
«Los que siembran injusticia cosecharán desgracia, y su régimen de terror se acabará». Proverbios 22:8

NO ERES UNA COPIA

Lee el Salmo 139:13-18

Athena se sentó a la mesa de la cocina, y terminó cuidadosamente su reporte de libro de la escuela. «Cuando termine esto, puedo usar la fotocopiadora de la escuela para hacer copias de mi reporte para todos en la clase —dijo—. De esa manera, todos tendremos veinticinco reportes de libros en una carpeta, y los usaremos como guías al elegir libros para leer».

Al día siguiente, la secretaria de la escuela le enseñó a Athena a usar la fotocopiadora. Pronto salieron de la máquina las copias calientes. Cada una se veía como un original.

Cuando Athena le entregó los reportes a su maestra, la señora Peters le dijo:

—Gracias, Katarina.

—Yo no soy Katarina —respondió Athena con firmeza.

No le gustaba que la gente la confundiera con su hermana mayor, pero ocurría mucho.

Más tarde en el patio de recreo, Athena se quejó con su amiga Betsy.

—Mi maestra me volvió a llamar Katarina —dijo—. Ella cree que nos parecemos, pero somos muy distintas.

—Crees que *eso* es malo —dijo Betsy—. A mí no solo me llaman por el nombre de mi hermana, a veces hasta me llaman por el nombre de mi hermano. Y la gente cree que como Anna y Todd son buenos en los deportes, yo también debería serlo.

—Parece que algunos creen que Dios usó una fotocopiadora cuando nos hizo —dijo Athena—. Un montón de copias idénticas, ¡recién impresas!

—Sí —asintió Betsy. Luego sonrió y agregó—: Pero mi mamá dice que no debo preocuparme porque la gente me confunda con mis parientes. Dice que el Dios de todo el universo me conoce como Betsy, la persona importante que él creó para que fuera solo yo. Aquí no hay copias. Soy el original.

—Y yo también soy original —asintió Athena. *NEK*

¿Y TÚ?

¿Te llaman a veces por el nombre de tu hermano o de tu hermana? ¿Te comparan con otra gente? Recuerda que Dios nunca confunde tu identidad. Él te hizo como una creación muy especial, y tú eres el único como tú. A los ojos de Dios, eres una persona valiosa y especial.

MEMORIZA:
«¡Gracias por hacerme tan maravillosamente complejo!». Salmo 139:14

Dios te hizo especial

A CONTROL REMOTO (PARTE 1)

Lee Lucas 17:11-19

—Espero que recibamos autos con control remoto para nuestro cumpleaños —dijo Caleb cuando él y su hermano gemelo, Jacob, caminaban a casa.

—Yo también —asintió Jacob—, pero con papá sin trabajo, sabes que no los recibiremos. —Pateó una piedra en la acera.

—Ah, no estés tan seguro —respondió Caleb—. Cuando la tía Elizabeth llamó la semana pasada, preguntó qué queríamos, así que le dije que queríamos los autos. Quién sabe, ella podría comprárnoslos.

Cuando los chicos llegaron a casa, vieron que había un paquete para ellos... de la tía Elizabeth. ¡Era un auto a control remoto! Bueno, casi.

—¡Un camión cisterna... a control remoto? —dijo Jacob—. ¿No un *auto*?

—¿Quieres decir que tenemos que *compartirlo*? —preguntó Caleb con incredulidad. No le gustó esa idea en absoluto.

Por un rato, los chicos tomaron turnos para jugar con el camión.

—Es difícil hacerlo funcionar. Es muy difícil hacerlo retroceder con ese tráiler —dijo Jacob—. En realidad no esperaba que fuera así.

—¿Qué esperabas? —preguntó mamá.

—Pensé que cada uno de nosotros recibiría uno —dijo Caleb.

—Yo no —dijo Jacob—. Yo no esperaba recibir un auto a control remoto en absoluto. Probablemente deberíamos estar agradecidos de tener este.

—Yo estoy de acuerdo con eso —dijo mamá con firmeza—. Veamos cuántas cosas pueden pensar ustedes, chicos, de lo que les gusta de él.

—Bueno... es de un color rojo bonito —dijo Caleb finalmente.

—Y podría ser divertido aprender a retroceder con ese tráiler —sugirió Jacob. Se animó—. Tal vez incluso más divertido que un auto ordinario.

—¿Qué les parece escribirle una nota de agradecimiento a la tía Elizabeth? —sugirió ella—. Solo incluyan todas las cosas que se les ocurra que les gustan de él. Y mientras lo hacen —agregó—, no se olviden de agradecerle a Dios por la tía Elizabeth. Ella es muy buena con ustedes.

Caleb y Jacob sonrieron y asintieron. *TEP*

¿Y TÚ?

Si te dan algo que no es exactamente lo que querías, ¿refunfuñas y te quejas? ¿O te detienes y piensas en algo que te gusta de eso y luego le agradeces a quien te lo dio? Asegúrate de hacerlo. Sobre todo, asegúrate de agradecerle a Dios por los que te aman lo suficiente como para darte algo.

¿Decepcionado? Sé agradecido de todas maneras

MEMORIZA:
«Sean siempre agradecidos».
Colosenses 3:15

A CONTROL REMOTO (PARTE 2)

Lee Mateo 8:5-10, 13

Una tarde, cuando Caleb y Jacob jugaban con su camión a control remoto, su hermanita, Ami, saltaba alrededor de la sala en un caballito de juguete.

—Mamá —dijo ella de repente—, quisiera tener un caballito de juguete a control remoto. Uno que saltara de arriba abajo por su cuenta.

—¡Sí, eso sería extraordinario! —asintió Jacob, que estaba mirando.

Mamá se rió.

—Tendrás que inventar uno cuando crezcas —sugirió.

—¡Pero yo quiero uno ahora! —insistió Ami.

Precisamente entonces, a mamá se le ocurrió una idea.

—Toma tu caballito de juguete, y cuando yo te dé la orden, haz lo que yo diga —le dijo a Ami—. Por ejemplo, si digo que te muevas a la izquierda, te mueves a la izquierda; o si digo que te muevas a la derecha, te mueves a la derecha. No se necesitan alambres; ¡es control remoto! ¿Lo entiendes?

Ami asintió.

—Y si dices alto, me detengo, ¿verdad?

—Correcto —dijo mamá—. ¡Vamos! ¡Sigue adelante! ¡Ve a la izquierda! ¡Cruza a la izquierda otra vez! ¡Sigue recto! ¡Regresa! ¡Hacia adelante! ¡Alto!

Ami saltaba de arriba abajo según las instrucciones de su madre. Pronto los chicos también se le unieron. Hicieron turnos con eso toda la tarde.

Esa noche, antes de que mamá los acostara, les leyó una historia bíblica acerca de un soldado, al que se le llamaba centurión, que quería que Jesús sanara a su siervo. «Ni siquiera vayas —dijo el centurión—. Solo di la palabra y mi siervo sanará». Y eso fue precisamente lo que hizo Jesús; estaba muy complacido con la fe del hombre. Cuando Jesús simplemente pronunció la palabra, el siervo sanó en ese momento.

—¡Mamá! —exclamó Jacob—. No sabía que había un control remoto en la Biblia.

—Dios puede hacer cualquier cosa y puede estar en cualquier parte. Jesús sabía que podía contar con que el poder de Dios estaría precisamente donde estaba el siervo del centurión —dijo mamá—. ¡Creo que eso es como un control remoto! *TEP*

¿Y TÚ?

Dios hizo el mundo y todo lo que hay en él, y lo controla totalmente. Si dejas que él tenga el «control remoto» de tu vida, entonces no tendrás que tener miedo de lo que pase. Puedes confiar en él; él sabe qué es lo mejor.

MEMORIZA:

«Solo tú te llamas el Señor [...] solo tú eres el Altísimo, supremo sobre toda la tierra». Salmo 83:18

Dios está en control

NADA VIL O VULGAR

Lee el Salmo 101:1-7

Cuando terminó el programa de televisión, Sofía, la hermana mayor de Julia, apagó el televisor. Julia levantó la mirada sorprendida.

—Yo siempre miro el programa que sigue —dijo Julia. Sofía sonrió.

—Vamos por un helado a cambio —sugirió.

En el camino hacia la heladería, Sofía preguntó:

—¿Qué te pareció el programa que acabamos de ver?

Julia encogió los hombros.

—Bueno, generalmente está bien. Es uno de los que mamá me deja ver.

—Sí, ¿pero te diste cuenta de que la historia era acerca de la mentira? —preguntó Sofía—. Una mentira llevó a otra, hasta que se puso tan descabellado que al final tuvieron que decir la verdad.

—Mintieron en primer lugar para no tener problemas —dijo Julia riéndose—, pero no tendrían que haberse molestado en hacerlo. Cuando la verdad salió a la luz, de todas formas no tuvieron problemas.

—No, pero deberían haberlos tenido —dijo Sofía.

Después de comprar su helado, las chicas se sentaron en una banca.

—Hay algo más que me molesta de muchas películas y programas de televisión —dijo Sofía—. Algunos de los chicos allí son muy groseros. Después de que vimos la película de anoche, me di cuenta de que de alguna manera copiaste la manera en que hablaban los chicos de la película.

—Eh... yo... —dijo Julia balbuceando—. Bueno, tal vez lo hice un poco. Estás actuando como... como la abuelita —dijo gruñendo.

—Solo quería que pensaras en cómo lo que ves te afecta. Yo tengo el mismo problema —dijo Sofía, apretando los hombros de Julia.

—¿Tú también? —preguntó Julia sorprendida.

—Claro —respondió Sofía—. Hay programas que no veo porque no quiero esa clase de basura en mi mente: inmoralidad o violencia. Pero cuando mis amigos de la universidad los ven, es difícil no hacerlo.

—Imagino que sí —asintió Julia.

—Un versículo en los Salmos dice: "Me negaré a mirar cualquier cosa vil o vulgar" —agregó Sofía—. Cito ese versículo mucho, y me ayuda.

—Tal vez será mejor que lo aprenda —asintió Julia. *RJC*

¿Y TÚ?

Piensa de qué manera influye la televisión en tus pensamientos y acciones. ¿Te encuentras copiando las acciones incorrectas de los personajes? Es fácil hacerlo. Una manera de evitarlo es «vigilar lo que ves cuando ves televisión».

La televisión influye en ti

MEMORIZA:
«Me negaré a mirar cualquier cosa vil o vulgar». Salmo 101:3

PERMANECE A FLOTE

Lee Daniel 4:29-37

Salvador entró corriendo y lanzó sus libros en la mesa de la cocina. «Voy a tener el mejor reporte de la clase —anunció—. Soy el chico más inteligente de mi grado. He tenido la calificación más alta en nuestras pruebas de ortografía por tres semanas seguidas. Las matemáticas son tan fáciles que da pena, y la mayoría de los chicos escribe los ensayos más tontos». Mamá frunció el ceño mientras Salvador se dirigía a su habitación.

Esa tarde, papá y Salvador jugaban un partido de ping-pong.

—Tendrás que pedir misericordia con mi saque de mate —alardeó Sal.

—Bueno, es posible, Sal —dijo papá sonriendo—, pero así y todo, podrías descubrir que quien mucho abarca poco aprieta. Lo cual me hace recordar que sé precisamente sobre qué deberías escribir tu reporte.

—¿De qué se trata? —preguntó Salvador.

—Del hundimiento del *Titanic* —respondió papá.

—¿De ese barco grande? —preguntó Salvador. Papá asintió.

—Fue uno de los barcos de pasajeros más espléndidos de toda la historia —respondió—. Era elegante; tenía candelabros de cristal e incluso un salón de baile con su propia orquesta. Podrías decir que fue el príncipe de su época. Todos pensaron que el barco no podría hundirse. El único problema fue... —La voz de papá se fue apagando.

—Se hundió, ¿verdad? —preguntó Salvador—. Suena interesante, pero ¿por qué crees que ese es un buen tema para mí?

—En cierto modo, me temo que te pareces un poco al *Titanic*, hijo —dijo papá—. Verás, es bueno esforzarse por la excelencia, pero debes tener cuidado. Así como un *iceberg* le hizo un agujero al *Titanic*, el orgullo puede hacerte naufragar. Dios es la fuente de todos nuestros talentos y habilidades, y cuando nos inflamos y menospreciamos a los demás, Dios no puede bendecir nuestra vida.

—Entiendo lo que quieres decir —dijo Salvador lentamente. Luego agregó—: ¡Pero aun así no me puedo resistir a un fuerte saque de mate!

Golpeó la pelota hacia el lado de la red de papá, ¡y el juego continuó! *CPK*

¿Y TÚ?

¿Te esfuerzas para ser el número uno, sin importarte herir los sentimientos de alguien en el proceso? ¿Te atribuyes todo el mérito por cada victoria? Dios es la fuente de todos los dones buenos. Agradecerle los tuyos te ayudará a no ser demasiado orgulloso.

MEMORIZA:

«El orgullo lleva a la deshonra, pero con la humildad viene la sabiduría». Proverbios 11:2

No seas orgulloso

EL PUDÍN DE CHOCOLATE

Lee Hebreos 5:12-14

Jonás veía a su hermanita bebé succionar ávidamente de su biberón de leche, mientras él comía pudín de chocolate.

—¿Puedo darle a Maya un poco de mi pudín? —preguntó.

Mamá sonrió.

—No, me temo que no —dijo—. Maya es apenas una bebé y el chocolate podría hacerla regurgitar o darle dolor de estómago.

—¡Pero ella solo bebe leche! —exclamó Jonás—. ¡Guácala! Creo que está cansada de eso.

—Los bebés siempre comienzan con leche. También tú comenzaste con eso —le dijo mamá—. Luego, poco a poco, agregamos cereal, vegetales, fruta y finalmente carne; y, por supuesto, pudín de chocolate. —Mamá le sonrió a Jonás—. Te alimentamos muy cuidadosamente —agregó—, y mira qué fuerte te has puesto.

Jonás sonrió y se sentó más erguido cuando mamá agregó:

—¿Sabías, Jonás, que papá y yo te «alimentamos» con la Palabra de Dios de la misma manera?

—¿De veras? —preguntó Jonás. Se veía sorprendido.

Mamá asintió.

—Un poco a la vez, te damos más y más de su Palabra —dijo—. Cuando eras apenas un poco mayor que Maya, comenzamos a leerte de un libro de historias bíblicas para bebés.

—Lo recuerdo —dijo Jonás—. Debemos guardarlo para leérselo a Maya.

—Luego, cuando fuiste un poco mayor, leíamos del libro de historias bíblicas que la abuelita te compró, y también leíamos directamente de la Biblia algunas de las historias más fáciles. Ahora estás comenzando a leer tu propia Biblia, y papá y yo te hablamos cada vez más de las cosas que aprendemos de las Escrituras. Queremos que ames la Palabra de Dios.

Jonás sonrió.

—¿Así como amo el pudín de chocolate? —preguntó.

—Sí —asintió mamá—. ¡E incluso más que eso! *JLB*

¿Y TÚ?

¿Amas la Palabra de Dios? ¿Lees tu Biblia por tu cuenta o con alguno de tus padres? ¿O todavía eres un «bebé» cristiano, que depende de alguien más para que te alimente? Para llegar a ser un cristiano maduro, debes aprender a leer la Palabra de Dios por tu cuenta y «alimentar» tu alma todos los días.

Lee la Palabra de Dios por tu cuenta

MEMORIZA:
«Crezcan en la gracia y el conocimiento de nuestro Señor y Salvador Jesucristo».
2 Pedro 3:18

LAS HOJAS REBELDES

Lee Colosenses 3:8-14

—Creo que el árbol debe estar confundido —dijo Joy, y señaló un roble que estaba por la ciclovía en la que ella y su padre montaban bicicleta—. La mitad de sus hojas son verdes y la otra mitad marrón. No puede decidir si es primavera u otoño. Las hojas verdes están junto a las hojas marrones.

—Esas son las hojas del año pasado —dijo papá—. Esta clase de roble es muy renuente a dejar caer sus hojas en el otoño. Ni los fuertes vientos de invierno pueden arrancarlas de las ramas.

—Parece que son muy rebeldes —dijo Joy—. Ya que son feas e inútiles, ¿por qué no se sueltan simplemente?

—No sé —dijo papá—. Tal vez se parecen mucho a los hábitos feos y rebeldes que se adhieren a nosotros.

Joy pensó inmediatamente en el problema con su hermano, y estaba segura de que papá también lo había recordado. La noche anterior, mamá y papá la habían reprendido una vez más por burlarse de su hermano menor. «Es un mal hábito que has adquirido —le habían dicho—, ¡y tiene que parar!» Pero lo primero que había hecho esa mañana era decirle a Tyler que era un bebé. Tuvieron una gran pelea y Joy había dicho muchas palabras feas. Cuando la reprendieron, Joy había respondido: «¡No puedo evitarlo! Trato de sacarme de la cabeza esas malas palabras, ¡pero no se van!».

—Esas viejas hojas marrones caen finalmente —dijo papá.

—¿Cómo? —Joy quería saber—. ¿Qué las hace caer?

—Las hojas nuevas —respondió papá—. A medida que crecen y cubren el árbol, simplemente empujan a las viejas y estas caen.

—Quieres decir —dijo Joy— que si comienzo a decirle cosas bonitas a Tyler las palabras malas y feas se irán, ¿verdad?

—Dios no nos dice simplemente que nos deshagamos del pecado —dijo papá—. Nos dice que reemplacemos las obras desagradables con las bondadosas. Esa es la manera de lidiar con los hábitos rebeldes. *TMV*

¿Y TÚ?

¿Te esfuerzas mucho para quitarte los malos hábitos? ¿Los reemplazas con cosas buenas? Trata de quitar la ira con amabilidad y reemplaza las críticas con elogios.

MEMORIZA:

«Desháganse de su vieja naturaleza pecaminosa y de su antigua manera de vivir... Pónganse la nueva naturaleza, creada para ser a la semejanza de Dios, quien es verdaderamente justo y santo». Efesios 4:22, 24

La amabilidad quita la ira y el odio

EN EL CORRAL DEL PERRO

Lee Romanos 10:9-13

—Por supuesto que soy cristiano —le dijo Pablo al señor Lundquist, su vecino, cuando los dos colocaban agua fresca y comida para Spot y Ginger. Los perros le pertenecían a otra vecina, la señora Robinson. Pablo y el señor Lundquist la estaban ayudando cuidando a sus perros mientras ella estaba en el hospital—. Creo que he sido cristiano toda mi vida —continuó Pablo—. Voy a la iglesia todo el tiempo; todos los domingos.

—Sé que vas —dijo el señor Lundquist—, y eso es muy importante. Cerró la manguera y se sentó en el suelo al lado de los perros cuando Pablo se dirigió a la puerta.

Pablo se volteó hacia el señor Lundquist.

—¿Qué hace? —preguntó—. Ya terminamos aquí, ¿verdad?

—Sí, pero pienso hacer un experimento —dijo el señor Lundquist con una mirada extraña en su rostro—. Tal vez me quede aquí con los perros esta noche. Si me siento en el corral de los perros lo suficiente me convertiré en perro así como Spot y Ginger, ¿verdad?

Pablo se rió.

—¿Cuál es el chiste? —preguntó—. ¿Quién querría ser perro? Además, sentarse en el corral de los perros y vivir con los perros no lo hace a uno perro.

—Eso es cierto —dijo el señor Lundquist y se levantó—. Así como sentarse en el edificio de la iglesia no te hace cristiano.

—Pero yo... eh... mis padres me bautizaron —dijo Pablo débilmente.

—Vivir con perros no te hace perro, ni vivir con cristianos te hace cristiano —repitió el señor Lundquist.

—Supongo que es cierto —dijo Pablo frunciendo el ceño—. Entonces, ¿qué es lo que lo hace a uno cristiano?

Con gusto, el señor Lundquist le explicó a Pablo cómo podía decidir comenzar su propia relación con Dios. *SLS*

¿Y TÚ?

¿Crees que ir a la iglesia es lo único que se requiere para ser cristiano? ¿O que pertenecer a padres cristianos significa que tú también eres cristiano? Eso no es lo que la Biblia dice. La Biblia dice que tú, personalmente, debes creer en Jesús para que te salve de tus pecados. ¿Crees eso?

Solo Jesús salva

MEMORIZA:
«Cree en el Señor Jesús y serás salvo».
Hechos 16:31

LA RESPUESTA DE LUCAS

Lee Proverbios 4:20-27

«Veamos —dijo papá una noche mientras extendía un mapa sobre la mesa—. Hemos decidido ir a Montana para nuestras vacaciones, pero no hemos decidido si ir por las Colinas Negras o por las Rocosas».

Lucas se retorció en su silla. Tenía otras cosas en mente. En la escuela, Mason lo había acorralado en el patio de recreo. «Mira lo que tengo. —Mason le había mostrado unas píldoras a Lucas—. Me hacen sentir muy bien; por un precio, estoy dispuesto a compartirlas contigo, Lucas».

Lucas no había sabido qué decir. ¡Sabía que era malo experimentar incluso con una píldora! Las drogas no eran algo que Dios querría que él hiciera. Aun así, en lugar de decirle firmemente que no, había vacilado con sus palabras.

—Bueno... no, yo... este... mi papá se enojaría si alguna vez se diera cuenta —había dicho en voz baja—. Será mejor que yo... ah... no.

—Vamos —había insistido Mason—. Tu papá no se dará cuenta.

Lucas no había tomado nada, pero no podía olvidar el incidente. Sabía muy bien que Mason insistiría otra vez.

—Bueno, ¿qué camino crees que debemos tomar? —preguntó papá.

—Podemos decidirlo después, ¿verdad? —preguntó Lucas encogiendo los hombros—. No nos iremos de viaje hasta dentro de un mes.

—Es cierto —dijo papá—, pero sí queremos aprovechar al máximo nuestras vacaciones. Solicitaré folletos y quizá tendremos que hacer algunas reservaciones. Es útil planificar con anticipación.

Exactamente, pensó Lucas. *Ese es mi problema. Sé que las drogas son malas, pero nunca había pensado en qué diría si alguien me las ofreciera. ¡No he planificado con anticipación!*

Esa noche, Lucas escribió en su cuaderno: «Respuestas que daré cuando alguien me tiente a hacer algo malo. (1) No, gracias, no voy a usar drogas. (2) No. Soy cristiano y sé que las drogas son malas. (3) No. Dios no quiere que haga eso».

Lucas se rascó la cabeza mientras pensaba en más respuestas. *LMW*

¿Y TÚ?

¿Tienes una respuesta preparada por si alguien te pide que hagas algo que sabes que está mal? La Biblia dice: «Traza un sendero recto para tus pies». Esto significa pensar en o prepararse para lo próximo que tengas que decir o hacer. Piensa en lo que dirás si alguien te tienta a hacer algo malo. ¡Prepárate!

MEMORIZA:
«Traza un sendero recto para tus pies; permanece en el camino seguro».
Proverbios 4:26

Planifica respuestas para la tentación

BISAGRAS QUE CHIRRIAN

Lee Números 14:1-4; 1 Corintios 10:10-12

—No olvides sacar la basura, Shelly —dijo mamá entrando a la cocina.

—Ay, detesto sacar la basura —dijo Shelly quejándose—. Tony hace las cosas fáciles, mientras que yo tengo que recorrer la casa recogiendo la basura apestosa.

—Tú decidiste encargarte de la basura como tu trabajo este mes —le recordó mamá—. Dijiste que estabas cansada de limpiar los muebles y de doblar la ropa y que a Tony siempre le tocaban los trabajos fáciles, como sacar la basura.

Shelly rezongó dentro de sí, pero comenzó a recoger la basura.

La puerta de atrás chirrió fuertemente cuando el hermano de Shelly la abrió y entró a la habitación.

—Tony, deja de entrar y salir —lloriqueó Shelly enfadada—. Esa puerta que chirria me está volviendo loca.

Tony solo sonrió y se volteó hacia la puerta.

—Creo que dejé algo afuera —dijo bromeando—. Volveré en un minuto.

Abrió y cerró la puerta y Shelly se tapó los oídos.

—Creo que esta puerta ya no quiere funcionar —dijo Tony.

—Tal vez no —asintió mamá sonriendo— . Tal vez ya no le gusta su trabajo, por lo que sus bisagras se han vuelto ruidosas y chirrian para que todos lo sepan. —Hizo una pausa y luego agregó—: Esas bisagras me hacen recordar a los israelitas después de que salieron de Egipto. Los israelitas se quejaban mucho, aunque Dios era bueno con ellos y proveía para todas sus necesidades. —Miró a Shelly—. Algunas personas todavía son así.

Shelly suspiró.

—Te refieres a mí, ¿verdad? —dijo. Vaciló y luego agregó—: Lo siento.

Precisamente entonces papá abrió la puerta que chirriaba y entró.

—Creo que ya es hora de que aceite esas bisagras —dijo.

Mamá sonrió y asintió.

—Tenemos que aplicar el "aceite" del contentamiento a nuestra vida. —Puso su brazo sobre los hombros de Shelly—. En lugar de quejarnos, debemos estar contentos con cualquier cosa que Dios tenga para nosotros.

¿Y TÚ?

¿Te quejas por las cosas que te piden que hagas? ¿Lavar la vajilla? ¿Cuidar a tu hermanita? ¿Cortar el césped? En lugar de quejarte, alaba a Dios por todo lo que ha hecho por ti y alégrate porque puedes trabajar para él.

Trabaja con alegría

MEMORIZA:
«He aprendido a estar satisfecho en cualquier situación en que me encuentre».
Filipenses 4:11, NVI

ARRAIGADO EN LA FE

Lee Colosenses 2:1-7

Eva y su familia disfrutaban de una tarde de sábado en primavera. Su hermano y hermana menores jugaban en los columpios mientras Eva y su mamá cavaban en el jardín. Eva disfrutaba la sensación de la tierra fértil en sus manos y debajo de su pala, y le encantaba la manera en que se veía la casa cuando ella y su mamá plantaban petunias y pensamientos alrededor de ella. Más que nada, le gustaba trabajar al lado de su mamá.

En los alrededores, el papá de Eva apretaba los tornillos de la podadora. Era hora de cortar el césped por primera vez ese año.

Mamá suspiró al ver el césped enfrente de su casa. «¡Solo mira todos esos dientes de león!», exclamó. Las flores amarillas habían salido por todas partes. Sin duda eran bonitos, pero la familia de Eva apreciaba más su belleza en el bosque que estaba atrás de la casa que en el césped de enfrente.

Pronto la podadora cobró vida con un estruendo. Eva y mamá vieron cómo los dientes de león comenzaron a desaparecer. Cuando papá apagó la podadora, Eva dijo:

—Los dientes de león regresarán, ¿verdad, mamá? Papá me dijo que son casi indestructibles.

—Papá tiene razón. Hemos estado luchando con estos dientes de león cada primavera desde que nos trasladamos a esta casa —dijo mamá—. Tienen raíces largas y resistentes, y cuando se corta la parte de arriba de la planta, simplemente vuelven a crecer.

Mamá hizo una pausa y luego continuó.

—¿Sabes? —dijo—, cuando vi a papá cortar el césped, se me ocurrió que como cristianos a veces sentimos que las cosas que ocurren en nuestra vida, cosas como decepciones y tristezas, nos cortan. Pero nuestras raíces están sembradas profundamente en Jesucristo. Si las cuidamos como debemos y las "nutrimos" diariamente con la oración y el estudio bíblico, podemos salir íntegros de nuestros problemas y tal vez incluso más fuertes, ¡como esos dientes de león! *DRK*

¿Y TÚ?

¿Cuidas de tus raíces cristianas con oración y estudio bíblico? Si no, puedes comenzar ahora a apartar un poco de tiempo cada día para leer tu Biblia y para orar. Te hará más capaz de volver a surgir cuando vengan los problemas.

MEMORIZA:

«De la manera que recibieron a Cristo Jesús como Señor, ahora deben seguir sus pasos. Arráiguense profundamente en él y edifiquen toda la vida sobre él». Colosenses 2:6-7

Crece fuerte en Jesús

EL OTRO PERRO

Lee Lucas 12:15-21

Garth dejó la leña para la fogata y se apresuró a ver por qué estaba ladrando Sansón, su cachorro. El perrito estaba parado en la orilla del arroyo y miraba el agua. «¿Qué pasa, Sansón?», preguntó Garth, y también miró hacia abajo. Comenzó a reírse.

Justo entonces llegó papá.

—¿Qué encontró Sansón, Garth? —preguntó papá.

—¡A sí mismo! —gritó Garth. Efectivamente, Sansón le ladraba ferozmente a su propio reflejo en el agua.

«¡Perro bobito! —exclamó Garth—. Ven a la carpa. Te daré una golosina». La palabra mágica fue *golosina*, y Sansón inmediatamente dejó al «otro perro» e inmediatamente corrió a la carpa. Pronto tuvo su golosina y se echó cerca del arroyo. De reojo estaba pendiente del otro perro.

—¿Conoces la vieja fábula del perro y el hueso? —preguntó papá—. Cuando el perro cargaba su hueso por un puente, vio a otro perro abajo en el agua y gruñó.

—¡Igual que Sansón! —exclamó Garth.

—Sí, y el perro no iba a dejar que el otro perro atrapara su hueso —continuó papá—, por lo que comenzó a ladrar para alejar a ese perro. Por supuesto que su hueso cayó al agua y el perro glotón acabó sin nada.

El fuego estaba listo, y mamá sacó la sartén.

—La avaricia nos hace aferrarnos a las cosas —observó mientras ponía tocino en la sartén—, pero en realidad no podemos quedarnos con ellas al final. Además, en realidad, las cosas no son las que nos dan felicidad.

—Cuando Jesús entra a tu corazón, eres la persona más rica que existe —agregó papá—. Qué triste que más gente no se dé cuenta de eso.

Sansón se acercó corriendo, suplicando por otra golosina. Garth le lanzó otra y Sansón se fue corriendo a su lugar en el cálido sol de la mañana. Siguió mirando el arroyo, por si acaso el otro perro también quisiera una golosina. *MJS*

¿Y TÚ?

¿Te preocupas por tener las cosas que todos tus amigos tienen? ¿Quieres dinero, un nuevo reproductor de MP3, o quizás una bicicleta nueva? Las cosas de este mundo duran solamente un corto tiempo. El amor de Jesús es un tesoro precioso que dura por la eternidad. Asegúrate de que Jesús esté en tu vida; sé rico ante los ojos de Dios.

Jesús te hace rico

MEMORIZA:
«¿Y qué beneficio obtienes si ganas el mundo entero pero pierdes tu propia alma?». Mateo 16:26

ABRIL
18

ANDAR EN CÍRCULOS

Lee 1 Juan 2:15-17; 3:1-3

Ay, ¡cuánto deseaba Summer no haber mirado las fotos sucias de la revista de Mariana! Pero las otras chicas las habían visto y Summer no había querido ser diferente. Aunque ahora se sentía terrible, como si su mente no estuviera limpia. ¿Cómo podría concentrarse en su reporte de ciencias con todos esos pensamientos horribles que pasaban por su mente? ¡Ay, no! ¡El señor Montoya la llamaba ahora mismo!

Summer tomó su reporte y caminó hacia el frente de la clase. Se tragó el gran bulto que sentía en la garganta y comenzó. «Mi reporte de hoy es acerca de la oruga procesionaria. Estas orugas se llaman "procesionarias" porque siempre siguen a un líder y hacen exactamente lo que él hace».

Summer tragó saliva. Ella había actuado así al mirar las fotos. Respiró profundamente y continuó con su reporte.

«Henri Febra, un científico francés, demostró esto al poner unas cuantas de estas orugas en el borde de un gran jarrón de piedra en su jardín. Cada oruga pensaba que la que tenía adelante era el líder y la seguía a todas partes. Por siete días, esas orugas avanzaron alrededor de la orilla del jarrón, andando en círculos. Solo siguieron al líder, que en realidad no era líder en absoluto».

Yo no quiero que Mariana sea mi líder, pensó Summer.

«Finalmente, una de las orugas decidió salirse sola para buscar comida, e inmediatamente el resto la siguió», continuó Summer. Terminó el reporte y se sentó.

Summer ni siquiera escuchó el siguiente reporte acerca de las cigarras. Estaba pensando en las orugas que seguían ciegamente a su líder y en la que se había convertido en líder.

Jesús, perdóname por haber mirado esas fotos, oró en su corazón y contuvo las lágrimas. *Ayúdame a ser como la oruga que tuvo el valor de irse sola. Ayúdame a guiar a otras chicas a hacer las cosas correctas en lugar de seguir a Mariana y hacer las malas.*

Summer se sintió mucho mejor después de haber orado. Sabía que Dios la había perdonado. Él la ayudaría a hacer lo correcto. *MHN*

¿Y TÚ?

¿Sigues al líder o sigues lo que Dios dice en su Palabra? Atrévete a ser diferente. No hagas algo malo solo porque no quieres ser diferente a los otros chicos. Puedes ser un líder del Señor.

MEMORIZA:
«Si los pecadores quieren engatusarte, ¡dales la espalda!» Proverbios 1:10

Atrévete a ser diferente para Dios

LOS PATINES DESGASTADOS

Lee Juan 6:5-13

Ricardo miraba los patines desgastados con disgusto. Lo que en realidad quería era una patineta nueva. Pero tal vez los patines viejos todavía sirvieran. Se los puso y se ajustó las correas. Estaba tratando de patinar cuando Larnell llegó con su patineta. Larnell se rió mientras señalaba los patines.

—¿Los conseguiste en el basurero de la ciudad? —preguntó con tono de burla—. ¿No te puede comprar una patineta tu papá?

—Pues, no, no puede —respondió Ricardo.

—Qué malo. Podríamos habernos divertido juntos —dijo Larnell—. Adiós, nos vemos luego.

Cuando Larnell se fue con su patineta, llegó Kylie, otra vecina.

—Lo oí —le dijo Kylie a Ricardo—. Yo también quería una patineta, pero mamá dijo que no. Yo estaría contenta con tener un par de patines viejos como los tuyos.

—¿Lo estarías? —dijo Ricardo—. ¿Quieres probarte uno de estos? Cada uno puede tener uno y haremos carreras. Será más divertido que jugar solo.

Después de un rato llegó Larnell rodando por la calle y se les unió.

—Déjenme correr a mí también —les suplicó. Ricardo sacudió la cabeza.

—Una patineta nueva contra patines viejos no sería justo —dijo.

—Bueno, yo podría correr con un patín contra uno de ustedes. El otro podría jugar con mi patineta —sugirió Larnell—. Podemos tomar turnos.

Eso fue precisamente lo que hicieron.

Papá sonrió cuando Ricardo le contó acerca del buen rato que habían pasado.

—Te oyes mucho más contento con los patines de lo que estabas cuando te los di —dijo.

—Lo estoy —respondió Ricardo—. Casi te dije que los tiraras a la basura, pero los compartí con Kylie. Después Larnell compartió su patineta nueva con nosotros.

—¡Qué bien! —dijo papá con aprobación—. Me alegra saberlo. Y aún más importante es el hecho de que a Jesús le agrada cuando compartes lo que tienes. ¿Y sabes qué? Generalmente a ti también te hace feliz. *MMP*

¿Y TÚ?

¿Compartes aunque no tienes mucho para ofrecer? ¿O le dejas la tarea de compartir a la gente que crees que tiene más? El niño de la lectura bíblica de hoy no tenía mucho, pero Dios usó y bendijo lo que dio. Él hará lo mismo contigo. Dios puede ayudarte a ser el primero en compartir.

Comparte lo que tienes

MEMORIZA:
«Siempre que tengamos la oportunidad, hagamos el bien a todos». Gálatas 6:10

LAS PELOTAS DE GOLF Y EL ALPISTE

Lee Mateo 6:31-34

Aidan estaba ansioso por jugar el nuevo juego de video de su amigo Eddie. Se preparaba para ir a la casa de Eddie cuando oyó que su mamá dijo:

—Aidan, no olvides que prometimos ayudar a limpiar el garaje de la señora Jordan hoy. No te vayas hasta que terminemos.

—¿Tengo que ayudar? —dijo Aidan gruñendo.

—Lo prometimos —dijo mamá firmemente—. Hemos estado orando para que Dios ayude a la señora Jordan con sus problemas de la espalda. Una manera en que Dios puede ayudarla es usándonos.

—¿Por qué no puede usar Dios a alguien más para variar? —dijo Aidan.

—Quiero enseñarte algo, Aidan —dijo papá mientras se dirigía al garaje—. Tráeme esos tarros vacíos. —Aidan lo hizo y papá les quitó las tapas.

—Estos tarros son como tu vida —dijo—. Los llenaremos con pelotas de golf. Las pelotas de golf son las cosas que Dios quiere que hagas. ¿Puedes nombrar algunas de las pelotas?

—¿Ir a la iglesia? —dijo Aidan adivinando—. ¿Y estudiar la Biblia?

—Sí, y ayudar a otros —asintió papá.

—Y orar y hacer lo que tú y mamá me digan que haga.

Con cada idea, Aidan dejaba caer otra pelota en el tarro. Pronto se llenó.

—Ahora llenaremos el otro tarro a la mitad con alpiste —dijo papá—. Serán todas las cosas divertidas que te gusta hacer.

—Como montar mi bicicleta y jugar juegos de video —dijo Aidan.

Papá asintió y Aidan echó alpiste en el tarro.

—Ahora, trata de trasladar las pelotas de golf al tarro que ya está medio lleno —dijo papá. Aidan lo intentó. Solo unas cuantas pelotas cupieron.

—No caben —dijo.

—Ahora pon el alpiste en el tarro que está lleno con buscar a Dios —instruyó papá.

Los ojos de Aidan se abrieron desmesuradamente cuando mucho del alpiste ingresó en el tarro junto con las pelotas de golf.

—Como puedes ver, lo que realmente importa es lo que va primero —dijo papá—, en la vida, así como en los tarros. *RRH*

¿Y TÚ?

Si pones a Dios primero en tu vida, él busca lugar para muchas otras cosas. Pero si pones otras cosas primero, no habrá espacio para Dios.

MEMORIZA:

«Busquen el reino de Dios por encima de todo lo demás y lleven una vida justa, y él les dará todo lo que necesiten». Mateo 6:33

Pon a Dios primero

EL OLOR DEL PECADO

Lee el Salmo 34:11-16

—Mamá, ¿me puedo comer otra galleta de chocolate? —preguntó Isaac, mientras olía en el aire.

—Ya no más, Isaac —respondió mamá, con un dedo en el directorio de la iglesia. Estaba haciendo llamadas desde el teléfono de la cocina—. Ya comiste suficiente. Puedes comerte dos como postre después de la cena de hoy en la noche.

—Está bien —dijo Isaac, pero miró con ansias las galletas sobre el mesón. Olían muy bien y sabían aún mejor. Todavía estaba parado allí, oliendo, cuando mamá colgó el teléfono y comenzó a buscar otro número—. Mientras más huelo estas galletas, más quiero otra —se quejó Isaac—. ¿No me puedo comer ni siquiera una más?

Mamá negó con la cabeza.

—Sería más fácil esperar si vas a jugar en lugar de estar allí parado oliéndolas —dijo—. ¿Recuerdas el versículo que aprendiste el mes pasado en el club bíblico?

—¿Cuál? —preguntó Isaac—. He estado aprendiendo muchos versículos.

—El que trata de alejarse del mal —respondió mamá.

—"Apártate del mal y haz el bien" —citó Isaac—. ¿Es ese el que quieres decir?

—Tal vez debes practicar lo que dice ese versículo —sugirió mamá.

—Pero las galletas de chocolate no son malas —protestó Isaac.

—No, no lo son —asintió mamá—, pero si te quedas alrededor de ellas lo suficiente podrías comerte una, y la desobediencia es mala.

Con un suspiro, Isaac se fue de la cocina a su habitación. Estaba trabajando en un modelo de avión cuando su madre lo llamó para que se preparara para la cena.

—Tenías razón, mamá —dijo cuando se sentó a la mesa—. Las galletas de chocolate dejaron de molestarme tan pronto como me alejé de ellas.

—¡Qué bien! —dijo mamá—. Eso funcionará con toda clase de mal. Si te alejas de él, no te tentará tanto. *PJK*

¿Y TÚ?

¿Tienes problemas para decirle no a las cosas malas? ¿Quieren los chicos de la escuela que hagas trampa con tu tarea o que fumes a escondidas? Puedes decidir permanecer lejos de la gente mala y encontrar buenos amigos. Si te mantienes lejos de los lugares donde te ves tentado a hacer cosas malas, será menos probable que cedas.

Huye de la tentación

MEMORIZA:
«Apártate del mal y haz el bien».
Salmo 34:14

EN CONTROL

Lee Gálatas 5:16-25

La lluvia salpicaba el camino mientras Jorge montaba su bicicleta en la calle. Él y su familia eran nuevos en la ciudad y estaba ansioso por hacer amigos. Así que cuando Carlos lo invitó, Jorge se montó de un salto en su bicicleta y salió a pesar de la lluvia. Carlos era uno de los chicos más populares de la escuela, y Jorge se sintió muy emocionado por la invitación.

Mientras montaba, Jorge pensaba tanto en hacer amigos nuevos que no le prestó atención al camino. No vio el parche de hojas mojadas y resbaladizas hasta que la llanta delantera de su bicicleta comenzó a torcerse y resbalar. Jorge trató de enderezar el timón, pero cayó al suelo.

Lentamente y con dolor, Jorge se liberó de una maraña de rayos y del aro de la llanta. Sus pantalones se habían roto, se había raspado una rodilla y sangraba. Su rodilla le dolía mientras caminaba con su bicicleta el resto del camino hasta la casa de Carlos. Carlos lo saludó en la puerta.

«¡Adivina qué! —dijo Carlos—. Mis padres se fueron de la ciudad durante el fin de semana». Detrás de Carlos se oían risas y gritos. «Entra y conoce a los chicos». Carlos le presentó a Jorge a varios chicos que estaban sentados en el sofá y en el suelo. «Mira lo que tenemos —dijo Carlos—: cerveza».

Sacó una botella para Jorge.

Jorge miró la botella pero no extendió la mano para recibirla. Sintió el pecho apretado. Sabía que a sus padres no les gustaba beber, y estaba seguro de que a Dios tampoco. Sabía que sería incorrecto tomar la botella.

—Tomas cerveza, ¿verdad? —preguntó Carlos—. Todos lo hacen.

Jorge frunció el ceño.

—¿Por qué beben? —preguntó.

—Es buenísimo —dijo un chico.

—Es relajante —dijo otro.

—Me hace sentir salvaje y fuera de control —declaró Carlos sonriendo.

Los otros chicos se rieron y dieron gritos. Jorge bajó la mirada, miró sus pantalones rotos y sintió ardor en su rodilla.

—No gracias, Carlos —dijo y se dio la vuelta—. Prefiero estar en control. Ya he estado fuera de control lo suficiente hoy. DBK

¿Y TÚ?

¿Conoces jóvenes que beben? ¿Sientes presión para beber y ser popular? Cuando otros te tienten, recuerda pedirle a Dios fortaleza para estar en control.

MEMORIZA:
«El Señor es fiel; él los fortalecerá y los protegerá del maligno».
2 Tesalonicenses 3:3

No bebas

LOS ESCARABAJOS VENENOSOS

Lee Jeremías 9:3-9

Brandon acababa de trasladarse al campo, y él junto con su nuevo amigo Andy seguían al señor Peterson, el papá de Andy, al establo.

—¿Puedes montar a caballo? —preguntó Andy.

—Ah, claro —mintió Brandon. En realidad, nunca había estado sobre un caballo, pero no quería admitirlo. Andy lo guió hasta una de las casillas.

—Este es mi caballo, Antorcha —dijo.

—Por qué no ensillamos a Antorcha y a Estrella —sugirió el señor Peterson—, y ustedes, chicos, pueden dar un paseo.

—Ah, no —dijo Brandon—. No puedo. Es decir... tengo que irme a casa. Mamá está enferma. —Agregó una mentira para cubrir la primera.

—Ay, qué lástima —dijo el señor Peterson—. Voy a visitarla para ver cómo se siente.

—No, está bien. —Brandon tuvo que mentir otra vez—. El doctor dijo que no puede tener visitas.

—¡Eh, vean esto! —Andy señaló un escarabajo negro—. No es una cantárida, ¿verdad? —Su papá miró de cerca al bicho y sacudió la cabeza.

—No —dijo—, solo es un escarabajo negro.

—¿Qué es una cantárida? —preguntó Brandon.

—Las cantáridas son pequeñas y parecen inofensivas, pero son venenosas para los caballos —explicó el señor Peterson—. Donde hay una, siempre hay más. Si un caballo se traga unas pocas, como cinco, lo matarán. —Se volteó hacia la puerta—. Bueno, Brandon —dijo—. Espero que vuelvas cuando tengas tiempo para montar. Y espero que tu madre se sienta mejor.

Mientras se dirigían a la casa, Brandon pensó que las mentiras que había dicho eran como cantáridas. Eran pequeñas y no parecían muy dañinas, pero donde había una, había más, y juntas podrían ser fatales. Además, era cristiano y sabía que a Dios le dolía cuando él mentía. Brandon se dio cuenta de que tenía que dejar de decir mentiras antes de meterse en verdaderos problemas. También sabía que tenía que decir la verdad. Se detuvo inmediatamente. «Esperen —dijo—. Mi mamá no está realmente enferma. Yo... es que yo no quería admitir que nunca he montado a caballo. Lo siento». *JKC*

¿Y TÚ?

¿Dices pequeñas mentiras para cubrir la verdad o para impresionar a tus amigos? Una mentira frecuentemente lleva a más. Todas las mentiras son pecados. Dios quiere ayudarte a ser honesto, incluso en las cosas pequeñas.

Di la verdad

MEMORIZA:
«El testigo falso no quedará sin castigo, y el mentiroso será destruido».
Proverbios 19:9

UN AGUJERO ES UN AGUJERO

Lee Santiago 2:8-13

Lindsay daba vueltas frente al espejo.

—Ah, me encanta mi vestido nuevo —le dijo a su madre, que doblaba la ropa limpia—. Estoy ansiosa por usarlo cuando cante en la iglesia el domingo. —Mamá sonrió.

—Será un servicio interesante —dijo—, ya que muchos de los jóvenes van a participar. Será una buena oportunidad para invitar gente nueva. ¿Ya conociste a alguno de los chicos de la nueva familia de la cuadra?

—Raquel es de mi edad —dijo Lindsay.

—Tal vez podrías invitarla —sugirió mamá—. Tal vez le gustaría participar en un grupo de jóvenes. —Lindsay negó con la cabeza.

—No le gustaría ir. Ella ha... hecho cosas. Habla de cosas como fumar.

—Bueno, Jesús dijo que vino a salvar a los pecadores; que no es la gente que está bien la que necesita un doctor, sino los que están enfermos —respondió mamá—. Parece que Raquel necesita conocer a Jesús.

—Pero, mamá, fumar ni siquiera es lo peor de lo que ella habla —dijo Lindsay—. A mí me parece que no hay esperanza para ella.

—¿Te ha perdonado Jesús? —preguntó mamá. Lindsay asintió.

—Sí, pero nunca he hecho las cosas que Raquel ha hecho —dijo.

Mamá levantó una media que tenía un agujero enorme.

—¿Te gustaría usar esto con tu vestido nuevo el próximo domingo? —preguntó. Lindsay se rió y negó con la cabeza.

—¿Y esta? —Mamá levantó una media con un agujero pequeño.

—¡Mamá! —protestó Lindsay—. No quiero usar esa media tampoco. ¡Un agujero es un agujero, aunque sea pequeño!

—Un agujero es un agujero —asintió mamá sonriendo—, y pecado es pecado. En el libro de Santiago, Dios dice que cometer un pecado es igual que cometer todos los pecados.

—Pero nadie es perfecto —dijo Lindsay.

—Jesús sí —dijo mamá—. Por eso es que vino a morir por nosotros. Jesús puede hacer que cualquiera sea sano, a medida que él sana los «agujeros» que ha hecho el pecado... sean grandes o pequeños. *SS*

¿Y TÚ?

¿Crees que algunas personas están más allá del perdón de Dios? Tal vez crees que has hecho demasiadas cosas malas para que te perdonen. Eso no es cierto. Todo el pecado es igual para Jesús. Todo es perdonable.

MEMORIZA:
«El que obedece todas las leyes de Dios menos una es tan culpable como el que las desobedece todas». Santiago 2:10

Todo pecado es perdonable

¿POR QUÉ TIENE QUE DOLER?

Lee Lucas 12:6-7; Romanos 8:18-25

Un día, Arturo vio un conejo muerto en el camino. *¿Por qué tienen que morir los conejitos?*, pensó. Más tarde frunció el ceño por lo que vio en la televisión: muchos animales acuáticos estaban muriendo por un derramamiento de petróleo. *¿Por qué tiene que ocurrir esto?*, se preguntó Arturo.

Esa tarde, Arturo visitó al señor Ortiz, un anciano que estaba incapacitado por la artritis. Algunas veces, Arturo ayudaba al señor Ortiz con tareas, y a veces solo conversaban. Arturo subió las gradas y ocupó su lugar usual en una tumbona verde. Después de hablar por unos minutos, el señor Ortiz se movió en su silla y después gimió.

—¡Ay! No debí moverme —dijo—. Mis caderas están muy adoloridas hoy. De hecho, también mi espalda y mis hombros.

Arturo frunció el ceño. Lo entristecía ver al señor Ortiz sufrir tanto.

—¿Por qué frunces el ceño, Arturo? —preguntó el señor Ortiz.

—Bueno, todo parece mal —explicó Arturo—. Los animales, usted y otra gente están sufriendo. —Suspiró—. ¿Dónde está Dios? ¿No le importa?

—Buena pregunta —dijo el señor Ortiz. Luego sonrió y señaló unos gorriones que salpicaban agua en un bebedero para pájaros.

—¿Ves esos pajaritos? —preguntó—. La Biblia dice que valemos aún más para Dios que los gorriones, pero ni a ellos ha olvidado Dios. Ni uno de ellos cae a la tierra sin que Dios lo sepa y le importe.

—Si a Dios le importa —dijo Arturo—, ¿por qué permite el sufrimiento?

—Bueno, Arturo, la naturaleza sufre y gime en agonía por los efectos del pecado que entró al mundo —explicó el señor Ortiz—. Pero Dios ha hecho algo al respecto. Envió a su querido Hijo, Jesús, a salvarnos del sufrimiento eterno. Y algún día, cuando todos los cristianos estén en el cielo, Dios va a destruir el pecado del mundo. No habrá ningún sufrimiento ni muerte en el mundo nuevo, y los que confían en Cristo pueden vivir en ese bello lugar. —Sonrió—. En realidad —agregó—, creo que mi sufrimiento aquí me hace anhelar el cielo aún más de lo que lo haría si no lo tuviera. *CEY*

¿Y TÚ?

¿Te preguntas por qué hay sufrimiento en el mundo? ¿Te preguntas si a Dios le importa? La Biblia dice que a Dios le importa tanto que envió a su único Hijo a morir por el mundo. Algún día Dios destruirá todo el pecado. El sufrimiento se acabará y todo el que crea en Cristo será feliz para siempre con Dios.

El pecado ocasiona sufrimiento

MEMORIZA:
«Lo que ahora sufrimos no es nada comparado con la gloria que él nos revelará más adelante». Romanos 8:18

EN MAL ESTADO

Lee Hechos 2:42-47

—¿Qué le pasa al auto, papi? —preguntó Kevin, el hermano de cinco años de Nicolás, cuando la familia se dirigía en auto a su casa en la ladera, después de la iglesia—. Está sacudiéndose.

—Creo que son las bujías —respondió su padre—. Seguramente está funcionando con dificultad.

—¿Llegaremos a casa? —Kevin miró por la ventana los árboles que rodeaban la profunda pendiente al lado del camino.

—Claro que llegaremos —dijo Nicolás bostezando—. Siempre llegamos.

El auto se sacudía mientras subía la colina. El camino por delante era la parte más inclinada del viaje a casa, y papá presionaba el pedal del acelerador hasta el piso, pero el auto rehusaba aumentar la velocidad.

—Debo decir que estoy molesto conmigo mismo por no cuidar apropiadamente de nuestro auto —dijo papá sacudiendo la cabeza—. Es un largo camino hacia arriba. Debí llevarlo al taller cuando me di cuenta por primera vez de que no estaba funcionando bien.

—¿Qué pasará si no lo arreglas? —preguntó Kevin.

—Se pondrá peor todavía —le dijo Nicolás. Ahora ya estaba bien despierto—. Así como nosotros, necesita de revisiones regulares. Como lo dijo el pastor Cardamone esta mañana, haz una revisión todos los días, y si ves algún problema, encárgate de él antes de que empeore.

—¿Sabía él lo del auto? —preguntó Kevin, confundido. Nicolás se rió.

—No, bobito. Él quiso decir que debemos revisar cada día para ver si estamos haciendo lo que Jesús quiere que hagamos, y luego hacer algo al respecto inmediatamente si no lo estamos haciendo.

Papá sonrió cuando finalmente llegaron al camino de entrada a la casa.

—Bueno, espero que recuerden esta lección de lo que pasa si no hacen esas revisiones regulares —dijo—, porque no quiero darles otra lección sobre el tema. ¡Este auto se va mañana al mecánico para que lo reparen! *EMDN*

¿Y TÚ?

¿Piensas que una vez a la semana —el domingo— es suficiente para crecer como cristiano? Si no quieres estar «en mal estado», es importante que le pongas atención a Dios todos los días. Lee tu Biblia y piensa en tu vida para ver si tus acciones, pensamientos y actitudes le agradan a Dios. También, habla con él todos los días. ¡Esos hábitos te mantendrán en perfectas condiciones!

MEMORIZA:

«Recibieron el mensaje con toda avidez y todos los días examinaban las Escrituras». Hechos 17:11, NVI

Obtén ayuda espiritual todos los días

SIMPLEMENTE UNA LOMBRIZ

Lee Lucas 16:10-13; 1 Corintios 4:1-2

Era un día cálido y papá acababa de terminar de pasar el motocultor por el jardín de la familia.

—¡Mira esa tierra! —exclamó Rochelle. Inmediatamente se quitó los zapatos y las medias. Se enrolló las mangas del pantalón y le lanzó una sonrisa a su padre—. ¿Puedo caminar con Milo sobre eso, papá? ¿Por favor?

—Supongo que sí —dijo papá con una sonrisa—. ¿Sabes? podrías encontrar algunas lombrices allí.

Inmediatamente, Milo y Rochelle empezaron a disfrutar de la sensación de la tierra suave y cálida entre los dedos de sus pies.

—¡Eh, mira! —gritó Rochelle—. ¡Aquí hay dos lombrices! —Levantó una y citó un poema que había oído en la escuela—: "Me gusta freír, guisar, hornear, hervir, pero de esta buena tierra nunca dejo de comer" —dijo, mientras agitaba la lombriz por debajo de la nariz de su hermano.

—¡Oye, para ya! —gritó Milo.

—Está bien, chicos —dijo papá sonriendo mientras se arrodillaba al lado de ellos—. Ya es suficiente con eso, pero ¿saben qué? Dios tiene algo que decirnos con esta lombriz y tu pequeño poema iba por el camino correcto.

—¿De veras? —dijeron los dos chicos.

Papá asintió.

—Miren, la lombriz trabaja duro —dijo—. Cuando pasa la tierra a través de su cuerpo, recibe nutrición y los desechos que deja mejoran la calidad de la tierra. Millones de hectáreas de la mejor tierra se aflojan o se aran de esta manera. Aunque no la vemos hacerlo, trabaja fielmente en sus lugares escondidos.

—Pero papá, una lombriz no decide ser fiel —objetó Milo—. Solo hace lo que hacen las lombrices. Además, ¿qué tiene que ver esto con nosotros?

—Bueno, nosotros podemos decidir ser fieles —respondió papá—. A veces, Dios nos pide que seamos fieles en lugares escondidos, donde nadie se da cuenta y nadie está presente para elogiarnos. En esos tiempos, nuestro amor por Dios nos ayudará a hacer lo correcto.

Rochelle allanó la tierra encima de las lombrices. «Gracias, fieles amigas —dijo—. ¡Sigan trabajando para que podamos tener un buen maíz dulce!»
CPK

¿Y TÚ?

¿Eres fiel para hacer tus tareas aunque nadie te vea? Dios ve hasta los lugares recónditos. Él te premiará.

Sé fiel

MEMORIZA:
«La persona digna de confianza obtendrá gran recompensa». Proverbios 28:20

DIOS BENDIGA A MAMÁ

Lee Génesis 45:4-8, 15; Jeremías 29:11-13

Shawna apagó la luz y se metió en la cama. ¡Cómo deseaba que alguien la arropara y le diera el beso de las buenas noches! Se sentía muy sola en su habitación oscura; y sola con sus problemas.

Al otro lado de la habitación desde su cama, un dibujo que había hecho con pinturas especiales en la escuela bíblica brillaba en la oscuridad. En el dibujo, Jesús tenía a dos niños en su regazo. Uno era una niñita recostada en su pecho. Debajo del dibujo, pintado con letras doradas, había una palabra: *Ven*. Su maestra le había explicado que Jesús la amaba y la invitaba a que fuera a él, y Shawna lo había hecho. Pero frecuentemente aún estaba muy sola y dolida.

Shawna se tapó la cabeza con las colchas y lloró por un rato. Y luego oró con un susurro: «Querido Jesús, ayuda a mamá para que ya no nos golpee a mí y a Donnel. Dios, bendice a la abuelita, al abuelito, a Donnel y a Friskie».

Shawna hizo una pausa. Pensó en la historia sobre José que había oído en la escuela bíblica. Sus hermanos lo trataron muy mal, pero muchos años después, José y sus hermanos lloraron de alegría y se abrazaron. Debido a que José había orado y había puesto su confianza en Dios por muchos años de dolor, Dios arregló las cosas. José perdonó a sus hermanos, y hasta pudo darles ayuda y consuelo.

Shawna continuó con su oración.

«Bendice a mamá, también. Y, por favor, ayúdame a amarla aunque ella sea mala conmigo. Por favor, ayúdame a hablar con alguien cuando Donnel y yo necesitemos ayuda. Amén».

Shawna vio las marcas azules de los pellizcos en sus brazos y los hematomas en sus piernas. Se los frotó suavemente. Mirando el dibujo otra vez, imaginó que era la niñita que estaba en el regazo de Jesús y que él sanaba sus heridas con sus manos. *SED*

¿Y TÚ?

Si te golpean o maltratan, habla de eso con algún padre, maestro o pastor. Pídele a Jesús todos los días que te cuide, y ora para que el amor de Dios, a través de ti y de otros, cambie el corazón de esa persona.

MEMORIZA:

«El SEÑOR es un refugio para los oprimidos, un lugar seguro en tiempos difíciles». Salmo 9:9

Dios cambia los corazones

UN BÚHO SITIADO

Lee Romanos 5:1-5

Justin sostenía tranquilamente su caña de pescar mientras el sol de la mañana ponía el cielo morado y después rosado. Su abuelito lanzó su sedal desde el otro lado de la barca. El anzuelo cayó al agua con un pequeño ¡plaf! Todo estaba en silencio, excepto por el coro de los grillos.

Entonces, un ruidoso chillido estremeció la neblina. Justin dio un salto. El ruido se oyó otra vez. «¿Qué fue eso?», preguntó Justin.

El abuelito señaló un ciprés alto y muerto al otro lado del pantano que él llamaba el brazo del río. Un búho solitario estaba parado en la parte de arriba; su silueta se veía oscura contra el cielo. Un gran cuervo volaba a su alrededor y daba graznidos en cada vuelta.

—¿Qué le pasa al cuervo? —preguntó Justin.

—No hay forma de saberlo —dijo el abuelito—. Podría ser que el búho está sentado demasiado cerca del nido del cuervo. O que el cuervo esté molestando al búho; a veces son así.

Justin miró cómo el ave descendía en picada una y otra vez, y sus gritos discordantes llenaban el brazo del río. Solo la cabeza del búho se movía.

—Quisiera que ese cuervo se fuera —dijo—. ¿Puede lastimar al búho?

—No es probable —dijo el abuelito negando con la cabeza—. El buen Señor les dio a los búhos lo que necesitan para protegerse: alas fuertes y garras afiladas. Si el cuervo se acerca mucho, se llevará la peor parte, y él lo sabe. Mira cómo se mantiene a una distancia segura.

—Sí, pero si yo fuera el búho, no podría estar simplemente sentado con esa cosa ruidosa que pasa chillando —dijo Justin. La bulla le había puesto los pelos de punta a él—. Tendría que luchar o irme volando, o algo así.

El abuelito se rió.

—Tal vez ese viejo búho sabe que el cuervo se va a cansar después de un rato y se irá a molestar a alguien más —dijo—. Podríamos aprender una lección de él. Cuando las cosas nos molestan, tendemos a ponernos impacientes y malhumorados. A veces solo necesitamos confiar en el Señor y ser pacientes. *DWS*

¿Y TÚ?

Aun cuando solamente estés ocupándote de tus cosas, los problemas pueden cruzarse contigo. No tengas miedo; confía en Jesús. Su poder y protección son tuyos. Deja que otros vean su paciencia en ti.

Sé paciente y confía en Dios

MEMORIZA:
«Aquí en el mundo tendrán muchas pruebas y tristezas; pero anímense, porque yo he vencido al mundo».
Juan 16:33

UNA OPORTUNIDAD PERDIDA

Lee Colosenses 4:1-6

Jeremy estaba preocupado; no sabía cómo responderle a su amigo Lucas. «¿Cómo puedes decir que Dios me ama después de lo que permitió que le pasara a mi familia?», exigió Lucas mientras salían de la escuela ese día. Los padres de Lucas se estaban divorciando, y su familia estaba destrozada. *Si simplemente leyera más mi Biblia, sabría cómo responderle,* pensó Jeremy.

De repente, una fuerte explosión detrás de los chicos hizo temblar el suelo. Al voltearse, vieron humo y llamas que salían de una de las ventanas del salón de ciencias de la escuela. Una multitud se formó rápidamente, mayormente de estudiantes de la secundaria que trataban de ver qué pasaba.

«Ah, ¿por qué no traje mi cámara a la escuela hoy? —se quejó Jeremy—. ¡Lo más emocionante que pasará en todo el año, y olvidé mi cámara!». Él era el fotógrafo del periódico de la escuela. «Averigua qué pasó, Lucas», gritó al comenzar a caminar en la calle.

Jeremy corrió a casa, subió volando las gradas hasta su habitación, sacó la cámara de su escritorio y volvió corriendo a la escuela, después de darle una apresurada explicación a su madre.

Para cuando Jeremy llegó, Lucas ya se había ido y la mayor parte de la emoción había terminado. «Parecía más serio de lo que fue», le dijo alguien. Sin embargo, Jeremy tomó unas cuantas fotos con poco entusiasmo, y todo el tiempo se regañó mentalmente por no haber tenido su cámara antes. *Podría haber tenido fotos excelentes,* pensó, *pero ahora son casi inútiles.*

Cuando Jeremy comenzó a caminar hacia su casa, sus pensamientos giraron en torno al problema de Lucas. *¿Qué le puedo decir a Lucas?,* se preguntaba. Luego, un pensamiento lo impactó. *No estuve listo para responder una pregunta tan difícil, así como no estuve listo para tomar una buena foto cuando ocurrió la explosión. Bueno, de ahora en adelante voy a mantener mi cámara a la mano. Voy a estudiar más mi Biblia para estar listo para cualquier «explosión» espiritual.* ECO

¿Y TÚ?

La gente puede hacer preguntas muy difíciles acerca de Dios. Dios quiere que los cristianos estemos listos para responderlas en cualquier momento. La única manera de estar preparados es pasando tiempo con la Palabra de Dios y en oración todos los días. ¿Lo haces?

MEMORIZA:

«Vivan sabiamente entre los que no creen en Cristo y aprovechen al máximo cada oportunidad». Colosenses 4:5

Prepárate para testificar

LA DEPRESIÓN DE UN DÍA LLUVIOSO

Lee el Salmo 119:137-144

—¡Otro día lluvioso! ¿Ya no vamos a volver a tener la luz del sol? —exclamó Alison, tirando sus libros sobre la mesa.

—La lluvia es lo que hace que el jardín prospere —dijo mamá y le sonrió a su hija—. Este podría ser un buen tiempo para que hicieras tu lección de escuela dominical —sugirió—. No la has hecho todavía, ¿verdad?

Alison negó con la cabeza y se fue arriba de mala gana.

Cuando Alison terminó su lección, miró por la ventana antes de volver abajo. «¡Ya casi terminó la lluvia! —exclamó—. ¡Qué bueno! Ya tuvimos suficiente. —Guardó su libro de lecciones y su Biblia—. Y ya tuve suficiente con esto también. Todo lo que hacemos es ir a la iglesia, estudiar la Biblia y orar». Se ruborizó cuando vio que mamá la miró. ¿Había oído?

—Ven conmigo al jardín y deja que te muestre algo —dijo mamá. Se pusieron sus capas y botas. Mamá tomó una pequeña pala y se dirigieron al jardín—. Crees que hemos tenido mucha lluvia —dijo mamá—, pero mira esto. —Metió la pala en la tierra y la volteó. La tierra estaba húmeda arriba, pero estaba seca un poco más abajo.

—¡Pensé que estaría lodoso hasta la China! —exclamó Alison—. Creo que sí necesitamos más lluvia.

—Esto me hace pensar en nosotros los cristianos —dijo mamá sonriendo—. A veces pensamos que hemos asimilado demasiado de la Palabra de Dios y que ya no necesitamos más. —Ahora Alison estaba segura de que mamá la había oído quejarse—. Aun así —continuó mamá—, en realidad estamos "secos" en lo profundo, porque aunque vayamos a la iglesia, no siempre escuchamos de verdad. Tomamos unos cuantos minutos para leer un versículo y decir una apresurada oración antes de irnos a la cama, pero no pensamos en lo que Dios nos dice.

Alison sabía que lo que mamá había dicho era cierto. Mientras regresaban a la casa, decidió que debía leer otra vez su lección de la escuela dominical, y esta vez pensaría verdaderamente en lo que Dios le estaba enseñando. *CEH*

¿Y TÚ?

¿Estás tomando solo el tiempo suficiente para darle una apresurada mirada a tu Biblia y entre dientes dices unas cuantas palabras en oración antes de dormirte? ¿Desatiendes a tu pastor y a tus maestros bíblicos? No lo hagas. Escucha cuidadosamente lo que Dios te quiere decir. No seas un cristiano seco.

Piensa en serio en la Palabra de Dios

MEMORIZA:
«Tus promesas fueron sometidas a una prueba rigurosa; por eso las amo tanto».
Salmo 119:140

LA MARMOTA

Lee 1 Samuel 12:20-25

«¡Mira, papá! —gritó Ramiro. Estaba parado en la ventana del frente, esperando a que lo recogieran para las pruebas de béisbol—. Allí está la marmota otra vez». Papá fue a ver. En el otoño habían visto frecuentemente a la marmota, pero cuando el tiempo se puso frío había desaparecido. Papá le había explicado a Ramiro que la marmota hibernaba durante el invierno. Ahora el animal estaba despierto otra vez.

«Allí están José y su mamá», dijo Ramiro cuando un auto se acercó a la entrada de la casa. Se despidió de su papá y salió por la puerta.

Esa noche, Ramiro les habló a sus padres acerca del equipo.

—Vamos a practicar todas las noches después de la escuela —dijo.

—¿Y qué pasará con el grupo de jóvenes de la iglesia? —preguntó papá.

—Solo perderé dos semanas —respondió Ramiro—. Ah... mmm, el entrenador dijo que tenemos que practicar este domingo en la mañana para prepararnos para nuestro primer juego.

—¡Domingo en la mañana! —exclamó papá.

—Solo esta vez —dijo Ramiro—. Bueno... esta vez y... —Vaciló—. Bueno, miren, el entrenador invitó al equipo a un viaje de pesca de un fin de semana cuando termine la temporada de béisbol. Puedo ir, ¿verdad?

—¿Te acuerdas de nuestra marmota que hiberna? —preguntó papá después de un rato. Ramiro asintió—. Bueno, algunas personas hibernan espiritualmente durante el verano. Están involucrados en actividades de la iglesia todo el invierno, pero cuando el clima se pone cálido, pescar, nadar, jugar a la pelota y acampar toman el lugar del estudio de la Biblia.

—Y no se crece al hibernar —agregó mamá—. Hemos observado que la marmota está más delgada ahora que cuando desapareció el otoño pasado.

—No queremos ser cristianos que hibernan —dijo papá—. Será mejor que le digas al entrenador que te gustaría jugar béisbol, pero que no podrás si interfiere con tus actividades de la iglesia, ¿está bien?

Ramiro asintió. Iba a perderse algunas actividades importantes del equipo, pero sabía que las cosas de la iglesia eran más importantes. *LW*

¿Y TÚ?

¿Hibernas espiritualmente? ¿Dejas las actividades de la iglesia cuando el clima se pone cálido y los juegos, los *picnics* y la natación toman prioridad? Es necesario estar espiritualmente fuertes todo el tiempo.

MEMORIZA:

«No vuelvan a rendir culto a ídolos despreciables que no pueden ayudarlos o rescatarlos, ¡son completamente inútiles!». 1 Samuel 12:21

No hibernes alejándote de Dios

LA HORA DE HABLAR

Lee el Salmo 46:1

Dana estaba sentada en su escritorio, mirando por la ventana hacia el patio de recreo. Se volteó cuando la voz de su maestra llamó su atención.

—¿Qué? —preguntó—. No... no la oí.

—Dana, por favor, pon atención —dijo la señora Davis con un suspiro—. Te pedí que comenzaras a leer en la página veintiséis.

A medida que el rostro se le enrojecía de la vergüenza, Dana abrió su libro de texto y comenzó a pasar las páginas. Cuando la clase terminó, la señora Davis se acercó discretamente a Dana mientras ella recogía sus libros.

—Dana, ¿te pasa algo? —preguntó la señora Davis. —Dana bajó la mirada hacia sus zapatos y negó con la cabeza. La señora Davis la examinó por un momento—. ¿Tienes problemas en casa? —preguntó.

Dana sintió que la garganta le quemaba y le salían las lágrimas.

—¡No sé qué hacer! —dijo sollozando. La señora Davis la abrazó.

—Está bien llorar —dijo—. ¿Quieres hablar de eso?

—No sé cómo decirlo —dijo Dana—. Alguien... alguien me asustó.

—¿Y qué te hizo que te asustó? —preguntó la señora Davis.

—Él... él me tocó. —Las lágrimas corrían por la cara de Dana.

La voz de la señora Davis se puso seria.

—Dana, ¿te tocó en algún lugar privado? —Dana asintió con la cabeza—. Eso estuvo muy mal, pero no es tu culpa —dijo la señora Davis—. ¿Quieres decirme quién fue? —A Dana le temblaba el labio.

—¡Es... es un pariente!

—Dana —dijo la señora Davis—, ¿le has hablado a alguien más de esto?

—No. —Dana negó con la cabeza—. No creí que alguien me creyera.

La señora Davis sonrió.

—Yo te creo —dijo—. Esto es algo difícil de hacer, y sé que estás asustada, pero debemos llamar a tus padres por esto. Haré lo que pueda para ayudarte, ¿está bien?

Dana suspiró, sonrió débilmente y asintió. *KJT*

¿Y TÚ?

¿Te ha lastimado alguien en quien confías? ¿Tienes miedo de decírselo a alguien? ¡A Dios le importa! Pídele que te ayude a decirle a un padre, a un maestro, al pastor o a un amigo adulto. Dios estará allí para ayudarte a sanar, para amarte y para protegerte. Siempre puedes llevarle tu dolor más profundo.

Busca ayuda cuando la necesites

MEMORIZA:
«Pongan todas sus preocupaciones y ansiedades en las manos de Dios, porque él cuida de ustedes». 1 Pedro 5:7

EL REMEDIO DEL BOSQUE

Lee Mateo 6:25-34

—Este parque estatal donde estamos acampando es muy bonito, ¿verdad, Jesse? —preguntó papá mientras caminaban por un sendero boscoso.

—¿Qué? Ah, sí —murmuró Jesse.

Pero en realidad no lo había observado; había estado muy ocupado preocupándose. La compañía para la que papá trabajaba iba a cerrar, y papá estaba buscando otro trabajo. *¿Y si se nos acaba el dinero?*, se preguntaba Jesse. Estaba tan distraído que no puso atención por dónde caminaba.

—¡Cuidado, Jesse! —le advirtió papá cuando Jesse se salió del camino. Jesse se detuvo y miró hacia abajo. Estaba parado en una parte de maleza baja—. Estás en la hiedra venenosa —le dijo papá.

—¡Hiedra venenosa! —refunfuñó Jesse. Rápidamente volvió al sendero—. ¡Ahora estaré con comezón todo el fin de semana!

—Tal vez no —dijo papá—. Creo que veo algo que podría ayudarte.

—¿Hay medicina para la hiedra venenosa en medio del bosque?

—A veces Dios provee para nosotros de maneras sorprendentes —dijo papá con una sonrisa. Señaló una planta alta de flores manchadas de amarillo, con forma de cuerno—. Allí —dijo.

—Es "no me toques", ¿verdad? —preguntó Jesse.

—Correcto —respondió papá—. También se le llama balsamina. —Papá arrancó algunas hojas, las estrujó con su mano y se las frotó a Jesse en las piernas—. Eso debería detener la reacción de la hiedra venenosa.

—¿De veras? —preguntó Jesse. Esperaba que papá tuviera razón.

—¿Cómo están tus piernas? —preguntó papá esa noche.

—¿Mis piernas? —preguntó Jesse. Entonces se acordó: ¡la hiedra venenosa! Miró sus piernas—. ¡Vaya! La hiedra venenosa no me hizo nada. Esa balsamina verdaderamente funcionó.

Mientras pensaba en eso, se le ocurrió que si Dios podía proveer una cura para la hiedra venenosa en el bosque, podría proveer para su familia también. Jesse se dio cuenta de que no tenía de qué preocuparse. *JKC*

¿Y TÚ?

¿Te preocupa a veces no tener suficiente dinero, especialmente si uno de tus padres no tiene trabajo? ¿Te preocupa cómo podrá tu familia comprar comida o pagar la renta? Recuerda, Dios proveerá todo lo que necesites. Confía en él y no te preocupes.

MEMORIZA:

«Este mismo Dios quien me cuida suplirá todo lo que necesiten, de las gloriosas riquezas que nos ha dado por medio de Cristo Jesús». Filipenses 4:19

No te preocupes

SEMILLAS DE AMISTAD

Lee Gálatas 6:7-10

—¡*Nunca* volveré a hablar con ella! —dijo Meredith, dejándose caer en el césped al lado del huerto.

—¿Con quién? ¿Y por qué? —preguntó el abuelito sin levantar la vista.

—Con Marcy, la niña nueva —respondió Meredith—. Estoy cansada de tratar de ser su amiga.

—¿Ya hizo algunas amigas en la escuela? —preguntó el abuelito.

—No; es muy maleducada. Simplemente ignora a todos —dijo Meredith. Se puso de pie y comenzó a desenrollar la larga manguera verde del jardín.

—¿Qué vas a hacer con eso? —preguntó el abuelito.

—Voy a regar mis flores —respondió Meredith. Había sembrado una pequeña sección de caléndulas cerca de la ventana de su habitación.

—¿Para qué te molestas? —dijo el abuelito—. Aparentemente esas semillas no están creciendo, de todos modos—. Las sembraste hace diez días —agregó—, pero no veo que ocurra nada. Deben estar defectuosas.

—Se requiere de tiempo, abuelito —protestó Meredith—. Solo espera. Cualquier día de estos van a salir de la tierra sus pequeñas hojitas verdes. —Sonrió—. Creo que necesitas tener un poco de más fe; he estado estudiando sobre la fe en la escuela dominical.

—¿Y por qué no tienes fe en las "semillas de amistad" que has estado sembrando en Marcy? —preguntó el abuelito.

—¿"Semillas de amistad"? —preguntó Meredith, pero sabía a qué se refería el abuelito. Cada vez que había tratado de ser amiga de Marcy, había sido como sembrar semillas de amistad. Meredith sabía que no siempre es posible ver al principio que algo está creciendo, ni siquiera la amistad.

Meredith dejó caer la manguera. «Te veo más tarde —gritó mientras corría por el amplio jardín hacia la casa de Marcy—. Voy a regar un poco mis "semillas de amistad". Voy a invitar a Marcy a nuestro día de campo de la escuela dominical». *TMB*

¿Y TÚ?

¿Te enojas cuando los demás no responden amablemente cuando tratas de ser amable con ellos? A veces la gente no responde a la amabilidad de la noche a la mañana, pero Dios dice que sigas con tus acciones de amor y de amistad. Son muy semejantes a las semillas. Confía en que Dios las hará crecer.

Siembra semillas de amabilidad

MEMORIZA:
«No nos cansemos de hacer el bien. A su debido tiempo, cosecharemos numerosas bendiciones si no nos damos por vencidos». Gálatas 6:9

MAYO
6

LA BUJÍA

Lee Mateo 5:33-37

Jasón tiró de la cuerda de arranque de la podadora. Volvió a tirar de ella. Y otra vez. Sin importar cuántas veces tiró de la cuerda, la podadora no se encendió. Finalmente se sentó en una tunbona con un suspiro de disgusto.

—Este no es mi día —gruñó mientras su padre salía de la casa—. Primero, el señor DeSilva me regañó y ahora la podadora no funciona. —Miró hacia arriba; no había tenido la intención de contarle a papá lo del señor DeSilva. Se apresuró a explicar—: En serio, papá, no hice nada muy malo. Solo usé unas cuantas palabras que el señor DeSilva no aprobó.

—Ya veo —dijo papá mientras se acercaba a la silenciosa podadora—. Creo que tú y esta pieza de maquinaria tienen el mismo problema.

Sacó su caja de herramientas y le quitó la bujía a la podadora.

—Mira esto, Jasón. ¿Qué ves? —preguntó papá. Jasón miró la bujía.

—Yo la veo bien... —comenzó, y luego la miró más de cerca—. ¡Oh! —dijo—, hay un poco de polvo aquí. —Señaló el extremo de la bujía.

—Mira esto —dijo papá. Limpió la bujía y cuidadosamente la puso de vuelta en la podadora—. Ahora, trata de encenderla.

La podadora se encendió al primer jalón.

—¡Gracias, papá! —exclamó Jasón—. ¡Quién pensaría que una pequeña partícula de polvo podría detener a una podadora! La próxima vez que tenga problemas, revisaré las bujías. —Comenzó a empujar la podadora.

—Espera, Jasón. —Papá lo detuvo—. Recuerda siempre que así como una pequeña partícula de polvo en la bujía puede dañar el funcionamiento de la podadora, algunas malas palabras pueden dañar el testimonio del Señor de un cristiano. —Papá le dio unas palmadas en el hombro a Jasón—. Sé que es difícil no hablar como lo hacen los otros, pero el mal lenguaje puede estancar el testimonio de un cristiano aun antes de que empiece.

—De acuerdo, papá —dijo Jasón y se volteó para podar el césped. *RKM*

¿Y TÚ?

¿Crees que usar unas cuantas malas palabras no le hará daño a tu testimonio cristiano? Piénsalo de nuevo. Tanto los chicos salvos como los no salvos te escuchan. Siempre hay en circulación expresiones populares que no contienen significados vulgares ni profanidad. Si decides usarlas ahora en vez de las otras, estarás listo con las palabras correctas cuando sea necesario.

MEMORIZA:

«No empleen un lenguaje grosero ni ofensivo. Que todo lo que digan sea bueno y útil, a fin de que sus palabras resulten de estímulo para quienes las oigan». Efesios 4:29

No uses lenguaje profano

UN PROBLEMA DE PESO

Lee Juan 5:2-9

Al oír pasos, Rebeca trató de esconder la bolsa de papitas fritas. Sin embargo, era demasiado tarde, porque mamá ya estaba en la habitación.

—Rebeca, la señora Martin llamó para preguntar si podrías cuidar a Travis el sábado en la noche —dijo mamá.

—Seguro —asintió Rebeca—. El dinero puede ayudarme a comprar pronto aquel traje rojo. —Rebeca pensó que en una o dos semanas más tendría suficiente dinero para comprarlo.

—Si sigues comiendo comida chatarra, Rebeca, no podrás usar el traje cuando lo compres. —Las palabras de mamá fueron suaves, pero aumentaron la culpa de Rebeca.

—Lo sé, mamá —dijo Rebeca con un suspiro—. Me detuve en la tienda a comprar un poco de papel. No iba a comprar golosinas, pero vi a alguien que comía papitas fritas, y simplemente me provocó comerlas.

Mamá le recordó a Rebeca su visita al doctor, que le había explicado lo importante que era para la salud de Rebeca que se deshiciera del peso extra y que no volviera a aumentarlo. Rebeca admitió que necesitaba disciplinarse, pero siempre se convencía de que comería golosinas solo una última vez.

—¿Te gustaría orar por esto, Rebeca? —preguntó mamá. Rebeca asintió, aunque se preguntaba cuánto la beneficiaría, porque frecuentemente oraba por su problema de peso. Después de orar, mamá abrazó a Rebeca.

—A veces ayuda mantener un pasaje bíblico en mente cuando tratas con un problema —dijo—. Pienso en el pasaje que habla de Jesús cuando sana al hombre en el estanque de Betesda. Jesús le preguntó si quería sanarse.

—Parece una pregunta extraña —dijo Rebeca.

—Al principio sí —admitió mamá—. Pero piensa en eso: ¿en realidad quieres evitar comer comida chatarra?

Rebeca asintió, pero aún pensaba que era una pregunta extraña.

El sábado en la noche, la señora Martin le mostró a Rebeca las golosinas que había. Después, cuando Rebeca estaba a punto de servirse una rodaja de pastel, se imaginó que Jesús le decía: «¿Te gustaría recuperar la salud?». Entonces, en lugar de eso, eligió una manzana. *EMB*

¿Y TÚ?

¿Tienes un mal hábito del que quieres deshacerte? ¿Estás dispuesto a que Dios se lleve el placer que te produce el mal hábito? Cuando en realidad quieras sanar, Jesús te ayudará.

Desea sanar

MEMORIZA:
«¿Te gustaría recuperar la salud?».
Juan 5:6

LA COLINA COLUMBIA

Lee Santiago 1:2-6, 12

—¡Otra vez no! —gruñó Jackson al final de una tarde activa—. Apenas hoy en la mañana le llevé abarrotes a la señora Radunzel.

—Lo siento, Jackson, pero a ella se le olvidaron algunos artículos que necesita —dijo el señor Brown, el dueño de la Abarrotería Brown.

—¡Pero ella vive allá arriba en la colina Columbia!

—Lo sé —respondió el señor Brown—, pero es muy olvidadiza. También es una de nuestras mejores clientes; probablemente porque todavía ofrecemos reparto gratis. —Jackson empacó los abarrotes en la bolsa de su bicicleta y se dirigió a hacer la última entrega del día. Al pie de la colina, respiró profundamente y comenzó a pedalear frenéticamente. A medio camino, se bajó de la bicicleta y la empujó el resto del camino. Entonces, después de entregar el pedido a la agradecida anciana, se dirigió a casa.

Durante la cena esa noche, Jackson estaba inusualmente callado.

—¿Agotado, Jack? —preguntó su padre. Jackson asintió.

—Mira, papá —dijo—, creo que renunciaré a mi trabajo de repartidor.

—¿Y por qué? —preguntó papá—. Pensé que te gustaba tu trabajo.

—Estaría bien, si no fuera por la colina Columbia —le dijo Jackson—. A veces tengo que subirla dos veces al día.

—Bueno, es tu decisión, pero no la tomes demasiado pronto —dijo papá—. Después de todo, te enfrentarás con «colinas Columbia» toda tu vida. Aprende a escalarlas ahora, y entonces serás lo suficientemente fuerte como para enfrentar problemas mayores en la vida.

—No veo cómo puede ayudarme la colina Columbia.

—La colina Columbia es tu gran problema ahora mismo —explicó su padre—, y la única manera de resolverlo es escalándola. Hacer eso en lugar de huir te fortalece de varias maneras. En la vida tendrás otros problemas. La única manera de resolverlos es pedirle a Dios que te ayude y luego enfrentarlos con valentía también. Cuando lo haces, creces espiritualmente.

Jackson tomó su vaso de leche.

—Bueno, de todas formas, gracias a la señora Radunzel estoy desarrollando fuertes músculos en las piernas. —Sonrió—. Está bien, perseveraré.
EAS

¿Y TÚ?

¿Tienes problemas que no quieres enfrentar? Recuerda que no estás solo. Dios te ayudará a enfrentarte a tus retos y a vencerlos.

MEMORIZA:

«Todo lo puedo hacer por medio de Cristo, quien me da las fuerzas». Filipenses 4:13

Dios da fortaleza

ÁGUILAS ESCONDIDAS

Lee Isaías 40:25-31

Mientras Isabela esperaba que la abuelita terminara de hacer sus sándwiches, caminó hasta el columpio del porche, donde su abuelo tallaba un pequeño bloque de madera con su navaja.

—¿Qué estás haciendo, abuelito? —preguntó y se sentó a su lado.

El abuelito sonrió y sin detenerse dijo:

—Hay un águila atrapada en esta madera y yo la voy a liberar.

Isabela vio de cerca el bloque que tenía en sus manos y luego al abuelito.

—¿Qué? —dijo y frunció la cara, confundida—. Yo no veo nada allí.

El abuelito sonrió y dejó de tallar por un momento.

—Bueno, efectivamente está allí —insistió y giró el bloque de madera que tenía—. Cuando vuelvas del zoológico en la noche te la enseñaré.

Isabela no le creyó mucho, pero antes de que pudiera decir algo, la abuelita la llamó. «Ya voy, abuelita —dijo Isabela—. Te veo más tarde, abuelito».

Esa noche, cuando todos se sentaron a cenar, el abuelito colocó un águila recién tallada al lado del plato de Isabela.

—Aquí tienes, señorita —dijo, y le guiñó un ojo—. Aquí está el águila que liberé de la madera.

Los ojos de Isabela se abrieron muchísimo de la emoción.

—¡Oh! Qué bonita —dijo.

—Quiero que sea tuya, cariño —dijo el abuelito con una sonrisa—. Y cuando la veas, quiero que recuerdes algo muy especial. —Isabella lo miró con expectación—. No podías ver el águila en el bloque de madera esta mañana, pero yo sí —continuó el abuelito—. Solo tardé un poco de tiempo para sacarla. De manera similar, Dios ve dentro de ti una creación muy especial. Es posible que tú no la veas todavía, pero él sí la ve. Con el tiempo, la Isabela *escondida* que hay dentro de ti llegará a ser una bella escultura en sus manos.

Perdida en sus pensamientos, Isabela volvió a mirar el águila. Finalmente, la dejó y se volteó hacia su abuelito.

—Gracias —dijo—. Me pregunto qué es lo que Dios va a hacer conmigo.

RSM

¿Y TÚ?

¿Sabes que Dios tiene un plan para tu vida? Pídele que haga lo que quiere hacer en tu vida y te sorprenderás de la manera en que él responde.

Permite que Dios te «esculpa»

MAYO
10

AMIGOS POR CORRESPONDENCIA

Lee Juan 20:26-29

Mira caminaba de regreso a casa después de la escuela dominical con Janie, su vecina de al lado. Hablaban de la lección que acababan de escuchar.

—No sé si en realidad creo que existe Dios —dijo Mira—. ¿Y tú?

—Por supuesto —dijo Janie, sorprendida. Mira frunció el ceño.

—Bueno, tú has ido a la iglesia toda tu vida —dijo—. Creo que eso lo hace más fácil. Pero... tú nunca has visto a Dios, ¿verdad?

—No —admitió Janie—, pero aun así sé que es real.

—¿Cómo puedes estar tan segura? —preguntó Mira. Pero habían llegado a su casa y giró hacia el camino de entrada antes de que Janie pudiera responder—. Te veo mañana —gritó.

Al día siguiente, la mamá de Mira recogió a las niñas después de la escuela. Las saludó y luego preguntó:

—Mira, ¿te acuerdas de la revista que tenía la columna de los amigos por correspondencia?

—¡Sí! ¿Escribió alguien? —preguntó Mira ansiosamente.

—¿Qué es una columna de amigos por correspondencia? —preguntó Janie antes de que la mamá de Mira pudiera responder.

—Es una columna en una de las revistas que recibimos —explicó Mira—. Los chicos que quieren intercambiar cartas con alguien ponen su nombre, dirección, edad, pasatiempos y otras cosas en ella, y luego otros chicos lo ven y les escriben. Yo puse el mío en la edición de este mes. —Se volteó hacia su madre—. Mamá, ¿recibí alguna carta?

Su madre sonrió y le entregó un sobre. Mira lo abrió. Comenzó a leer la carta de una chica llamada Selma, y dejó que Janie la leyera.

Las chicas hablaron de la carta antes de irse a casa. Janie observó a Mira.

—Me preguntaba —dijo—, ¿crees que Selma es real?

Mira miró a Janie como si hubiera perdido el juicio.

—Claro que es real. Recibí su carta, ¿no es cierto?

—Bueno, dijiste que no sabías si Dios era real —le recordó Janie—, pero mi papá dice que él también nos escribió una carta. La llamamos la Biblia.

Mira observó a Janie. Luego sonrió. De repente, supo que Dios era real, así como lo era Selma. *MPC*

¿Y TÚ?

¿Te cuesta creer en un Dios invisible? Mira a tu alrededor todas las cosas que él ha hecho. Lee la Biblia, la carta de Dios para ti, y descubre por qué puedes creer en él. No necesitas ver a Dios para amarlo.

MEMORIZA:

«Dichosos los que no han visto [a Jesús] y sin embargo creen». Juan 20:29, NVI

Cree en Dios

LANDRY INCLINADA

Lee el Salmo 18:1-3, 30-32

«¿Podrías ayudarme a estudiar algunas de las preguntas de repaso para un examen, papá?», preguntó Landry una noche. Papá aceptó, por lo que Landry fue a su habitación y volvió con sus libros de la escuela.

Papá le hizo varias preguntas a Landry.

—Solo faltan algunas —dijo él finalmente—. ¿Cuál es el nombre de la torre inclinada de Italia?

—La torre inclinada de Pisa —dijo Landry rápidamente.

—¿Y qué tan alta es? —preguntó Papá.

—Es como un edificio de quince pisos de Estados Unidos —dijo Landry.

—¿Se suponía que la torre estuviera inclinada?

—No —dijo Landry—. Debería estar recta.

—Conoces bien este material —dijo papá y cerró el libro—. Voy a tener que inventar preguntas más difíciles para ti. ¿Qué sostiene la torre de Pisa?

Landry no sabía qué contestar.

—Está inclinada y no se cae, pero ¿qué es lo que evita que se caiga? —murmuró—. ¿Está Dios parado allí sosteniéndola?

—No —dijo papá—, pero esa respuesta me trae a la mente otra pregunta. ¿Qué está inclinado y Dios *sí* sostiene?

Landry lo pensó mucho.

—Una clave —dijo papá—. Dios quería que esta parte de su creación se apoyara en él para sostenerla. —Landry todavía no lo sabía—. Última clave —dijo papá, y cantó unas cuantas líneas de un himno acerca de estar «apoyado en los brazos eternos».

—¡Nosotros! —exclamó Landry—. Dios nos hizo para que nos apoyemos en él.

—Es cierto —dijo papá—. Dios no quiere que seamos orgullosos y pensemos que nosotros mismos podemos encargarnos de todo sin él. Él quiere que nos apoyemos en él para que nos sostenga y nos dirija. —Hizo una pausa—. No estoy seguro qué es lo que sostiene a la torre inclinada de Pisa —agregó—. Algunos creen que algún día se caerá, pero nosotros podemos apoyarnos en el Señor para siempre, y nunca debemos temer caernos.

—Entonces puedo ser la "Landry inclinada". ¿No es estupendo? —dijo Landry con una sonrisa—. Trataré de recordarlo. *NEK*

¿Y TÚ?

¿Piensas que necesitas ser resistente y encargarte tú solo de tus problemas? Humíllate y apóyate en Jesús. Él está allí esperando sostenerte.

Apóyate en Dios

MEMORIZA:
«Dios me arma de fuerza y hace perfecto mi camino». Salmo 18:32

MAYO
12

TRABAJO PARA LA MEMORIA

Lee el Salmo 37:27-31

Ana, la hermanita de Grace, recitó todo el alfabeto sin ningún error.

—Puedo escribir mi nombre también —dijo Ana, orgullosa de sus logros—. Lo memoricé.

—También deberías memorizar nuestro número telefónico —dijo Grace.

—¿Por qué? —preguntó Ana riéndose—. ¿Por qué habría de llamarnos?

—¿Y si te perdieras? —preguntó Grace—. ¿O si hubiera una emergencia y necesitaras llamar a mami desde la casa de una amiga?

—Está bien —dijo Ana—. Voy a aprenderlo.

—Mientras más lo digas, más fácil te será recordarlo —le dijo Grace.

Ana repitió el número una y otra vez.

—Ahora deberías practicar y llamar aquí; finge que lo haces con tu teléfono de juguete —dijo Grace—. Practicarlo te ayudará a recordarlo.

—Así como con tus versículos bíblicos —dijo mamá, que había oído la conversación. Miró a Grace y le preguntó—: ¿Ya te aprendiste de memoria tu versículo para la escuela dominical?

Grace hizo una mueca. Siempre dejaba para después sus versículos; le parecía aburrido y demasiado difícil recordar todas las palabras.

—Le diste a Ana una buena razón para aprenderse nuestro número de teléfono —dijo mamá—. Tener una razón es una parte importante de la memorización.

—Pero no me importa si no me ponen calcomanías en el cuadro de memorización de la escuela dominical —dijo Grace.

—Memoriza para agradar a Dios y para guardar su Palabra fresca en tu mente —sugirió mamá—. Entonces estará allí para que la uses cuando la necesites.

—Como nuestro número de teléfono —dijo Ana, repitiéndolo unas cuantas veces—. La próxima vez que esté en la casa de mi amiga Bethany puedo llamarte. —Mamá asintió y miró a Grace.

—Sigue las pautas que le diste a Ana para aprender nuestro número de teléfono y creo que verás que aprender tus versículos de memoria es más fácil, incluso divertido —dijo—. Poner en práctica lo que dicen los versículos te ayuda a recordarlos. *NEK*

¿Y TÚ?

¿Es el trabajo de memorizar la Biblia una tarea aburrida a veces? Tener una razón para memorizar, entender las palabras y practicar las verdades en tu vida lo hará más fácil.

MEMORIZA:
«Retengan la palabra que les he predicado». 1 Corintios 15:2, RVC

Memoriza las Escrituras

A LA DERIVA

Lee Apocalipsis 2:1-5

—Estoy comenzando a preguntarme si hay pescados en esta bahía —dijo papá, mientras le ponía carnada a su anzuelo con otra lombriz. Él y Emma habían estado pescando en la bahía de Jabber por casi dos horas—. Será mejor que atrapemos más de los que ya tenemos —dijo con una risita—, o mamá hará que la invitemos a cenar.

Emma se rió a carcajadas al ver la cubeta de pescados que habían atrapado esa mañana. Definitivamente, dos pececillos no eran suficientes para la cena.

Emma y su papá habían estado callados por un rato cuando él vio que su bote se había desviado hacia la playa.

—Mmm —dijo papá comenzando a enrollar su sedal—. Será mejor que volvamos al centro de la bahía. Podríamos dañar el bote si nos acercamos mucho a esas rocas que están a lo largo de la orilla.

Emma también enrolló su sedal. Miró cómo su padre remaba para alejarse de la orilla.

—No puedo creer lo rápidamente que nos desviamos del lugar en el que comenzamos —dijo ella mientras papá remaba con fuerza.

Pronto estuvieron pescando otra vez en medio de la bahía.

—¿Sabes qué? —dijo papá después de un rato—. He estado pensando en lo similar que es nuestra vida espiritual a la pesca. —Emma debía verse intrigada, porque papá continuó—: Estábamos tan ocupados pescando que no nos dimos cuenta de que estábamos a la deriva. Como cristianos, podemos estar tan ocupados con las cosas de esta vida que no nos damos cuenta de que nos hemos desviado del Señor.

Emma pensó en silencio por un momento y después lentamente asintió.

—Creo que a veces es fácil olvidar al Señor —admitió.

Papá miró cómo el agua golpeaba el costado del bote.

—Sí —respondió suavemente—, a veces es muy fácil. Necesitamos protegernos de eso. *RSM*

¿Y TÚ?

¿Estás tan ocupado viendo televisión, jugando con tus amigos o haciendo tareas escolares que tienes cada vez menos tiempo para pasar con Dios? Si te has desviado de dedicarle tiempo a Dios, habla con él acerca de eso. Con su ayuda, puedes alejarte de otras cosas y dedicarle más tiempo a las que le agradan a él.

Pasa un tiempo con Dios todos los días

MEMORIZA:
«Me mostrarás el camino de la vida, me concederás la alegría de tu presencia y el placer de vivir contigo para siempre».
Salmo 16:11

LA VENTA DE GARAJE

Lee Efesios 4:22-32

—Cuando hayas barrido el piso del garaje podremos poner las mesas —le dijo su padre a José.

—Está bien —dijo José—. Esta venta de garaje será una buena manera de salir de todas estas cosas y de que el garaje esté limpio, ¿verdad? —Señaló un estante—. ¿Qué hay en esa caja? —preguntó.

Su padre bajó la caja. La puso en el suelo y miraron dentro.

—Parece que son algunos de tus juguetes viejos —dijo papá.

—Me acuerdo de esta —dijo José, y estiró la mano para sacar una pelota de béisbol.

—Yo también me acuerdo —dijo su padre y tomó la pelota de José—. Todavía puedo oír el vidrio que se rompió en la ventana del señor Will. —Volvió a meter la pelota en la caja.

—Bueno, tal vez debería conservarla —dijo José, tomando la pelota y poniéndola a un lado—. Será bueno deshacerse del resto de estos cachivaches —dijo mirando dentro de la caja.

—Esa pelota está totalmente gastada —dijo papá. Estiró la mano y volvió a meter la pelota en la caja—. Me haces recordar la manera en que algunas personas «cambian» sus hábitos. Dios espera que nos deshagamos de los viejos y malos hábitos, y la gente frecuentemente dice que quiere hacerlo. Pero todavía se aferran a ellos aunque no les ocasionen más que problemas.

—Esta pelota vieja no me meterá en problemas —dijo José y sacó la pelota.

—Sí —dijo papá—. Esa es precisamente la clase de cosas que dice la gente cuando quiere conservar algo que no debería. Pero tiene que dejar sus viejos hábitos. Entonces podrá desarrollar otros nuevos y más gratificantes. —Le sonrió a José y agregó—: Quédate con la pelota vieja si quieres, José, pero deshazte de los malos hábitos.

José le sonrió también. Entonces estiró su mano y dejó caer la pelota en la caja. *GGL*

¿Y TÚ?

¿Tienes algunos malos hábitos que deberías cambiar? Pídele a Dios fortaleza para hacerlo. Él te ayudará a seguir su orden de dejar las cosas que le desagradan.

MEMORIZA:
«Hagan morir las cosas pecaminosas y terrenales que acechan dentro de ustedes». Colosenses 3:5

Deshazte de los malos hábitos

LA ADVERTENCIA DEL CHOCHÍN

Lee Mateo 2:13-15; Efesios 6:1-4

Eva llegó corriendo a la casa cuando mamá metía una carga de ropa mojada en la secadora. «Mamá, ven pronto —dijo sin aliento—. Creo que algo anda mal con nuestro chochín. Está haciendo un ruido extraño. Debe estar herido».

Eva y mamá salieron corriendo al jardín del frente, pero cuando se detuvieron para oír al chochín, estaba cantando como siempre.

—¿Estás segura de que era el chochín al que oíste? —preguntó mamá—. Hay muchos otros pájaros por aquí.

—Era el chochín —insistió Eva—. Lo vi en aquella rama, y hacía un ruido extraño. —Señaló una rama del gran arbusto de acebo.

Mamá comenzó a caminar lentamente por el césped. El señor Chochín siguió cantando alegremente. Pero cuando mamá se acercó al arbusto de acebo, el canto del chochín cambió. «*Chrr-rr-rr*». Miraba a mamá fijamente y su voz se hacía más suave mientras más se acercaba ella al arbusto. Mamá se detuvo y silenciosamente señaló un nido de bebés chochines escondido entre las ramas.

—El chochín hablaba con los bebés —dijo ella—. Esa es su forma de decirles que se callen. El peligro está cerca.

—¿Quieres decir que los pájaros les dicen a sus bebés cosas como esas? —Eva no había oído nada de eso antes.

Mamá asintió.

—Dios les enseña a todas las aves y a los animales a proteger a sus bebés —dijo—. También nos dice a los padres que protejamos a nuestros hijos del peligro. Por eso es que a veces tenemos que decir que no a las cosas que quieres hacer o a lugares que quieres ir. —Le sonrió a Eva—. Muchas historias en la Biblia dejan ver cómo los padres protegieron a sus hijos —agregó—. Una historia muy especial cuenta cómo Dios usó a José y a María para proteger al bebé Jesús cuando estuvo en peligro. *DRO*

¿Y TÚ?

¿Te entristeces, o incluso te enojas, cuando tus padres dicen que no a ciertas cosas? ¿O te alegra que te amen lo suficiente como para protegerte del peligro? Ellos hacen el trabajo que Dios les dio. El trabajo que te da a ti es de honrarlos y obedecerlos.

Honra a tus padres

MAYO
16

LAS SEÑALES DE TRÁNSITO

Lee 1 Pedro 4:7-11

Mientras viajaban, Ethan y su hermana Lana veían pasar el paisaje.

—Juguemos Veo-veo —sugirió Ethan.

—Qué buena idea —asintió Lana—. Tal vez hará que los kilómetros vayan más rápido. Yo voy primero, y veo-veo algo rojo.

—¿Es aquel camión rojo? —preguntó Ethan, mirando a su alrededor.

Lana asintió, y entonces fue el turno de Ethan. No mucho después, los chicos se cansaron de su juego.

—¿Cuánto falta? —preguntó Ethan.

—No he puesto atención —dijo papá. Miró al otro lado del asiento y sonrió—. Mamá tampoco ha visto las señales de tránsito. Está dormida.

La voz de papá despertó a mamá.

—No estoy dormida —dijo, y se enderezó. Los demás se rieron.

—Paremos a comer algo —sugirió ella—. ¿Vio alguien alguna señal de restaurantes? —Nadie había visto. Ethan suspiró.

—Todos pasamos por alto las señales. Tal vez aparezca otra pronto.

—Tomen nota de esta experiencia —dijo papá. Sacó un pequeño cuaderno y una pluma y se los entregó a mamá. Ethan sonrió; papá era pastor, y siempre buscaba ilustraciones para los sermones—. Esto me hace recordar nuestra vida espiritual —continuó papá—. Dios nos da señales de tránsito a lo largo de nuestro camino al cielo, pero si estamos muy ocupados con las cosas del mundo, podríamos pasar por alto las señales de Dios.

—¿Cuáles son las señales de Dios, papá? —preguntó Ethan.

—Ayúdame a pensar en algunas —dijo papá—. Una es Hechos 16:31: "Cree en el Señor Jesús y serás salvo". Esa es la más importante de todas.

—Yo sé una —dijo mamá—. Es 2 Timoteo 2:15: "Esfuérzate para poder presentarte delante de Dios y recibir su aprobación".

—Otra es 1 Tesalonicenses 5:17: "Nunca dejen de orar" —dijo Lana.

—¿Qué les parece Mateo 6:14: "Si perdonas a los que pecan contra ti, tu Padre celestial te perdonará a ti"? —sugirió Ethan. Luego señaló—. ¡Miren! —dijo—. Hay una señal que dice que hay comida en la siguiente salida.

—Ya ven —dijo papá sonriendo—, vale la pena ver las señales. *MPC*

¿Y TÚ?

¿Cuidas de leer la Palabra de Dios y de escuchar a los maestros que te ayudan a aprender de las «señales de tránsito» de Dios? ¡Vale la pena hacerlo!

Busca las «señales de tránsito» de Dios

MEMORIZA:

«Velen y oren para que no cedan ante la tentación». Mateo 26:41

CRISTIANOS PARÁSITOS

Lee Hebreos 10:19-25

—Ayer bañamos a Barnie, pero se está rascando otra vez —dijo Lilia. Se sentó al lado de su perro y le frotó el pelo.

—¡Esos parásitos latosos! —dijo mamá—. Tal vez necesita un collar para pulgas nuevo. Lo pondré en la lista de compras.

—¿Parásitos? —preguntó Lilia—. Pensé que Barnie tenía pulgas.

—Las pulgas son parásitos. Los parásitos son organismos que viven de otros organismos que se llaman hospedadores, generalmente animales, y toman de ellos pero no dan nada a cambio —explicó mamá—. Pero hablaremos de ellos después. Ahora debes prepararte para la escuela dominical.

—¿Y *tengo* que ir hoy? —preguntó Lilia. Al ver que mamá fruncía el ceño, agregó—: Después de todo, ya soy cristiana; tengo a Jesús en mi corazón.

Precisamente entonces papá metió su cabeza en la habitación.

—Ustedes dos deben apurarse —dijo.

—Barnie tiene parásitos —dijo Lilia—. Ellos viven de él, pero no le dan nada a cambio; ¡son unas pulgas egoístas y malagradecidas!

—Me pregunto si tú podrías estar viviendo como un parásito —dijo mamá en tono pensativo.

—¿Qué se supone que significa eso? —exigió Lilia.

—Me pregunto si eres una cristiana parásito —le dijo mamá—, que vives de Dios, tu Hospedador celestial, y aceptas su perdón, protección y vida eterna, pero no das nada a cambio.

—Pero yo no tengo que dar nada por esas cosas —protestó Lilia—. Son regalos gratuitos de Dios.

—Sí, lo son —admitió mamá—, pero Dios quiere que lo ames, que lo obedezcas y que lo adores.

—Eso es cierto —agregó papá—. A veces, los cristianos solo quieren tomar todo de Dios sin dar ellos nada a cambio, ni siquiera el agradecimiento.

Cuando Barnie se rascó otra vez, Lilia lo miró pensativa. Entonces se levantó y corrió a prepararse para la iglesia. *NEK*

¿Y TÚ?

¿Tomas todo lo que puedes de Dios sin darle nada a cambio? Demuestra tu compromiso con Dios dándole tu amor, tiempo, obediencia y adoración, a través de tu asistencia a la iglesia, al estudio bíblico y sirviéndole al servir a los demás.

Devuélvele a Dios

MEMORIZA:
«Mantengámonos firmes sin titubear en la esperanza que afirmamos [...] y no dejemos de congregarnos».
Hebreos 10:23, 25

LA PALETA HUMANA

Lee Hebreos 12:5-11

«Raquel, por favor, deja de interrumpirme», dijo la señorita Delta. Raquel frunció el ceño. La señorita Delta la había reprendido varias veces ese día, y Raquel estaba cansada de eso. Solo había estado tratando de ayudar.

En casa esa noche, Raquel se quejó con sus padres por eso. «Creo que a la señorita Delta sencillamente le gusta regañarme. Nunca le grita a nadie más», dijo Raquel refunfuñando. Mientras hablaba se fijó en su cachorrito, Bigsby, que estaba cavando en el huerto de hierbas. Rápidamente tomó un periódico enrollado que estaba en la puerta de atrás y salió corriendo al jardín. ¡Zas!, sonó el periódico. «¡Auuu-guau-guau!», aulló el cachorrito.

—Le he dicho a ese cachorrito un millón de veces que no cave —dijo Raquel cuando volvió a la casa—, y también lo he castigado por eso con bastante frecuencia. ¿Cuándo aprenderá?

—Aprenderá —le aseguró papá—. Solo necesita tiempo. —Con una sonrisa pensativo preguntó—: ¿Supones que Bigsby se pregunta alguna vez por qué los periódicos enrollados solo lo castigan a él y a nadie más?

—Debería saber que es porque se lo merece —respondió Raquel y después se rió—. Solo que el periódico no lo castiga, soy yo.

—Cierto —asintió papá—. Tú eres la que castiga; solo estás usando el periódico como una clase de paleta para hacerlo, ¿verdad?

—Es cierto —asintió Raquel.

—Ahora bien, supón que Dios quisiera «castigarte» —sugirió papá—. ¿No crees que probablemente usaría alguna clase de paleta?

—¿Qué quieres decir? —preguntó Raquel con el ceño fruncido.

—Bueno —dijo papá—, a veces, Dios usa a la gente como sus paletas. ¿Alguna vez te has preguntado si él podría estar tratando de decirte algo a través de la señorita Delta?

—Yo... yo... —Raquel no sabía qué decir.

—Quizás Dios quiere cambiarte de alguna manera y ha estado hablando contigo todo este tiempo, y no lo has estado escuchando —agregó papá.

—¡Y ha estado hablando en voz alta! —dijo Raquel sonriendo. CSS

¿Y TÚ?

¿Puedes pensar en alguna vez que Dios haya usado a alguien como «paleta» contigo? A la gente que crees que te regaña, incluyendo a tus hermanos y hermanas, Dios las usa frecuentemente para cambiarte y ayudarte a hacer lo correcto. Pon atención a los «castigos».

MEMORIZA:

«El Señor disciplina a los que ama y castiga a todo el que recibe como hijo». Hebreos 12:6

Deja que Dios te cambie

DESVIADO

Lee Nehemías 6:1-4

Al terminar la lección de escuela dominical, el señor Rossi dijo:

—Me enteré de una manera en que ustedes, chicos, pueden hacer algo para el Señor. Varios miembros de nuestra iglesia viven recluidos y el pastor me dijo que necesitan ayuda. Aquí hay un listado de sus nombres. ¿Ven a alguien a quien estarían dispuestos a ayudar?

—Yo podría ayudar a la señora Sánchez —dijo Trevor—. Es mi vecina.

Parecía que a la dulce viejecita le agradaba tener la ayuda de Trevor. Le pidió que regara el jardín, porque ella no podía hacerlo. «Por supuesto. Puede contar conmigo», le dijo Trevor. Por unas cuantas semanas mantuvo fielmente su promesa, pero después comenzó a descuidar las plantas. Había otras cosas que consumían su tiempo.

—Mira lo que mi tren eléctrico puede hacer, papá —dijo Trevor una tarde. Colocó dos locomotoras en la vía a un metro de distancia y presionó unos botones. Las locomotoras corrieron alrededor de la vía. Entonces Trevor presionó un interruptor. Una locomotora se desvió hacia una vía lateral y se detuvo, mientras que la otra siguió corriendo en la vía principal—. Mira, papá, hice que una se desviara a un costado y mantuve corriendo a la otra.

—Qué bien —dijo papá. Miró pensativo a la locomotora que quedó a un costado—. Se me ocurre que los cristianos que comienzan a servir al Señor son a veces como una locomotora que se desvía a una vía lateral que no va a ningún lado. De hecho, me pregunto si tú mismo eres así ahora, Trev.

Trevor levantó la mirada, sorprendido.

—¿Yo? ¿Cómo así?

—Bueno, recuerdo que rápidamente prometiste hacer algo bueno —respondió papá—. ¡Y eso es bueno! Pero últimamente has olvidado hacerlo. En otras palabras, te desviaste a un costado. —Se detuvo por un momento antes de agregar—: Pasé por la casa de la señora Sánchez hoy. Las plantas de su jardín se ven bastante marchitas.

—¡Ay! Lo olvidé —exclamó Trevor. Vio las dos locomotoras—. Prefiero ser como la que continuó —dijo mientras se dirigía a la puerta—. Si me apresuro, todavía puedo regar esas plantas antes de que oscurezca. *MRP*

¿Y TÚ?

¿Has comenzado a servir al Señor haciendo algo? ¿Lo has seguido haciendo? Comenzar a hacer el bien es bueno, pero continuar haciéndolo es mucho mejor. ¡No te desvíes!

Sé fiel en el servicio de Dios

MEMORIZA:

«Pues he permanecido en las sendas de Dios; he seguido sus caminos y no me he desviado». Job 23:11

LA LECHE DERRAMADA

Lee Mateo 7:1-5

—Nunca creerás lo que Devin hizo hoy en la escuela —anunció Drew. Estiró su mano para tomar un panecillo y le dio una gran mordida.

—¿Y qué hizo esta vez? —preguntó papá. La familia de Drew se estaba acostumbrando a oír acerca de Devin todas las noches durante la cena.

—Primero, lo enviaron al director por haber escrito las palabras de ortografía en su mano durante el examen —dijo Drew—. Luego, cuando volvió, escribió un poema desagradable acerca de la señora Landers y se lo pasó al chico de enfrente. ¡Lo descubrieron y tuvo que volver a la oficina del director! —Drew puso los ojos en blanco—. Nunca haré las cosas que él hace.

Justo entonces Tim, el hermanito de Drew, dejó caer su vaso. La leche corrió por toda la mesa y a las piernas de Drew.

—¡Oye, asqueroso! —gritó Drew—. ¡Estos son mis jeans nuevos!

—No es necesario que grites, Drew —dijo papá cuando Drew saltó y Tim comenzó a llorar—. Fue un accidente. Por favor, no insultes a tu hermano.

—Tendría que haber sido más cuidadoso —declaró Drew, todavía enojado.

Después de que limpiaron la mesa y Drew se cambió la ropa, mamá dijo:

—¿Sabes, Drew?, nos has estado hablando de todas las cosas malas que Devin hace y de cómo nunca harías esas cosas. Pero creo que tienes el mismo problema de Devin.

—¿Qué quieres decir? —dijo Drew—. No soy como Devin en absoluto.

—Sí, lo eres —dijo papá—. La Biblia dice que todos somos pecadores. Y nos advierte que no debemos juzgar a los demás cuando hay pecado en nuestra propia vida. Después de todo, quién puede decir qué es peor: ¿hacer trampa en un examen o perder la paciencia?

—¿O escribir un poema desagradable o insultar a alguien? —dijo mamá.

A Drew se le puso roja la cara.

—Lo... lo siento, Tim —dijo entre dientes.

Papá sonrió.

—La diferencia entre tú y Devin podría ser que tú conoces a Jesús como tu Salvador; tal vez Devin no. En lugar de juzgarlo, tenemos que orar para que también llegue a conocer a Jesús. *LJO*

¿Y TÚ?

¿Te es fácil darte cuenta de los pecados de otros, pero te es difícil admitir los tuyos? Es necesario que reconozcas tu pecado ante Dios y que humildemente le pidas perdón para que te ayude a vencerlo. Todos tenemos que tener cuidado de no juzgar a los demás.

MEMORIZA:

«No juzguen a los demás, y no serán juzgados». Mateo 7:1

Admite tu propio pecado

ESCONDITE

Lee Lucas 4:1-13

«...Cuarenta y ocho, cuarenta y nueve, cincuenta —contó papá—. ¡Listos o no, allá voy!»

Mario se agachó y se metió de costado en el pequeño agujero debajo del porche y apretó sus rodillas contra su pecho.

—¡No! —exclamó de repente cuando su hermanita trató de meterse con él—. Vete. Aquí no hay espacio suficiente, y si papá te ve, me encontrará a mí también. Ve a buscar tu propio lugar.

—Me quiero esconder contigo —dijo Lena y empezó a llorar.

—¡Los encontré! —gritó papá. Se agachó donde estaban y levantó del suelo a Lena. Mario refunfuñó y enderezó las piernas—. Está bien, Mario. Es tu turno de buscar —dijo papá. Mario gateó lentamente hacia afuera.

—No es justo —protestó—. Lena me delató.

—Pudiste haberla dejado que se escondiera contigo —dijo papá.

—No había suficiente espacio —dijo Mario gruñendo.

—Es un poco pequeño —admitió papá, mirando el agujero.

—Sí, y aprendimos en la clase de ciencias que dos cosas no pueden estar en el mismo espacio en el mismo momento. Ese agujero es tan pequeño que solo hay espacio para una persona. Por lo que cuando estoy allí, no hay espacio para ti, Lena, y cuando tú estás en él, no hay espacio para mí.

—¿Sabes qué? —dijo papá—. Este agujero me hace recordar tu versículo para memorizar del domingo pasado.

—¿Qué? —Mario frunció el ceño.

—Pues, ¿cuál fue tu versículo el domingo pasado? —preguntó papá.

—Era... ah... "He guardado tu palabra en mi corazón, para no pecar contra ti" —respondió Mario—, pero...

—Imagina que tú o Lena son la Palabra de Dios y que el agujero es tu corazón —sugirió papá. Mario examinó a su hermana.

—Entiendo —dijo—. Si en realidad guardo la Palabra de Dios en mi corazón, no habrá lugar para cosas como peleas.

—Exactamente —dijo papá sonriendo—. La Palabra de Dios no deja espacio en nuestro corazón para el pecado. *JAB*

¿Y TÚ?

¿Qué haces cuando te ves tentado a mentir, a insultar a alguien o a discutir con otros? ¿Hay versículos de la Palabra de Dios guardados en tu corazón para que puedas pensar en ellos y en cómo Dios quiere que respondas a esa tentación? Te sorprenderás de cuánto ayuda memorizar su Palabra.

Memoriza la Palabra de Dios

MEMORIZA:
«He guardado tu palabra en mi corazón, para no pecar contra ti». Salmo 119:11

UNA CAMINATA EN EL BOSQUE

Lee Colosenses 1:15-18

—¿Te gustaría ir a la escuela dominical conmigo, Olivia? —preguntó Ángela cuando las dos niñas subían la colina boscosa que estaba detrás de la casa de Ángela. Todos en su clase tenían que identificar veinticinco clases distintas de flores silvestres, por lo que habían decidido hacer una caminata para ver cuántas podrían encontrar.

Como respuesta a la pregunta de Ángela, Olivia sacudió la cabeza.

—Mis padres creen que puedes acercarte más a Dios cuando caminas en el bosque que sentándote en un antiguo edificio aburrido, leyendo un libro obsoleto —dijo—. Creo que es cierto.

—Bueno, suena bien —admitió Ángela—, pero también necesitamos saber lo que Dios dice en su Palabra.

—Mi papá dice que es mejor a nuestra manera —insistió Olivia. Señaló algo—. Mira aquel campo, ¡está prácticamente cubierto de flores!

—¡Guau! —exclamó Ángela—. Veamos en esa guía sobre flores silvestres que trajimos de la escuela, Olivia.

—No traje el libro —dijo Olivia—. ¿No lo trajiste tú? —dijo gimiendo cuando Ángela negó con la cabeza.

—Ah, bueno —dijo Ángela después de un momento—, de todas formas creo que es un libro terriblemente viejo. Probablemente lo escribieron antes de que naciéramos. Apuesto a que ver las flores nos dará mucho más beneficio que las cosas que aprenderíamos de un libro tan obsoleto.

—¡Las flores silvestres no cambian! —dijo Olivia protestando—. ¡Ese libro todavía sirve!

—La Biblia es igual —dijo Ángela suavemente—. Es tan importante ahora como lo fue cuando lo escribieron por primera vez. Dios tampoco cambia. Aunque nos gusta ver su creación, aún necesitamos aprender de Dios por medio de su Palabra, así como necesitamos aprender de las flores del libro. *LW*

¿Y TÚ?

¿Crees que puedes aprender más de Dios mirando su creación que yendo a la iglesia? ¿Alguna vez usas eso como excusa para no ir a la iglesia y te vas de pesca o haces una caminata? Debemos apreciar lo que Dios ha creado, pero es aún más importante aprender lo que está en su Palabra.

MEMORIZA:

«Él ya existía antes de todas las cosas y mantiene unida toda la creación». Colosenses 1:17

Honra al Creador

EL JARDÍN DESTROZADO

Lee 2 Crónicas 33:1-5

Theo salió cuando vio a su amigo Sean en el jardín vecino.

—Oye, Theo, ¿quieres jugar fútbol? —Sean preguntó desde su lado de la cerca—. Solo que tendremos que jugar en tu jardín. Papá pasó dos días trabajando en el césped y volvió a sembrar, ¿y adivina qué? Mi hermanito y sus amigos lo volvieron a destrozar.

—¿Cómo lo hicieron? —preguntó Theo, mirando por encima de la cerca. Sean se rió.

—Pues pensaron que nos ayudaban al esparcir más semillas, pero solo pisotearon la parte que él había hecho y lo arruinaron todo. Papá tuvo que hacerlo otra vez, y ahora dice que todos debemos permanecer lejos. —Sean hizo rebotar la pelota—. ¿Puedes jugar? —volvió a preguntar.

Theo sacudió la cabeza.

—No puedo ahora. Tengo que ir a una tonta reunión de la iglesia —dijo—. Lo único que hacemos es cantar y escuchar lo que dice el predicador. ¡Es aburrido!

El padre de Theo lo llamó desde el porche, y Theo salió corriendo.

—Pobre señor Kelso —dijo Theo cuando le contó a su papá lo del césped—. Trabajó tanto solo para que su hijo lo destrozara.

—Sé lo que se siente —respondió papá—. También he estado trabajando sembrando semillas, la semilla de la Palabra de Dios. He hablado con el señor Kelso del Señor por tres años. Finalmente se interesó un poco. Hizo muchas preguntas y Sean también hizo muchas preguntas. —Theo no entendía qué era lo que papá trataba de decirle—. Antes de que saliéramos para la iglesia hoy, te oí decirle a Sean que la iglesia era aburrida —dijo papá—, y me temo que eso no ayudó a crecer a la "semilla de la Palabra". De hecho, me preocupa que la hayas destrozado. *LW*

¿Y TÚ?

¿Buscas maneras de plantar la semilla de la Palabra o «destrozas» lo que otra gente ha plantado quejándote de la iglesia o mostrando falta de interés en la Palabra de Dios? ¿Serás un buen «jardinero» y les mostrarás a otros que estás emocionado con tu fe en el Señor Jesucristo?

Planta semillas de la Palabra de Dios

MEMORIZA:
«La semilla es la palabra de Dios».
Lucas 8:11

EL SAGUARO SENSATO

Lee el Salmo 119:9-16

—¡Qué monstruo tan espinoso! —Chloe se rió, parada al lado de un enorme cactus saguaro, que tenía sus ramas espinosas hacia afuera y en posiciones extrañas—. ¡Pensarías que con ramas tan grandes y fuertes esta cosa por lo menos debería sostener algo! —dijo.

—Bueno, lo hace —le dijo papá—. Esas ramas sostienen lo que probablemente es lo más valioso de toda la región.

Marcos, el hermano de Chloe, asintió.

—Yo sé qué es —dijo—. ¡Agua! Las plantas de cactus se adaptan al clima seco y cálido almacenando agua dentro de sus tallos y hojas.

—¿En serio, señor Sabelotodo? —dijo Chloe—. Solo porque tomaste una clase de biología no quiere decir que lo sepas todo.

—Esta vez Marcos tiene razón —dijo papá—. Estos grandes amigos pueden absorber hasta como setecientos cincuenta litros de agua, ¡suficiente para que les dure todo un año!

—Por eso es que tiene pliegues como un acordeón —agregó Marcos—. Los pliegues se extienden cuando el material de adentro absorbe el agua.

—Correcto —asintió papá—. Las raíces no son tan profundas en la tierra sino que están justo debajo de la superficie y se extienden unos treinta metros en todas las direcciones. Esas raíces atraen cada gota de lluvia y la envían a ese almacén escondido de las ramas y el tallo del cactus. Esa provisión de agua interna es lo que mantiene al cactus vivo y lo hace crecer.

—¿De veras? —preguntó Chloe—. Bueno, creo que entonces no es tan monstruoso. De hecho, este parece tener una bonita personalidad, ¡como un anciano sabio con barbas muy afiladas! —Papá sonrió.

—Bueno, este sabio anciano tiene un buen consejo para nosotros —dijo.

—¿En cuanto a almacenar agua? —preguntó Marcos—. En realidad no me importa llevar una cantimplora, ¡y me gusta el tamaño de mis brazos así como son! —Papá se rió.

—No pensaba en tus brazos, Marcos —dijo—. ¡Intentémoslo con tu corazón! Espero que ustedes dos llenen su corazón con las leyes de Dios, justo en aquel lugar escondido dentro de ustedes. Conocer la voluntad de Dios los ayudará a madurar como cristianos agradables a los ojos de Dios. *TMV*

¿Y TÚ?

¿Estás guardando la Palabra de Dios en tu corazón? Memorizar su Palabra te ayudará a alejarte del pecado y a que te sea más fácil obedecerlo.

MEMORIZA:
«Han hecho suya la ley de Dios, por eso, nunca resbalarán de su camino».
Salmo 37:31

Absorbe la Palabra de Dios

REGLAS PARA VIVIR

Lee Proverbios 2:1-11, 20

Abigail levantó la mirada de su libro de lecciones de la escuela dominical.

—Parece que la Biblia está llena de reglas —observó—. ¿Acaso no quiere Dios que nos divirtamos un poco?

—Podemos divertirnos mucho y todavía cumplir con las reglas —dijo papá. Puso su periódico sobre el sofá y se quitó los lentes—. Es posible que no siempre lo parezca, pero las reglas de Dios en realidad te ayudan a disfrutar de la vida.

Abigail cerró su libro y miró por la ventana.

—Es un día con viento, papá —dijo, cambiando de tema—. ¿Podríamos ir a volar la nueva cometa que me regalaron para mi cumpleaños?

—Buena idea —asintió papá—. Vamos al parque y veamos si vuela.

Abigail corrió a sacar de su armario la cometa. Luego ella y papá caminaron por la calle al parque del vecindario, donde muchas cometas volaban en el cielo como puntos de muchos colores.

Papá ayudó a Abigail a hacer que la cometa volara. Luego puso el hilo completamente en sus manos. Abigail lo asió fuertemente y rió cuando sintió que el viento elevaba y movía la cometa.

—Mi cometa jala y tira del hilo como si estuviera viva —le gritó a papá.

Papá asintió.

—Piensa en la diversión que sería volar con el viento sin que nos retuvieran —respondió—. ¿No se vería bella la cometa? Volaría mucho más alto sin el hilo. ¿Por qué no la sueltas?

Abigail miró a su padre.

—Pero, papá, si lo hago, se perdería mi cometa. ¡O podría colisionar y destrozarse! —Ella sostuvo el hilo aún más fuerte.

—Me gusta mi cometa —repitió Abigail camino a casa—. No puedo creer que quisieras que la soltara, papá.

Papá sonrió.

—El hilo es importante, ¿verdad? —dijo. Abigail asintió—. Las reglas de Dios son como ese hilo, Abigail —dijo papá—. Dios nos dio reglas para mantenernos a salvo y para permitirnos disfrutar de la vida. Cuando sientes que preferirías liberarte de sus reglas, recuerda el hilo de tu cometa. *BM*

¿Y TÚ?

¿Crees que las reglas de Dios evitan que te diviertas? En realidad, te mantienen lejos de los problemas y permiten que tengas una vida cristiana feliz y saludable. Te enseñan sabiduría.

Dios sabe qué es lo mejor

MEMORIZA:
«Afina tus oídos a la sabiduría y concéntrate en el entendimiento». Proverbios 2:2

EN LA OSCURIDAD

Lee el Salmo 119:97-105

El servicio de la noche había terminado y T. J. fue a ayudar a su madre a ordenar la guardería infantil. Llovía mucho afuera, por lo que cuando casi habían terminado, mamá fue a traer el auto, mientras que T. J. recogía los juguetes que quedaban. Cuando estaba listo para irse, un trueno sacudió el edificio, ¡y se fue la luz! «¡Grandioso!», dijo, y esperó que sus ojos se ajustaran a la oscuridad. No se acostumbraron, porque la habitación no tenía ventanas. Simplemente tenía que ser cuidadoso.

T. J. caminó con cautela hacia la puerta. Su rodilla topó con algo. Se agachó y palpó una mesa que los niñitos usaban. Dio un paso a la derecha. «¡Ay!», exclamó. Su cabeza golpeó la esquina de un estante, que vibró mientras se caían algunos libros. T. J. buscó a tientas la pared. *Esto no es como cuando se va la electricidad en casa*, pensó. *Allá sé dónde están las cosas.* Aunque no le tenía miedo a la oscuridad, un sentimiento de intranquilidad se apoderó de él. Rodeó una mesa larga y chocó con un montón de bloques que rodaron mientras T. J. caía de rodillas. *Esto es una locura*, pensó. Encontró la pared y se desplazó lentamente hacia la puerta. *¿Y dónde está mamá?*

El versículo que su clase había aprendido ese día acerca de la Palabra de Dios, que era «una luz para mi camino», apareció en su cabeza. *Creo que conocer a Dios y su Palabra es como una electricidad cristiana*, determinó T. J., *y sin duda no quiero estar jamás sin ella. Tropezarme en la guardería en la oscuridad ya es lo suficientemente malo. ¡Tropezarme en la vida de esa manera sería horrible!*

Entonces, al final del pasillo, parpadeó una linterna. «Espera, T. J. —gritó mamá—. Ya voy». *DWS*

¿Y TÚ?

¿Te es difícil a veces «ver» lo que debes hacer, qué decisiones debes tomar? ¿No siempre están claros el bien y el mal? A medida que conoces a Dios a través de la oración y del estudio bíblico, su luz brillará en tu mente, y podrás tomar las decisiones que le agradan a él. No te tropieces en la vida; pídele a Dios que te ayude.

MEMORIZA:

«Tu palabra es una lámpara que guía mis pies y una luz para mi camino».
Salmo 119:105

Usa la luz de Dios

EL DESVÍO

Lee Proverbios 3:1-6

—Ay, no —dijo mamá—. La rampa está cerrada por las reparaciones, y la señal dice: "Desvío adelante". —Continuó conduciendo por el camino.

—Pero nos estamos alejando de la autopista —dijo Ellie mirando por la ventana de atrás—. De alguna manera tenemos que entrar a ella, ¿verdad?

—Lo haremos si seguimos las señales anaranjadas del desvío —dijo mamá—. Mira si puedes encontrar la próxima.

—Allí está —dijo Ellie señalando hacia adelante—, pero todavía vamos en el camino incorrecto. Apuesto que alguien cambió las señales. ¡En este camino no podremos volver a la autopista!

—Bueno, tranquilízate —dijo mamá—. Hagamos lo que dice la señal. —Giró a la derecha en la señal. La próxima señal también decía que girara a la derecha, y otra después de esa volvía a decir que girara a la derecha.

—¡Estamos dando vueltas en círculos! —gritó Ellie.

—Bueno, por lo menos nos dirigimos en general a la dirección correcta —dijo mamá—. Ah, mira, este camino comunica con la autopista. Las señales tenían razón, aunque parecían incorrectas. —Después de un rato agregó—: ¿Sabes qué? Alguien más nos ha dado indicaciones que a veces nos parecen incorrectas, pero tenemos que confiar en que también son buenas y correctas. ¿Sabes a qué me refiero?

—¿A papá? —dijo Ellie, adivinando. Mamá se rió.

—Tal vez, a veces —dijo—. Pero pensaba en Dios. La Biblia dice cosas como: "Hay más bendición en dar que en recibir", y "La respuesta apacible desvía el enojo". Eso nos parece incorrecto, pero es cierto.

—¿Y qué te parece: "¡Ama a tus enemigos!"? —dijo Ellie—. Ese fue mi versículo para memorizar de la semana pasada.

—Aquí hay uno para hoy —dijo mamá sonriendo—. "No se preocupen por nada; en cambio, oren por todo. Díganle a Dios lo que necesitan y denle gracias por todo lo que él ha hecho".

—"Así experimentarán la paz de Dios, que supera todo lo que podemos entender. La paz de Dios cuidará su corazón y su mente mientras vivan en Cristo Jesús" —dijo Ellie—. Debí haber orado en vez de preocuparme. *POY*

¿Y TÚ?

¿Confías en la Palabra de Dios? ¿Confías en que Dios guiará a los que tienes que seguir, tus padres o tus maestros? Confía en las indicaciones de Dios.

Confía en la Palabra de Dios

MEMORIZA:
«Tus leyes son mi tesoro; son el deleite de mi corazón. Estoy decidido a obedecer tus decretos hasta el final».
Salmo 119:111-112

LA OLLA HIRVIENTE

Lee el Salmo 37:3-11

—No puedo creer que Caitlyn dijera algunas de las cosas que dijo —le dijo Kellie a su madre un viernes por la tarde—. Nos gritó a todos en el grupo de matemáticas: a Luis, a Gina e incluso a mí, ¡y yo soy su mejor amiga!

—Cuánto lo siento, cariño —respondió mamá y sacudió la cabeza—. ¿Sabes? —agregó—, también lo siento por Caitlyn. Necesita aprender a controlar su temperamento. Sé que le ha ocasionado muchos problemas.

—Sí —admitió Kellie—. Cuando Caitlyn se enoja, hace un desastre de todo. Luis se fue a su casa enojado y Gina lloró. Los dos dijeron que no querían volver a jugar con Caitlyn.

—Bueno, esperemos que cambien de parecer —dijo mamá—, pero probablemente todos tardarán en tranquilizarse y en querer ser amigos otra vez.

A la mañana siguiente, Kellie entró saltando a la cocina donde mamá preparaba avena.

—Caitlyn llamó —dijo Kellie—. ¿Puedo ir allá después del desayuno? Se siente mal por lo de ayer y quiere hacer las paces con Gina y Luis. Cree que le ayudaría que vaya con ella. ¿Está bien?

Mamá dejó de revolver la avena y miró a Kellie.

—Claro, por supuesto —dijo—. Me alegra mucho oír eso. —En ese momento, la olla hirvió y se derramó—. ¡Ay, no! —dijo mamá con un grito ahogado. Agarró la olla y la puso en otra hornilla, pero eso solo esparció el liquido pegajoso que burbujeaba de la olla.

—¡Qué desastre! —dijo Kellie. Después se rió—. Caitlyn tiene que limpiar un desastre y tú también. Voy a ayudar a Caitlyn a limpiar el de ella. ¿Quieres que te ayude a ti también?

Mamá sonrió.

—Gracias, lo necesito —dijo, y agarró la esponja—. ¿Sabes? —agregó—, la Biblia frecuentemente describe el enojo como caliente y que hierve. El enojo de Caitlyn hirvió y se derramó en sus amigos como mi avena lo hizo en la estufa. Pero mi desastre es más fácil de limpiar que el de ella. *POY*

¿Y TÚ?

¿Dejas que tu temperamento estalle y queme a otros? La Biblia dice que la gente que tiene mal genio hace cosas tontas (ver Proverbios 14:17). Dios incluso advierte en cuanto a hacerse amigo de alguien que continuamente demuestra mal genio, porque podrías aprender sus costumbres y meterte en un desastre difícil.

No dejes que el enojo te controle

MEMORIZA:

«¡Ya no sigas enojado! ¡Deja a un lado tu ira! [...] Eso solo trae daño». Salmo 37:8

¡DESCUBIERTO!

Lee el Salmo 32:1-5

Andrés oyó cuando papá dijo que no debían jugar en absoluto cerca de la casa por la pintura fresca. Pero aquel lugar entre el arbusto y el frente de la casa era perfecto para jugar a las escondidas. Además, papá estaba pintando la parte de atrás ahora, por lo que nunca se enteraría. Andrés se escondió detrás del arbusto, y se asomó para ver a su amigo Charlie, que buscaba en el jardín. Cuando Charlie se acercó al arbusto, Andrés se agachó un poco más. Casi perdió el equilibrio pero se apoyó en la casa.

«¡Te encontré!», gritó Charlie cuando vio movimiento en el arbusto.

Después de que Charlie se fue a casa, Andrés entró a la cocina y se sirvió un poco de jugo.

—¿Te divertiste con Charlie? —preguntó papá, entrando después de trabajar. Andrés se apoyó en la alacena y trató de parecer relajado para que papá no adivinara que había hecho algo malo.

—Por supuesto —respondió. Vio un poco de pintura en sus dedos y los escondió en el bolsillo de su pantalón.

—Ese jugo se ve bueno —dijo papá abriendo la puerta del refrigerador.

Andrés observó una huella de pintura en la jarra de jugo.

—Yo te lo alcanzo —ofreció Andrés, y corrió al refrigerador para alcanzar la jarra antes de que su padre viera la pintura. Papá se sentó a la mesa mientras Andrés le servía el jugo.

—¿Cómo es que hay pintura en esa alacena? —preguntó papá.

Andrés miró el lugar donde había estado apoyado.

—Tal vez lo hiciste cuando entraste a tomar un descanso —sugirió.

—Tal vez —dijo papá—, pero no lo creo. Tendría más sentido pensar que fuiste tú, ya que la parte de atrás de tus pantalones está manchada de pintura. —Andrés se volteó y trató de ver. Efectivamente, a pesar de sus intentos de esconder lo que había hecho, lo habían descubierto—. Tratar de cubrir una mala acción solo empeora las cosas —le dijo papá—. Tarde o temprano te descubrirán. *NEK*

¿Y TÚ?

¿Admites cuando has hecho algo malo, o tratas de cubrir tus pecados? Es posible que funcione por algún tiempo, pero Dios lo sabe. Sé honesto sobre tu pecado. Confiésalo, deja de hacerlo y confía en que Jesús te perdona y te ayuda a ser más semejante a él.

Confiesa el pecado

MEMORIZA:

«Los que encubren sus pecados no prosperarán, pero si los confiesan y los abandonan, recibirán misericordia».
Proverbios 28:13

LOS DAÑOS DE LA TORMENTA

Lee Eclesiastés 8:6-8; 9:1

Desde que era niñito, a Mateo le había encantado el arce gigante de su jardín de atrás. Había escondites secretos arriba entre sus ramas frondosas, y en alguna época había jugado a Tarzán en un largo columpio de soga. Pero una noche, una fuerte tormenta de viento arrancó una gran rama del antiguo tronco y le dejó una larga cicatriz blanca. Se veía doloroso, y Mateo sintió una genuina tristeza cuando lo vio a la mañana siguiente.

—Veo que esta vez perdió una gran rama. —El padre de Mateo caminó sobre un montón de hojas húmedas y se paró a su lado.

—Me hace sentir mal —dijo Mateo. Entonces cambió de tema abruptamente—. Papá, ayer el señor Reyes en la escuela nos habló de un doctor que ayuda a la gente a morir cuando quiere morirse. ¿No es eso malo? —preguntó.

—¿Cree el señor Reyes que estaba bien? —preguntó papá.

—No, él cree que deberían ponerle freno a ese doctor —dijo Mateo.

Papá miró al cielo azul despejado, que la lluvia había limpiado.

—Solo Dios debería controlar la vida y la muerte, Mateo —dijo papá suavemente—. Incluso antes de nacer, él tiene un plan para cada uno de nuestros días, y a nosotros no nos toca tratar de cambiar ese plan. —Papá señaló el árbol dañado y preguntó—: ¿Crees que deberíamos quitar ese árbol viejo ahora? Va a perder más ramas con cada tormenta fuerte.

—Todavía da sombra en el verano, y me gusta el sonido del viento en las hojas y, bueno... extrañaría los colores rojos cada otoño —dijo Mateo.

—Incluso las ramas negras peladas contra nuestro cielo de invierno son bellas —dijo papá. Después puso el brazo en el hombro de su hijo y agregó—: Es posible que llegue el momento en que tendremos que cortar este viejo árbol, pero la Biblia nos enseña que la vida humana es muy especial y muy distinta. Porque estamos hechos a la imagen de Dios, le pertenecemos a él. No importa qué ocurra o cuán «dañados por la tormenta» lleguemos a estar, podemos confiar en que nuestra vida, de principio a fin, está en sus manos. *PIK*

¿Y TÚ?

¿Te preguntas acerca del valor de vivir con dolor o como una persona débil y anciana? Dios dio la vida en primer lugar, y solo él sabe cuándo debe terminar. Debemos dejarle a él esa decisión.

MEMORIZA:

«Tú has determinado la duración de nuestra vida. Tú sabes cuántos meses viviremos, y no se nos concederá ni un minuto más». Job 14:5

Dios controla la vida y la muerte

EL ESCORPIÓN AMARILLO

Lee Proverbios 4:14-19

Estaba oscuro y Ben tenía miedo, no de la oscuridad sino de lo que iba a ocurrir. Él y otros tres chicos gateaban sobre sus manos y rodillas hacia la casa de la señora Baxter. «Vamos, Ben. Deja de arrastrarte. Si eres un Escorpión, ¡muévete como tal! —habló Ronnie, el líder de los Escorpiones Negros, mientras se desplazaban por la cerca de la señora Baxter. Unos minutos después, volvió a hablar—. Está bien, Ben. ¡Demuestra que no eres un gallina! ¡Ve a tocar el timbre! ¡Y no lo eches a perder!», le advirtió y le apretó por detrás el cuello a Ben.

Ben apretó sus puños fuertemente e hizo una oración rápida para que Dios le diera el valor para hacer lo correcto. Entonces caminó a la puerta y presionó el timbre. Hizo un fuerte zumbido. Oyó los golpecitos de un bastón y después se abrió la puerta. Cuando la mujer de pelo blanco vio al niño, sonrió y le pidió que entrara. *Ese no es el plan*, pensó Ben. Pero en lugar de seguir la trama de Ronnie, entró.

Tan pronto como se cerró la puerta, Ben le dijo a la señora Baxter que se suponía que debía engañarla para que saliera al jardín de atrás para que los otros chicos pudieran entrar a su casa a robarle cosas.

—Están esperando afuera por su cerca. Tengo mucho miedo —explicó Ben—. ¡Se van a enojar mucho! ¡Van a decir que soy un escorpión "amarillo" y no uno negro! ¿Qué puedo hacer? —Se cubrió la cara con sus manos.

La señora Baxter le dio un pañuelo.

—Toma, jovencito, límpiate la nariz y no te preocupes. ¡Hiciste exactamente lo correcto! —dijo ella con firmeza. Luego llamó a la policía.

Cuando los padres de Ben se enteraron de la pandilla de ladrones y de lo que había ocurrido, estaban sorprendidos.

—Ronnie siempre parecía tan bueno. No teníamos idea de que fuera esa clase de chico —dijo su madre.

—Yo tampoco —dijo Ben—, hasta esta noche. Entonces supe que no quería estar en su grupo, pero no sabía qué hacer. Oré pidiendo ayuda.

Papá asintió.

—¡Qué bien! —dijo—. Dios nos dice que nos mantengamos lejos de la gente que hace cosas malas. Él oyó tu oración pidiendo ayuda para hacer lo correcto, y respondió. *SED*

¿Y TÚ?

¿Tratan de influenciarte algunos de tus amigos para hacer cosas que sabes que están mal? Pídele a Dios ayuda para mantenerte lejos de ellos.

Elige amigos piadosos

MEMORIZA:
«Las malas compañías corrompen el buen carácter». 1 Corintios 15:33

1

UNA MOCHILA PESADA

Lee Hebreos 12:1-3

—¡Cory! —gritó mamá—. ¡Olvidaste tu mochila!

—Hoy no la quiero, mamá —le dijo Cory—. Está muy pesada; me hace ir más lento. Ya voy tarde.

Esa noche, Cory no se veía muy feliz.

—¿Cuál es el problema? —preguntó mamá. Cory suspiró.

—Jim Fetzer quiere que vaya a su fiesta de cumpleaños —dijo—, pero todavía no me cae bien.

—Han pasado tres meses desde que te acusó de haberle robado su bicicleta y te ha pedido que lo perdones, ¿no es cierto? —preguntó mamá.

—Sí, pero eso todavía me molesta —dijo Cory. Luego agregó—: Además, yo no tuve fiesta para mi cumpleaños. ¡No es justo!

—Ya veo —dijo mamá—. ¿Algo más?

—Bueno —dijo Cory después de un rato—, Enrique llevaba puesto el suéter del campeonato que recibió cuando el equipo de softball ganó hace dos años. Yo me lo perdí porque me quebré la pierna.

—Es una carga muy pesada la que llevas encima —dijo mamá—. Me hace recordar tu mochila pesada.

—¿Mi mochila? —repitió Cory.

—¿Sabes por qué se sentía tan pesada? —preguntó mamá—. Era porque estaba llena de cosas de las que tenías que haberte deshecho hace mucho tiempo. ¿Ves esto? —Le mostró una botella de gaseosa vacía, un libro de la biblioteca que se había vencido, un par de zapatos para correr—. Después de que te fuiste, revisé tu mochila para ver por qué pesaba tanto.

—Supongo que no era muy inteligente ir cargando estas cosas pesadas —admitió Cory, un poco avergonzado. Mamá asintió.

—Tampoco es saludable cargar en tu corazón viejas heridas del pasado —dijo—. Descarga esas heridas. Con un corazón más liviano, te será mucho más fácil correr la carrera que Cristo te llama a correr. *TMV*

¿Y TÚ?

¿Sigues recordando cómo te ha decepcionado la gente en el pasado? ¿Te aferras al enojo? ¿Guardas tus heridas hasta que tienes una carga muy pesada en tu corazón? Te sentirás mucho mejor si perdonas y olvidas. Y tendrás mucha más energía para servir al Señor.

MEMORIZA:

«Quitémonos todo peso que nos impida correr, especialmente el pecado que tan fácilmente nos hace tropezar. Y corramos con perseverancia la carrera que Dios nos ha puesto por delante». Hebreos 12:1

Descarga las heridas del pasado

LOS ZAPATOS SUCIOS

Lee Isaías 1:16-20

—¡Vaya! ¡Qué bien! —exclamó Jaime, cuando su mamá le regaló un par de zapatos deportivos, nuevos y brillantes—. Zapatos deportivos rojo, blanco y azul; ¡son precisamente los que quería!

—Me alegra que te gusten —dijo mamá—, pero intenta mantenerlos limpios por algún tiempo. Vas a necesitarlos cuando vayas a alguna parte donde tengas que verte bien.

—Está bien, mamá —asintió Jaime. Corrió a la silla para ponerse los zapatos nuevos inmediatamente.

Jaime recordó ser cuidadoso con sus zapatos por un tiempo, pero un día, cuando entró a la casa, sus zapatos estaban cubiertos de lodo.

—¡Jaime! ¡Mira esos zapatos! —lo reprendió mamá.

—Lo siento, mamá —dijo Jaime—. Olvidé que los tenía puestos. La ancianita Fortner necesitaba ayuda en su jardín, y creo que enloquecí un poco con la manguera.

—Fue bueno de tu parte ayudarla, Jaime —dijo mamá con un suspiro—, pero a pesar de tu buena obra, tus zapatos todavía están sucios.

—Sí. —Jaime suspiró. Luego sonrió—. Es como mi versículo para memorizar, ¿verdad? —dijo—. Dice que las buenas obras son como trapos sucios; en este caso, zapatos sucios.

Mamá sonrió.

—Bueno, ¡la Biblia dice que Dios siempre está dispuesto a perdonarnos nuestros pecados! Él promete que si confesamos nuestros pecados y lo buscamos, él nos lavará y nos dejará blancos como la nieve. Él nos perdona y yo debo perdonarte también.

—Trataré de ser más cuidadoso, mamá —prometió Jaime. Miró sus zapatos—. ¿Volverás a dejar limpios mis zapatos también? —preguntó.

—No tan limpios como Dios puede dejar tu corazón —dijo mamá—, pero haré lo mejor que pueda. *NR*

¿Y TÚ?

¿Es tu vida como los «zapatos sucios»? ¿Crees que si haces suficientes cosas buenas superarán a las cosas malas que haces? La Biblia dice que no importa cuántas cosas buenas hagas, nunca es suficiente. Solo Dios puede limpiar tu corazón. Confiésale tu pecado ahora y recibe su perdón.

Las buenas obras no superarán a los pecados

MEMORIZA:
«Cuando mostramos nuestros actos de justicia, no son más que trapos sucios».
Isaías 64:6

JUNIO
3

LA NIÑA DE PAPI

Lee Mateo 22:34-40

La abuelita les había preguntado a Katie y a su hermanita, Ashley, si les gustaría quedarse esa noche ya que se había hecho muy tarde antes de que sus padres estuvieran listos para irse.

—No puedo, abuelita —explicó Katie—. Courtney me invitó a un juego de béisbol con su familia. Nos vamos mañana temprano para llegar a tiempo.

La abuelita se volteó hacia Ashley.

—¿Y tú, Ash? ¿Quieres quedarte con el abuelito y conmigo?

Pero aunque Ashley siempre se divertía en la casa de la abuelita, no quería que la dejaran allí.

—Quiero irme a casa contigo —le dijo a su papá.

—El abuelito tiene una nueva piscina para ti —dijo la abuelita.

Katie vio que la cara de la niñita se iluminó por un momento, pero luego la sonrisa se desvaneció.

Ashley caminó a la silla donde su padre estaba sentado. Se detuvo, y con sus ojos suplicó así como con su voz.

—Quiero irme a casa contigo —insistió.

—Ella es la niña de papi —dijo Katie.

—Seguro que lo es —asintió su madre con una sonrisa—. Ni la abuelita ni el abuelito, ni la tía Marcy, ni nadie más podría tomar el lugar de su papá.

—Bueno, es bonito ser especial —dijo papá—. Vamos, cariño. —Levantó a Ashley y agregó—: ¿Pero sabes qué? Nuestro Padre celestial es mucho más especial que yo, cariño. Yo no puedo estar contigo todo el tiempo, pero él sí.

Katie pensó en eso por unos minutos.

—Sí, Ashley, yo aprendí eso en la escuela dominical. Dios siempre está con nosotros, aunque mamá y papá tengan que dejarnos con la abuelita y el abuelito a veces —agregó seriamente.

—Eso es cierto —dijo papi—. Espero que él siempre sea más importante que los juguetes, que la diversión o que cualquier otra cosa... ¡incluso que yo! *MMP*

¿Y TÚ?

¿Hay alguien muy especial para ti? Qué bueno, pero nadie es más importante que Jesús. Él quiere ser tu mejor amigo. Toma tiempo para hablar con él todos los días y aprende de él. Pídele que te ayude a elegir lo que es más importante.

MEMORIZA:
«Amarás al SEÑOR tu Dios con todo tu corazón, con toda tu alma y con toda tu mente». Mateo 22:37

Pon a Dios primero

EL PUENTE DE TRONCO

Lee Efesios 2:11-18

Annika y su hermano, Brent, caminaban por el río, uno a cada lado. Estaban usando palos para empujar sus botes de juguete en la corriente, cuando oyeron que su mamá los llamaba para que volvieran al campamento a almorzar.

—Vamos, Annika —dijo Brent—. Tengo hambre.

—Pero el río es muy ancho aquí para atravesarlo —gritó Annika—. No puedo alcanzarte y tardaré mucho tiempo en caminar hasta el puente.

Cuando Brent miró a su alrededor, descubrió un tronco caído que se extendía al otro lado del río.

—Ven por este lado, hacia el tronco que está aquí. —Corrió río arriba.

Annika caminó por el otro lado de la ribera hasta que ella, también, llegó al tronco. Vaciló.

—Tengo miedo de caerme —dijo lloriqueando.

—Voy a encontrarme contigo y te sostendré la mano —le ofreció Brent. Caminó hacia el tronco y avanzó ligeramente en él hasta que pudo alcanzar la mano extendida de Annika. Entonces cuidadosamente la llevó a la otra ribera.

Pronto estuvieron de vuelta en el campamento, comiendo perritos calientes y frijoles, y Annika le contaba a papá todo lo de su aventura con los botes y el puente de tronco.

—Bueno, se parece un poco a la historia que el pastor Vargas nos contó la semana pasada, ¿verdad? —dijo papá—. ¿Recuerdan cómo señaló que no podemos llegar a Dios por nuestra cuenta porque el golfo del pecado era demasiado amplio, pero que Dios proveyó a Jesús para que fuera nuestro puente para poder reunirnos con Dios?

Mamá sonrió y asintió.

—La vida de Annika no estaba en peligro; el puente de tronco simplemente le ahorró mucho tiempo —dijo—. Pero nuestra vida eterna estaba en peligro hasta que Dios proveyó a Jesús. En nuestro tiempo devocional esta tarde, asegurémonos de darle gracias a Dios por salvarnos a través de Jesús. *JKB*

¿Y TÚ?

¿Has llegado a Dios a través de Jesús? Nada de lo que hagamos puede llevarnos al cielo. Cuando invites a Jesús a tu vida, él será tu puente hacia Dios. Si no lo has hecho, ¡ahora es el tiempo de hacerlo!

Jesús es tu puente a Dios

MEMORIZA:
«Antes estaban muy lejos de Dios, pero ahora fueron acercados por medio de la sangre de Cristo». Efesios 2:13

¿UN SECRETO?

Lee Marcos 8:34-38

Kirsty y su hermano, Alex, caminaban de regreso a casa de la Escuela Bíblica de Vacaciones.

—¿No sería emocionante vivir como los primeros cristianos y reunirnos en hogares y cuevas? —preguntó Alex.

—Creo que sería más peligroso que emocionante —dijo Kirsty mientras pasaba su Biblia a su otra mano—. Muchos de ellos fueron a la cárcel o los mataron. Tenían que reunirse en lugares secretos para permanecer vivos.

Saludó agitando su mano a una niña que iba al otro lado de la calle.

—Hola, Brooke —gritó Kirsty.

—Hola —respondió Brooke—. Acabo de salir de mi clase de gimnasia. ¿Qué han estado haciendo?

—Solo andando por ahí —dijo Kirsty—. Te veo en la escuela mañana.

Un poco después, un chico en bicicleta se detuvo para conversar con Kirsty y Alex. Cuando se fue, Kirsty recordó su conversación con Alex.

—Me alegra que ya no tengamos que ser cristianos en secreto —le dijo.

—A mí me parece que tú sí eres uno de ellos —dijo Alex.

—¿De qué estás hablando? —preguntó Kirsty.

—No le dijiste a Brooke que venías de la EBV —dijo Alex—. ¿Por qué no?

—¿Bromeas? —Kirsty caminó alrededor de una sección rota de la acera—. Brooke es la chica más popular de mi clase. Si hago algo que a ella no le gusta, a nadie más le caeré bien.

—Además, me di cuenta de que escondiste tu Biblia debajo de tu chaqueta cuando Travis se detuvo para hablarnos —dijo Alex—. ¿Por qué?

—Bueno, Travis es el chismoso más grande de mi clase —respondió Kirsty—. Él le diría a todos que yo voy a la EBV. Los demás chicos se reirían de mí.

—Me parece que te avergüenzas de ser cristiana —dijo Alex.

—Creo... creo que tienes razón —admitió Kirsty, sonrojándose—. Debería tratar de ser una mejor testigo.

—Yo también —confesó Alex—. Si los primeros cristianos estuvieron dispuestos a morir por él, creo que lo menos que podemos hacer es soportar unas bromas. *RKM*

¿Y TÚ?

¿Eres cristiano en secreto? No es fácil hablar de Jesús con los otros, ¿verdad? Dios quiere ayudarte a hablar de él sin temor.

MEMORIZA:
«No me avergüenzo de la Buena Noticia acerca de Cristo». Romanos 1:16

No seas un cristiano en secreto

INTÉNTALO OTRA VEZ

Lee Mateo 13:3-8

Cuando Trey se detuvo en la casa de su abuelo después de la escuela, se sorprendió al encontrarlo en el jardín. Tenía unos paquetes de semillas.

—¿Qué haces? —preguntó Trey—. Pensé que habías sembrado esas mismas filas hace algunas semanas.

—Así fue —respondió el abuelito—, pero las fuertes lluvias que tuvimos se llevaron las semillas.

—¡Ay! —dijo Trey—. Bueno, ¿y si ocurre otra vez? ¿Por qué no simplemente compras tus vegetales en el mercado? Te ahorraría mucho trabajo.

—Lo sé —asintió el abuelito—, pero nada sabe mejor que los vegetales frescos del huerto. A propósito —continuó el abuelito—, ¿quién irá contigo al campamento de la escuela dominical la próxima semana?

—Creo que nadie —dijo Trey—. Le pregunté a Scott, pero no quiere ir.

—Bueno, invitar a alguien es como sembrar semillas —le dijo el abuelito—. A veces obtienes resultados y a veces no. Pero si sigues intentándolo, eso marca una diferencia, así que ¿por qué no le preguntas a alguien más? Es una buena manera de hacer que oigan de Jesús. ¿No dijiste que hay un chico nuevo en la cuadra?

—Sí —respondió Trey—. Se llama Brett.

—Es posible que él necesite amigos nuevos —le recordó el abuelito. Le entregó a Trey los paquetes de semillas—. ¿Puedes ver la diferencia entre lo que sembré ahora y lo que había sembrado antes?

—Mmm... veamos... no tienes cebollas ahora —dijo Trey—, y la primera vez no tenías calabacines.

—A las cebollas generalmente les va mejor cuando se siembran a principios de la primavera. Ahora es época de cosas que crecen mejor avanzada la estación, por lo que decidí intentar con los calabacines —dijo—. En el huerto, si algún vegetal no crece, intento con otro. Contigo, si un amigo no acepta una invitación a la iglesia o a acampar, busca otro que sea más probable que acepte.

—Gracias, abuelito —dijo Trey sonriendo—. Pasaré a ver a Brett. *MMP*

¿Y TÚ?

¿Te rindes fácilmente si alguien a quien invitas a la escuela dominical o a alguna otra actividad de la iglesia no va? Pregunta otra vez y busca a otros que necesiten ir también. Podrías ayudar a alguien más a conocer a Jesús.

Sigue testificando

MEMORIZA:
«No nos cansemos de hacer el bien. A su debido tiempo, cosecharemos numerosas bendiciones si no nos damos por vencidos». Gálatas 6:9

EL ENTRENAMIENTO DE BUBBA

Lee Romanos 6:11-14

«No puedes aprender nada», refunfuñó Cody y levantó su disco volador. Su labrador negro, Bubba, inclinó la cabeza a un lado y levantó su pata delantera. «¡No, saludar no! ¡Atrápalo!», ordenó Cody, y lanzó el disco al otro lado del jardín. Bubba corrió tras él. Antes de que cayera en el suelo, Bubba saltó al aire y lo atrapó con su boca. «¡Buen perro! —gritó Cody y aplaudió—. «Ahora, ¡tráelo, Bubba!»

La cola de Bubba se detuvo y apuntó al aire. Levantó las orejas mientras miraba hacia el bosque de los alrededores. De repente, dejó caer el disco y corrió detrás de una ardilla. «Esto no tiene remedio», gruñó Cody.

—¿Qué te pasa? —preguntó Valerie, la hermana mayor de Cody. Ella se sentó en el césped, a su lado.

—Estoy tratando de entrenar a Bubba. He hecho todo lo que dice este manual de entrenamiento de perros —dijo Cody, y levantó un libro—, y a veces parece que ha entendido. Luego, de la nada, persigue a una ardilla.

—Bubba es un perro cazador; es su naturaleza hacer eso —dijo Valerie mientras hojeaba el libro.

Sus palabras le recordaron a Cody su lección de la escuela dominical.

—¿Como cuando en nuestra naturaleza está pecar? —preguntó. Valerie asintió y Cody frunció el ceño—. ¿Cree Dios que no tenemos esperanza? —Esperaba que Dios no se diera por vencido tan fácilmente como él.

—Sabes la respuesta a eso tan bien como yo —dijo Valerie con una sonrisa—. Dios envió a Jesús a salvarnos de nuestra naturaleza pecaminosa. Se llama gracia y, debido a ella, hay esperanza para nosotros. La Biblia es nuestro manual de entrenamiento, y Dios quiere que aprendamos a no pecar. Pero cuando pecamos, podemos pedirle que nos perdone y lo hará.

Cody sintió que lo tocaban con una pata en la espalda. Se volteó y vio que Bubba tenía el disco volador en su boca. Cody sonrió y le dio unas palmadas en la cabeza. «¿Quieres intentarlo otra vez?», preguntó. Lo lanzó y Bubba corrió tras él. *DGD*

¿Y TÚ?

¿Te sientes como un caso perdido, como que nunca vencerás el pecado? No pierdas la esperanza en ti mismo; ¡Dios no pierde la fe en ti! Confiésale tu pecado y pídele que te perdone. Luego síguelo todos los días.

MEMORIZA:

«El pecado ya no es más su amo, porque ustedes ya no viven bajo las exigencias de la ley. En cambio, viven en la libertad de la gracia de Dios». Romanos 6:14

Deja que Dios te haga crecer

EL HUERTO

Lee Juan 15:1-8

«¿Puedo tener un espacio en el huerto este año?», había preguntado Joel
a sus padres a principios de la primavera, y ellos habían accedido. Ahora,
ya era junio y Joel miraba su parte del jardín. Había tanta mala hierba
que apenas podía ver sus pequeñas plantas de tomate. Vio más dientes de
león y cizaña que vegetales. Luego miró la parte del huerto de mamá. Ella
estaba inclinada sobre sus plantas y sacaba la mala hierba de la tierra. Las
filas bien cuidadas de plantas tiernas ya habían florecido con frutos.

—Hola, Joel —gritó mamá cuando levantó la mirada de su tarea de desyerbar.

—Hola —dijo Joel suavemente. Pateó una piedra con su zapato.

Su madre se levantó y caminó hacia él. Ambos se quedaron parados en
silencio por un rato, mirando la mala hierba de su pequeño espacio.

—Muy descuidado, ¿verdad? —dijo Joel.

—Ajá —asintió mamá, y se agachó para arrancar una mata de cizaña.

—Pero la desyerbé apenas la semana pasada —dijo Joel lloriqueando.

Su madre se arrodilló y sacó otro puñado de mala hierba.

—¿Sabes qué pensaba hace un rato? —preguntó—. Pensaba en que la
mala hierba es como el pecado en la vida de una persona. La mala hierba
y el pecado crecen muy rápidamente y se convierten en un verdadero problema. —Mamá sostuvo un puñado de mala hierba y miró a Joel—. Si no les
pones atención todos los días, crecerán tan rápidamente que pronto toma-
rán el control y arruinarán nuestro huerto, o nuestro fruto para el Señor.

Joel miró la mala hierba en la mano de su madre.

—Vamos —lo animó—. Yo te ayudaré. Es importante desyerbar nuestro
huerto, pero recuerda siempre que es aún más importante "desyerbar"
nuestra vida: confesar nuestro pecado todos los días y alejarnos de él para
que no tenga la oportunidad de echar raíces en nuestra vida y crecer.

—La mala hierba verdaderamente se sale de control —dijo Joel. Se arrodilló y comenzó a ayudar a su madre a desyerbar su parte del huerto. *RSM*

¿Y TÚ?

¿Produce tu vida fruto para el Señor, cosas como buenas actitudes,
amabilidad y generosidad? ¿O está llena de «mala hierba» como enojo,
desobediencia y celos? Si se lo pides, Jesús te ayudará a desyerbar el
pecado para que seas fructífero para él.

Sé fructífero para Dios

MEMORIZA:

«Entonces la forma en que vivan siempre
honrará y agradará al Señor, y sus vidas
producirán toda clase de buenos frutos».
Colosenses 1:10

MIRANDO VITRINAS

Lee 1 Tesalonicenses 1:6-10

Mientras Bryan y su papá caminaban por el centro comercial, Bryan hablaba del proyecto de evangelización de su clase de escuela dominical.

—Decidí ser valiente, por lo que hoy le di un folletito al señor Martínez, pero él no quiso aceptarlo —reportó Bryan—. ¡Dijo que ni siquiera creía que yo fuera cristiano!

—Mmm. Qué mal —respondió papá—. ¿Has hecho o dicho algo alguna vez al señor Martínez que lo hiciera pensar de esa manera?

—No lo creo —respondió Bryan. Pero entonces recordó algo. *Tal vez el señor Martínez sabe que soy el que lanzó una pelota que cayó en su ventana,* pensó. *Yo iba a decírselo, pero los otros chicos dijeron que no lo hiciera. Dijeron que nunca se enteraría de quién lo había hecho*—. No mucho, de todos modos —agregó cuando se dio cuenta de que papá lo estaba mirando. Papá frunció el ceño. Justo entonces llegaron a la tienda de artículos deportivos. Bryan señaló una pelota de fútbol en la vitrina y exclamó—: ¡Mira! Allí está la pelota que quiero.

—¿Cómo sabes que venden esa clase de pelotas adentro? —dijo papá.

—Cualquiera sabe que las cosas que ves en la vitrina son cosas que venden adentro en la tienda —dijo Bryan, mirando inquisitivamente a papá.

—¿No es esa también la forma en que las personas se juzgan unas a otras? —preguntó papá—. Lo que la gente ve en nuestros hechos es lo que cree que somos por dentro. Solo si nos ven actuar como Cristo creen que él está dentro de nosotros.

Bryan se detuvo por un momento y bajó la mirada. Entonces le contó en voz baja a su padre lo de la ventana rota.

—No voy a comprar una pelota de fútbol hoy, papá —dijo—. Necesito mi dinero para reemplazar una ventana.

Más tarde, después de confesarle al señor Martínez lo de la ventana rota, Bryan le entregó el dinero. «Bryan —dijo el anciano—, yo te vi lanzar esa pelota que cayó en mi ventana y que después saliste corriendo. No me pareciste muy cristiano cuando vi eso. Sin embargo, ahora he cambiado de parecer. Creo que después de todo me gustaría leer tu folletito». *MRP*

¿Y TÚ?

¿Les dicen tus palabras y acciones a otros que Jesús está dentro de ti? Si Jesús está dentro de nosotros, tenemos que mostrarlo por fuera y hacer lo mejor posible para hacer que otros quieran lo que nosotros tenemos.

MEMORIZA:

«Que nuestro amor no quede solo en palabras; mostremos la verdad por medio de nuestras acciones». 1 Juan 3:18

Exhibe a Cristo

LOS MÚSCULOS ESPIRITUALES

Lee Filipenses 4:11-13

—¡Parece que siempre comemos macarrones, arroz o frijoles! —refunfuñó Ariel. Miró a su papá, pero él no hizo comentarios.

—Ariel, sabes que desde los despidos de la fábrica no tenemos dinero para comer como solíamos hacerlo —dijo mamá—. Papá ha tratado de buscar otro trabajo, pero no hay muchos disponibles ahora. Pero creo que estamos bien. Esta es comida buena.

—Pues no es justo —replicó Ariel.

—Estaba pensando en el apóstol Pablo —dijo papá.

—¡Pablo! ¿Y qué tiene que ver él con esto? —preguntó Ariel.

—Pablo estuvo en una situación mucho peor que la nuestra. Estuvo en una sucia prisión romana. Estoy seguro de que le habría encantado tener una comida tan buena como la que tenemos. Pero escribió en Filipenses 4: «He aprendido el secreto de vivir en cualquier situación». Pablo aprendió que, no importa en qué dificultad estemos, Dios está con nosotros.

—Si Dios está en eso, ¿por qué simplemente no lo arregla? —dijo Ariel.

—Porque Dios quiere que lleguemos a ser cristianos más fuertes —dijo papá—. ¿Te acuerdas de esos levantadores de pesas que vimos en la televisión la otra noche? —Ariel asintió—. ¿Cómo supones que llegaron a ser tan fuertes? —preguntó papá.

—Bueno... Creo que practicaron levantado pesas cada vez más pesadas.

—La vida también es así —dijo papá—. Dios quiere que aceptemos nuestros problemas y permanezcamos firmes cuando las cosas se ponen difíciles. Al final, seremos más fuertes. —Ariel comenzó a comer.

—¿Cambiaste de parecer sobre los macarrones? —preguntó papá.

—Todavía no me encantan, pero voy a estar contenta con ellos.

—¡Qué bien! —dijo papá con aprobación—. ¡Ahora estás desarrollando tus músculos espirituales! *DCC*

¿Y TÚ?

¿Refunfuñas cuando se te atraviesan dificultades? Dios quiere hacerte más fuerte a través de esos tiempos. A medida que confíes en él, él te hará fuerte espiritualmente.

Fortalécete a través de las dificultades

MEMORIZA:

«Cuando tengan que enfrentar problemas, considérenlo como un tiempo para alegrarse mucho porque ustedes saben que, siempre que se pone a prueba la fe, la constancia tiene una oportunidad para desarrollarse».

Santiago 1:2-3

DEBAJO DE LAS COLCHAS

Lee Mateo 8:23-27

¡*Pum!* Aarón se sentó erguido sobre la cama mientras la lluvia golpeaba la ventana y los relámpagos hacían que su cuarto brillara como de día. En la breve luz pudo ver su guante de béisbol favorito, el bate apoyado en una esquina y su Biblia sobre la cómoda. Al verla recordó que Dios estaba con él. ¡*Pum!* Otro estrépito, y Aarón dio un salto por la sorpresa.

Con cuidado, presionó el botón de una pequeña lámpara de mesa cerca de su cama, pero en lugar de la luz cálida y amigable, no hubo nada. Temblando, se volvió a acostar y se cubrió apretadamente con las colchas. Aarón trató de dormirse otra vez mientras afuera llovía fuertemente.

De repente sintió un toque suave a través de su colcha.

—¿Mamá? —Abrió los ojos para ver a su madre que estaba parada a su lado.

—Hola, cariño. Fui a ver a tu hermanita y está dormida como un tronco, ¡con toda esa bulla de afuera! Solo me detuve para ver si podías dormir bien. —Otro *pum* hizo temblar la casa—. Mucho ruido, ¿verdad? —dijo ella, con un tono tranquilizador.

—Sí —asintió Aarón—. Al principio creo que me dio un poco de miedo, pero luego recordé lo que siempre dices acerca de que Jesús está conmigo sin importar nada. Creo que podré dormirme otra vez.

—Me alegra oírlo —respondió mamá—. ¿No es grandioso saber que él controla el viento y la lluvia, así que no debemos tener miedo porque él está con nosotros?

Aarón sintió sueño con solo oír las palabras tranquilizadoras. Las manos de su madre tomaron las suyas y la oyó decir: «Gracias, Jesús, por amarnos y especialmente por estar aquí con nosotros en medio de la tormenta. Por favor ayúdanos a dormir en paz».

Con los ojos casi cerrados, Aarón vio que su madre salió de su habitación de puntillas. Afuera, la tormenta retumbaba más lejos, mientras que la lluvia goteaba en el techo.

«Gracias, Jesús —susurró—. Me alegra tanto que siempre estés aquí». Aarón bostezó, se acurrucó debajo de sus colchas y pronto se volvió a dormir. *PIK*

¿Y TÚ?

¿Te asustan las tormentas? Jesús nos dice que pidamos protección y que luego confiemos en que responderá. Él es como un padre que ama y cuida de sus hijos. Puedes confiar en que Jesús te cuidará.

MEMORIZA:
«Como madre que consuela a su hijo, así yo los consolaré a ustedes». Isaías 66:13, NVI

Jesús está aquí

TODA LA FAMILIA

Lee 1 Corintios 12:14-25

Davis, Susanna y Allie esperaban ansiosamente una semana de campamento con sus padres. Estaban ansiosos por ir a nadar, a pescar y a caminar.

Casi era la hora de la cena cuando llegaron a su sitio para acampar. Todos salieron corriendo de la camioneta y exploraron el lugar. Pronto mamá y papá habían organizado trabajos para cada uno de ellos. Susanna y Allie fueron con papá a recoger leña y a buscar agua, mientras que mamá y Davis colocaban las tiendas.

—Las chicas no pueden hacer estas cosas difíciles —alardeó Davis mientras ayudaba a mamá con los palos y las estacas de la tienda—. Qué bueno que haya trabajos fáciles para que ellas hagan, como cargar leña y agua.

—Que no te oigan. Dudo que estuvieran de acuerdo en que esos trabajos son más fáciles —respondió mamá—, y aunque lo sean, tienes que recordar que ellas son más pequeñas que tú. Además, el trabajo de cada miembro de la familia es importante. No puedes menospreciar lo que alguien hace.

Mientras Davis comía su cena esa noche, pensó en lo que mamá había dicho. Podía ver que ella tenía razón. Si Susanna no hubiera cargado la leña, mamá no habría podido cocinar las hamburguesas. Y si Allie no hubiera llevado un poco de agua, ¡no habría chocolate!

—Gracias por traer la leña, Susanna —dijo—. Y, Allie, gracias por traer el agua. Si ustedes no hubieran ayudado, esta noche nos habríamos ido a la cama con hambre.

Las niñas lo miraron extrañadas, pero mamá le guiñó el ojo y sonrió cuando dijo:

—Y gracias por ayudarme a colocar las tiendas, Davis. ¡Hiciste un buen trabajo!

—Todos han sido buenos ayudantes —agregó papá—. Todos trabajaron alegremente con lo que se les asignó. Eso es lo que hace que una familia funcione bien. *JKB*

¿Y TÚ?

¿Crees que solo cierta gente de la iglesia es importante, como el pastor o los maestros? Los cristianos forman la familia de Dios, y cada miembro de la familia es necesario. La Biblia dice que cada cristiano es un regalo de Dios. ¿Qué parte puedes hacer tú?

Todos los miembros de la familia son importantes

MEMORIZA:
«Nosotros somos las diversas partes de un solo cuerpo y nos pertenecemos unos a otros». Romanos 12:5

EL TRÍO TERRIBLE

Lee el Salmo 51:10-15

La clase de escuela dominical del señor Bryant disfrutaba de una exhibición de talentos en su fiesta. Entonces un trío comenzó a cantar. Habían cantado antes, frecuentemente, por lo que los chicos sabían que por lo general eran buenos. Pero esta vez se oían muy mal. La bella voz de tenor de Jake estaba desafinada. La voz de Chad era áspera e irritante. Francesca cantaba tan suavemente que apenas podían oírla. Los otros chicos se rieron como si estuvieran seguros de que sus amigos estaban cantando así para divertirse.

Cuando el trío terminó, el señor Bryant tomó su Biblia.

—Es hora del devocional —dijo—, pero primero quiero agradecer a todos los que participaron en el entretenimiento de hoy. —Entonces preguntó—: ¿Qué pensaron de este trío? —Sonrió con los quejidos que oyó—. Le pedí al trío que cantara de esa manera a propósito. Quería demostrar algunas cosas que pueden salir mal con nuestro testimonio para el Señor —explicó el señor Bryant—. ¿Cuál fue el problema de Jake?

—Él tiene una voz muy bonita —respondió Carly—, pero cantó mal tantas notas que apenas pude reconocer la melodía.

El señor Bryant asintió.

—Eso me hace recordar a los cristianos que, aunque tengan oportunidades grandiosas para usar sus talentos, caen en costumbres pecaminosas o en errores que destrozan su utilidad para Cristo. ¿Qué piensan de Chad?

—Él estaba afinado —respondió Will—, pero se oía como un... ¡como una rana mugidora con resfrido! —La clase se rió y el señor Bryant sonrió.

—Creo que es como los cristianos que saben mucho de la Biblia y tratan de obedecer todas las reglas —dijo el señor Bryant—, pero son criticones y descorteses al testificar, lo cual hace que la gente los rechace.

—Bueno, ¿y Francesca? —preguntó Raquel—. Ella cantó muy bien, aunque apenas pude oírla.

—Ese es el punto —dijo el señor Bryant—. Aunque tengamos un testimonio grandioso, no hace mucho bien si nadie lo escucha nunca. Necesitamos tres cosas para ser testigos efectivos: una disposición para obedecer a Dios, una actitud amorosa y un espíritu entusiasta. Si falta una de ellas, ¡nuestro testimonio probablemente caerá en oídos sordos! *SLK*

¿Y TÚ?

¿Qué clase de testigo eres? Asegúrate de que los hábitos pecaminosos, un espíritu de crítica o una actitud indiferente no se interpongan en el camino de la bella «canción» que Dios quiere que le «cantes».

MEMORIZA:
«Mi boca proclamará tu alabanza».
Salmo 51:15, NVI

Sé un buen testigo

LA DECISIÓN DE BRAD

Lee Proverbios 4:23-27

Brad y su padre se pararon en el porche del frente y observaron cómo la máquina excavadora sacaba trozos de pavimento de la calle que estaba enfrente de su casa.

—Sin duda están haciendo un desastre —comentó Brad.

Papá sonrió.

—Sí —dijo—, pero cuando terminen, tendremos una mejor calle. Está llena de baches.

Brad no respondió. Se quedó parado callado, pensando en algo que podría estar más destrozado que su calle: su mente. La noche anterior había dormido en la casa de Sam y se habían quedado hasta tarde mirando una revista que nadie debía tener por ahí.

Brad no había sabido qué decir cuando Sam sacó la revista de su escondite y sugirió que la miraran. Él no había querido parecerle un santurrón a su amigo.

—No sé. Yo... a papá no le gustaría si lo descubriera —había murmurado débilmente.

—Ah, vamos —lo había persuadido Sam—. Es divertido. Tu papá nunca lo sabrá.

Entonces Brad cedió, y luego sintió que su mente estaba sucia. Le había confesado a Dios lo que había hecho mal y le había pedido que lo perdonara, pero ¿qué haría si Sam lo invitaba a ver una revista como esa otra vez?

«Seguramente alguien planificó mucho antes de comenzar este proyecto en la calle —dijo papá—. Tuvieron que considerar el costo y si valdría la pena por el tiempo, el dinero y los inconvenientes».

Esa es mi respuesta, pensó Brad. *Debo considerar si vale la pena el deterioro de mi mente por mirar esas revistas.* Él ya sabía que no valía la pena. *Preferiría arriesgarme a que mis amigos piensen que no estoy a la moda,* determinó.

Esa noche, Brad tomó su Biblia y escribió una oración en la parte de atrás: «Señor, cuando mis amigos me tienten a hacer el mal, dame el valor para decir que no. Decido mantener mi mente y corazón limpios». *MS*

¿Y TÚ?

¿Qué dirás si un amigo te pide que hagas algo malo? La Biblia dice: «Sobre todas las cosas cuida tu corazón». Cuidar el corazón significa ponerle mucha atención. ¿Le pondrás atención a lo que Dios dice en lugar de ceder a la tentación?

Mantén puro tu corazón

DIOS Y LAS COMPUTADORAS

Lee Job 38:4-11

—Oye esto, Kent. —Dante estaba sentado en la cama, mientras que su hermano estaba sentado frente a su computadora—. ¡Esta revista habla de una computadora que puede escanear una enciclopedia en dos segundos!

Kent sacudió la cabeza sorprendido, sin quitar los ojos del monitor de la computadora.

—Apuesto a que pronto las computadoras dirigirán todo el mundo —dijo.

Un relámpago y el estruendo de un trueno hicieron que Dante saltara de la cama.

—¡Qué cerca estuvo! —exclamó.

—¡Ay, no! —gritó Kent—. ¡La computadora se apagó! Debe haber habido una sobrecarga de electricidad, ¡y perdí todo el programa!

—Papá nos advirtió de que no usáramos la computadora durante una tormenta —recordó Dante en voz alta—. ¡Esperemos que no se haya arruinado! —Se miraron uno al otro consternados.

Dante se dirigió a la sala.

—Papá —dijo—, ese último relámpago... este... apagó la computadora.

Papá se apresuró a la habitación de los chicos y frunció el ceño al ver la pantalla en blanco.

—Estas son máquinas sensibles —les recordó papá—. Hay que protegerlas.

—Justo estábamos hablando de cómo iban a dirigir el mundo un día —dijo Kent. Se oía disgustado.

—Son maravillosas, pero no son perfectas. Solo son máquinas hechas por el hombre —dijo papá—. Dios ha creado al hombre para que sea una criatura excepcional. Pero debido a que se volvió imperfecto por el pecado, cualquier cosa que produzca también es imperfecta. Por muy avanzada que sea una computadora, no es nada comparada con la mente de Dios.

—Sí. Él creó las mentes que inventaron la computadora, ¿verdad? —preguntó Dante.

—Correcto —dijo papá—. Ni siquiera podemos comenzar a entender la sabiduría y el genio de Dios. Solo él es perfecto. *LJ*

¿Y TÚ?

¿Estás tan impresionado con los logros de la gente que comienzas a pensar que ya no necesitas a Dios? Recuerda que Dios creó no solo este planeta sino todo el universo. Él creó a los humanos del polvo de la tierra. La gente sabe solo lo que Dios ha decidido revelarle.

MEMORIZA:
«¿Dónde estabas tú cuando puse los cimientos de la tierra? Dímelo, ya que sabes tanto». Job 38:4

Dios lo sabe todo

LA SOLEDAD DE BRITTANY

Lee los Salmos 36:7-8; 37:3-5

Brittany se sentó entristecida en la grada del porche. El sol brillaba desde un cielo azul despejado. Pero muy profundamente, Brittany sentía como que una nube oscura estuviera sobre su cabeza. «Me siento tan sola aquí», le dijo a Rags, su nuevo cachorrito café, mientras lo abrazaba fuertemente.

En ese momento, el padre de Brittany llegó del trabajo.

—¿Qué te pasa, cariño? —preguntó mientras se sentaba a su lado—. Te ves como si no tuvieras ni un amigo en el mundo.

—Es casi así de malo —respondió Brittany—. Y ciertamente no tengo ningún amigo aquí. Quisiera que no nos hubiéramos mudado.

—Entiendo cómo te sientes —dijo papá—. No es divertido ser una niña nueva en la ciudad. Pero ¿te acuerdas cómo oramos y confiamos en Dios, y él me ayudó a conseguir trabajo aquí? —Miró al pequeño perro que descansaba pacíficamente en el regazo de Brittany—. Piensa en Rags por un minuto —agregó—. Recuerdo lo solo que estaba y cómo lloraba por su madre las primeras noches que lo tuviste.

Brittany sonrió.

—Sé lo solo que se sentía —declaró y metió la cara en el pelo del cachorro.

Papá asintió.

—Tú le diste tanto amor que ahora está feliz de estar aquí —dijo—. Ahora bien, Brittany, si sabías cómo se sentía tu cachorro, ¿no crees que el Señor sabe cómo te sientes?

—No había pensado en eso —respondió Brittany lentamente—, pero estoy segura que sí.

—Y así como Rags confía en que lo cuidarás y lo harás feliz, ¿puedes confiar en que Dios hará lo mismo contigo? —preguntó papá suavemente.

—Lo intentaré —admitió Brittany—. Confiaré en él para que me dé amigos nuevos también. *MS*

¿Y TÚ?

¿Ha ocurrido algo que te haya dejado sintiéndote solo? ¿Has deseado que las cosas fueran distintas? No olvides que a Jesús le importa. Él te ama. Puedes confiar en que él arreglará las cosas.

Dios lo sabe y le importa

MEMORIZA:
«Pongan todas sus preocupaciones y ansiedades en las manos de Dios, porque él cuida de ustedes». 1 Pedro 5:7

NADA DE NAUFRAGIO

Lee Hebreos 6:17-20

«Este ha sido mi mejor viaje de pesca, papá», dijo Natán. Él y su padre habían estado pescando en aguas profundas en un bote fletado.

Mientras el bote se dirigía a casa, unas nubes oscuras se acumularon en el cielo. Pronto un rayo relampagueó y después se oyó un fuerte trueno. «Esta tormenta llegó inusualmente rápido —dijo el capitán a los pasajeros—, y el guardacostas dice que habrá clima severo. Podríamos intentar llegar al puerto, pero sería más seguro anclar cerca de la línea costera y esperar que pase la tormenta, por lo que eso es lo que haremos».

Todos se amontonaron en la cabina cuando cayeron los torrentes de lluvia y los relámpagos destellaron. Al fin se acercaron a la costa, y el capitán bajó el ancla. Aun así, el viento mecía el bote como si fuera un juguete.

Desde las ventanas de la cabina, los pasajeros podían ver las monstruosas olas y la costa rocosa.

—Tengo miedo, papá —murmuró Natán—. ¿Y si chocamos contra esas grandes rocas?

—No te preocupes —dijo papá, abrazando a Natán—. Hablé con un miembro de la tripulación y me dijo que han anclado aquí a salvo muchas veces. Podemos confiar en el capitán; él sabe lo que hace.

—Qué bueno —dijo Natán. Temblaba mientras trataba de ver a través de la lluvia torrencial—. Sería horrible naufragar.

—Sí, lo sería —admitió papá. Después de un rato agregó—: Pero hay algo aún peor: el naufragio del alma de una persona. —Natán lo miró confundido—. Podríamos comparar este barco con nuestra alma y el mar con nuestra vida en la tierra —continuó papá—. La vida puede ponerse muy tormentosa, ¿sabes?, por lo que necesitamos un ancla, ¿verdad? ¿Cuál sería nuestra ancla?

—¿Nuestra ancla? Mmm... nuestra ancla podría ser nuestra fe en Jesús —sugirió Natán.

—Bien —asintió papá, mirando por la ventana—. Mira, la tormenta está amainando. En poco tiempo estaremos de regreso en el puerto. Cuando se trata del mar de la vida, Jesús nos mantendrá a salvo y seguros hasta que lleguemos al puerto del cielo, donde él está. *MRP*

¿Y TÚ?

¿Has «anclado tu alma» en Jesús? ¿Le has pedido que te perdone tus pecados y que te salve? Si confías en él, tu alma no «naufragará». En lugar de eso, te llevará a salvo al cielo algún día.

MEMORIZA:

«Esta esperanza es un ancla firme y confiable para el alma». Hebreos 6:19

Pon tu «ancla» en Jesús

LAS NARANJAS PODRIDAS

Lee 1 Corintios 5:6-8

—¡Guácala! ¿Qué es ese olor horrible? —preguntó Keith cuando él y su padre bajaban las gradas del sótano.

—Huele como a algo podrido —dijo papá—, y apuesto a que sé qué es. —Papá señaló y Keith vio una gran caja de naranjas en la parte inferior de las gradas—. Como lo sospeché. —Papá levantó dos o tres naranjas de arriba—. Dejamos estas naranjas aquí demasiado tiempo. La próxima vez será mejor que no compremos tantas de una vez, aunque estén en oferta.

—¡Mira! —gritó Keith cuando él y su papá sacaron más naranjas y las examinaron—. El moho se está extendiendo de las malas a las buenas.

Cuando terminaron de separar las naranjas, volvieron arriba.

—Aquí están todas las naranjas que todavía están buenas —anunció Keith y le entregó una bolsa de ellas a mamá—. El resto está todo asqueroso y con moho. Papá las echará directamente a la basura.

—He oído que una manzana podrida pudre a las demás —dijo mamá—. Creo que eso también se aplica a las naranjas.

—Y a la gente también —dijo papá entrando a la cocina.

—Sí —dijo Keith—. Se les pegan cosas como varicela y resfríos de los demás.

—Eso —asintió papá—, y también malos hábitos. Por ejemplo, si estás con gente que usa el nombre de Dios en vano, fácilmente podrías adquirir ese hábito.

—Creo que también podrías adquirir esos hábitos de la televisión —observó mamá—. En muchos programas, el nombre de Dios se salpica en las conversaciones como signos de puntuación.

—Por eso es que es buena idea apagar esos programas —dijo papá—. Apágalo antes de que se esparza. —Hizo una pausa y luego agregó—: Creo que el apóstol Pablo se refería a esa clase de cosas cuando dijo que la levadura afecta a toda la masa. Así como la levadura, y las naranjas podridas, el pecado se esparce. *POY*

¿Y TÚ?

¿Crees que uniéndote a un grupo alborotador puedes influenciarlos hacia el bien? ¡Ten cuidado! Es más probable que termines con sus malos hábitos. ¿Crees que los programas malos de televisión no te harán daño? ¡Ten cuidado! Oír y ver hábitos pecaminosos puede hacer que se extiendan hacia ti también. Elige a tus amigos, y a los programas de televisión, sabiamente.

Evita las malas influencias

MEMORIZA:
«Hijo mío, si los pecadores quieren engatusarte, ¡dales la espalda!»
Proverbios 1:10

EL DÍA DE CAMPO LLUVIOSO

Lee Marcos 4:35-41

Justo antes de la hora de dormir el viernes en la noche, Tomás corrió a responder el teléfono. Era su amigo Nicolás. «Se supone que mañana lloverá —le dijo Nicolás—. Acabo de ver el reporte del clima en las noticias».

¡No puede ser!, pensó Tomás. *Mañana es nuestro día de campo de la escuela dominical. ¡No será nada divertido si está lloviendo!*

Al día siguiente, el cielo nublado se puso cada vez más oscuro mientras avanzaba la mañana. Al mediodía comenzó a lloviznar, y para cuando Tomás, Nicolás, sus amigos y los adultos que los acompañaban llegaron al campo, estaba lloviendo mucho. Para estar secos, todos los chicos corrieron hacia el pabellón. Allí prepararon las mesas de *picnic* y colocaron la comida. Antes de comer, el señor Flanagan, su maestro, agradeció a Dios por la comida y oró para que todos aprendieran más de Dios ese día. Pero Tomás oró en silencio para que la lluvia se detuviera.

Después de comer, el señor Flanagan dirigió juegos y ejercicios de buscar versículos bíblicos. Pronto Tomás se vio envuelto en la diversión y risas. Cuando menos lo pensó, Tomás se dio cuenta de que casi era hora de empacarlo todo y de volver a la iglesia. Estaba sorprendido por el tiempo tan agradable que todos habían pasado, incluso él; aunque Dios no había hecho que la lluvia se detuviera.

Cuando la madre de Tomás llegó a recogerlo, el señor Flanagan preguntó:

—¿Se acuerdan de cómo oramos para que todos aprendiéramos algo del Señor hoy? ¿Y a ti, Tomás, te enseñó Dios algo hoy?

Tomás asintió sonriendo.

—Me enseñó que no debo preocuparme porque las cosas no salgan como yo quiero —dijo—. Aun así Dios permite que me divierta. ¡Creo que sus planes son aún mejores que los que yo hago! *CSS*

¿Y TÚ?

¿Te preocupas cuando tus planes no salen bien? ¿Cuando la lluvia amenaza tu día de campo, o cuando te sale una ampolla en el dedo el día de tu recital de piano? Jesús está a cargo de todo, incluso el clima, y tú le importas. Dile tus problemas y confía en que él se encargará de ellos.

MEMORIZA:
«No se preocupen por nada».
Filipenses 4:6

No te preocupes

LA COMIDA SE ENFRÍA

Lee Daniel 6:10, 16-23

Alec estaba almorzando en un restaurante de comida rápida con su amigo Kyle y con Allison, la hermana mayor de Kyle. Acababan de recibir su comida cuando Allison miró la bandeja de Alec.

—¿No quieres algo de beber? —preguntó.

—Bueno, me gustaría un poco de leche —respondió Alec.

—Siéntate aquí —dijo Allison—. Voy por la leche.

Kyle mordió su hamburguesa. Alec olió sus papas fritas.

—Mmm —dijo—. Huelen bien. —Kyle probó una de las suyas.

—Están buenas —le dijo a Alec—. ¿Por qué no te comes las tuyas?

La familia de Alec siempre oraba antes de comer, sin importar dónde estuvieran, pero tenía miedo de que Kyle se riera si lo hacía.

—Mmm... esperaré mi leche —dijo. Parecía que tardaba mucho.

—Tu comida se enfría —dijo Kyle.

Alec vio sus papas fritas otra vez. Sintió alivio al oír la voz de Allison que decía: «Aquí está tu leche». Se sentó y Alec esperó que inclinara la cabeza. Ella no lo hizo. En lugar de eso, bebió de su jugo de naranja y le puso *ketchup* a su hamburguesa. Entonces le dio una mordida. Alec no podía esperar mucho más. Miró a Kyle y a Allison, para ver si lo estaban mirando. Sí lo estaban haciendo, pero Alec inclinó la cabeza de todos modos. *Gracias, Jesús, por la comida*, oró en silencio. *Amén.*

Cuando Alec levantó la cabeza, Kyle lo estaba mirando. Entonces Kyle se volteó hacia su hermana.

—Oye, Allison, se nos olvidó orar —dijo. Allison asintió.

—Lo recordaremos la próxima vez —prometió y le sonrió a Alec—. Me hiciste pensar en Daniel, cuando oraba desde una ventana abierta —dijo—. No la cerró para evitar que la gente lo viera y que lo metieran en el foso de los leones por eso. Nosotros tampoco deberíamos temer que la gente sepa que oramos.

Alec se metió una papa frita en la boca.

—Yo no vi leones, pero estaba un poco asustado —admitió—. Me alegra haber orado. *MMP*

¿Y TÚ?

¿Le agradeces siempre a Dios por tu comida, sin importar dónde estés? ¿Por qué no, por lo menos, le agradeces al Señor en silencio? Ver que amas a Jesús puede ayudar a alguien más a tener el valor de agradecerle también.

Ora donde estés

TODO SE ARRUINÓ

Lee Isaías 61:1-7

—¡No es justo! —objetó Jazmín, casi llorando—. Ya es lo suficientemente malo que papá nos haya dejado. ¡Tampoco debería tener que mudarme lejos de todos mis amigos!

—Lo sé, cariño —dijo mamá con un suspiro—, pero yo sola no puedo mantener este lugar. Será más barato que vivamos con la abuelita por algún tiempo. Allá hay una escuela muy buena, no lejos de su casa, y la abuelita cuidará de Elí cuando salga del jardín infantil.

—Pero no conozco a nadie en esa escuela —dijo Jazmín llorando.

Justo entonces se abrió la puerta posterior, y Elí entró llorando.

—Me caí —dijo—, y me raspé la rodilla, y mis jeans se destrozaron.

—Destrozado es lo correcto —asintió Jazmín mirándolo—. Como mi vida —agregó con el ceño fruncido.

Mamá consoló al niñito y suavemente le vendó la rodilla dolorida.

—Ya —dijo—. Lo sientes mejor, ¿verdad? Ahora bien, veamos qué podemos hacer con los jeans. Están muy buenos como para desecharlos.

—Simplemente podría usarlos rotos —dijo Jazmín—. Muchos chicos lo hacen. —Mamá negó con la cabeza—. Bueno, entonces podrías ponerle parches en las rodillas —sugirió Jazmín—. O podrías cortarlos como *shorts*. —Le sonrió a su hermanito—. Quedarán mejor que nunca, Elí.

—Sí —asintió Elí—. ¿Puedo hacerme unos *shorts*, mamá?

—Ya veremos —dijo mamá con una sonrisa—. De una u otra forma, haremos algo bueno de tus jeans destrozados.

Cuando Elí se fue a cambiar la ropa, mamá se volteó hacia Jazmín.

—Dijiste que tu vida estaba toda destrozada como los jeans de Elí, ¿verdad? —preguntó. Jazmín asintió con tristeza—. Y que no sabes cómo repararla, pero Dios sí —continuó mamá suavemente—. Si confías en él, él tomará tu vida destrozada, y la mía, y hará toda una vida nueva para nosotros. No será como la vida que conocimos antes, pero puede ser igual de bella y de buena. ¿Confiarás en Dios para que te la arregle?

—Lo intentaré —prometió Jazmín. *HM*

¿Y TÚ?

¿Parece que todo ha salido mal? ¿Sientes que las cosas nunca volverán a ser lo mismo? Quizás nunca serán lo mismo, pero eso no significa que no serán buenas. Dios ha prometido que todas las cosas obrarán para bien en la vida de los que lo aman. Confía en él para que haga eso en ti.

MEMORIZA:

«Él sana a los de corazón quebrantado y les venda las heridas». Salmo 147:3

Dios puede hacer que tu vida sea buena

TRABAJO EN EQUIPO

Lee 1 Corintios 12:12-14, 18-20

Tyrone saltó del auto y se apresuró hacia la caseta, ansioso por el juego de la liga de béisbol de cada semana. «Tyrone, quiero que tomes el campo a la derecha», dijo el entrenador. Luego, mientras los chicos corrían al campo, gritó: «¡Recuerden: trabajo en equipo!».

Después de un corto tiempo de práctica, el juego comenzó. El primer bateador le dio a la pelota en el segundo lanzamiento y llegó a salvo a segunda base. El segundo bateador balanceó su bate algunas veces como práctica y luego se colocó dentro del área del bateador. Le dio duro a la pelota y la envió arriba y al jardín. Tyrone se estiró para alcanzar la pelota mientras volaba hacia él. *¡Zas!* ¡La atrapó! Tyrone sabía que tenía que lanzarla rápidamente al cuadro. Oyó que la gente en la tribuna gritaba: «¡A tercera base! ¡A tercera base!». Rápidamente, Tyrone lanzó la bola. Alcanzó a Chet, en la segunda base. Chet la atrapó y la lanzó a tercera base. El chico en tercera la atrapó justo a tiempo para agarrar fuera de base al corredor que se deslizaba hacia tercera base. «¡Fuera!», gritó el árbitro. La gente de los graderíos respondió aplaudiendo y gritando. *Trabajo en equipo*, pensó Tyrone y sonrió. Después del juego, el papá de Tyrone lo felicitó.

—Observé que tu juego requirió de mucho trabajo en equipo —dijo papá mientras conducía a casa. Tyrone asintió—. Me hizo recordar la manera en que los cristianos deben trabajar juntos —agregó papá en tono pensativo—. Todos somos parte del cuerpo de Cristo, pero cada persona tiene que ocupar un puesto distinto.

—¿Como ayudar a mi clase de la escuela dominical a limpiar el patio de la iglesia? —preguntó Tyrone—. Creo que será mejor que me cambie de ropa tan pronto como vuelva a casa y que vaya allá. No llegaré muy tarde.

—Buena idea —dijo papá—. Eso podría parecerte que no es muy importante, pero cada uno de nosotros tiene que hacer su parte, ya sea que signifique ser misionero en el extranjero, enseñar en la escuela dominical o limpiar el patio de la iglesia. *BRH*

¿Y TÚ?

¿Eres un miembro fiel del cuerpo de Cristo? El trabajo en equipo simplemente es hacer tu parte, ya sea ayudar a un amigo en la escuela, testificar a alguien, orar por algún enfermo, u obedecer y ayudar en casa. A Dios le encanta el trabajo en equipo.

Los cristianos se necesitan unos a otros

MEMORIZA:
«Todos ustedes en conjunto son el cuerpo de Cristo, y cada uno de ustedes es parte de ese cuerpo».
1 Corintios 12:27

LA CAJA DE BELLEZA

Lee 1 Pedro 3:1-6

Jackie siguió a su amiga Lori al baño, donde las niñas abrieron una caja que tenía maquillaje parcialmente usado: sombra de ojos, lápiz de labios, rubor, polvos y esmalte de uñas. *Qué divertido*, pensó Jackie. Nunca antes había tenido en sus manos tanto maquillaje; su mamá no usaba mucho. La hermana mayor de Lori iba a desecharlo, pero en lugar de hacerlo se lo había dado a Lori para que jugara con él. Jackie miró con fascinación cómo Lori tomaba una pequeña brocha y la presionaba en sus pestañas. No hizo un buen trabajo; se manchó el ojo en el proceso. «¡Ay! —gritó. Después—: ¡Vamos, Jackie! Prueba algo. Puedes quitártelo». Jackie eligió un lápiz labial brillante, pero un poco terminó en sus dientes, y también se hizo unas rayas en la nariz y en la barbilla. Lori se rió: «¡Te ves como un payaso!».

«¡Niñas! —dijo la madre de Lori—. La madre de Jackie llamó; necesita que vaya a casa para que se quede con Grady un rato». Jackie tomó una barra de jabón y rápidamente se quitó el color brillante de la cara antes de correr a su casa. Cuando Jackie subió corriendo las gradas de atrás de su casa y entró a la cocina soleada, vio a su madre sentada a la mesa. Tenía una Biblia abierta enfrente y a un lado Jackie vio un cuaderno y un lápiz.

—¡Hola, cariño! —dijo mamá—. Gracias por venir inmediatamente. He estado haciendo mi estudio bíblico mientras esperaba. —Sonrió y Jackie recordó lo bien que siempre se sentía su hogar. Se dio cuenta de que su madre se veía bonita de una manera especial.

—Mamá, espero verme como tú cuando crezca. ¡Eres tan bonita! —exclamó Jackie con agradecimiento.

—Gracias, cariño. Qué cosa más bonita has dicho. —Mamá se levantó y tomó la barbilla de Jackie con su mano y suavemente le limpió una raya roja—. Todas esperamos ser bellas, Jackie —dijo—. La Biblia nos dice que la verdadera belleza viene del corazón. Por eso es que trato de pasar tiempo leyendo la Palabra de Dios cada día, para que él pueda darme su belleza.

—Imagino que no es algo que puedas comprar en alguna tienda —dijo Jackie con una pequeña sonrisa. *PIK*

¿Y TÚ?

Las chicas frecuentemente piensan que los cosméticos marcarán una gran diferencia. A las chicas mayores, un poco de maquillaje puede hacerlas ver más bonitas, en los ojos de alguna gente. Pero es más importante, tanto para chicos como para chicas, ser agradables al Señor y bellas por dentro para él.

MEMORIZA:
«Que el Señor nuestro Dios nos dé su aprobación». Salmo 90:17

Refleja la belleza de Jesús

¡FUEGO! ¡FUEGO!

Lee 1 Timoteo 4:8-16

Antonio entró de puntillas a la cocina, tomó los fósforos y una bolsa de malvaviscos y salió corriendo. Eligió un lugar arenoso y amontonó papel y palos. Luego hizo una pequeña fogata.

—Asaremos malvaviscos —le dijo a su amigo Rory.

—¡Mmm! —exclamó Rory. Miró hacia la casa y agregó—: ¿Estás seguro que tienes permiso para hacer esto?

—Está bien —dijo Antonio—. Puedo encargarme de esta fogata. —Pero cuando aún hablaba, un ventarrón sopló pedazos de papel ardiendo hacia el techo de un cobertizo cercano y lo incendió.

—¡Mira! —gritó Rory aterrorizado—. ¡Fuego!

—¡Fuego! ¡Fuego! —gritó Antonio y corrió a la casa. Pronto llegaron las autobombas, retumbando por la calle. Apagaron el incendio, pero no antes de que se consumiera el cobertizo. «Lo... sss... siento, mamá —sollozó Antonio—. Nunca más volveré a jugar con fuego».

Esa noche Vinny, el hermano mayor de Antonio, habló de sus amigos.

—Estos chicos apenas tienen catorce años, como yo —dijo—, pero ya salen en citas. Deberías oírlos alardear de besar y de esas cosas, papá. Dicen que está bien divertirse porque todos lo hacen, pero no lo es, ¿verdad?

—Si todos los chicos de nuestra cuadra jugaran con fuego, ¿haría eso que fuera bueno? —preguntó papá. Vinny se rió.

—¡De ninguna manera! —respondió—. Probablemente quemarían todas nuestras casas, así como Antonio quemó nuestro cobertizo.

—Pues besar y esas cosas, como lo llamas, es como jugar con fuego. Fácilmente se puede perder el control —le dijo papá—. Y cuando menos lo pienses, podrías hacer cosas que la Biblia dice que solo los esposos y las esposas pueden hacer.

—Sí, y adquirir enfermedades u otros problemas, como les está pasando a muchos chicos de la secundaria —agregó Vinny—. ¿No es cierto?

Papá asintió.

—Mira el problema que Antonio causó porque nos desobedeció y jugó con fuego —dijo—. Otras maneras en que la gente desobedece pueden tener resultados mucho peores. Tienes que prometerle a Dios que mantendrás tu cuerpo puro para la persona con quien te casarás algún día. *MRP*

¿Y TÚ?

¿Quieres que Dios bendiga tu vida ahora y en tu futura vida de casado? Entonces mantén puro tu cuerpo, dándole tu amor especial solamente a la persona con quien te cases. Siempre te alegrarás por haberlo hecho.

Mantén puro tu cuerpo

MEMORIZA:
«Mantente puro». 1 Timoteo 5:22

CÓMO RETROCEDER EN EL TIEMPO

Lee 1 Juan 1:5-10

—¿Qué quieres decir con que es hora de almorzar? —le preguntó Gabriela a su prima Cleo cuando hablaban por teléfono—. Ya son las dos de la tarde. Ya almorzamos.

—Son las dos allá en Nueva York, pero aquí en Colorado es el mediodía —respondió Cleo—. Estamos en una zona de tiempo distinta.

—¡Ah, es cierto! Bueno, mamá me está haciendo señas para que cuelgue el teléfono, de todos modos. Que disfrutes de tu almuerzo. Adiós. —Gabriela colgó el teléfono y corrió al jardín, donde su papá trabajaba.

—Dame una mano —le dijo mientras jalaba unas malas hierbas—. Por favor, toma estas malas hierbas y tíralas en el montón del abono orgánico.

—¡Guácala! —exclamó Gabriela y se volteó hacia la casa—. Olvídalo.

—Te pedí que me ayudaras —dijo papá.

—No quiero —dijo Gabriela—. Voy a jugar con Cora.

Gabriela se encontraba sentada sola en su habitación unos minutos después, deseando haber obedecido a papá, pero ya era demasiado tarde.

—¿Has pensado en tu falta de respeto y desobediencia? —preguntó papá, cuando entró. Gabriela asintió con tristeza.

—Sí, y desearía que pudiéramos ir a Colorado —dijo—. Cleo dijo que allá apenas es el mediodía, por lo que el tiempo en que me metí en problemas todavía no habría ocurrido. Entonces, cuando fueran las dos en punto, podríamos tener la conversación de la mala hierba y yo obedecería.

—No podemos retroceder en el tiempo —dijo papá sonriendo—. No podemos deshacer las cosas que ya ocurrieron.

—Quisiera que pudiéramos hacerlo —dijo Gabriela con un suspiro—, porque me gustaría no haber dicho nunca que no te ayudaría.

—Cariño, aunque no podemos regresar en el tiempo, se nos puede perdonar por el mal que hemos hecho —dijo papá—. No tienes que trasladarte a otra zona de tiempo para eso. Cuando le haces saber a Dios que lo lamentas verdaderamente, él te perdonará. Y yo también. *NEK*

¿Y TÚ?

¿Alguna vez quisieras poder retroceder en el tiempo y tener otra oportunidad? No podemos hacerlo, pero se nos puede perdonar por las malas decisiones que hemos tomado. Confiésale a Dios lo que has hecho. Y cuando sea posible, haz las paces también con las personas que ofendiste.

MEMORIZA:

«Si confesamos nuestros pecados a Dios, él es fiel y justo para perdonarnos nuestros pecados y limpiarnos de toda maldad». 1 Juan 1:9

Dios perdona

TODOS SON BIENVENIDOS

Lee Juan 6:37-40

¡Una visita a la Estatua de la Libertad, con un día de campo y juegos después! Zara estaba emocionada por el viaje que había planificado la señorita
Webber, su maestra de la escuela dominical. «Pero esto no será solo juego
—había dicho la señorita Webber—. El próximo domingo en la clase voy a
pedir alguna información sobre la estatua».

Qué raro, pensó Zara. *No me parece como escuela dominical. Y, bueno...*

Llegó el día del paseo. El clima estaba bello y todos pudieron ir. La excursión a la Estatua de la Libertad fue muy interesante, y el día de campo y los
juegos fueron muy divertidos. Zara tuvo un tiempo grandioso.

Fiel a su palabra, la señorita Webber hizo preguntas a la clase al día siguiente. Cuando preguntó acerca del poema que está grabado en la estatua, y acerca de la clase de gente que fue invitada a ir a Estados Unidos,
Camille levantó la mano.

—Decía algo acerca de los que son pobres y desdichados y quieren ser
libres —dijo.

—Correcto —asintió la señorita Webber—. Por muchos años, toda clase
de gente llegó y comenzó una vida nueva en un país nuevo. —Hizo una
pausa y después preguntó—: ¿Qué invitación hizo Jesús que es similar a
esas palabras de la Estatua de la Libertad?

Después de pensar por un momento, Zara levantó la mano.

—¿Es nuestro versículo para memorizar? —preguntó—. «Vengan a
mí todos los que están cansados y llevan cargas pesadas, y yo les daré
descanso».

La señorita Webber asintió.

—Cuando llegas a Dios a través de Jesucristo, y lo aceptas como tu
Salvador, comienzas una vida nueva, así como los inmigrantes comienzan
una vida nueva en una tierra nueva —dijo—. Una diferencia importante
es que ahora hay leyes que limitan el número de personas a las que se les
permite venir a Estados Unidos, pero no hay restricciones en el número de
personas que pueden llegar a Cristo. Todos son bienvenidos. *GW*

¿Y TÚ?

¿Has aceptado la invitación para que tus pecados sean perdonados?
No importa quién seas ni dónde hayas nacido. No importa qué hayas
hecho. No hay razones por las que no puedas ser salvo si quieres serlo.
La invitación de Jesús es para ti, tal y como eres. Ven hoy a él.

Puedes ser salvo

MEMORIZA:
«Vengan a mí todos los que están
cansados y llevan cargas pesadas, y
yo les daré descanso». Mateo 11:28

LA HISTORIA DEL PEZ

Lee Santiago 1:12-15

—No puedo creerlo —le dijo Josué a papá—. Denzel dice que es cristiano, pero el sábado pasado lo descubrieron bebiendo. Debe ser muy débil para que lo convenzan de que lo haga. —Sacudió la cabeza con tristeza.

—¿Entonces el alcohol no te parece bueno en absoluto? —dijo papá.

—¡De ninguna manera! —respondió Josué—. ¡No tengo ningún problema para quedarme lejos de eso!

—Me alegro. Ahora bien, ¿ya empacaste para nuestro viaje de pesca?

—¡Por supuesto! —exclamó Josué—. Casi puedo sentir un lucio de un metro al final de mi anzuelo.

—Empacaste mis moscas para truchas, ¿verdad? —preguntó papá.

—¿Moscas para truchas? —repitió Josué—. ¿Para qué? Vamos a pescar lucios. ¡Sabes que no los atrapas con una mosca para trucha!

—Puedo ver que sabes mucho de carnadas para pescar —dijo papá sonriendo—, pero ¿cuánto sabes de la carnada de Satanás?

—¿La carnada de Satanás? —preguntó Josué. Papá asintió.

—Satanás es como un pescador —explicó—. Sabe que cada persona se ve tentada con cosas distintas, así como los peces distintos se atrapan con carnadas distintas. Pone la tentación exacta frente a cada uno de nosotros.

—¿Como qué? —preguntó Josué.

—Bueno, Satanás sabe que a Denzel lo puede tentar con alcohol —explicó papá—, por lo que usó eso como carnada para atraparlo y alejarlo del Señor. Pero ¿qué usa Satanás para atraparte a ti, Josué? —Josué lo pensó por un momento, luego encogió los hombros—. ¿Por qué sacaste esas malas calificaciones el trimestre pasado? —preguntó papá.

—¡Ah, eso! Bueno, pasé demasiado tiempo jugando pelota con mis amigos en lugar de estudiar —dijo Josué avergonzado—. Pero jugar no es algo malo, ¿verdad?

—No, a menos que evite que hagas algo que debes hacer —dijo papá—. Cuando eso ocurre, hasta las cosas que son inofensivas llegan a ser parte de la carnada de Satanás. *KRD*

¿Y TÚ?

¿Qué usa Satanás para tentarte? Tal vez el alcohol, no hacer lo mejor posible en la escuela, tener mal carácter o ver cosas inapropiadas en la televisión. Sé consciente de tus debilidades y pídele a Dios que te ayude a evitar la tentación que Satanás te pone enfrente.

MEMORIZA:
«La tentación viene de nuestros propios deseos». Santiago 1:14

Ten cuidado con las tentaciones de Satanás

SOLO BROMEABA

Lee Efesios 4:25-32

Miguel entró a la casa, con gotas de lluvia que le brillaban en el pelo. Su hermano Esteban lo recibió en la puerta.

—Tomaste prestada mi bicicleta —dijo—. ¿La pusiste en su lugar?

—No. —Miguel encogió los hombros—. La lluvia no le hará daño.

Esteban salió corriendo a rescatar su bicicleta. Pronto volvió, empapado.

—Sí la pusiste en su lugar, Miguel —dijo gruñendo.

—Solo bromeaba —dijo Miguel riéndose.

Cuando todos se sentaron a la mesa a cenar, Miguel le sonrió a su hermana, Nicole, que había pasado mucho tiempo arreglándose el pelo.

—Tu pelo todavía se ve como un pajar —le dijo.

—Mamá, Miguel me está insultando otra vez —se quejó Nicole, mientras que él protestaba que solo bromeaba. Después, Miguel vio que Nicole tomaba un gran bocado de ensalada.

—Había un gusano en esa lechuga —le dijo—. ¿Sabía bien? —Se rió cuando ella saltó y escupió la ensalada en una servilleta—. Solo bromeaba.

Después de la cena, la lluvia había cesado.

—Te enseñaré a lanzar una curva, Miguel —sugirió papá.

—¡Genial! —exclamó Miguel—. Voy por mi pelota y mi guante.

Cuando Miguel volvió a la sala, golpeando su pelota de béisbol con su guante, papá estaba sentado en su sillón, leyendo el periódico.

—Quiero leer mi periódico en este momento —dijo.

Miguel trató de persuadirlo, pero papá siguió leyendo. Miguel fulminó con la mirada la cabeza de su padre por encima del periódico.

—Me mentiste, papá —dijo con enojo—. Dijiste que me enseñarías a lanzar una curva.

Papá bajó lentamente el periódico y lo miró directamente.

—Pero, Miguel, solo bromeaba —dijo. Miguel se veía sorprendido—. He oído mucho esa frase últimamente —continuó—, pero, en realidad, tú lo acabas de decir aún mejor. Si no juego contigo, habré mentido. —Miguel estaba avergonzado—. ¿Qué vas a hacer en cuanto a eso, Miguel? —preguntó papá—. Creo que necesitas pedirle perdón a Dios y luego decirle a Esteban y a Nicole que lo sientes. ¿Qué te parece? —Miguel asintió. *VCM*

¿Y TÚ?

¿Haces muchas «bromas»? No está bien usar ese término para excusarte cuando mientes o dices cosas crueles. Si le ocasionas desdicha a alguien, es hora de confesarlo a Dios y de disculparte con los que has lastimado.

Sé amable

MEMORIZA:
«Sean amables unos con otros, sean de buen corazón». Efesios 4:32

EL NUEVO HOGAR DE SPENCER

Lee el Salmo 139:5-11

Spencer se sentó erguido sobre la cama. *¿Qué es ese ruido?*, se preguntó. Él y su familia se habían trasladado a una casa nueva y ahora dormía en un cuarto nuevo y extraño. No se sentía seguro como en su casa anterior. Spencer volvió a oír el ruido. ¡No quería dormir en esta habitación nueva! Se salió de la cama y se dirigió abajo a buscar a sus padres.

—¿Qué es ese ruido, mamá? —preguntó con miedo.

Mamá escuchó por un momento.

—Hay unos truenos a la distancia —dijo—. No te harán daño.

Spencer sabía que mamá tenía razón. El ruido se oía como truenos, pero ni siquiera estaba cerca. No había nada que temer, pero Spencer todavía se sentía intranquilo.

—No me gusta mi habitación nueva —dijo.

Papá abrazó a Spencer.

—A veces es difícil acostumbrarse a una casa nueva —le dijo—. Todavía no te sientes seguro aquí. —Señaló al perro que estaba a sus pies—. Creo que también Dugan aún se siente un poco raro aquí. ¿Por qué no te lo llevas a tu habitación para que te acompañe?

Spencer miró al cachorro.

—Está bien —asintió—. Vamos, Dugan. Estoy aquí contigo, como siempre estuve, y te cuidaré. —Mamá sonrió.

—Cuando te metas a la cama, recuerda que no nos trasladamos lejos de Dios. Él está aquí contigo, así como estuvo contigo en la casa anterior, incluso cuando está oscuro y hay tormenta afuera. Puedes pedirle que cuide de ti.

Spencer volvió a la cama. Cuando oyó el ruido otra vez, jaló la colcha y la puso encima de él y de Dugan. «No tienes miedo cuando sabes que estoy cerca. Sabes que te cuidaré y te mantendré a salvo, ¿verdad? —dijo mientras acariciaba la cabeza del cachorrito—. Yo tampoco tengo miedo cuando recuerdo que Dios está cerca. Él me cuidará y me mantendrá a salvo». Entonces Spencer cerró los ojos y se durmió. *KEC*

¿Y TÚ?

¿Recuerdas que Dios siempre está contigo, aun cuando las cosas parecen alarmantes o son nuevas? No importa cuán lejos vayas, nunca puedes irte lejos de Dios. Él está contigo en todos lados, todo el tiempo, en cualquier momento que lo necesites.

MEMORIZA:

«Aun cuando yo pase por el valle más oscuro, no temeré, porque tú estás a mi lado». Salmo 23:4

Dios está contigo en todas partes

LAS ESTACAS DE LA TIENDA DE CAMPAÑA

Lee el Salmo 46:1-3, 10-11

Con el bello paisaje de montañas y cielo, Chase ayudaba a su papá a alisar la gran tienda de campaña que estaba en el suelo.

—¡Definitivamente me gusta acampar! —dijo.

Papá sonrió.

—Extendamos esto y pongamos una estaca en el suelo en este lado y otra en el lado opuesto —sugirió.

Chase metió la estaca en un ojal de un lado de la tienda de campaña y la martilló al suelo. Después puso otra en el lado opuesto. Papá enderezó el palo del centro y la tienda se paró por sí sola.

—¿Ya puedo entrar? —preguntó Chase.

—Todavía no. Podría caerte encima —dijo papá—. Necesitamos asegurar la tienda con estacas a todo su alrededor.

Finalmente la tienda estuvo asegurada y metieron las bolsas de dormir.

—El viento se puso un poco fuerte —dijo papá durante el devocional de la noche—, pero ¿ves lo segura que está ahora nuestra tienda, Chase? Las estacas de la tienda la sostienen en su lugar.

Más tarde, papá y Chase estaban acurrucados en sus cálidas bolsas de dormir dentro de la tienda segura y firme.

—Oye, Chase —susurró papá unos minutos después de que ya se habían dicho las buenas noches.

—¿Qué? —respondió Chase somnoliento. Chase sintió la mano de su papá que buscaba su mano y la apretaba.

—Sabes, hay Alguien que también nos sostiene firmemente —dijo papá.

—Lo sé —dijo Chase—. Es Jesús.

—Correcto —asintió papá—. Aunque puedan venir cosas malas a nuestra vida, podemos contar siempre con que Jesús nos sostendrá firmemente.

Chase se quedó dormido con el sonido del viento de la montaña en sus oídos, y con pensamientos del poder y protección de Dios en su mente. *POY*

¿Y TÚ?

La vida de muchos niños ha sido sacudida por el divorcio, una muerte en la familia, el crimen o la pérdida de su hogar. ¿Te ha pasado alguna de estas cosas? Confía en Jesús. Él te ama. Cree en que siempre estará contigo y te ayudará.

Dios te mantiene seguro

MEMORIZA:
«Dios ha dicho: "Nunca te fallaré. Jamás te abandonaré"». Hebreos 13:5

UNA VIDA QUE VALE

Lee el Salmo 139:13-16

Lucas y su tío Duane estaban caminando en las montañas Rocosas. Al subirse a una saliente de granito que se desmoronaba, Lucas cayó en un pequeño pedazo de césped cubierto de musgo. Se frotó las piernas que le dolían.

—Tengo que recuperar el aliento —dijo jadeando.

El tío Duane bajó su mochila anaranjada y le guiñó el ojo a Lucas.

—No hay problema —dijo alegremente—. No tenemos que volver a la casa demasiado pronto. ¡Podrían ponernos a trabajar!

Lucas sonrió.

—Sí —asintió y recogió unas piedras—. ¡Vaya! ¡Mira esto! —gritó. El tío Duane se arrodilló a su lado y vieron una piedra que Lucas tenía en la palma de su mano. Le habían quitado pedazos a intervalos regulares, y la roca llegó a un punto inconfundible—. Una punta de flecha de verdad —dijo Lucas—. Apuesto a que es shoshón.

—A mí también me lo parece —asintió el tío Duane. Lucas sacudió la cabeza con asombro.

Después, los dos se sentaron cerca del rocío fresco de una caída de agua. Lucas sacó la punta de flecha de su bolsillo. La levantó para que la luz brillara en sus orillas.

«¿Sabes? —dijo el tío Duane—, un guerrero shoshón esculpió cuidadosamente esa punta de flecha, y tenía un plan para ella. En las manos de un cazador, era útil».

Lucas miró al tío. Estaba seguro de que tenía algo en mente.

—Podemos aprender de eso —continuó el tío Duane—. Somos mucho más importantes que una simple punta de flecha, pero para ser útiles, debemos ponernos en las manos del maestro... en las manos que nos hicieron.

Lucas le sonrió a su tío.

—Te refieres a Dios, ¿verdad? —dijo y miró la punta de flecha—. Guardaré esta punta de flecha para recordarlo. *CPK*

¿Y TÚ?

¿Te es difícil imaginar que Dios podría usarte para una tarea importante? Eres valioso para Dios porque él te hizo. Habla con él en oración. Lee su Palabra. Disponte a ser lo que él quiere que seas y a hacer lo que él quiere que hagas. Serás muy útil cuando pongas tu vida en sus manos.

MEMORIZA:

«Pues yo sé los planes que tengo para ustedes [...] para darles un futuro y una esperanza». Jeremías 29:11

Busca la voluntad de Dios

UN PUESTO IMPORTANTE

Lee Romanos 12:3-8

Cuando Esteban y sus padres caminaban a casa después de un juego de béisbol, los ojos llorosos de Esteban y sus hombros caídos les hicieron ver a sus padres que algo andaba mal.

—El entrenador Nichols ya no me dejará jugar en primera base —dijo Esteban abruptamente—. Dice que ayudaré más al equipo como jardinero derecho en lugar de en primera base.

—No hay nada malo con el jardinero derecho —respondió mamá—. Tú tienes uno de los brazos lanzadores más fuertes del equipo.

—Sí —dijo Esteban—, pero los chicos tienen un dicho: "Ser jardinero derecho equivale a estar fuera". Nunca golpean la pelota a ese lado del jardín. Mejor sería que vendiera maníes y palomitas de maíz mientras estoy allí. —Nada de lo que los padres de Esteban dijeran podía convencerlo de que jardinero derecho era una buena posición para que él jugara.

Al día siguiente, Esteban estaba ayudando a su papá a plantar geranios.

—Oye, papá —dijo Esteban cuando compactaba tierra alrededor de cada planta—, algunos de esos pequeños arbustos que vimos cuando escalamos el monte Major se verían bien aquí, plantados con los geranios.

—Tienes razón —asintió papá—, pero no prosperarían aquí. Son apropiados para crecer en elevaciones más altas. —Hizo una pausa y después agregó—: ¿Sabes?, Dios no tuvo la intención que todas las plantas prosperaran en el mismo lugar. Cada especie de plantas tiene su propia área o función en el reino de las plantas. Ese principio también se aplica a la gente. Ninguno de nosotros puede hacer todo a la perfección, sino que el Señor nos ha bendecido a cada uno con un talento único.

Esteban frunció el ceño. Se preguntaba a dónde quería llegar papá, y pronto lo averiguó. «Verás —continuó papá—, tu área especial en el equipo podría ser el jardín derecho. Quizás el entrenador Nichols cree que puedes desarrollar tu mejor potencial allí. ¡Dale una oportunidad! Quizás Dios tiene una lección para ti en esto también. Quizás quiere que veas que cada puesto en un equipo es importante, ya sea en el equipo de béisbol o en el "equipo" de Cristo en la tierra, su iglesia». *LMM*

¿Y TÚ?

Dios te ha bendecido con capacidades únicas. ¿Por qué no le agradeces por lo que puedes hacer? Usa los dones que él te ha dado para hacer lo mejor dentro de tus capacidades y lo agradarás.

Tienes talentos especiales

MEMORIZA:

«Dios, en su gracia, nos ha dado dones diferentes para hacer bien determinadas cosas». Romanos 12:6

JULIO
3

LAS MARGARITAS MARCHITAS

Lee 1 Pedro 4:7-10

—¿Puedes cuidar a Jonatán mientras preparo la cena? —preguntó mamá.

—Ay, mamá —protestó Nicholette y se paró estirándose—, ¡hemos estado trabajando en mi proyecto de costura toda la tarde! No he jugado en todo el día. —Justo entonces su padre entró a la cocina—. Papá, cuida a Jonatán; voy a salir —dijo Nicholette, y dejó que la puerta mosquitera se cerrara de un golpe cuando salió. Corrió a su jardín de flores.

Nicholette no había revisado las flores desde la semana anterior, y sus ojos se abrieron muy grandes al ver lo que encontró. Sus bellas margaritas estaban marchitas, mirando al suelo. Volvió corriendo a la casa.

—Mis margaritas se ven muy tristes —gritó—. ¡Tengo que regarlas!

—Nicholette, necesito que pongas la mesa —dijo mamá, pero ya Nicholette se dirigía a regar sus flores.

Nicholette observó que su madre estaba inusualmente callada durante la cena. De repente, Jonatán derramó su leche sin querer.

—Nicholette, por favor tráeme una toalla —dijo mamá.

—¿Por qué yo? —protestó Nicholette—. Jonatán derramó la leche. —Mamá miró a Nicholette con los ojos tristes. Entonces se levantó de la mesa y se fue de la habitación. Nicholette quedó impactada—. ¿Qué le pasa a mamá? —preguntó.

—Mamá necesita tu ayuda para «sostener su cabeza» igual que tus margaritas —dijo papá. Nicholette estaba confundida, por lo que papá le explicó—: Creo que das por sentado a mamá y todo lo que hace por ti. Pero ella no puede «sostener su cabeza» si tú no la ayudas un poco. Ella no debería oír siempre tus protestas ni pedirte más de una vez que hagas las cosas.

Nicholette se sentía mal. Se levantó lentamente y fue a buscar una toalla.

—Yo limpiaré la mesa —dijo.

—Bien —dijo papá con aprobación—. Lavaremos la vajilla juntos.

Cuando Nicholette secaba el último plato, mamá entró a la habitación. Cuando miró alrededor de la cocina limpia, una sonrisa se dibujó en su cara. «Gracias», dijo, y le dio un abrazo a Nicholette. Ella también sonrió. *DAV*

¿Y TÚ?

¿Esperas que tus padres u otros adultos siempre sean fuertes y que sigan haciendo las cosas por ti? Ellos también se cansan. En lugar de quejarte por el trabajo de tu casa, es mejor ayudar y trabajar juntos.

MEMORIZA:
«Ayúdense a llevar los unos las cargas de los otros, y obedezcan de esa manera la ley de Cristo». Gálatas 6:2

Ayuda con gusto

EL AMOR DE UN PADRE

Lee Juan 3:16-21

Un día, cuando Simone fue a jugar en su columpio, vio un pajarito en el césped. El pájaro batía sus alas pero no volaba. *Ese pobre pájaro está herido*, pensó Simone. Ella quería ayudar, por lo que trató de atraparlo. Pero cada vez que ella se acercaba, él revoloteaba fuera de su alcance. La llevó hasta el frente de la casa, luego salió volando y se posó en un cable alto, arriba de ella. Simone se sorprendió. *¡Ese pájaro puede volar! ¿Por qué quiere que piense que su ala está herida?*, se preguntó. Decidió preguntarle a su madre y entró a la casa.

—Si ese pájaro no estaba herido, ¿por qué dejó que me acercara tanto? —preguntó Simone después de haber explicado lo que había ocurrido.

Mamá sonrió.

—Hay pájaros bebés en el arce. La madre quería alejarte de sus bebés —explicó.

—Pero ¿no tenía miedo de que la atrapara? —preguntó Simone.

—Tal vez —dijo mamá—, pero prefirió que fueras tras ella a que te acercaras mucho a su familia. Los padres aman tanto a sus hijos que morirían por mantenerlos a salvo.

—¡Vaya! —exclamó Simone. Luego pensó en algo—. Jesús *sí* murió por nosotros, ¿verdad?

Mamá asintió.

—Sí, lo hizo —dijo ella—. Estuvo dispuesto a morir por nosotros para que nuestros pecados fueran perdonados. —Simone sentía calor adentro. Sabía que Jesús tenía que haberla amado mucho para morir por sus pecados.

Simone volvió a su columpio. Oyó el gorjeo de los pájaros bebés arriba en el árbol. Pudo ver a la madre que los alimentaba en el nido. «Eres una buena madre, pequeña ave —dijo Simone—. Amas a tus bebés así como Dios me ama a mí». *KEC*

¿Y TÚ?

¿Aprecias cuánto te ama Jesús? Dio su vida para que pudieras ir al cielo. ¿Has aceptado ese gran regalo? Si lo has aceptado, deja que tu vida muestre que tú también amas a Dios.

Acepta el amor de Jesús

MEMORIZA:

«Pues Dios amó tanto al mundo que dio a su único Hijo, para que todo el que crea en él no se pierda, sino que tenga vida eterna». Juan 3:16

JULIO
5

POCO O MUCHO

Lee Marcos 12:41-44

Graciela hacía sonar sus monedas juntas. Le gustaba oír el tintineo que hacían. Hacía sonar las monedas antes de la escuela dominical cada semana. Se ganaba su propio dinero para la ofrenda, pero últimamente no había podido encontrar muchos trabajos, por lo que su ofrenda era cada vez menor. Hoy no tenía monedas de veinticinco centavos ni de diez, solo unas cuantas de cinco y de un centavo.

Cuando Logan, el chico que estaba sentado al lado de Graciela, vio que ella dejó caer sus monedas en el platillo de la ofrenda, se rió. «¿Es eso lo único que tienes?», preguntó. Graciela sintió que su cara enrojecía y se movió en su silla. Agachó la cabeza y no le respondió a Logan, pero cuando vio que sus compañeros de clase daban su dinero, observó que todos tenían más que ella para dar. *¿Es mi ofrenda suficiente?*, se preguntó.

De regreso en casa, Graciela habló con su madre de eso.

—¿Cómo sabes si tu ofrenda es suficiente? —preguntó—. Mi ofrenda de la escuela dominical fue la de menor cantidad en la clase.

—Creo —dijo mamá— que tu primer error fue comparar las ofrendas. Debemos darle a Jesús, no para impresionar a los demás. Dime, ¿qué pensó Jesús de tu ofrenda? —Graciela encogió sus hombros y los dejó caer. Mamá se quedó callada por un minuto. Luego preguntó—: Graciela, en tu fiesta de cumpleaños del mes pasado, tus amigos te dieron regalos, ¿verdad? ¿Fueron algunos regalos más pequeños que otros? —Graciela asintió—. ¿Y te enojaste con los chicos que te dieron esos regalos? —preguntó mamá.

—¡Por supuesto que no! —respondió Graciela—. El regalo de Breanna era pequeño, pero ella es mi mejor amiga. Su regalo era pequeño porque su familia se ha enfermado mucho; todavía deben mucho dinero al hospital. Yo sé... —De repente sonrió—. Ah, ¡ahora ya sé lo que Jesús pensó de mi ofrenda! —declaró—. Se alegró con ella porque sabía que era lo mejor que podía darle.

Mamá sonrió.

—Correcto —asintió—. Lo que importa más es lo que está en tu corazón.

BKG

¿Y TÚ?

¿Alguna vez temes que lo mejor que puedes hacer no es lo suficientemente bueno? Recuerda, Jesús ve tu corazón, y lo más importante es tu amor por él y tu deseo de servirlo.

MEMORIZA:

«La gente juzga por las apariencias, pero el Señor mira el corazón». 1 Samuel 16:7

Dios acepta lo mejor de ti

EL ROBLE

Lee Santiago 4:6-10

«Y este roble gigante es el monumento que le dio nombre al parque El Roble», recitó el guía de la excursión. Juan escuchaba con atención. Amaba la historia y absorbía información como esta. El guía de la excursión estaba parado frente a un gran roble antiguo con grandes ramas y enormes frondas de hojas. Juan sabía que en el otoño, un océano de hojas de roble se asentaban en la tierra debajo de ese enorme roble.

De vuelta en casa, le contó a su madre acerca de la excursión.

—Ese enorme roble sobrevivió a la Guerra Civil, una inundación y seis incendios —le dijo—. Siguió creciendo aunque las probabilidades eran de cien a una en su contra.

—Qué interesante —dijo mamá. Después de pensar un poco agregó—: ¿Sabías que eres como ese árbol?

Juan se sorprendió.

—¿Lo soy? —preguntó—. No sobreviví a una guerra, ni a un incendio ni a nada.

Mamá sonrió.

—No —coincidió—, pero aún creo que eres como ese árbol. El roble es uno de los árboles que crecen más lentamente en el mundo, pero también es uno de los más resistentes. Sobrevive a cosas de las que moriría un árbol común. Ahora bien, tú, Juan, eres cristiano. Puedes crecer lentamente en Cristo, pero sigues creciendo. Y sobrevives a los ataques de Satanás.

Juan pensó en unos problemas en los que se había metido la semana anterior.

—Pero sigo haciendo cosas incorrectas —dijo, avergonzado.

—Lo sé —asintió mamá—. A veces Satanás tiene éxito en hacer que hagas cosas malas, pero el hecho de que te sientas mal cuando pecas deja ver que sigues creciendo.

—¿De veras? —Juan sonrió—. Eso es grandioso —dijo él.

—Dios no se da por vencido contigo, hijo —le dijo mamá—, ¡así que tú tampoco debes darte por vencido aun cuando «crecer» se ponga difícil! *NR*

¿Y TÚ?

¿Sientes alguna vez que los ataques de Satanás son demasiado para ti? La Biblia dice que tienes poder para resistir al diablo. No te desanimes si cometes errores; confiesa tus pecados. Dios te perdonará y te ayudará a vencerlos a medida que confíes en él. Recuerda, Dios todavía no ha terminado contigo.

Resiste a Satanás

MEMORIZA:
«Resistan al diablo, y él huirá de ustedes». Santiago 4:7

POR QUÉ EL CIELO ES AZUL

Lee el Salmo 104:1-6, 10-19, 24-31

Papá remó el bote hacia la orilla de los nenúfares. Era el mejor lugar del lago para atrapar peces, pero parecía que los peces no tenían hambre. Mientras Derek estaba sentado en el bote con su padre, vio de cerca su flotador rojo y blanco y esperó a que bajara. El cielo y los árboles alrededor de la playa se reflejaban en el agua tranquila. Los pájaros cantaban y una rana saltó de un nenúfar y se lanzó al lago. El flotador se agitó cuando las ondas se esparcieron debajo de él.

—Es muy agradable estar aquí con el cielo y el agua azules, y el césped y los árboles verdes —dijo papá—. Todo es tan pacífico. Me hace olvidar todo lo de la oficina.

—En nuestra clase hemos estado estudiando los colores —dijo Derek—. Los científicos dicen que el azul disminuye el ritmo cardiaco y el verde ayuda a prevenir la vista cansada. Eso los hace ser colores apacibles.

Papá sonrió.

—¿Supones que es por eso que Dios hizo tanto azul y verde en la naturaleza? —preguntó mientras revisaba su sedal. Pero los peces todavía no mordían—. Solo imagina cómo sería si el cielo fuera rojo encendido o si todas las hojas fueran negras.

A Derek le dio risa la idea.

—Aprendimos que se supone que el rojo aumenta la presión sanguínea, así que apuesto a que eso haría que la gente no se sintiera muy bien —dijo. Después de un rato agregó—: Definitivamente, Dios es inteligente.

—Dios es muy sabio —asintió papá—. Vemos mucho de su sabiduría en la naturaleza, incluso en los colores que eligió.

Derek miró su sedal.

—¿Sabes qué más dicen los científicos? —preguntó—. Dicen que el anaranjado te hace sentir hambre. —Le sonrió a papá—. Quisiera que Dios hubiera hecho estos flotadores. En lugar de rojo y blanco, apuesto que los habría hecho anaranjados para hacer que los peces tuvieran más hambre.
JKC

¿Y TÚ?

¿Observas cómo ha creado Dios las cosas para que funcionen juntas? No deberíamos dar por sentado todas las cosas que nos rodean. Mira cómo puedes aprender de Dios a través de lo que él ha creado.

MEMORIZA:
«Oh SEÑOR, ¡cuánta variedad de cosas has creado! Las hiciste todas con tu sabiduría; la tierra está repleta de tus criaturas». Salmo 104:24

Valora la creación de Dios

COSAS FALSAS

Lee Mateo 23:23-28

—No veo qué hay de malo en usar pieles —declaró Sofía mientras ella y su hermana bajaban las gradas.

—¡No necesitamos usar pieles! —dijo Ana—. Es totalmente cruel.

Su hermano, Chase, las miró desdeñosamente. «Discutir sobre pieles en un día cálido como este», refunfuñó. Se fue a nadar a la casa de un amigo.

Esa noche, el tema volvió a surgir.

—Papá, la gente bien puede usar imitación de pieles en vez de las reales, ¿verdad? —preguntó Ana—. La mayoría de la gente no puede ver la diferencia, de todos modos.

—Esta familia tendrá que conformarse con imitaciones de pieles, si es que las tiene, en todo caso —dijo papá con una sonrisa—. El precio de las genuinas es demasiado alto.

—Pues a mí me gustaría una genuina, no una imitación —insistió Sofía.

—Es hora del devocional familiar —le dijo papá—, así que leamos de otras imitaciones, ¿les parece? —Los chicos lo miraron con curiosidad cuando abrió la Biblia familiar y comenzó a leer Mateo 23.

Al terminar de leer, papá miró alrededor de la mesa.

—Actualmente todavía hay muchos hipócritas, cristianos falsos, por ahí —dijo—. Frecuentemente no podemos ver la diferencia entre ellos y los genuinos. ¿A qué creen que se debe esto?

Después de un momento, Chase se ofreció para responder.

—Porque son buenos para fingir —dijo—. Van a la iglesia, dan dinero, hacen cosas "buenas" y, en general, se ven muy buenos ante los demás.

—Pero nunca han aceptado a Jesús como Señor de su vida —agregó mamá.

Papá asintió.

—Espero —dijo— que no tengamos ningún cristiano falso en nuestra familia. Mientras oramos, asegurémonos de que en realidad confiamos en Jesús. *HM*

¿Y TÚ?

¿Eres un cristiano genuino? Es posible que vayas a la iglesia cada domingo y que sepas todas las palabras correctas que hay que decir, pero ¿has aceptado a Jesús como tu Salvador personal? Si no es así, no puedes engañar a Dios; él sabe la diferencia. Cuando llegas a ser cristiano al aceptar a Jesús como tu Salvador, ¡él te convierte en genuino!

Sé un cristiano genuino

MEMORIZA:
«Por fuera parecen personas rectas, pero por dentro, el corazón está lleno de hipocresía y desenfreno». Mateo 23:28

SI SE SIENTE BIEN

Lee Eclesiastés 5:18-20

Las gotas de lluvia todavía brillaban sobre el césped, y el césped húmedo se sentía bien en los pies desnudos de Jared. Teniendo cuidado de mantenerse lejos de las filas sembradas, Jared inspeccionó el jardín. La tierra estaba lodosa, pero le gustaba cómo se sentía en sus dedos de los pies.

—Tenemos que irnos en cinco minutos —gritó mamá—. Ven a prepararte. —Jared corrió por la cocina hacia el baño—. Jared —lo reprendió mamá—. Estás dejando marcas en mi piso limpio.

—Lo siento —dijo Jared entre dientes. Rápidamente tomó una toalla y se frotó los pies con ella. El lodo dejó manchas en la toalla. ¡Por lo menos mamá no las vio antes de que tuvieran que irse!

Cuando salían, una camioneta azul pasó rápidamente y casi choca con un camión verde. Jared leyó en voz alta lo que decía la calcomanía que la camioneta tenía atrás: «Si se siente bien, hazlo».

—Creo que él siente bien arriesgarse —dijo mamá con el ceño fruncido.

—Apuesto a que no se sentirá bien si tiene un accidente —dijo Jared.

—Apuesto a que no —asintió mamá. Luego dijo—: Cuando jugabas esta mañana en el lodo, ¿se sentía bien?

—Pues, sí —admitió Jared—. Pero no fue mi intención ensuciar el piso.

—Lo sé —dijo mamá—, pero todavía tendrás que limpiar el piso cuando volvamos a casa. Eso quizás no se sienta tan bien.

—¿Todo lo que se siente bien es malo? —preguntó Jared.

—Claro que no —dijo mamá—. Es divertido comer, cantar, correr y jugar. También se siente bien conversar o escuchar una historia. Ni siquiera fue malo jugar en el lodo, aunque deberías haber sido más cuidadoso y no haberlo traído adentro. Dios nos advierte en cuanto a hacer cosas solo porque se sienten bien. Dios sabe que no nos sentiremos bien después de hacer el mal, pero nos sentiremos bien después de hacer el bien.

—Entiendo —dijo Jared. Después de un rato preguntó—: Mamá, ¿cómo quito el lodo de una toalla? *MMP*

¿Y TÚ?

Debemos seguir las enseñanzas de Dios, no importa cómo se sienta en ese momento. Dios quiere que te diviertas, y te ha dado muchas cosas para que las disfrutes. Pero si esa diversión te hace hacer algo malo, Dios no está contento.

MEMORIZA:

«Deberían depositar su confianza en Dios, quien nos da en abundancia todo lo que necesitamos para que lo disfrutemos». 1 Timoteo 6:17

Si es correcto, hazlo

EL MENSAJE DEL HONGO (PARTE 1)

Lee el Salmo 1:1-6

—¡Mira, abuelito! —exclamó Kayla y señaló la tierra—. ¡Otro hongo!

Kayla estaba de visita con sus abuelos el fin de semana. Ella y el abuelito hacían una caminata para observar la naturaleza y el abuelito buscaba hongos. Él sabía mucho de hongos; cuáles se podían cortar para comer y cuáles eran peligrosos.

—¡Ah, ese está bueno y grande! —dijo, y se inclinó. Arrancó el bulto de apariencia rara y lo metió en su bolsa—. Veamos... nueve, diez... con este son once —anunció—. Estos sabrán muy bien en el guiso de la abuelita esta noche.

—Tengo una idea, abuelito —dijo Kayla mientras mataba un zancudo—. Arranquemos algunos con raíz y pongámoslos en tu jardín. Entonces no tendrás que venir tan lejos a buscarlos.

El abuelito se rió.

—Me temo que no les iría bien en el jardín —dijo—. Son muy distintos de otros vegetales. La mayoría de vegetales disfruta de mucho sol y de tierra buena y floja, donde pueden enterrar sus raíces, pero los hongos prefieren condiciones oscuras y húmedas, y no tienen raíces ni hojas en absoluto.

Kayla asintió.

—Sí, son raros —dijo.

El abuelito sonrió.

—Los hongos dependen de otras plantas para comer —le dijo a Kayla—. Dios los diseñó para simplemente absorber la comida que otras plantas han hecho. No pueden hacer comida ni crecer por su cuenta. —Entonces bajó la voz—. Me hace recordar la salvación —agregó—. Nosotros tampoco podemos obtenerla por nuestra cuenta. Solo aceptando a Cristo y dependiendo de él es que verdaderamente podemos vivir y crecer.

—Sé que algunas personas creen que pueden trabajar mucho para ser lo suficientemente buenas para ganarse el amor de Dios, pero yo no —le aseguró Kayla a su abuelito—. Yo dependo de Cristo.

—Y puedo ver que también estás creciendo —admitió él. *SLK*

¿Y TÚ?

¿Te sientes vacío por dentro frecuentemente? ¿Sientes que tienes demasiados problemas en tu vida? Fuiste creado por Dios para que fueras feliz y fuerte solo en él. Puedes conocerlo a través de su Hijo, Jesús.

Depende de Cristo

MEMORIZA:
«Soy como un árbol que siempre está verde; todo tu fruto proviene de mí».
Oseas 14:8

EL MENSAJE DEL HONGO (PARTE 2)

Lee Hechos 17:1-4, 10-12

—¿Qué te pareció la escuela dominical de hoy, Kayla? —preguntó el abuelito mientras conducía a casa desde la iglesia.

—Estuvo bien —respondió Kayla—. Pero fue distinta de mi iglesia. Esta no tenía tantos adornos bonitos.

—La iglesia es más que decoraciones —dijo el abuelito—. ¿Qué te pareció la enseñanza bíblica?

—Bueno, algunas de las cosas que la maestra dijo hoy fueron distintas —dijo Kayla lentamente—. Por ejemplo, mencionó que Jesús tuvo hermanos y hermanas. Siempre creí que él fue el único hijo de María. —Suspiró—. Y mi otra maestra nos dijo que los cristianos no se van directamente al cielo cuando mueren, pero esta maestra dice que sí. ¿A quién le creo?

—Esa es una buena pregunta —dijo el abuelito. Pensó por unos minutos, luego preguntó—: Tú aceptaste a Jesús como tu Salvador el año pasado, ¿verdad? —Kayla asintió, y el abuelito continuó—: ¿Te acuerdas de los hongos que recogimos ayer?

—Seguro —dijo Kayla, sorprendida por su pregunta—. ¿Qué pasa con ellos?

—Bueno, ayer fueron un buen ejemplo para nosotros: mostraron cómo necesitamos depender de Cristo para salvación, como ellos necesitan depender de otras plantas para su comida —respondió el abuelito—. También pueden servirnos como un ejemplo de nosotros como cristianos, pero en este caso son un mal ejemplo. Debemos estudiar la Palabra de Dios por nuestra cuenta, también; necesitamos pedirle a Dios que nos ayude a entender los pasajes que no están claros para nosotros.

—Pero eso es difícil —dijo Kayla con un suspiro.

—Sí —admitió el abuelito—, pero recuerda, como cristiana nunca estás sola. Dios te ayudará a entender su Palabra a medida que dependas de él. Yo puedo ayudarte y también otros cristianos, pero lo importante es que conozcas a Jesús. Los maestros humanos a veces pueden equivocarse, pero Dios siempre tiene la razón, así que revisa para ver si lo que tus maestros dicen está de acuerdo con la Palabra de Dios: la Biblia. *SLK*

¿Y TÚ?

¿Crees todo lo que oyes en la iglesia y en la escuela dominical? ¡Ten cuidado! Hasta el mejor maestro humano se equivoca a veces, y tienes el reto de averiguar las cosas por ti mismo en la Palabra de Dios. ¡Estudia y encuentra todas las cosas maravillosas que Dios tiene para ti!

MEMORIZA:

«Ahora creemos, no solo por lo que tú nos dijiste, sino porque lo hemos oído en persona». Juan 4:42

Estudia la Palabra de Dios

LA CREACIÓN DE DIOS

Lee el Salmo 139:13-18, 23-24

Cuando Alejandro iba en el auto con su mamá después de la Escuela Bíblica de Vacaciones, comenzó a tararear «Cristo me ama», que habían cantado ese día. Después de un par de minutos, Alejandro dejó de canturrear y miró a su mamá.

—¿En realidad me ama Dios? —preguntó.

—Claro que sí —le aseguró mamá—. Dios te ama muchísimo.

—¿Por qué? —preguntó Alejandro—. ¿Por qué me ama?

—Bueno... —Mamá señaló las fotos que Alejandro tenía en sus manos: fotos de la naturaleza que había tomado en un viaje familiar y fotos de un comedero de pájaros que él y su papá habían construido juntos—. Estas fotos son especiales para ti, ¿verdad? —le preguntó—. ¿Por qué te gustan tanto?

Alejandro miró las fotos.

—Las tomé todas con mi propia cámara, y también hice el comedero de pájaros que está en las fotos —dijo orgullosamente.

Mamá asintió.

—Es igual con Dios —dijo—. Él nos ama porque él nos hizo. Usó su brillante creatividad para hacer a cada uno de nosotros, con la esperanza de que tuviéramos una buena relación con él. Eso nos hace muy especiales para él. —Alejandro sonrió mientras mamá continuaba—. Él te ama aún más de lo que te gustan tus fotos o el comedero de pájaros que hiciste —le dijo mamá, y le devolvió la sonrisa.

—Aún más —repitió Alejandro—. El amor de Dios es enorme, ¿verdad, mamá?

—Sí, es enorme —dijo mamá.

Cuando llegaron a casa, mamá encontró un álbum de fotos que estaba vacío y juntos pusieron en él las fotos de Alejandro. Él puso el álbum en su cómoda, donde podía verlo cuando quisiera recordar que él era especial para Dios. *KEC*

¿Y TÚ?

¿Tienes algo que es muy especial porque lo hiciste y te pertenece? Recuerda que Dios te hizo y él te ama mucho. Por eso envió a Jesús a la tierra, para salvarte. ¿Correspondes a su amor?

Dios te hizo y te ama

MEMORIZA:
«En esto consiste el amor verdadero: no en que nosotros hayamos amado a Dios, sino en que él nos amó a nosotros».
1 Juan 4:10

LA NEBLINA

Lee Santiago 4:13-17

Estrella se estiró y bostezó, luego saltó con entusiasmo de la litera de arriba y se apresuró a vestirse. Cuando se ataba los zapatos, leyó una placa de la pared de la cabaña: «¿Qué es tu vida? Es como la neblina del amanecer: aparece un rato y luego se esfuma».

«Vamos, tropas —gritó alegremente una voz desde afuera—. Tenemos que cubrir muchos kilómetros en nuestra caminata matutina».

—¿Cómo puede estar tan alegre nuestra supervisora a las seis de la mañana? —preguntó Shelby, una de las compañeras de cabaña de Estrella.

—No sé —respondió Estrella—, pero la alegría de la señorita Sherri tiene algo que se me pega. Vamos.

Estrella y Shelby se unieron a las otras campistas mientras se reunían en frente del comedor. «Buenos días —dijo la señorita Sherri, sonriendo—. ¿Están listas para nuestra aventura? Nos prepararemos algo para desayunar más adelante en el camino». Y se fueron.

—Permanezcan en el camino por un rato —aconsejó la señorita Sherri—. El césped está húmedo por la neblina de anoche.

—Ya no está nublado —observó Shelby—. ¿No es extraño cómo simplemente desaparece? —La señorita Sherri asintió con la cabeza.

Después de que las excursionistas se detuvieron, la señorita Sherri las reunió para un tiempo devocional. Se volvió a referir a la neblina.

—Como dijo Shelby, la neblina está aquí por corto tiempo, y luego desaparece —dijo, luego miró al grupo—. ¿Sabían que su vida es así? El libro de Santiago dice que su vida "es como la neblina del amanecer: aparece un rato y luego se esfuma". Ese es un pensamiento serio, ¿verdad? Pero díganme, ¿qué hizo la neblina mientras estuvo aquí?

—Humedeció la tierra —alguien respondió. La señorita Sherri asintió.

—Correcto. En cierto modo, nosotros también "humedecemos" nuestro ambiente. ¿Conocen a alguien que las "humedezca" con alegría?

—Usted —dijo Estrella—. Usted siempre me humedece con su alegría. Me hace sentir contenta.

—Bueno, ¡gracias! —dijo la señorita Sherri, sorprendida—. Hoy tratemos todas de "humedecer" con el amor de Dios a los que conozcamos. *KAB*

¿Y TÚ?

Después de que has estado con tus amigos o familia, ¿estarán «humedecidos» con el amor de Dios? Pídele a Dios que te llene de su amor.

MEMORIZA:

«La vida de ustedes es como la neblina del amanecer: aparece un rato y luego se esfuma». Santiago 4:14

«Humedece» a otros con el amor de Dios

LA MALEZA DE LA VIDA

Lee Gálatas 5:22-26

La abuelita Nilsson trabajaba en su jardín cuando Meg se detuvo en su camino a casa de la escuela.

—Abuelita, ¡este es el jardín de flores más maravilloso de todo el mundo! —exclamó Meg con entusiasmo.

—Me alegra que te guste —dijo la abuelita—. A mí también me gusta, y trabajar en los arriates de flores siempre me hace recordar la vida cristiana.

—¿De veras? —preguntó Meg—. ¿Por qué?

—Bueno, piénsalo —respondió la abuelita—. Necesito trabajar aquí frecuentemente. Durante el buen clima, paso un poco de tiempo cada día trabajando con el azadón, regando, desyerbando o trasplantando. La maleza ocuparía todo el lugar si yo lo permitiera.

—Parece que es mucho trabajo —observó Meg.

—Sí, pero vale la pena. Ahora piensa en nuestra vida cristiana. ¿Por qué crees que trabajar con estas flores y desyerbarlas me hace recordarla?

—Bueno —dijo Meg lentamente—, creo que es porque tienes que cuidarla todos los días para mantenerla realmente bien. Es algo así como que siempre tenemos que leer nuestra Biblia, orar y esas cosas.

—¿Y por qué necesitamos hacerlo? —preguntó la abuelita.

—Me ayuda a actuar más como Jesús quiere que lo haga —dijo Meg.

—Correcto —coincidió la abuelita—. Tengo que desyerbar y regar mi arriate de flores para mantenerlo bello. Siempre imagino el tiempo que paso con Dios como el tiempo en que él desyerba y riega mi vida. La maleza de mi vida espiritual crece tan rápidamente como la maleza de mi arriate.

—¿La maleza de tu vida espiritual? —dijo Meg—. ¿Te refieres al pecado?

—La vida es difícil frecuentemente —explicó la abuelita—. La gente puede herirnos profundamente; podemos enojarnos con alguien; o tal vez una mascota o alguien que amamos muere. Cuando pasan esas cosas, podemos enojarnos y amargarnos. Esas actitudes, y muchas otras cosas, siempre me hacen recordar la maleza con raíces muy largas. Cuando dejamos que Dios desyerbe esas malas actitudes, podemos crecer en él. *RJC*

¿Y TÚ?

¿Alguna vez dejas que el enojo y el resentimiento crezcan en tu corazón? Jesús quiere que te liberes de esa clase de «maleza» para que tu vida pueda ser un «jardín» bello que produzca el fruto del Espíritu.

No permitas que el pecado crezca

MEMORIZA:
«Tengan cuidado de que no brote ninguna raíz venenosa de amargura, la cual los trastorne a ustedes y envenene a muchos». Hebreos 12:15

JULIO
15

SE NECESITA REPARACIÓN

Lee Hechos 2:42-47

—Me alegra que hayamos comprado esta cabaña, pero sin duda necesita mucho trabajo —dijo Lamont, uniéndose a su padre en el techo.

—Por eso es que pudimos conseguirla a un precio tan bajo —respondió papá—. Tendremos que reemplazar muchas tablas aquí arriba. Ten cuidado cuando camines; es posible que no te aguante.

Justo cuando papá dejó de hablar, Lamont oyó un crujido debajo de sus pies. Antes de poder reaccionar, la madera se rajó y cedió, y la pierna de Lamont se hundió en el techo, hasta la rodilla. Antes de darse cuenta de lo que decía, dijo una palabrota.

Cuando papá le vendaba la rodilla levemente torcida, Lamont se disculpó.

—Eh... papá... no fue mi intención decir lo que dije allá arriba. Es que se me salió todo sin darme cuenta.

—Generalmente, las palabras que se salen son las que usamos mucho. —dijo papá. Lamont bajó la mirada. Sabía que su padre tenía razón—. Hay algo más que debo preguntarte, porque podría haber una relación —continuó papá—. Esta mañana vi al señor Hartwig, tu maestro de la escuela dominical, y me dijo que últimamente no has hecho tu lección.

—Bueno, he estado un poco ocupado —dijo Lamont entre dientes. Luego frunció el ceño—. ¿Por qué es tan serio que a veces pase por alto cosas como las lecciones de la escuela dominical o los devocionales? —preguntó—. Aun soy cristiano y eso es lo importante, ¿verdad?

—Bueno —dijo papá—, nuestra vida espiritual se parece mucho a esta cabaña. Si descuidamos el mantenimiento regular como el estudio bíblico, también podemos llegar a ser débiles «estructuralmente». Entonces es más fácil aceptar las costumbres del mundo sin que nos demos cuenta.

—¿Las costumbres del mundo? —preguntó Lamont.

—Como usar palabras que no deberíamos —dijo papá—, y ver películas que no son apropiadas, toda clase de cosas. La lista es interminable.

Lamont asintió lentamente con la cabeza. *AJS*

¿Y TÚ?

¿Le pones atención a tu vida espiritual? La gente de la iglesia primitiva se esforzaba continuamente para mantener su vida espiritual. Todos necesitamos hacerlo también.

MEMORIZA:

«Todos los creyentes se dedicaban a las enseñanzas de los apóstoles, a la comunión fraternal, a participar juntos en las comidas (entre ellas la Cena del Señor), y a la oración». Hechos 2:42

Conserva en buen estado tu vida espiritual

SOLO ES UNA PEQUEÑA «C»

Lee Hebreos 6:9-12

—¡Mamá! —gritó Devon al entrar corriendo a la casa—. Owen va a ir en su bicicleta a la casa de su tío esta tarde. ¿Puedo ir con él?

—¿Se te olvidó que tienes que ir a tu práctica de títeres más tarde, para que estés listo para el programa de la escuela dominical de mañana? —preguntó mamá.

—Ah, no me echarán de menos en el programa —gruñó Devon—. Solo tengo tres o cuatro líneas pequeñas en todo el asunto. ¿Puedo faltar?

—Esas líneas son importantes —dijo mamá—. Tendrás otras oportunidades para montar bicicleta. Además —continuó mamá—, tengo un trabajo para ti antes de que te vayas a la práctica. Tienes que escribirle una nota a la abuelita y agradecerle los dulces y las calcomanías que te envió.

—Está bien —respondió Devon lentamente y se sentó a teclear en la computadora. *Graias por los dules*, comenzaba la nota de Devon. Dejó de teclear y la leyó. Presionó la tecla de la *C*, pero no pasó nada. Lo intentó una y otra vez—. Mamá, la *C* no funciona.

—Déjame intentarlo —dijo mamá. Presionó la tecla una y otra vez, pero no aparecía—. Ah, bueno —dijo al final—, creo que la *C* no es tan importante. No se necesita tanto como otras letras, y hay otras veinticinco letras que puedes usar. ¿Por qué no tecleas tu nota solo con ellas?

—¡Mamá! —dijo Devon—. ¿Cómo puedo escribir *gracias* o *dulce* sin la *C*?

—Mmm —murmuró mamá—. Te hace pensar en la gente, ¿verdad?

—¿La gente? —repitió Devon—. ¿De qué estás hablando?

—De la presentación de títeres —respondió mamá—. Un miembro tal vez no parezca muy importante, especialmente cuando no tiene mucho que decir. Pero sin esas pocas palabras, la presentación no sería tan buena, ¿verdad?

—Supongo que no —admitió Devon.

—Cuando tenemos que hacer un trabajo, Dios quiere que hagamos nuestra parte: en la iglesia, en casa o dondequiera que estemos —dijo mamá—, ¡y él quiere que hagamos lo mejor que podamos! *MMP*

¿Y TÚ?

¿Piensas algunas veces que lo que haces en la iglesia no es necesario? ¿Dejas que otros inviten amigos, respondan preguntas y se unan en el canto? ¿Eres servicial en casa y en la escuela? Tienes un papel importante que desempeñar.

Haz tu parte

MEMORIZA:
«Todo lo que te viniere a la mano para hacer, hazlo según tus fuerzas». Eclesiastés 9:10, RVR60

LO HAGO O NO LO HAGO

Lee Mateo 21:28-32

Peyton se metió una jugosa fresa en la boca antes de meter otro puñado en su cubeta.

—¿Por qué tuvieron que divorciarse papá y mamá, abuelito? —preguntó con un suspiro—. Es que Jack no me cae bien y quisiera que no se hubiera casado con mamá. Si él no hubiera aparecido, tal vez mamá y papá se habrían reconciliado.

—Sé que para ti es difícil adaptarte, pero la Biblia dice que debemos honrar y obedecer a los que tienen autoridad sobre nosotros —le recordó el abuelito a Peyton—. ¿Sabes? —agregó—, creo que tal vez necesitas perdonar a tus padres por haberse divorciado y perdonar a Jack por haberse casado con tu mamá. Tenemos que perdonar si esperamos que nos perdonen.

—Creo que soy una causa perdida, abuelito —dijo Peyton, limpiándose una lágrima—. Pero no puedo evitar sentir lo que siento adentro.

—Peyton, ¿tuviste *ganas* de ayudarme a cortar bayas esta mañana? —preguntó el abuelito.

—En realidad no —dijo Peyton—. Quería ir a nadar.

—Bueno, ¿has recogido las bayas de tu fila? —preguntó el abuelito.

—Por supuesto; mi cubeta está casi llena —dijo Peyton.

—Verás, tu voluntad y tus sentimientos no siempre son los mismos. Dios quiere que lo sirvamos con nuestra voluntad, no con nuestros sentimientos. No creo que Jesús en realidad tuviera ganas de ir a la cruz. ¿Y tú?

—Creo que no —dijo Peyton lentamente—, pero de todas formas fue.

—Correcto —dijo el abuelito—. Entonces, ¿le estás diciendo al Señor que no tienes ganas de perdonar a Jack ni a tus padres, o que no lo harás?

—Está bien, abuelito —dijo Peyton—, veo lo que quieres decir. Tal vez no puedo cambiar mis sentimientos, pero puedo cambiar mi voluntad.

—¡Tu voluntad no tiene que ser lo que no quieres hacer! —dijo el abuelito—. Ahora mismo *tengo ganas* de comer pastel de fresas —agregó—, y como ya terminamos de recoger esta fila, ¡creo que lo haré!

Peyton sonrió y se dirigieron a la casa. JRL

¿Y TÚ?

¿Te has sentido alguna vez culpable porque no tenías ganas de obedecer? ¿O porque no te caía bien el niño o la niña que se sentaba delante de ti en la escuela? Si es así, debes pedirle a Dios que te perdone, y luego *determina* hacer lo correcto, ya sea que tengas ganas de hacerlo o no.

MEMORIZA:

«¿Están ustedes dispuestos a obedecer? ¡Comerán lo mejor de la tierra!».
Isaías 1:19, NVI

Decide hacer lo correcto

LA VID

Lee Mateo 7:15-23

—Quisiera que las cinias duraran más —dijo Lidia con un suspiro, mientras mamá botaba a la basura un ramo de flores muertas.

—Podemos cortar más —dijo mamá con una sonrisa.

—En todo caso, ¿por qué se murieron? —preguntó Lidia—. Las pusimos en agua.

—Sí, lo hicimos —dijo su madre—, pero necesitan más que agua. Necesitan los nutrientes que reciben cuando están unidas a la planta. No podemos darles eso.

Papá, que acababa de llegar del campo, oyó la conversación.

—Estás creciendo en una granja, pero ¿acabas de descubrir que para que las flores permanezcan vivas, deben permanecer unidas a las plantas? —dijo bromeando. Le sonrió a Lidia—. Ellas son como la gente —agregó.

—¿Como la gente? —preguntó Lidia—. ¿Qué quieres decir? Yo no estoy unida a una planta.

—Te diré algo. Tengamos ahora nuestro tiempo devocional aunque no es la hora en que normalmente lo hacemos —sugirió papá—. ¿Está bien para todos? —Así fue, por lo que papá sacó su Biblia y leyó Juan 15: "Yo soy la vid; ustedes son las ramas. Los que permanecen en mí y yo en ellos producirán mucho fruto porque, separados de mí, no pueden hacer nada" (versículo 5).

Lidia abrió mucho los ojos.

—Como las cinias —dijo.

Papá asintió.

—Creo que en realidad, Jesús les está diciendo a los cristianos que son inútiles si no permanecen en él, si no siguen sus enseñanzas ni obtienen su fortaleza de él. Pero esta también es una buena advertencia para los que no son salvos. Demasiada gente trata de agradar a Dios a su manera, en lugar de confiar en Jesús. Pero él dice que separados de él todos sus esfuerzos no valen nada. Si nunca confían en Jesús para salvación, morirán en sus pecados. *POY*

¿Y TÚ?

¿Estás «unido» a Jesús? Necesitas estarlo y puedes hacerlo al aceptar a Jesús como tu Salvador. Solo cuando eres parte de él es que puedes hacer cualquier cosa que verdaderamente valga la pena.

Permanece «unido» a Jesús

MEMORIZA:
«Una rama no puede producir fruto si la cortan de la vid, y ustedes tampoco pueden ser fructíferos a menos que permanezcan en mí». Juan 15:4

UN VASO DE AGUA FRÍA

Lee Marcos 9:41; 10:42-45

—No quiero ir al hogar de ancianos con nuestra clase —dijo Riley.

—¿Por qué no? —preguntó mamá.

—Todos los demás tienen algo importante que hacer —dijo disgustado—. Julia y Rory van a cantar. Patrick va a leer la Biblia. Catie va a tocar un coro de adoración. Yo no soy bueno para nada.

—¿No hay algo que la señorita Youngman te haya pedido que hagas? —preguntó mamá.

—Bueno, sí —admitió Riley—. Pero no es nada importante. —Hizo una pausa—. Lo único que tengo que hacer es servir limonada.

—Cualquier cosa que hagamos por Jesús es importante, y la abuelita Wesley te extrañará si no vas. —La abuelita Wesley, que no era la verdadera abuelita de Riley, había sido su vecina de al lado por muchos años, antes de que se trasladara al hogar de ancianos. Riley suspiró, pero aceptó ir.

En el hogar de ancianos, la música y el entretenimiento fueron agradables. Entonces Patrick leyó con una voz fuerte y clara: «Si alguien les da a ustedes incluso un vaso de agua porque pertenecen al Mesías, les digo la verdad, esa persona ciertamente será recompensada» (Marcos 9:41). Riley se sorprendió al oír eso, pero no tuvo mucho tiempo para pensar en ello porque pronto era el tiempo para la merienda. Riley sirvió limonada y la señorita Youngman sirvió las galletas. Ella lo hizo como si fuera algo importante.

La abuelita Wesley era la primera en la fila.

—Vaya, qué bueno verte, Riley —dijo—. Eras mi mejor mandadero.

—Yo también extraño vivir cerca de usted —le dijo Riley sonriendo—. Sus galletas eran las mejores. —La abuelita quiso que todos sus amigos conocieran a Riley. Cada uno de ellos tenía algo para contarle de sus nietos, y él les habló de su perro nuevo, Skipper. Pronto fue tiempo para irse.

—Mamá, la abuelita Wesley mandó saludos —gritó Riley al entrar corriendo a la casa—. Tuve un buen tiempo, después de todo.

—Solo con hacer algo por los demás te hace sentir que tuviste un premio, ¿verdad? —preguntó mamá.

—Sí, es cierto —admitió Riley—. Y lo único que hice fue darles vasos de agua fría con jugo de limón y azúcar. *MMP*

¿Y TÚ?

Aunque algunas tareas no te parezcan importantes, hazlas como si las estuvieras haciendo para Jesús. Para él son importantes.

MEMORIZA:

«El que quiera ser el primero entre ustedes deberá ser esclavo de los demás». Marcos 10:44

Sirve a Dios como puedas hacerlo

UNA LECCIÓN DE AMOR

Lee Romanos 12:9-18

—Mamá, los gemelos están peleando otra vez —le gritó Cole a su mamá—. ¿Qué hacemos? —Los hermanitos de Cole acababan de cumplir dos años y no les gustaba compartir nada. Constantemente peleaban por los camiones, por los bloques, por las palas y por sentarse en el regazo de mamá—. ¿Era yo tan egoísta cuando tenía su edad? —preguntó Cole.

—A veces —dijo mamá—. Los niños pequeños frecuentemente pasan por una etapa en la que no les gusta compartir; los expertos dicen que es una manera de llegar a ser independientes. Pero tienen que aprender que somos más felices cuando compartimos y nos amamos unos a otros. —Le sonrió a Cole—. A veces todavía te es difícil ser amable con los demás —le recordó suavemente—. Como cuando estoy ocupada con las tareas de la casa y no puedo hacer lo que tú quieres. O cuando esperas tu turno para batear durante la práctica de béisbol. ¿Verdad?

—Sí —admitió Cole—. Quisiera poder hacer algo para ayudarlos a aprender a compartir y a amar.

—Intentémoslo —sugirió mamá—. Sígueme. —Caminaron hacia el jardín y mamá le pidió a Cole que le diera a cada uno de sus hermanitos un gran abrazo.

«Cole les está demostrando amor —les dijo a los dos niños mientras Cole abrazaba a cada uno—. Ahora bien, ¿pueden dar amor ustedes también?», les preguntó un momento después. Ellos no se movieron. No habían aprendido a hablar mucho, pero sus ojos suplicantes decían lo que probablemente estaban pensando: *¿Tenemos que hacerlo, mamá?*.

«¿Pueden dar amor? —les preguntó mamá—. Demuéstrenle amor al otro».

Los niñitos se miraron mutuamente. Dieron pasos lentos hacia el otro, pusieron su cabeza en el hombro del otro e intercambiaron abrazos. Cole y mamá aplaudieron y los aclamaron. Los gemelos sonrieron ampliamente. Sabían que habían hecho algo bueno. «¿Sabes, Cole? —dijo mamá cuando volvieron a la cocina—, en la Biblia aprendemos que Dios quiere que nos amemos unos a otros. A veces es difícil y pensamos: *¿Tenemos que hacerlo, Dios?*, pero él nos impulsa a que demos pasos lentos hacia los otros en amabilidad. Asegurémonos de obedecerlo y tratemos de amar a los demás». *RJP*

¿Y TÚ?

¿Te es difícil mostrar amabilidad y amor a algunas personas? ¿Te está impulsando Dios a que te acerques a alguien? Él te ayudará si se lo pides.

Muéstrense amor unos a otros

MEMORIZA:
«Ámense unos a otros con un afecto genuino». Romanos 12:10

GIROS Y VUELTAS

—¿Alguna vez vamos a llegar a donde el abuelito y la abuelita? —preguntó Graham—. ¡Parece que hemos estado conduciendo por estos caminos serpenteantes una eternidad!

—Sí —asintió Victoria—. Estoy ansiosa por ver su casa nueva y nadar en el lago. Se sentirá fantástico después de estar encerrados en este auto por tanto tiempo; hemos estado en el auto demasiado tiempo en los últimos meses. —Papá y mamá habían estado dando conferencias en muchos lugares, recaudando fondos para ir al campo misionero.

—Sí —dijo papá—, pero ya nos estamos acercando al total de los fondos de apoyo y deberíamos poder salir el próximo verano, Dios mediante.

—A veces parece que tampoco llegaremos allá —dijo Graham—. Primero, el campo al que vamos a ir estaba cerrado para los misioneros. Luego mamá se enfermó, y después de eso nuestro auto no dejaba de arruinarse. —Suspiró—. Si Dios nos guía, ¿por qué todo parece salir mal?

Papá comenzó a hablar, pero Victoria lo interrumpió. «¡Miren! —exclamó—. Nos acercamos a Cedar Drive; esa es la calle donde viven».

Papá bajó la velocidad para girar en la angosta intersección y pronto Graham gritó: «¡Oigan! ¡Apuesto a que ese es el lago por donde viven el abuelito y la abuelita! —Pero el camino tenía un giro brusco y luego otro. Pronto Graham volvió a ver el lago, pero esta vez estaba detrás de ellos—. Ese no ha de ser el lago», dijo. Sin embargo, el camino giraba una y otra vez, y antes de que se dieran cuenta, vieron el lago enfrente cuando entraron al camino de entrada de la casa de los abuelitos.

Pronto todos estuvieron descansando cerca del agua. «Esto es genial —dijo papá—, pero el camino serpenteante que tomamos antes de llegar aquí me hizo recordar algo que comencé a decir antes. Cuando obedecemos la guía de Dios, puede parecer que el camino está lleno de giros y vueltas y que no nos lleva a nuestra meta en absoluto. Pero si seguimos a Dios continuamente, podemos estar seguros de que él nos llevará al lugar en el que él quiere que estemos». *SLK*

¿Y TÚ?

¿Has tratado de seguir la voluntad de Dios en tu vida y te has desanimado cuando surgen obstáculos o retrasos? Recuerda, él sabe a dónde te lleva, y él sabe cuál es la mejor manera de llevarte allí. Sé paciente, ¡y no dejes de confiar en él!

MEMORIZA:

«Él sabe a dónde yo voy; y cuando me ponga a prueba, saldré tan puro como el oro». Job 23:10

Confía en la guía de Dios

UN CEBO ATRACTIVO

Lee Lucas 4:1-14

Skye buscó en la caja de aparejos de pesca hasta que encontró el cebo rojo brillante que papá quería.

—¿Es este? —preguntó. Papá lo tomó de su mano y sonrió.

—Sí, este es. Tan pronto como el pez lo vea, no dudo que lo devorará.

—Y entonces lo atraparemos y lo devoraremos a él, ¿verdad, papá? —Skye sonreía emocionada.

Papá asintió mientras ataba el cebo al sedal y lo lanzaba al estanque.

—Sin duda lo atraparemos —dijo—. Ahora lo único que tenemos que hacer es esperar.

—¿Cuánto tiempo tenemos que esperar? —preguntó Skye.

—Mmm, tal vez unos cuantos minutos, o tal vez un poco... ¡oye! ¡Creo que alguno mordió, Skye!

—¡No me digas! —Skye aplaudió. Poco después, papá enrolló el sedal atrayendo un gran pez azul hacia la playa.

—¡Guau! —exclamó Skye—. ¿Nos lo vamos a comer esta noche?

—¿Por qué no? —dijo papá.

Mientras conducían a casa un poco después, papá preguntó:

—¿Sabes cómo funciona esa cosa que me diste que se llama cebo?

—No. —Skye negó con la cabeza.

—Atrae, o engaña, a los peces haciéndolos pensar que es algo bueno para comer —explicó papá—. Pero cuando lo muerden, quedan atrapados. —Skye miró a papá y se quedó quieta. Sabía que tenía algo más en mente—. ¿Sabías que Satanás frecuentemente usa "cebos" para engañar y atrapar a la gente?

—¿De veras? —Skye se sorprendió; abrió bien los ojos y sacudió la cabeza.

—Sí —dijo papá—. Frecuentemente engaña a la gente haciéndole pensar que el pecado es inofensivo, incluso divertido. Tal vez llame tu atención hacia alguien que se ha salido con la suya al robar en alguna tienda o al decir una mentira, y te haga pensar que tú también deberías intentarlo. O tal vez use un programa de televisión para hacer que beber y fumar parezca atractivo. Cuando quedas enganchada, es decir, cuando has devorado el cebo, solo el Señor Jesús puede rescatarte. *RSM*

¿Y TÚ?

¿Estás consciente de las cosas que Satanás usa para atraerte al pecado? No dejes que te engañe. Cuando te veas tentado a hacer algo malo, pídele a Dios que te dé la fortaleza para decir que no.

Resístete a las atracciones de Satanás

MEMORIZA:
«Resistan al diablo, y él huirá de ustedes». Santiago 4:7

¡ELLA HIZO QUE TUVIERA SED!

Lee el Salmo 63:1-8

«¡Mami! ¡Kit hizo que tuviera sed! —gritó Lance—. Me dio papitas fritas».

—No tenías que comértelas, Lance. —Kit se rió de su hermanito.

Lance hizo pucheros.

—Ella hizo que yo las quisiera, mami —insistió—. Por eso es que comí tantas. Kit dijo que estaban muy buenas y no paraba de comerlas y comerlas.

—¿Y estaban buenas, Lance? —preguntó mamá.

—Sí —asintió Lance—. Pero ahora tengo sed.

Con una sonrisa, mamá sirvió jugo en dos vasos.

—¿Sabías que se supone que los cristianos deben ser como las papitas fritas? —preguntó mientras le entregaba un vaso a cada niño.

—¡Mamá! Eso es tonto. ¿Cómo puede alguien ser como una papita frita? —preguntó Kit.

—¡Sí! —asintió Lance y le sonrió a su hermana mayor—. *Seguramente* tendría sed si me comiera una papita frita de tu tamaño.

—Te haría tener sed, ¿verdad? —respondió mamá—. Así es exactamente como debes parecerte a una papita frita, Lance. Se supone que debes hacer que la gente tenga sed de Jesús.

—Mamá, ¿cómo podríamos hacer eso? —preguntó Kit.

—Bueno, debido a que las papitas fritas son saladas, hacen que te dé sed —explicó mamá—. Jesús dijo que los *cristianos* son la sal de la tierra, por lo que debemos hacer que la gente tenga sed de él.

—Aunque todavía no sé cómo podemos hacer eso —dijo Kit mientras tomaba otro puñado de papitas fritas.

—Lance dijo que hiciste que él quisiera las papitas fritas al decirle lo buenas que estaban, ¿verdad? —preguntó mamá—. Y también pudo ver cuánto te gustaban.

—¡Creo que lo entiendo! —gritó Kit—. Si les decimos a nuestros amigos lo maravilloso que es Jesús, y si ellos pueden ver que somos felices como cristianos, haremos que tengan sed de Jesús. ¡Querrán lo que tenemos, así como Lance quería papitas fritas! *MLD*

¿Y TÚ?

¿Eres un cristiano con sal? ¿Hablas con tus amigos de Jesús? ¿Ven que te gusta aprender de él en la iglesia y en la escuela dominical? ¿Deja ver tu vida que lo amas? Para que tus amigos tengan sed de Jesús, debes alabarlo con tus palabras y con tu vida.

MEMORIZA:

«Ustedes son la sal de la tierra».
Mateo 5:13

Haz que otros tengan sed de Jesús

LA CAMINATA

Lee el Salmo 33:4-12

«¡Creo que veo el final del camino, mamá!», gritó Carter con alivio. La familia había caminado por el empinado sendero Treetop por dos horas y Carter con gusto se dejó caer en una gran piedra plana. Mientras descansaba, miró el paisaje de abajo.

Taylor, el hermano menor de Carter, se dejó caer a su lado.

—¡Guau! ¡Esto es impresionante! —exclamó—. ¡Mira esto, papá! ¡Apuesto a que puedes ver hasta unos mil kilómetros! —Taylor señaló una pequeña casa en la distancia. Papá se acercó a mirar.

—Yo diría que más bien son unos treinta kilómetros y no mil —dijo con una sonrisa.

—Bueno, ¡todavía es completamente impresionante! —repitió Taylor.

Mamá se sentó a su lado.

—Ustedes, chicos, siempre dicen que algo es impresionante. ¿Saben qué significa la palabra? —preguntó.

Carter encogió los hombros.

—No sé —dijo—. Creo que significa algo muy importante.

—La busqué en el diccionario después de que te oí usarla cierto día —dijo mamá—. Había unas cuantas definiciones, y todas tenían que ver con algo sagrado o sublime. Una era "que causa gran impresión, en especial asombro o admiración". Me gusta.

—Me gusta usar la palabra *impresionante* para describir a Dios —dijo papá—. El Salmo 33 dice que debemos estar ante Dios con temor reverente. Debemos respetarlo y reconocer que está al control de todo el mundo. —Papá hizo una pausa y miró a su alrededor—. Estar en esta montaña te hace sentirte muy pequeñito, ¿verdad? —agregó.

—¡Y que lo digas! —exclamó Carter.

—Así que es impresionante porque Dios lo hizo y nos da solo un vistazo de su grandeza —continuó papá.

Los chicos se sentaron tranquilos por varios minutos. Luego mamá agregó en voz baja: «Sí, ¡Dios es el que es verdaderamente impresionante!». *DAF*

¿Y TÚ?

¿Describirían tus amigos una bicicleta nueva o una espectacular exhibición de fuegos artificiales como impresionante? Tal vez tú mismo lo haces. Si quieres ver algo verdaderamente impresionante, mira a tu alrededor el mundo que Dios creó. ¡Piensa en su gran poder y gloria!

Dios es verdaderamente impresionante

MEMORIZA:
«Que todo el mundo tema al SEÑOR y todos estén ante él con temor reverente».
Salmo 33:8

LA ENTRADA

Lee Romanos 5:1-2, 6-11

—Volveré para la cena, mamá —gritó Zachary mientras quitaba su toalla de playa del tendedero—. Voy a nadar con Micah en el club de campo.

—Ten cuidado. —Mamá sonrió y agitó la mano para despedirse—. Puedes invitar a Micah para comer hamburguesas después, si quieres.

Los chicos la pasaron bien nadando. Antes de que se dieran cuenta se había acabado la tarde, y se dirigieron a la casa de Zac para cenar. El aroma de las hamburguesas en la parrilla hizo que los chicos se dieran cuenta de que tenían más hambre de lo que pensaban.

—¡Mmm! ¿Cuándo vamos a comer? —preguntó Zac.

Papá volteó las hamburguesas por última vez antes de agregar el queso.

—Tan pronto como se derrita el queso —respondió—. Por qué no agradecemos por esta comida y para entonces estarán listas. —Todos inclinaron la cabeza cuando papá oró—. Gracias, Padre, por este bello día, por nuestros amigos y especialmente por tu Hijo, el Señor Jesús. Te pedimos que bendigas esta comida. En el nombre de Jesús, amén.

Cuando papá pasó la comida, Micah dijo:

—Casi nunca oramos en nuestra casa. Hay un montón que en realidad no entiendo de eso. Como ¿por qué están especialmente agradecidos con Jesús?

—Si no fuera por él, no iríamos al cielo. ¿Verdad, papá? —respondió Zac. Papá asintió.

—Piénsalo de esta manera, Micah. No tenemos membresía en el club de campo, pero Zac va frecuentemente a nadar allí. ¿Cómo es que entra?

—Bueno, como mi papá es el dueño del club de campo—respondió Micah—, Zac puede entrar porque es mi amigo.

—Entonces entra gratis porque te conoce a ti, el hijo del dueño, ¿verdad? —preguntó papá. Micah asintió—. Así es en el cielo —continuó papá—. Vamos al cielo cuando conocemos y aceptamos a Jesús, el Hijo de Dios, como nuestro Salvador. ¿Y sabes qué, Micah? Tú también puedes conocerlo. *DLR*

¿Y TÚ?

Solo a través de Jesús es que puedes tener acceso a Dios. Solo conociéndolo es que puedes entrar al cielo. ¿Conoces a Jesús? ¿Es tu amigo personal?

MEMORIZA:

«Jesús le contestó: "Yo soy el camino, la verdad y la vida; nadie puede ir al Padre si no es por medio de mí"». Juan 14:6

Jesús es el camino al cielo

¿LLAMA DIOS?

Lee Lucas 16:10-13

Mientras el Dr. Ranin hablaba de su «llamado» al campo misionero, Ángelo se preguntaba cómo sería recibir un llamado de Dios. El Dr. Ranin se refirió a eso como un «fuerte deseo de servir a Dios», pero Ángelo todavía se preguntaba cómo podría saber si Dios alguna vez lo llamaba a hacer algo.

El Dr. Ranin habló de cómo arregló un camión con la ayuda de su hijo, Joel. Fue especialmente interesante, porque ellos no tenían ninguna de las herramientas adecuadas y a Joel se le había ocurrido una idea loca tras otra. Cuando menos esperaban que funcionara, el motor comenzó a rugir.

—Quisiera haber estado allí cuando Joel y su papá arreglaron el camión —dijo Ángelo cuando volvían a casa de la iglesia.

—Debe haber sido interesante —asintió papá—. Fue más bien triste que no tuvieran ninguna herramienta buena con la cual trabajar, ¿verdad?

—Tendrías que haber estado allí con tu existencia de herramientas —dijo Ángelo. En el negocio de papá, él tenía herramientas para reparar casi cualquier cosa.

Durante los días siguientes, Ángelo pensó frecuentemente en la falta de herramientas en el campo misionero. Tenía un poco de dinero ahorrado, pero usarlo significaría renunciar a la patineta que quería comprar. Por algún tiempo dudó. Entonces, una noche, habló con su padre de eso.

—Papá —dijo Ángelo—, ¿sería suficiente el dinero que he ahorrado para la patineta para comprar herramientas para los misioneros?

—A mi precio, ese dinero compraría bastantes herramientas, y a mí me gustaría darles algunas más, si eso es lo que en realidad quieres hacer —dijo papá después de un momento.

—Sí —dijo Ángelo—. No sé por qué, pero me parece mucho más importante ayudar a los misioneros que comprar una patineta nueva. —Aun mientras hablaba, Ángelo se preguntaba si estaba comenzando a entender cómo sería recibir un llamado de Dios. *EMB*

¿Y TÚ?

¿Te preguntas qué es lo que Dios tiene planificado para tu vida? Antes de que Dios te llame a hacer algo grande, probablemente te llamará a hacer cosas pequeñas. Cuando sientas un deseo fuerte de hacer algo bueno, Dios podría estar llamándote. ¿Cómo responderás?

Escucha el llamado de Dios

MEMORIZA:
«Dios nos salvó y nos llamó para vivir una vida santa. No lo hizo porque lo mereciéramos, sino porque ese era su plan desde antes del comienzo del tiempo».
2 Timoteo 1:9

¿QUIÉN DICE?

Lee Isaías 55:8-11; Hebreos 4:12

Cuando Shannon estaba ayudando a su madre en la cocina una tarde, dijo:

—¿Adivina qué, mamá? Hoy le testifiqué a Sydney.

—¡Qué bien! —exclamó mamá—. ¿Y qué le dijiste?

—Pues, ya sabes, le dije que tenía que salvarse o no iría al cielo.

—¿Qué versículos de la Biblia usaste? —preguntó mamá.

—No usé ninguno, pero en realidad no importa, ¿verdad? —djio Shannon. Entonces agregó—: ¿Podemos comer pronto?

—Ya casi está lista la cena. ¿Puedes hacerme el favor de llamar a Samuel? Shannon abrió la puerta. «¡Samuel! —gritó—. ¡Entra ya!».

Unos cuantos minutos después, mamá preguntó:

—¿Dónde está Samuel?

—Creo que no ha entrado —respondió Shannon—. Iré a llamarlo otra vez. —Esta vez caminó todo el trecho hasta la caja de arena.

—Samuel, ¡te dije que entraras! —lo reprendió.

—Bueno, bueno —respondió Samuel, sin levantar la mirada—. Ya voy. —Pero cinco minutos después, todavía no había señales de Samuel.

«Él no suele desobedecerme así». Mamá fue a la puerta y llamó:

—¡Samuel, entra ahora mismo!

—Está bien, mamá —respondió Samuel.

Cuando Samuel entró a la cocina un rato después, mamá le preguntó:

—¿Por qué tuvimos que llamarte tres veces? Quiero que ayudes a Shannon a poner la mesa.

—Pero Shannon no dijo que *tú* me llamabas —explicó Samuel sorprendido—. Pensé que ella solo quería que jugara un juego o algo así.

—Ahora bien, este es un ejemplo de por qué es importante citar la fuente de tu mensaje —le dijo mamá a Shannon.

—¿Qué quieres decir? —preguntó Shannon confundida.

—Dijiste que no usaste ningún pasaje bíblico hoy cuando hablaste con Sydney —explicó mamá—. Me alegra que le hayas testificado, pero no olvides que el mensaje de la salvación es de Dios y no tuyo. Debes decirle a la gente lo que dicen las Escrituras y no solo decirle tus opiniones. *SLK*

¿Y TÚ?

¿Buscas oportunidades para testificar a tus amigos no salvos? Debes estar preparado con algunos versículos bíblicos para respaldar lo que dices. Deja que tus amigos vean que el mensaje de la salvación es del mismo Dios.

Usa la Palabra de Dios para testificar

MEMORIZA:
«Predica la palabra de Dios».
2 Timoteo 4:2

LA FIESTA DE CUMPLEAÑOS

Lee Marcos 12:28-34

Melissa y sus amigas Danielle y Madison estaban celebrando el cumpleaños de Melissa en la pista de patinaje. Melissa y Danielle se estaban divirtiendo mucho, pero Madison se veía aburrida. Antes de que fuera hora de irse, Madison se quitó los patines y se sentó en la orilla haciendo pucheros.

Después de patinar, las niñas volvieron a la casa de Melissa a comer pastel y helado, y sus dos amigas le dieron un regalo cada una. «Yo misma lo hice», dijo Danielle tímidamente cuando le entregó a Melissa el regalo. Era un separador de libros hecho a punto de cruz, con flores y las palabras *Amigas para siempre* en él.

Madison se rió con desdén cuando vio el separador de Danielle. Entonces le entregó a Melissa una caja grande. Tenía una bella muñeca española para la colección de muñecas de Melissa.

Más tarde, cuando Danielle y Madison ya se habían ido, Melissa se sentó en su cama y miró sus dos regalos.

—¿Te divertiste? —preguntó mamá desde la puerta.

—Sí —dijo Melissa, y levantó el separador de libros—. Me encanta este separador que me dio Danielle. Parece que se divirtió. —Entonces Melissa levantó la muñeca—. Estoy segura de que costó mucho dinero, pero no estoy segura si en realidad me gusta. Madison se comportó como que ni siquiera quería estar aquí —dijo Melissa con un suspiro—. ¿Sabes cómo se siente eso? —preguntó.

—Sí, lo sé —dijo mamá—. Y Dios también entiende cómo te sientes; él también se siente de la misma forma con nuestros regalos.

—¿Qué quieres decir? —preguntó Melissa.

—Bueno, hay varios lugares en la Biblia que nos dicen que Dios quiere que lo obedezcamos con un corazón amoroso y dispuesto —explicó mamá—. Si le traemos ofrendas o hacemos obras con mala actitud, él en realidad desprecia nuestros regalos y nuestras buenas obras. —Le dio un abrazo a Melissa—. Vamos —dijo—. Comamos otro pedazo de pastel. *LJO*

¿Y TÚ?

¿Haces todas las cosas apropiadas sin sentir nada de amor por Dios? Él quiere que lo obedezcas, que hagas cosas amables para otros y que le des tus ofrendas. Pero más que eso, quiere que lo ames.

Obedece a Dios con amor

MEMORIZA:
«Dios ama a la persona que da con alegría». 2 Corintios 9:7

NO TODOS SON PAPAS

Lee Romanos 12:4-13

Jada pedaleaba su bicicleta lentamente por el camino hacia la casa del abuelito. Era una tarde soleada y brillante y no la sorprendió encontrarlo trabajando en su jardín. Cuando él la vio, levantó la cabeza con una sonrisa.

—¿Cómo está hoy mi maravillosa Jada? —preguntó.

Jada sintió que se le salían las lágrimas cuando caminó lentamente hacia donde el abuelito desyerbaba.

—Me siento horrible —admitió—. No puedo hacer nada tan bien como mis hermanas. Lynn siempre saca una "A" en todo. Yo estudié tanto como pude para mi examen de inglés de la escuela de vacaciones, pero saqué una "B". Lidia es una jugadora de *softball* superbuena. A mí me sacaron hoy.

El abuelito abrazó a Jada.

—Tú también tienes talento —le aseguró—. Tal vez no aprecias las cosas que haces bien porque estás muy ocupada tratando de ser como tus hermanas. —Señaló su jardín—. ¿Ves esas zanahorias, esas papas y esos frijoles?

—Seguro —dijo Jada.

—Voy a preparar con ellas una sopa de vegetales —le dijo el abuelito—. Pero, ¿y si todos los vegetales de mi jardín decidieran que quieren ser papas?

—Eso no podría pasar —dijo Jada sonriendo—, pero si eso sucediera, creo que tendrías que hacer sopa de papas.

—Pero eso no me gustaría tanto —dijo el abuelito—. Me gusta el sabor de todos los vegetales en mi sopa. —Le sonrió a Jada—. Creo, cariño, que a veces olvidamos que no todos fuimos hechos para ser papas. Así como Dios le da a cada vegetal un sabor diferente, él nos da a cada uno un don diferente.

—¿Entonces no debo preocuparme por las calificaciones? —dijo Jada.

—Bueno, debes estudiar mucho y tratar de sacar buenas calificaciones, y de hacer lo mejor posible en los deportes o en cualquier otra cosa que intentes hacer —respondió el abuelito—. Pero también debes pedirle a Dios que te muestre tus talentos especiales para que puedas usarlos para servirlo. ¡El mundo sería un lugar muy aburrido si todos fuéramos papas! *KEC*

¿Y TÚ?

¿Sabes que Dios te ha dado talentos especiales? Es posible que sean diferentes de los de tus amigos y de tu familia. Tal vez Dios te ha dado talento para la música, o para el arte o para ayudar a que la gente enferma mejore. Tu parte es servir a Dios con los talentos que te ha dado.

MEMORIZA:

«Dios, en su gracia, nos ha dado dones diferentes para hacer bien determinadas cosas». Romanos 12:6

Usa tus talentos para Dios

LOS LENTES OSCUROS

Lee 1 Corintios 13:9-13

Claire había pasado la tarde en la playa con su amiga. «¡Nos divertimos tanto!», declaró cuando llegó a casa. Se dejó caer en una silla y describió el buen tiempo que pasó nadando, construyendo castillos de arena y buscando conchas en la playa. Miró alrededor de la habitación.

—¿Por qué está tan oscuro aquí? —quiso saber.

—Porque todavía tienes puestos tus lentes oscuros, bobita —le dijo su hermano Max riéndose. Claire también se rió y se quitó los lentes.

—Acabo de pensar en algo, Claire —dijo su padre sonriendo. Alcanzó su Biblia y la abrió—. Ponte otra vez esos lentes y ven aquí un minuto. Me gustaría que me leyeras algunos versículos. —Señaló el texto con su dedo.

—¿Quieres decir, con los lentes puestos? —preguntó Claire, mirando la Biblia. Su padre asintió. Claire se acercó un poco más la Biblia. La página no se veía muy clara, pero logró leerla.

—«Ahora vemos por espejo, oscuramente; mas entonces veremos cara a cara. Ahora conozco en parte; pero entonces conoceré como fui conocido». —Dejó de leer y le sonrió a su padre—. Ver por un espejo, oscuramente, definitivamente me describe a mí —dijo.

—Nos describe a todos —dijo papá—. Cuando tu primo J. J. murió el mes pasado, todos estábamos muy alterados y hasta enojados, ¿verdad? —La expresión de Claire se puso triste, y asintió—. Todos teníamos preguntas: queríamos saber *por qué*, ¿verdad? —Otra vez, Claire asintió y su padre continuó suavemente—: En esta vida, vemos los acontecimientos que ocurren a nuestro alrededor como si tuviéramos puestos lentes oscuros. Las cosas no son claras y nos preguntamos por qué. Pero cuando nos encontremos con el Señor en el cielo, ya no tendremos preguntas como esas. Comprenderemos verdaderamente que Dios hace bien todas las cosas.

Claire se quitó los lentes y los miró, perdida en sus pensamientos. Después de un rato, lentamente asintió y sonrió. *RSM*

¿Y TÚ?

Es más fácil confiar en Dios cuando ves las cosas claramente, ¿verdad? Pero Dios aprecia la fe que confía en él cuando las cosas *no* se ven claras. Pídele a Dios que te ayude a confiar en él, a pesar de cómo se vean las cosas. Dios te ama mucho. Se *puede* confiar en él.

Confía en Dios incluso en los tiempos difíciles

AYUDA PARA MAMÁ

Lee el Salmo 27:1-10

—Timoteo, si vas a ir a jugar con Lucas, lleva tu suéter —dijo mamá.

—Está bien —dijo Timoteo. Era una mañana de julio. Nadie necesitaba un suéter, pero ni mamá ni Timoteo querían que alguien viera que él estaba cubierto de moretones. Además, si él objetaba, mamá podría golpearlo otra vez. Sin embargo, eso solo pasaba usualmente cuando ella estaba ebria.

Pronto, Timoteo y Lucas estaban pateando una pelota de fútbol en el jardín de Lucas. Poco después se estaban limpiando el sudor de la cara.

—¿No hace mucho calor para usar suéter? —preguntó la madre de Lucas cuando salió—. Por lo menos arremángate los puños. Así... tus manos están sucias. Yo lo haré por ti.

—No, no —djo Timoteo, pero la señora Hall ya había visto su brazo.

—¡Qué es esto, Timoteo! —dijo con un grito ahogado—. ¿Qué pasó?

—Yo... este... me caí. —Era cierto. En su enojo, mamá lo había lanzado al suelo—. Estoy bien. En serio —dijo.

—Timoteo, no hace mucho tiempo tenías un ojo muy morado —dijo la madre de Lucas—, y no quisiste hablar de eso tampoco. —Hizo una pausa—. ¿Te golpea alguien? —le preguntó suavemente.

—Este... bueno, solo si lo merezco —dijo Timoteo entre dientes.

—No —dijo la señora Hall con tristeza—. Los niños necesitan que los castiguen cuando hacen cosas malas, pero tú no mereces que te golpeen.

—No se lo diga a nadie. Por favor, no lo haga —suplicó Timoteo, secándose una lágrima de su cara—. Mamá dice que me llevarán si alguien lo sabe. Ella siempre se arrepiente cuando hace algo así.

—Timoteo —dijo la señora Hall—, tu madre necesita la ayuda de Dios para dejar de hacer lo que hace. Deja que llame al pastor Harvey y que le pida que vaya con nosotros a hablar con ella de esto. Queremos ayudarlos a ambos, a ella y a ti. Tal vez puedas quedarte con nosotros por algún tiempo, hasta que ella reciba la ayuda que necesita.

Con temor, Timoteo accedió. No sabía que pasaría después. Pero sabía que Dios y sus amigos lo ayudarían. *MMP*

¿Y TÚ?

¿Te ha golpeado mucho algún adulto, a ti o a algún amigo tuyo, no solo unas palmadas, sino que en realidad te han herido? No guardes el secreto. Cuéntaselo a alguien que ama a Dios y que te ayudará. Recuerda que, a veces, los adultos también necesitan ayuda.

MEMORIZA:

«Aunque mi padre y mi madre me abandonen, el SEÑOR me mantendrá cerca».
Salmo 27:10

Pide ayuda cuando sea necesario

CAMINATA NOCTURNA

Lee el Salmo 119:105, 113-117

Papá y Amy decidieron caminar por el lago para ver la trayectoria de la luna sobre el agua. Para llegar a la playa tuvieron que tomar un camino estrecho por el bosque. Las ramas y raíces que podían hacer tropezar al viajero desprevenido, incluso de día, marcaban el camino. «Asegúrense de usar las linternas», advirtió mamá cuando Amy y papá salían del campamento.

Amy siguió a su papá por el sendero y oyó el suave «buuu» de un búho. Alumbró con su linterna las copas de los árboles, esperando tener un vistazo del ave, cuando su pie quedó atrapado en una raíz y se cayó.

—Amy, ¿estás bien? —preguntó papá ansiosamente cuando se volteó para levantarla—. ¿Qué pasó? —Amy se levantó, y cuando papá la ayudó a quitarse las hojas y el polvo, ella le explicó que se había tropezado en una raíz—. ¿No la viste con tu linterna?

—Bueno, estaba iluminando los árboles para ver si podía divisar al búho —respondió Amy—. Creo que la luz no me sirvió de mucho de esa manera, ¿verdad?

—No, creo que no —dijo papá con una sonrisa.

Continuaron con su caminata, y pronto la playa estuvo a la vista. El agua estaba tranquila y quieta, y la luz de la luna se reflejaba en ella. Era impresionante. Después de disfrutarlo en silencio por un rato, papá habló.

—La luna da una luz bella —dijo inspirado—, y he estado pensando en un versículo de los Salmos, uno que habla de que la Palabra de Dios es una luz. Tenemos que recurrir a la Biblia para saber cómo caminar y seguir en el camino de Dios. Si nos quedamos muy cautivados por todas las cosas interesantes que nos rodean y nos olvidamos de alumbrar con la luz de la Palabra de Dios nuestro camino, podemos tropezar y caer en nuestro caminar cristiano.

—Como cuando me caí por usar la linterna en los árboles en lugar de iluminar el suelo, ¿verdad? —preguntó Amy, recordando cómo le había dolido cuando se cayó. Ahora oiría con más cuidado lo que Dios decía en la Biblia. *JKB*

¿Y TÚ?

¿Inviertes tiempo para leer tu Biblia? Cuando necesitas decidir algo importante, ¿buscas respuestas en la Palabra de Dios? Asegúrate de pedirle a mamá o a papá que te expliquen las cosas que no entiendes. Mientras más estudies la Palabra de Dios, mejor puede brillar la luz de Dios en los caminos de tu vida.

Usa la luz de Dios: la Biblia

MEMORIZA:
«Tu palabra es una lámpara que guía mis pies y una luz para mi camino».
Salmo 119:105

2

EN LAS MANOS DE DIOS

Lee Mateo 10:27-31

Britta se acostó en su balsa inflable. Deseaba que papá pudiera jugar en la piscina también, pero estaba enfermo en cama.

—Voy a pinchar tu flotador —dijo su hermano, Garrett—. ¡Te hundirás!

—¿Y qué? —dijo Britta, y no dejó que sus palabras la perturbaran—. ¡Mi chaleco salvavidas me sostendrá!

—¿Y si me llevo el chaleco? —bromeó Garrett.

—Tampoco importa —insistió Britta audazmente—. Este es el lado poco profundo, y el agua apenas me llega a la cintura.

—Podría agarrarte y zambullirte —la provocó Garrett.

—No hay problema. Aun así estaré bien —respondió Britta sonriendo mientras señalaba a mamá que estaba sentada al lado de la piscina.

—No eres divertida —la acusó Garrett y se alejó nadando.

A la hora del almuerzo, mamá informó a los niños que iba a llevar a papá al hospital para unos exámenes y que la abuelita llegaría para cuidarlos.

—¿Qué creen que tiene papi? —preguntó Britta.

—Los doctores todavía no están seguros —respondió mamá—. Pero sabes que papá no se ha sentido bien por mucho tiempo.

—No quiero que haya nada malo en él —susurró Britta con tristeza.

—Yo tampoco —dijo mamá, y le dio un abrazo.

—Tengo miedo —dijo Garrett—. ¿Y si en realidad es algo grave?

—A veces yo también tengo miedo —admitió mamá—, pero necesitamos saber que, sea lo que sea, papá y cada uno de nosotros estará bien, porque estamos en las manos de Dios.

Britta observó que Garret se estremeció y ella tuvo ganas de llorar al pensar que algo pudiera estar muy mal. ¿Cómo podría eso estar bien?

«Antes estuviste molestando a tu hermana en la piscina, Garrett, pero ella sabía que no importaba lo que hicieras, ella estaría bien porque yo estaba allí. Ella sabía que yo cuidaría de ella. Como cristianos, también podemos tener absoluta confianza que también estaremos bien, porque Dios está cuidando, y cuidará, de nosotros. Por muy difíciles que sean las circunstancias, estamos seguros en sus manos. Por muy doloroso que sea el resultado, al final nos alegraremos en el cielo con él». *NEK*

¿Y TÚ?

¿Ha pasado algo que te hace sentir triste o atemorizado? Confía en que Jesús te cuidará y te amará, sin importar lo difícil que sean las circunstancias.

MEMORIZA:

«No tengan miedo; para Dios ustedes son más valiosos que toda una bandada de gorriones». Mateo 10:31

Confía en Jesús

NAVIDAD TODOS LOS DÍAS

Lee Lucas 2:1-7

«Esta tarde batimos el récord con 40 grados en Lakefield», reportó el meteorólogo el sábado en la tarde.

—¡Guau! —Ashton suspiró—. ¡Eso sí que es calor! Se siente como si viviéramos en un horno. ¿Podemos ir un rato a la piscina?

—Pasé por la piscina en el auto esta mañana, ¡y está llena! —dijo papá—. Tengo una idea mejor. Vamos a dar un paseo en el auto. —Entonces se metieron al auto y condujeron un rato. Finalmente, papá se detuvo enfrente de un lugar llamado El Palacio de Navidad de Noelle.

—¡Qué manera más extraordinaria de olvidar el calor! —dijo mamá riéndose—. ¡Una tienda navideña!

En el altavoz se oía «Campanas de Navidad». Adondequiera que Ashton miraba había adornos, árboles y guirnaldas de Navidad llenando la tienda. En una esquina, una señora repartía ponche y dulces de Navidad.

Mientras sus padres miraban tarjetas de Navidad, Ashton caminó hasta un nacimiento que se veía tan real ¡que casi pudo imaginarse en Belén! Por un largo rato se detuvo allí, pensando en esa noche de hacía tanto tiempo.

«Ven, Ashton —lo llamó su papá después de un rato—. Vámonos».

Camino a casa, Ashton estaba pensativo.

—¿No sería bonito que la Navidad durara todo el año? —dijo.

—En cierto modo es así —dijo papá—. ¿Qué es la Navidad, Ashton?

—Bueno, es cuando recordamos la noche en que Dios envió a su Hijo a la tierra —respondió Ashton.

—Sí, ¡exactamente! —asintió papá—. ¿Y no es algo que deberíamos celebrar todo el año?

—Supongo que sí —asintió Ashton lentamente—. No deberíamos agradecerle a Dios solo en Navidad por enviar a Jesús. ¡Deberíamos agradecerle todos los días! —Después le sonrió sagazmente a su madre cuando agregó—: ¿Entonces podemos poner el árbol de Navidad cuando lleguemos a casa?

Mamá sonrió y negó con la cabeza.

—Dejaremos eso para diciembre —dijo—, pero asegurémonos de recordar el verdadero significado de la Navidad todo el año. *LW*

¿Y TÚ?

¿Estás agradecido todos los días del año por el «regalo de Navidad» de Dios, y no solo en diciembre? Puedes agradecerle ahora mismo por enviar a su Hijo a la tierra a morir por ti. ¡No podría haber mejor regalo que ese!

Recuerda el regalo de Dios todo el año

AGOSTO
4

EL LIMPIADOR ASOMBROSO

Lee 1 Corintios 6:9-11

Papá empujó la puerta de la cocina con su codo y mantuvo sus manos sucias de grasa en alto, frente a él.

—Por favor, abre el grifo, Lane —dijo—. He estado trabajando en el auto y no quiero tocar nada.

—Nunca te limpiarás esas manos —dijo Lane, y abrió el grifo de agua y le entregó a papá una barra de jabón.

—Claro que lo haré —dijo papá—, pero no con jabón. Debajo del fregadero hay un limpiador de manos especial, hecho para quitar la grasa.

Lane buscó debajo del fregadero y sacó la lata del limpiador. Papá metió los dedos entre la sustancia viscosa y se la echó en las manos. La frotó bien y se restregó entre los dedos y alrededor de las uñas con un cepillo suave. Cuando terminó, se enjuagó las manos con agua caliente.

—¿Qué te parece? —preguntó papá. Levantó las manos para que Lane las inspeccionara.

—¡Qué limpiador tan asombroso! —dijo Lane—. ¡Esas eran las manos más sucias que haya visto jamás! —Papá sonrió.

Esa noche, papá y Lane oyeron un reporte noticioso acerca de un criminal condenado que le había entregado su vida a Cristo. El prisionero afirmaba que había cambiado.

—¿Oíste las cosas horribles que hizo ese tipo? —preguntó Lane—. Ahora dice que es diferente. ¡Creo que es una broma!

—Bueno —dijo papá—, si en realidad se ha arrepentido y ha puesto su confianza en Jesús, Dios lo ha perdonado.

—Pero después de que hizo todas esas cosas horribles, no puede simplemente decir que lo siente y ser perdonado, ¿verdad? —protestó Lane—. ¿No tiene que demostrar que ha cambiado?

—Si una persona en realidad se arrepiente y confía en Jesús, Dios la limpiará y la transformará —dijo papá con una sonrisa—. Jesús murió en la cruz por nuestros pecados. Derramó su sangre, y esa sangre es lo suficientemente poderosa para limpiar incluso el alma más pecadora de todas. —Papá levantó sus manos—. Es mucho más poderosa, y asombrosa, que ese "limpiador tan asombroso" que usé en mis manos. *JAP*

¿Y TÚ?

¿Necesita tu alma una «restregada»? ¿Sientes como que has hecho algo terrible? Todos los pecados son terribles a los ojos de Dios. Jesús promete lavar tus pecados cuando se los confieses a él y le pidas que te los quite.

MEMORIZA:
«La sangre de Jesús, su Hijo, nos limpia de todo pecado». 1 Juan 1:7

Jesús limpia de pecado

EL DIARIO DE CLEARY

Lee Tito 3:1-8

—¡Oooh! —gritó Cleary cuando abrió el regalo de cumpleaños de su hermana—. Un diario. ¡Me encanta! Muchas gracias, Jenna.

Su hermana sonrió y le dijo:

—¡Me acordé lo interesada que siempre te veías cuando escribía en el mío!

—Léeme tu libro —suplicó Kenny.

Cleary se rió.

—No puedo. Verás... las páginas están vacías. —Le mostró las páginas para que pudiera ver—. Este es un libro para que yo escriba en él todo lo que pasa en mi vida —explicó.

—Escribe que me corté el dedo —dijo Kenny con tono importante—. Y que me dieron un camión nuevo.

Cleary sonrió.

—Se supone que es la historia de *mi* vida, hermanito, no de la tuya —le dijo—. Entonces cuando sea ancianita, leeré mi diario y recordaré todas las cosas que hice.

—Bueno, ¿y si no te gusta lo que hiciste? —preguntó Kenny.

—Entonces romperé esas páginas —dijo Cleary.

Kenny pensó en eso.

—Yo también quiero un libro —dijo con decisión.

Papá sonrió por la conversación.

—¿Sabes? —dijo—, de cierto modo, nuestra vida es como un libro con páginas vacías. Llenamos una página nueva cada día.

—Es cierto —asintió mamá—, y también podemos ver las páginas anteriores. Algunas están llenas de recuerdos bonitos que nos hacen volver a reír. Por supuesto, siempre hay unas cuantas páginas tristes en cada vida, pero incluso esas pueden traernos recuerdos buenos cuando recordamos cómo nos ayudó Dios en medio de una época difícil.

Papá asintió.

—Dios nos ha dado la responsabilidad y el privilegio de decidir qué se imprimirá en las "páginas de nuestra vida", y no podemos romper ninguna de ellas —dijo—. Necesitamos su ayuda para decidir con sabiduría. *HM*

¿Y TÚ?

¿Qué clase de cosas estás «escribiendo» en las páginas de tu vida? Cuando mires hacia atrás, ¿verás que has sido amable, obediente y amoroso? Ahora, mientras eres joven, puedes pedirle a Dios que te ayude a vivir bien para que no haya páginas que te gustaría romper cuando las recuerdes.

Llena tu vida de cosas buenas

MEMORIZA:

«Que todos los que confían en Dios se dediquen a hacer el bien». Tito 3:8

TORMENTA DE ARÁNDANOS

Lee Proverbios 15:1-4

Mischa vio horrorizada el batido de arándanos que se derramaba en la mesa.

—¡Quisiera ser hija única! ¿Por qué no puedes dejar mis cosas en paz?

—No era mi intención derramarlo —dijo Kristen. Su labio inferior temblaba—. Solo quería probarlo.

Mamá se acercó a la mesa con toallas de papel.

—Toma, Kristen —dijo—. Las niñas grandes limpian sus desastres.

—No... espera —dijo Mischa—. Tenemos que ponerlo otra vez en el vaso.

—No veo cómo —dijo mamá. Mischa tomó una cuchara y con ella trató de regresar la bebida morada y cremosa. Fue inútil.

—Lo compré con mi dinero —dijo balbuceando—, y no tenías por qué tocarlo, Kristen.

—Lo... lo siento —murmuró Kristen.

—Vas a comprarme otro la próxima vez que vayamos al centro comercial.

—Pero yo no tengo suficiente dinero —gimió Kristen.

—Entonces, ahorra —gruñó Mischa, y la miró con enojo—. Quisiera no tener una hermana menor.

—Vete a tu cuarto, Kristen —dijo mamá—. Después hablaremos de esto. —Cuando Kristen se fue, mamá se volteó hacia Mischa—. Siento que haya pasado esto, pero no es excusa para decirle cosas crueles a tu hermana.

—No es justo —se quejó Mischa mientras limpiaba la mesa—. Kristen siempre hace un desastre con mis cosas y tú me das un discurso *a mí*.

—Kristen solo trata de ser como tú. Le duele oír que deseas que ella no estuviera aquí.

—Bueno... estaba enojada —dijo Mischa—. No lo dije en serio.

—Podemos enojarnos y aun así tener cuidado con lo que decimos —respondió mamá—. Cuando no lo hacemos, las palabras pueden fluir y provocar un desastre. Luego, retirar las palabras es aún más difícil que volver a poner ese batido en un vaso. Pero creo que será mejor que lo intentes, ¿verdad? —Mischa suspiró, pero asintió con la cabeza mientras botaba las toallas. Después se dirigió a la habitación de Kristen para disculparse. *DWS*

¿Y TÚ?

¿Tienes cuidado de no decir palabras airadas y desconsideradas? Es imposible retirarlas cuando ya se han dicho. Las palabras malas no le agradan a Dios, pero él te ayudará a controlar tu lengua si se lo pides.

MEMORIZA:

«Que las palabras de mi boca y la meditación de mi corazón sean de tu agrado, oh Señor, mi roca y mi redentor».
Salmo 19:14

Controla tu lengua

AMOR COMO EL DE MUFFIE

Lee Lucas 6:32-36

Estefanía, de dos años, caminaba tambaleándose por la sala, persiguiendo a Muffie, la perrita. Cuando finalmente la alcanzó, Estefanía extendió su mano rellenita y le jaló a Muffie su peluda cola café. Muffie no la mordió; ni siquiera gruñó. Solo se alejó y se echó cerca de la chimenea. Estefanía la siguió. Le jaló la oreja al animal y dijo: «Perrita bonita». Muffie todavía no gruñó ni mordió. En lugar de eso, lamió la parte de atrás de la mano de Estefanía con su gran lengua áspera.

Mamá observaba desde el otro lado de la habitación. «Estefanía, sé amable con Muffie», dijo.

—¿Por qué Muffie soporta toda esa tortura? —preguntó Michelle, que estaba sentada al lado de su madre—. La mayoría de animales mordería a alguien que siempre está jalándolos. Muffie ni siquiera le gruñe a Estefanía.

—Muffie ama a Estefanía así como ama al resto de la familia —respondió mamá—. Estefanía es aún demasiado joven para darse cuenta de que le hace daño a la perrita, y todos necesitamos enseñarle a no maltratar a Muffie ni a ningún otro animal. No importa cuántas veces Estefanía la maltrate, Muffie lo soporta. Somos afortunados al tener una perrita fiel que es tan amorosa y paciente con Estefanía.

Michelle asintió.

—Muffie es una buena perrita —afirmó.

—Es un buen ejemplo de cómo todos debemos tratar a los demás, incluso a los que no nos tratan bien —continuó mamá—. Aunque los demás sean malos o crueles, tenemos que hacer lo que la Biblia nos instruye y mostrarles amor. Dios dice que debemos hacer con los demás lo que quisiéramos que ellos hicieran con nosotros. Quizás eso no siempre sea fácil, pero si tenemos el amor de Dios dentro de nosotros, podemos darle amor a todos, incluso a nuestros enemigos.

—¿Amor como el de Muffie? —preguntó Michelle.

—Algo así, e incluso un amor mayor que ese —dijo mamá—. Solo Dios puede darnos a los humanos la clase de amor que él requiere. *WEB*

¿Y TÚ?

¿Tratas a los demás como te gustaría que te trataran? ¿Eres amable con ellos, incluso con los que son crueles contigo? El versículo de abajo se llama la regla de oro. Es uno de los mandamientos de Dios que debemos seguir.

Sigue la regla de oro

MEMORIZA:
«Traten a los demás como les gustaría que ellos los trataran a ustedes».
Lucas 6:31

LA IMPOSTORA

Lee Isaías 29:13-16, 20-21

Esteban y su hermana, Andrea, habían encontrado un insecto interesante.

—Mira —dijo Andrea—, ¡está orando! —Efectivamente, las patas delanteras del insecto estaban dobladas como si estuviera orando.

—Atrapémoslo y veamos si podemos averiguar su nombre —sugirió Esteban. Rápidamente corrió y consiguió un frasco. Después de atrapar al insecto, los niños buscaron en el libro de insectos de Esteban y encontraron su foto—. Es una mantis religiosa —anunció Esteban.

—¿Ora de verdad? —preguntó Andrea. Esteban se rió.

—¡Claro que no! —dijo—. ¡Los insectos no oran!

—¿Qué le vas a dar de comer? —preguntó Andrea.

—Aquí dice que comen otros insectos —dijo Esteban, mirando su libro—. Les gusta comer su presa viva.

—¡Qué asco! —exclamó Andrea, y arrugó la nariz.

—«Si le pone un pequeño pedazo de carne en un cordón y lo mueve frente a la mantis religiosa, pensará que está vivo y se lo comerá» —leyó Esteban en el libro. Por lo que lo intentaron. Efectivamente, la mantis se abalanzó al pedazo de hamburguesa que Esteban había puesto en el extremo de un cordón. Los niños se estaban riendo al verla moverse cuando mamá entró a la habitación.

—Mira nuestra mantis religiosa —dijo Esteban—. Mi libro dice que es cruel. La hembra se comerá hasta a su esposo si tiene mucha hambre.

—Vaya, pequeña hipócrita —dijo mamá y miró al insecto—. Te ves muy santa con tus patas dobladas así, pero eres una impostora.

—Ese sería un buen nombre para ella —dijo Andrea riéndose, y se convirtió en la Impostora.

Cuando Esteban veía a Impostora, se sentía un poco raro por dentro. Sabía que él mismo era un impostor. Todos probablemente pensaban que él era cristiano, pero sabía que en realidad no lo era. Nunca le había pedido a Jesús que lo perdonara y que fuera el número uno en su vida. Cuando se fue a la cama esa noche, parecía que Dios le susurraba: *¿No has sido un impostor por suficiente tiempo, Esteban? ¿No quieres ser un cristiano de verdad?* En esa misma hora, Esteban le dijo sí a Jesús. *MHN*

¿Y TÚ?

¿Le has dicho sí a Jesús, o eres un impostor? ¿Qué crees que debes hacer en cuanto a eso?

MEMORIZA:

«Este pueblo me honra con sus labios, pero su corazón está lejos de mí».
Mateo 15:8

No seas un «cristiano impostor»

LA MANCHA ESCONDIDA

Lee el Salmo 32:5-7 y Proverbios 28:13-14

Yoshi miró enfurecido los garabatos en la pared que estaba pintando en la sala familiar. Su hermanita debía haberse apropiado otra vez de sus marcadores. Miró por encima de su hombro hacia donde su papá estaba pintando las molduras de la ventana. Si papá viera las manchas haría que Yoshi las limpiara antes de continuar. Eso requeriría mucho tiempo, y Yoshi quería salir a jugar pelota con sus amigos. Rápidamente, pasó el rodillo sobre las marcas. *¡Ya está! Nadie las verá nunca*, pensó. Pronto terminó con la pared y salió corriendo afuera.

Después de la cena esa noche, papá llamó a Yoshi al salón.

—¿Ves algo malo con la pared que pintaste hoy, Yoshi? —preguntó. Yoshi la miró, ¡y quedó boquiabierto al ver esas mismas marcas azules otra vez!

—¿Cómo es posible? —preguntó Yoshi atónito—. ¡La pintura cubrió totalmente esas marcas esta tarde!

—La tinta del marcador destiñó la capa de pintura que pusiste encima de ella —explicó papá sonriendo—. Habría sido mucho más fácil simplemente limpiar las marcas antes de que las pintaras. Ahora requerirá de mucho más trabajo. —Yoshi suspiró de frustración—. ¿Sabes?, esas marcas se parecen mucho al pecado —agregó papá—. A veces tratamos de cubrir nuestro pecado "pintando" una brillante capa de engaño, como una mentira, encima de él. Podemos esconderlo por algún tiempo, pero finalmente se verá en nuestra vida. ¿Puedes pensar en algún versículo de la Biblia que nos diga cómo podemos limpiar nuestras "manchas", Yoshi?

Yoshi pensó por un minuto. Asintió.

—Primera de Juan 1:9 dice que si confesamos nuestros pecados, Dios nos perdonará y nos dejará limpios.

—Exacto —dijo papá—, y si te mantienes limpio por dentro, tampoco se verá ninguna marca sucia por fuera. Ahora bien... vamos a trabajar en las manchas de esta pared. *ECO*

¿Y TÚ?

Es fácil decir una pequeña mentira para evitar que te castiguen o para salirte con la tuya, ¿verdad? Puedes pensar que nadie lo notará nunca o que no le hará daño a nadie, pero Dios lo sabe, y a él le duele. Recuerda, no puedes esconder nada de Dios. Así que no trates de cubrir tu pecado. Confiésalo y recibe perdón.

MEMORIZA:
«Llegará el tiempo en que todo lo que está encubierto será revelado y todo lo secreto se dará a conocer a todos».
Lucas 12:2

Dios lo ve todo

LOS BONOS

Lee Lucas 6:27-31

—Todos me fruncen el ceño —dijo David—. Quisiera que me sonrieran en lugar de que me miraran con el ceño fruncido todo el tiempo.

—Tengo el remedio preciso para eso —dijo la madre de David—. Tengo un experimento maravilloso para que lo pruebes, e incluso obtendrás bonos por eso: recibirás algo bueno además de lo que ganes.

—¿Bonos? —preguntó David. Le gustaba como se oía eso.

—Esto es lo que debes hacer —dijo mamá—. Piensa cada día en una o dos cosas que puedes hacer por otra gente. Entonces las haces. Inténtalo por una semana y verás lo que pasa; verás los bonos que recibes.

David lo pensó por un momento. Luego dijo:

—¿Y qué *son* los bonos... y quién me los dará?

—En cierto modo, vienen de Dios —dijo mamá—. La Biblia dice: "Den, y recibirán. Lo que den a otros les será devuelto por completo: apretado, sacudido para que haya lugar para más, desbordante y derramado sobre el regazo. La cantidad que den determinará la cantidad que recibirán a cambio" (Lucas 6:38). Los bonos son sorpresas de Dios, pero llegan a través de la gente. No necesariamente llegan de la gente a la que ayudas, pero sí llegan.

David decidió intentarlo. Esa semana pulió los zapatos de su papá y lavó el auto de su tío; incluso sacó la correa del perro y llevó a su perro a caminar... después de todo, los perros también son criaturas de Dios.

Toda esa semana, a medida que David daba, la gente comenzó a sonreírle. Se sintió más feliz que antes. El versículo de la Biblia tenía razón; recibía más de lo que le había dado a los demás.

—¿Qué te parece tu experimento? —le preguntó su madre.

—Muy bueno —declaró David.

—Cuando Dios promete algo, lo cumple —dijo mamá con una sonrisa—. ¿Y sabes qué? Toda la semana te has comportado como lo haría Jesús. Él se ocupaba de hacer el bien, ¡y tú también!

David también sonrió. *CJZ*

¿Y TÚ?

¿Te parece que siempre estás en problemas? ¿Qué recibes más críticas que amistad de los demás? ¿Dudan de ti los demás en lugar de confiar en ti? Si así es, tal vez debes intentar darles más a ellos.

MEMORIZA:
«¡Den tan gratuitamente como han recibido!» Mateo 10:8

Haz cosas por los demás

PROYECTOS SIN TERMINAR

Lee Filipenses 1:6, 9-11

—¿Me puedes comprar esto? —preguntó Carlitos y le mostró el paquete de un modelo de avión a su mamá—. Sería tan bonito armarlo.

—Quieres decir que sería bonito comenzar a armarlo —corrigió mamá—. Después lo dejarías sin terminar como todos tus demás proyectos.

—Ay, mamá —protestó Carlitos—, todavía estoy trabajando en ellos.

—Definitivamente no lo parece —dijo mamá con el ceño fruncido.

—¡Pero sí estoy trabajando en ellos! —insistió Carlitos—. Estoy esperando que algunos de los modelos se sequen antes de hacer el siguiente paso. Mi bicicleta todavía está desarmada porque papá quiere que espere hasta que la pieza que necesita esté en oferta, y los rompecabezas que he comenzado... bueno, me gusta hacer un poquito cada día. Los terminaré.

En ese momento, algunas personas de su vecindario se acercaron. Carlitos bajó la mirada al suelo mientras mamá hablaba con ellos.

—¿Por qué no saludaste a los Gordon? —preguntó mamá después de que los vecinos se fueron.

—No sé —respondió Carlitos—. Nunca sé qué decirles a los adultos. Me da vergüenza y siento que se me traba la lengua. Me ponen nervioso.

—Tal vez podrías esforzarte para aprender a hablarles —sugirió mamá.

—Lo intentaré —dijo Carlitos con un suspiro—. Incluso le he pedido a Dios que me ayude —agregó—. Él me ha ayudado con otros problemas, pero con este no. He comenzado a pensar que Dios va a dejarme así.

Mamá miró el paquete del modelo de avión que Carlitos tenía.

—Está bien, puedes llevártelo —dijo—. Confiaré en que terminarás el trabajo que has comenzado a tu propio ritmo. Y confiemos en que Dios también terminará el trabajo que comenzó. Verás, cuando aceptaste a Jesús como tu Salvador, Dios comenzó una buena obra en ti, y todavía está trabajando. Dios no ha dejado de formarte ni de ayudarte a hablar con los adultos. Está trabajando en el plazo que él sabe que es el mejor para que su proyecto salga muy bien. *NEK*

¿Y TÚ?

¿Te desanimas cuando pierdes los estribos? ¿Cuando te sientes demasiado tímido como para ser amigable? ¿Cuando se te olvida leer tu Biblia? Sigue trabajando en las áreas débiles de tu vida y pídele a Dios que te ayude. Él está trabajando en ti; no se detendrá hasta que seas como él quiere que seas.

Dios está trabajando en ti

MEMORIZA:
«Dios, quien comenzó la buena obra en ustedes, la continuará hasta que quede completamente terminada el día que Cristo Jesús vuelva». Filipenses 1:6

UNA SERPIENTE BUENA

Lee Génesis 1:21-25, 31

—Erika, ¡mira lo que encontré en el bosque! —Simón se acercó a su hermana con una jaula. Algo se movía adentro.

—¡Ay, no! ¡Saca eso de aquí! —gritó Erika. Simón se rió.

—Solo es una serpiente de jardín —dijo—. No te puede hacer daño.

—¡Papá! ¡Papá! —Erika corrió y se puso detrás de su padre, con sus ojos atemorizados—. ¡Mátala!

—No tengas miedo. —Papá abrazó a Erika—. Lo que Simón dice es cierto; las serpientes de jardín no son venenosas. No matamos algo solo porque no nos gusta. Todos los animales son criaturas de Dios, por lo que aprendemos a tratarlas con respeto.

—¿Por qué la gente odia a las serpientes? —preguntó Simón.

—Creo que es porque nos hacen recordar el mal —respondió papá—. Satanás, como serpiente, tentó a Eva para que pecara. Y a veces oímos que las serpientes les hagan daño a los animales de los granjeros.

—Tal vez si dejaran de morder a la gente nos gustarían más —agregó Erika—. Después de todo, la gente puede morir de una mordida de serpiente.

—Es cierto —dijo papá—. Dios les ha dado a algunas serpientes protección natural. Los venados tienen cuernos, los puercoespines tienen púas, los zorrillos tienen un rociador y muchas serpientes tienen veneno.

—A veces hacen zapatos de piel de serpiente —dijo Erika. Papá asintió.

—Su piel se puede usar para muchos propósitos buenos —dijo—. Las serpientes pueden deshacerse de los ratones e insectos que tienen gérmenes y que están en nuestra propiedad. Hace muchos años la peste bubónica, ocasionada por infección de ratas y pulgas, mató a mucha gente en Europa. Si hubiera habido más serpientes, la epidemia podría haberse evitado.

—Verás, Erika —dijo Simón—, hay muchas cosas buenas de las serpientes, así como malas.

Simón y su hermana examinaron a la cautiva que se retorcía.

—Me pregunto cuánto mide —dijo Simón—. ¿Puedes traer la cinta métrica, Erika?

—Está bien. —Corrió hacia la casa—. ¡Pero no le sostendré la cola! *JER*

¿Y TÚ?

¿Recuerdas que Dios lo creó todo? ¿Plantas? ¿Animales? ¿Gente? Dios lo hizo todo con un propósito, y lo hizo todo bien. Toda su creación merece que se le trate con respeto.

MEMORIZA:

«El Señor ha hecho todo para sus propios propósitos, incluso al perverso para el día de la calamidad». Proverbios 16:4

Cada criatura tiene un propósito

EL CUADRO COMPLETO

Lee 1 Pedro 1:6-8

¡No había sido una buena semana! Primero, el perro de Melanie había muerto. Luego, su amiga se había mudado a otra parte. Para colmo, el sábado, Melanie había descubierto que uno de sus jeans favoritos se había desteñido accidentalmente en la lavadora. Cuando mamá volvió de sus compras en la tarde, Melanie se sentía totalmente terrible. Se lo contó a mamá.

—En realidad parece que las cosas han empeorado últimamente, ¿verdad? —dijo mamá mientras colocaba un gran paquete plano sobre la mesa. Melanie solo asintió y se volteó para mirar hacia la ventana—. Compré un cuadro para colgar en la pared —dijo mamá y señaló el paquete. Le sonrió a Melanie—. ¿Te gustaría verlo? —A Melanie en realidad no le importaba en ese momento, pero fingió una sonrisa y caminó hacia la mesa.

—¿Puedes traerme unas tijeras de la gaveta, por favor? —le pidió su madre. Melanie sacó las tijeras y se las llevó a su mamá. Se sorprendió cuando, en lugar de sacar el cuadro del paquete, su madre cortó un pequeño agujero en el centro de la envoltura—. ¿Qué te parece mi cuadro nuevo? —preguntó mamá con una sonrisa y levantó el paquete para que Melanie lo viera.

—No puedo verlo; ¡todavía está en el paquete! —respondió Melanie.

—Sí —respondió su madre—, pero puedes ver el cuadro a través de este agujero, ¿verdad? —Melanie negó con la cabeza. Estaba confundida. ¿Qué estaba tratando de decir mamá?

Mamá le sonrió a Melanie.

—A veces la vida es como este paquete, cariño —dijo mamá—. A veces, lo único que vemos es un pequeño agujero en el paquete que cubre el cuadro completo de nuestra vida. Pero podemos confiar en que Dios usará todo en nuestra vida para hacer algo bello. —Luego destapó el paquete. ¡Era un cuadro verdaderamente bello! *RSM*

¿Y TÚ?

¿Te molestan las cosas que han ocurrido en tu vida y no entiendes cómo encajan en el «cuadro completo»? Confíale tus días a Dios. Cuando él «destape el paquete», las cosas se verán de manera distinta.

Dios está en control

LA BIBLIA RAÍDA

Lee el Salmo 119:24-33

—Ya está oscureciendo. Será mejor que nos apresuremos —dijo el abuelito mientras él y Weston caminaban por el sendero. Los dos habían estado explorando el bosque cerca de la cabaña de verano del abuelito.

—¡Mira! Hay una bifurcación en el camino! —dijo Weston, señalando—. No hay señales, pero el camino de la izquierda se ve lleno de maleza. El de la derecha está todo pisoteado, como si mucha gente hubiera pasado sobre él, así que creo que debemos seguir por allí. —El abuelito asintió.

Esa noche, Weston se sentó cerca de la chimenea con sus abuelitos. «Weston —dijo el abuelito—, ¿puedes alcanzarme una Biblia, por favor? Es hora de leer un capítulo». Cuando Weston fue al estante, observó dos Biblias; una se veía brillante y nueva; la otra se veía desgastada y raída. Algunas de las letras doradas estaban desgastadas en la portada de cuero.

—Aquí tienes, abuelito —dijo Weston al entregarle a su abuelo la Biblia nueva y brillante—. Esta está más limpia que la otra.

—Está bien, puedo leer de esta. Esta Biblia me la dieron como regalo el mes pasado y todavía no la he usado mucho. Prefiero usar la vieja.

—¿Por qué? —preguntó Weston.

—Tráela y te lo mostraré —respondió el abuelito.

El abuelito le enseñó a Weston cómo algunas páginas de la Biblia vieja estaban marcadas con notas que había escrito en las clases de la escuela dominical o en los servicios de la iglesia. Muchos versículos estaban subrayados y los márgenes estaban llenos de comentarios.

—Esta Biblia ha estado conmigo por treinta y cinco años. La he usado mucho y me es fácil encontrar los pasajes que tratan de temas específicos.

—¿Entonces la Biblia nueva no es tan buena? —preguntó Weston.

—Es igual de buena, pero estas Biblias me hacen recordar la bifurcación del sendero en nuestra caminata de hoy. Debido a que el camino de la derecha estaba bastante usado, nos sirvió de guía, así como una Biblia bien usada me dirige. Todas las Biblias son buenas, pero ayudan solamente si se usan, no si se quedan en un estante. Ahora bien, comencemos a leer. *TKM*

¿Y TÚ?

¿Lees tu Biblia todos los días? Puedes llegar a conocer a Dios mejor al leer su mensaje para ti. Marcar los versículos que significan mucho para ti podría ayudarte. Dios te da su Palabra, la Biblia, para que te guíe en todo lo que haces, pero solo te guía si la abres y la usas.

MEMORIZA:
«Oh Señor; señálame el camino que debo seguir». Salmo 25:4

Lee tu Biblia todos los días

LA DEPRESIÓN DE LA ESCUELA SECUNDARIA

S

Lee el Salmo 37:3-6

—Es difícil creer que este año ya tengas edad para la secundaria, Clay —dijo mamá mientras conducía a casa después de comprar ropa.

—No me lo recuerdes —dijo Clay con tristeza—. Quisiera poder quedarme en mi antigua escuela para siempre.

—¿Por qué? —preguntó mamá.

—Es sencillo —respondió Clay—. Los de mi clase éramos los mayores de la escuela el año pasado. Ninguno se burlaba de nosotros ni nos insultaban.

—Parece que tienes la depresión de la escuela secundaria antes de llegar a ella —comentó mamá mientras esperaban en un semáforo.

—Bueno, este año mi clase volverá a ser la más joven, así que todos los burlones nos molestarán —explicó Clay.

—¿Te acuerdas de tu triciclo, Clay? —preguntó mamá al ver a una niñita que cruzaba la calle en su triciclo con su madre—. ¿Por qué ya no lo montas?

—¿Montar mi triciclo? —preguntó Clay sorprendido—. ¡Eso sería raro! —Se rió al pensar en eso—. Soy demasiado grande para montar esa cosa.

Mamá sonrió cuando la luz se puso verde y continuaron.

—¿Te acuerdas, Clay, cómo orabas cada noche para poder quitarle las ruedas de ayuda a tu primera bicicleta? —preguntó. Clay se rió.

—Supongo que sí lo hacía, ¿verdad? Bueno, después de todo, nadie quiere ser un bebé para siempre.

—Tú sí —dijo mamá—. Por lo menos cuando se trata de la escuela.

—¡Ah! Bueno, la escuela es distinta —dijo Clay en tono defensivo.

—Un poco distinto —asintió mamá cuando cruzaron hacia la entrada de su casa—. Pero así como de tu triciclo pasaste a una bicicleta con ruedas de ayuda y luego a una bicicleta sin ellas cuando el tiempo fue apropiado, pasarás de la escuela primaria a la secundaria y luego al bachillerato. Cuando te caías de tus bicicletas, nos tenías a papá y a mí para recogerte. Frecuentemente hemos orado también por tus problemas. Bueno, tu padre y yo todavía estamos aquí para apoyarte, y nunca serás demasiado grande para orar. No te preocupes tanto por el próximo año; solo disfruta el hoy.

¿Y TÚ?

¿Te preocupa tener que ir a una escuela nueva? ¿Trasladarte a un lugar nuevo? Ora por los acontecimientos en tu vida, pero no te preocupes. Disfruta el hoy, confía en Dios y espera con confianza los años que están por venir.

No te preocupes por el futuro

MEMORIZA:
«No se preocupen por el mañana».
Mateo 6:34

JUGUETES Y COSAS

Lee Romanos 14:12-13, 19-21

Las amigas de Petrea, Cassidy y Amber, habían llegado a jugar, pero cuando Amber tomó la muñeca de porcelana favorita de Petrea, ella se enojó mucho. «¡Dámela!», le exigió, agarrando la muñeca. Como Amber no la soltó, Petrea le dio una palmada en el brazo. ¡Eso sí funcionó! Amber soltó la muñeca; también se levantó y se fue a casa. «Eres solo una bebé», le gritó Petrea.

Cassidy miró a Petrea por un momento antes de unírsele. «Sí, una bebé».

Después de que Amber se fue, Petrea dijo: «En realidad Amber no me cae bien». Entonces las niñas comenzaron a hablar de algunas de sus compañeras de clase, de lo chistosa que era la ropa que usaban y de lo malas que eran sus calificaciones.

Después de un rato, la madre de Petrea miró hacia la sala familiar donde las niñas estaban jugando. «Es hora de que Cassidy se vaya —anunció—. Petrea, recoge todos esos juguetes y después quiero hablar contigo».

Cassidy se fue y, sin recoger los juguetes, Petrea se fue a su habitación. Pronto oyó un grito penetrante. Corrió de regreso a la sala familiar y vio que su hermanito, Gordy, se había tropezado con uno de los juguetes y se había cortado la cabeza. La cortada estaba sangrando mucho y Petrea se sintió terrible. Después de atender a Gordy, mamá se sentó con Petrea.

—Lo siento —susurró Petrea—. Es mi culpa que Gordy se haya lastimado. Debí haber guardado los juguetes.

—Sí, pero estoy aún más preocupada por algo más —dijo mamá—. ¿No aceptó Cassidy a Jesús como su Salvador en el Club de Niños hace unas semanas? —Petrea asintió—. Bueno, no solo hiciste que Gordy se tropezara, sino que me temo que puedes haber hecho que Cassidy tropezara en su vida nueva como cristiana —dijo mamá—. Vi la manera en que te comportaste hoy, y oí algo de tu conversación. Me temo que tus palabras y comportamiento no fueron agradables al Señor.

Petrea se ruborizó al recordar su comportamiento de esa tarde. «¿No crees que les debes una disculpa? —preguntó mamá—. ¿A Cassidy y también a Amber? —Petrea asintió lentamente—. Es un asunto serio —agregó mamá—, cuando hacemos algo que ocasiona que alguien más peque». *HM*

¿Y TÚ?

¿Cuidas de ser un buen ejemplo para otros cristianos, especialmente a los nuevos? Es importante vivir de manera que no ocasione que alguien peque. Pídele ayuda a Dios para hacerlo.

MEMORIZA:

«Propónganse vivir de tal manera que no causen tropiezo ni caída a otro creyente». Romanos 14:13

No hagas que otros pequen

LENTES NUEVOS

Lee el Salmo 119:9-18

Kelly saltaba por la acera hacia la casa del abuelito. Se sentía rara con sus lentes nuevos, pero pensaba que se veía muy adulta usándolos. ¡Se sorprendía de todo lo que podía ver! Podía ver cada hoja de los árboles, aunque no estuviera muy cerca. También podía ver el patrón exclusivo de la corteza de los troncos de los árboles. Cuando enfocó sus ojos en la señal de alto de la esquina, vio unas letras muy claras donde antes veía letras borrosas. Se rió con deleite. Kelly se apresuró mientras se acercaba a la casa de sus abuelitos. Vio al abuelito que trabajaba en el jardín del frente. Incluso desde donde estaba, pudo ver el diseño en el suéter azul que la abuelita le había tejido.

Cuando el abuelito llevó a Kelly a la casa, dijo: «Tenemos a una niña muy emocionada aquí, abuelita». Kelly le dijo con alegría a la abuelita todo lo que podía ver con sus lentes nuevos. La abuelita sonrió.

—Dios tiene muchas cosas maravillosas en su mundo para que las veas —dijo—. Puedo recordar cuando yo también recibí mis primeros lentes.

—Y yo puedo recordar cuando recibí mis lentes espirituales —agregó el abuelito.

—¿Lentes espirituales? —preguntó Kelly—. ¿Qué son?

—Bueno, cuando le pides a Jesús que entre a tu vida, él abre tus ojos espirituales —explicó el abuelito con una sonrisa—. Comienzas a ver, o a entender, su Palabra y su plan para tu vida.

—Y eso es maravilloso —agregó la abuelita—. Ver y entender las cosas de Dios es la vista más maravillosa de todas. —Miró a Kelly—. ¿Planeas usar esos lentes todos los días? —preguntó—. ¿O los vas a dejar puestos en el estante algunas veces?

Kelly se rió por la pregunta tonta.

—Por supuesto que voy a usarlos todos los días —dijo—. ¿De qué servirían si no los uso?

La abuelita asintió.

—Usa también tus lentes espirituales todos los días —le aconsejó—. De otra manera, no te servirán de mucho. *POY*

¿Y TÚ?

¿Ejercitas tu vista espiritual todos los días al ver lo que Dios tiene en su Palabra para ti, o solo los domingos? Las cosas de la Palabra de Dios son aún más maravillosas que las cosas que ves en la naturaleza. No la pases por alto; pídele hoy que abra tus ojos y que te ayude a entender sus enseñanzas.

Dios da vista espiritual

MEMORIZA:
«Abre mis ojos, para que vea las verdades maravillosas que hay en tus enseñanzas». Salmo 119:18

SIN OCULTAR

Lee el Salmo 51:1-12

«Dylan, ¡no fue mi *intención* dañar tu bicicleta! ¡No tienes que enojarte!», Justin se defendía mientras su hermano veía los raspones en su bicicleta.

—¿Qué pasa aquí, chicos? —preguntó papá acercándose.

—¡Justin se llevó mi bicicleta y la raspó! —exclamó Dylan.

—Bueno, alguien dejó una gran piedra en la acera —agregó rápidamente Justin—. Además, mira lo que le pasó a mi camisa blanca cuando me caí. ¡Tiene manchas de césped!

—Bueno, Dylan —dijo papá—, creo que podemos retocar esta pintura para que casi no se vea. Te ayudaré en eso, ¿está bien? —Dylan se veía aliviado mientras asentía. Entonces papá se volteó hacia Justin—. Veamos... creo que tengo un poco de pintura que también funcionaría con esa mancha en tu camisa.

—¿Pintura? —preguntó Justin—. ¿Qué quieres decir? Tendremos que lavarla para limpiarla. No podemos pintarla; eso solo la ocultaría.

—¿Pero no es eso lo que acabas de tratar de hacer? —preguntó papá—. En lugar de aceptar tu responsabilidad y disculparte, trataste de dar excusas. Hasta te hiciste la víctima al quejarte por tu camisa. Trataste de «pintar» u «ocultar» lo que hiciste.

—Bueno, supongo que debí haber sido más cuidadoso —admitió Justin.

—La Biblia nos dice que nos confesemos nuestros pecados unos a otros —dijo papá—, y que también nos perdonemos unos a otros. Si admites que cometiste un error y le pides a Dylan que te perdone, seguro que él estará dispuesto a perdonarte.

Antes de que Justin pudiera hablar, Dylan dijo:

—Seguro que te perdonaré, Justin. Solo quería que fueras más cuidadoso.

—Cuando hacemos el mal, cuando pecamos, es importante también confesárselo a Dios y pedirle que nos perdone —dijo papá—. Entonces se limpia el pecado, como cuando le quitamos esta mancha a tu camisa. —Les sonrió a los chicos mientras agregaba—: Es mucho mejor ser limpiados para quedar blancos a que nos pinten de blanco.

¿Y TÚ?

¿Das excusas o culpas a otros cuando haces algo malo? ¿No sería mejor asumir tu responsabilidad y pedir perdón? Dios perdonará, y generalmente los demás también.

Confiesa el pecado; recibe el perdón

MEMORIZA:
«Lávame, y quedaré más blanco que la nieve». Salmo 51:7

LA CÁPSULA DEL TIEMPO

Lee Lucas 12:13-21

Era el centésimo aniversario de la ciudad de Brownsville y Claire estaba parada de puntillas, estirándose para ver a los oficiales en la plataforma, mientras le quitaban el seguro a la cápsula del tiempo que se había creado y guardado hacía cien años. Entonces el alcalde habló de varios papeles y recuerdos de la cápsula.

«¿No sería divertido tener una cápsula del tiempo en nuestra familia? —preguntó Claire cuando volvían a casa—. Voy a iniciar una; pondré los tesoros de la familia para las generaciones futuras».

Tan pronto como llegó a casa, Claire buscó una caja. Sacó algunas monedas y un billete de un dólar de su billetera y los colocó en la caja. Luego empacó una blusa de colores fluorescentes, un CD, unas viejas gafas para nadar, una tarjeta de calificaciones, algunas joyas, un disco volador y una foto de la familia.

—Cuando la próxima generación vea esto —dijo Claire a sus padres—, tendrán una idea de cómo era su antepasada: yo. Esto se va a llamar: "Cápsula del tiempo con la caja de tesoros de Claire".

—Esos son tesoros terrenales bonitos —comentó mamá—. Estoy segura de que serán interesantes para los futuros miembros de la familia. Pero si quieres hacer una declaración de tu vida, creo que se te está olvidando lo más importante.

—¡Un par de patines! —adivinó Claire, pensando en su deporte favorito.

—Pensaba en algo que hace que tu vida sea importante y que valga la pena vivirla, incluso sin ninguna de las otras cosas de la caja —dijo mamá.

Claire sabía a lo que su madre se refería, y se avergonzó mucho.

—Pero no puedo poner mi Biblia adentro —dijo—. La necesito.

—¿Qué te parece escribir algunos de tus versículos favoritos? —sugirió papá—. ¿O incluir una pequeña carta acerca de lo que Jesús significa para ti? Después de todo, estos tesoros terrenales envejecerán y pasarán de moda, pero lo que verdaderamente importa es lo que durará para siempre. *NEK*

¿Y TÚ?

¿Cuál es tu tesoro más importante? Sé honesto. Si es alguna cosa terrenal como dinero, ropa, juguetes o buenas calificaciones, debes recordar que esas cosas no durarán. ¿Le pedirás a Dios que te ayude a complacerlo y a servirlo? Almacena tesoros que durarán.

Almacena tesoros celestiales

MEMORIZA:
«Almacena tus tesoros en el cielo, donde las polillas y el óxido no pueden destruir, y los ladrones no entran a robar».
Mateo 6:20

AGOSTO
20

SIN MIEDO

Lee el Salmo 61:1-4

—¡Ah, mira! —exclamó Lauren, cuando visitaba con su familia la sección agrícola del museo—. ¿No son esos pollitos bebés los que se asoman abajo de aquella mamá gallina?

—Sí, allí es a donde van cuando algo los asusta —respondió su padre.

—Yo ver también —suplicó Jonatán, el hermanito de Lauren.

Lauren lo tomó de la mano, lo llevó hasta la cerca y le mostró a la mamá gallina y a los pollitos.

—¿Puedo tener uno de los bebés? —preguntó.

—No, cariño —dijo mamá—. Estarían muy solos si los alejamos de su mamá. —Mientras hablaba, grandes gotas de lluvia comenzaron a caer.

—¿Qué tan lejos está el auto, papá? —preguntó Lauren mientras se agachaba para cubrirse con su chaqueta.

—Este es un lugar grande, chiquilla; es un camino largo hasta el estacionamiento —respondió papá y miró al cielo—. Creo que va a caer un aguacero. Vayamos al pabellón y esperemos allí. —La familia corrió al refugio y se amontonaron con el resto de la gente que trataba de no mojarse.

«Miren lo que tengo en mi bolso», dijo mamá mientras Jonatán se apretujaba cerca de ella. Sacó un pequeño sobre y lo abrió. Cuando sacó el contenido, se convirtió en un impermeable delgado. Se lo puso y lo extendió alrededor de Jonatán para que los dos estuvieran secos. Lo que se veía de Jonatán era solo su cabeza que sobresalía del impermeable, ya que estaba acurrucado contra mamá.

—Mira a Jonatán, papá. Se ve como un pollito bebé —dijo Lauren.

—¡Ellos tenían *meyo*! —protestó Jonatán—. Yo no *teno meyo*.

—Bueno, si tuvieras miedo, ese sería precisamente el lugar donde deberías estar —dijo papá y le sonrió a Jonatán—. Eso me hace recordar a Jesús. Él quiere que nos acerquemos a él lo más que podamos. Entonces no tendremos que tener miedo.

—¿Como los pollitos que no tienen miedo cuando están cerca de su madre? —preguntó Lauren.

—Correcto —dijo mamá—. ¿No es bonito que Jesús nos ame tanto? *MLD*

¿Y TÚ?

¿Tienes miedo a veces? ¿Sabes qué hacer en cuanto a eso? ¿Dónde buscar ayuda? Si eres cristiano, no tienes que tener miedo porque Jesús nunca te dejará. Cuando tengas miedo, habla con él de eso, y recuerda que él está allí contigo. Confía en él.

MEMORIZA:
«Pero cuando tenga miedo, en ti pondré mi confianza». Salmo 56:3

Jesús cuida de ti

EL ÁRBOL DEL PÁJARO CARPINTERO

Lee 2 Corintios 6:14-18

Pedro y su familia se levantaron temprano para unirse a una caminata especial en la naturaleza con el guía del campamento. «¡Rafael!», gritó Pedro al ver a un niño que había llegado a ser su amigo durante la semana. Rafael se acercó corriendo y los niños se sentaron juntos en una saliente de piedra, debajo de un árbol alto, hasta que llegó el guía.

«Antes de comenzar nuestra caminata por la naturaleza, quiero mostrarles nuestro famoso árbol del pájaro carpintero», dijo el guía.

—Árbol del pájaro carpintero —le dijo Rafael a Pedro—. Nunca había oído de un árbol del pájaro carpintero. No creo que los tengamos en mi país.

—Bueno, miren para arriba, chicos —dijo el guía riéndose—. Están sentados debajo de uno ahora mismo.

Cuando los chicos miraron hacia arriba del árbol alto, vieron que casi toda la parte superior del tronco estaba cubierta de hoyos.

—¡Guau! —dijo Pedro—. Ya veo por qué lo llaman el árbol del pájaro carpintero.

—¿No le duelen todos esos hoyos al árbol? —dijo Rafael.

—Si preguntas si el árbol va a morir porque el pájaro carpintero hace hoyos en él, la respuesta es no —respondió el guía—, pero el árbol siempre tendrá las cicatrices. Siempre habrá hoyos en él.

—Eso suena a algo que siempre dice mi papá —dijo Rafael.

—¿De veras? —preguntó Pedro—. ¿Y qué dice?

—No recuerdo las palabras exactas que usa —dijo Rafael—, pero intentaré decirlo en mis propias palabras. Papá dice que cuando alguien peca, esa persona puede dejar de hacer cosas malas y que Dios puede perdonarla. —Rafael hizo una pausa y trató de buscar las palabras adecuadas—. Supongo que eso sería como alejar a los pájaros carpinteros —dijo—, pero las cicatrices del pecado siempre estarán allí, como los hoyos del pájaro carpintero que todavía están allí. ¿Tuvo sentido eso?

—Sí —asintió Pedro—. Me hace querer hacer lo correcto. *POY*

¿Y TÚ?

¿Crees que no importa tanto si haces algo mal porque de todas formas Dios te va a perdonar? Es cierto que Dios siempre te perdonará tus pecados, pero las cosas malas que haces o los malos hábitos que tienes (como usar drogas, fumar, ser desagradable o haragán) te pueden ocasionar cicatrices para toda la vida.

El pecado deja cicatrices

MEMORIZA:
«Dios los compró a un alto precio. Por lo tanto, honren a Dios con su cuerpo».
1 Corintios 6:20

LAS OVEJAS DEL TÍO ERNESTO

Lee Juan 10:2-5, 14

«¡Eh, miren! —exclamó Jodi cuando mamá estacionó el auto en la granja del tío Ernesto—. ¡El tío Ernesto tiene ovejas ahora! Acariciémoslas».

Jodi y su hermano, J. T., salieron corriendo del auto hacia el corral de las ovejas. «Yo primero», gritó J. T., pero las ovejas salieron corriendo hacia el extremo más lejano del corral.

—Las asustamos —dijo J. T.—. Esta vez caminemos, no corramos.

—Ayúdame a arrancar un poco de pasto —sugirió Jodi—. Eso las atraerá a nosotros. —J. T. accedió y cada uno arrancó un montón de pasto y lentamente lo llevaron hacia las ovejas. Todas se voltearon y salieron corriendo. Jodi dejó caer el pasto—. Me rindo —dijo.

Cuando J. T. estaba tirando su pasto al suelo, Jodi vio que el tío Ernesto llegaba a recibirlos. Corrieron a darle un abrazo.

—Tío Ernesto, ¿por qué tienes esos biberones? —preguntó Jodi.

—Dos de mis corderos los necesitan —respondió el tío Ernesto—. Les doy su alimento porque su madre murió.

—Yo quisiera poder alimentar a un cordero —dijo Jodi—, pero no les caemos bien a tus ovejas. Se alejan corriendo.

—Miren —dijo el tío Ernesto, mientras llevaba a los niños a un corral pequeño al lado del granero. «Toma, Esponjita. Toma, Copo de Nieve», dijo mientras abría el corral. Dos corderos salieron corriendo y siguieron al tío Ernesto al otro lado del pasto.

—Ellos juegan a seguir al líder —dijo J. T.

El tío Ernesto asintió y les entregó los biberones a los niños.

—Pueden sostenerles los biberones —dijo.

—Este cordero baila mientras come —dijo Jodi riéndose.

—El mío está orando —dijo J. T. El que estaba frente a él estaba sobre sus rodillas delanteras—. Pero ¿por qué tus ovejas no se comen el pasto que arrancamos? —preguntó J. T.

—No oyeron mi voz, por eso corrieron —explicó el tío Ernesto—. Las ovejas siguen a su pastor y se alejan de otra gente. —Le sonrió a J. T.—. Debemos ser como ellas; debemos salir corriendo cuando Satanás nos llama para que lo sigamos. Debemos amar a Jesús y hacer lo que él dice. *MMP*

¿Y TÚ?

¿A quién sigues? La Biblia dice que si amas a Jesús, lo seguirás. ¿Lo estás haciendo?

MEMORIZA:

«Mis ovejas escuchan mi voz; yo las conozco, y ellas me siguen». Juan 10:27

Sigue las enseñanzas de Jesús

DEMASIADO BUENO PARA QUE SEA CIERTO

Lee Romanos 5:6-10

Todos ya estaban comiendo cuando Gabriel llegó a casa. No había sido su intención quedarse tanto tiempo, pero su juego informal de béisbol se había prolongado con turnos extra.

—¡Llegas tarde! —lo reprendió papá cuando Gabriel se sentó a la mesa.

—Lo siento —murmuró Gabriel.

—Hablaremos de eso más tarde —dijo mamá. Gabriel asintió. Ya sabía cuál sería su castigo. Le habían advertido que si volvía a llegar tarde, tendría que subir directamente a su habitación. Se sentía mal por eso, porque la abuelita iba a llegar más tarde, y a él le encantaba pasar tiempo con ella.

Gabriel se sentía solo en su habitación esa noche, pero sabía que merecía el castigo. Pronto su hermano Brendan apareció en la puerta.

—Puedes bajar ahora, hermanito —dijo Brendan tranquilamente.

—¿Puedo? ¿Dijeron papá y mamá que puedo? —preguntó Gabriel.

—Sí. Voy a tomar tu castigo porque sé cuánto te gusta jugar juegos con la abuelita —dijo Brendan. Se fue y Gabriel oyó que se cerró su puerta.

Gabriel se quedó sentado quieto por un rato, sin saber qué hacer. *¿En realidad debería bajar?*, se preguntó. *No*, determinó. *No puedo creer que Brendan en realidad esté tomando mi castigo. Eso suena demasiado bueno como para que sea cierto.*

Mucho después la abuelita llegó a la habitación de Gabriel.

—¿Por qué te quedaste aquí arriba solo y desdichado? —preguntó—. He estado esperando para verte, pero ya es hora de que me vaya.

—¿Está Brendan realmente tomando mi castigo? —preguntó Gabriel. La abuelita asintió—. ¡No puede ser! —gruñó Gabriel—. Me perdí todo porque en realidad no le creí.

—Esto me hace recordar a alguien más que tomó el castigo por ti —dijo la abuelita seriamente—. Jesús murió por tus pecados. ¿Has aceptado lo que él hizo por ti? —Gabriel asintió y la abuelita sonrió—. Me alegro mucho por eso —dijo—. Mucha gente no cree que Jesús haya tomado el castigo que merecían y entonces no los beneficia para nada. —Abrazó a Gabriel mientras se preparaba para irse. *KFG*

¿Y TÚ?

¿Sabías que Jesús tomó el castigo por tu pecado? ¿Has aceptado lo que él hizo por ti? Si no lo has hecho ya, ¿confiarás en él hoy?

Jesús tomó tu castigo

MEMORIZA:
«Dios mostró el gran amor que nos tiene al enviar a Cristo a morir por nosotros cuando todavía éramos pecadores».
Romanos 5:8

AGOSTO
24

LA ADVERTENCIA
(PARTE 1)

Lee el Salmo 19:7-11

—Ya empieza Sarj otra vez —dijo Ty—. Siempre está ladrando.

—Este ladrido suena distinto al usual —observó mamá—. Tal vez uno de ustedes, chicos, debería ir a verlo.

—Ay, mamá, estamos ocupados —dijo Hunter—. Además, Sarj le ladra a todo: a las ardillas, a la gente que pasa, a los autos. Sea lo que sea, él ladra.

Los ladridos continuaron, pero nadie fue a ver por qué Sarj era tan persistente. Cuando el perro finalmente se calló, Hunter dijo: «No era nada».

Más tarde, Hunter y Ty decidieron ir a dar un paseo en bicicleta. Cuando entraron al garaje, se quedaron con la boca abierta.

—¿Dónde están nuestras bicicletas? —dijo Ty entrecortadamente.

—Tienen que estar en alguna parte —respondió Hunter con esperanza. Pero las bicicletas no estaban en ninguna parte.

—¡No puedo creerlo! —gritó Ty—. ¿Quién habrá tenido el descaro de entrar a nuestro garaje y llevarse nuestras bicicletas frente a nuestras narices y a plena luz del día?

—¡Qué mal! —exclamó Hunter—. Después de todo el trabajo de repartir periódicos, de ahorrar dinero, ¡y ahora esto!

Los chicos corrieron a la casa. «¡Nuestras bicicletas desaparecieron! —gritaron—. ¡Alguien se las robó!». Después de oír la historia de los chicos, sus padres salieron corriendo para ver por sí mismos.

Cuando papá entró a la casa para llamar a la policía y reportar el robo, se detuvo para darle unas palmadas a Sarj. «¿Acaso no oímos que Sarj ladró hace un par de horas? —preguntó papá—. Él estaba tratando de advertirnos, y no lo escuchamos».

Esa noche, papá leyó en voz alta el Salmo 19. Después de leer el versículo once, levantó la mirada. «Las advertencias son importantes —dijo—. Hoy mamá les advirtió que fueran a ver a Sarj. No lo hicieron. Sarj nos advirtió de los ladrones, pero no lo escuchamos. Ahora vemos que Dios usa su Palabra no solo para enseñarnos y bendecirnos, sino también para advertirnos. Asegurémonos de que lo escuchamos». Los chicos asintieron. *EJB*

¿Y TÚ?

¿Escuchas a Dios cuando te dice en la Biblia lo que él quiere que hagas? Él sabe qué es lo mejor para ti, por lo que es importante que lo escuches y que obedezcas sus mandamientos.

MEMORIZA:
«[Las leyes del Señor] sirven de advertencia para tu siervo, una gran recompensa para quienes las obedecen».
Salmo 19:11

Préstales atención a los mandamientos de Dios

LA ADVERTENCIA (PARTE 2)

Lee Marcos 11:22-26

Después de que les robaron sus bicicletas, Ty y Hunter les pidieron a todos sus amigos y vecinos que estuvieran pendientes de ellas. Ellos oraron, no solo por la devolución de sus bicicletas, sino también por quienquiera que las hubiera tomado.

Cuando oraban una noche, los pensamientos de Ty divagaban. *Quisiera ponerle mis manos encima a la persona que nos robó después de haber trabajado tanto*, pensó. *Tendría un ojo morado, una nariz con sangre y...* Abrió los ojos justo entonces y se fijó en las palabras del versículo que colgaba en la pared: «Perdonen a otros, y ustedes serán perdonados». Ty luchaba con sus pensamientos y sentimientos. Sabía que le gustaría vengarse de la persona que se había llevado su bicicleta, pero también sabía que eso era malo. «Señor, ayúdame a perdonar», oró.

Entonces una noche, un hombre y un niño alto y delgado llegaron a la casa con una bicicleta roja.

—Mi hijo Todd, aquí, tiene algo que decirles —dijo el hombre.

—Yo... yo creo que esta es su bicicleta —murmuró Todd—. Tenía miedo de devolverla porque la raspé, y tenía miedo de que llamaran a la policía. Lo siento. Pagaré por ello.

—Sí, seguro que es la mía —dijo Ty. Sentía que un poco de la ira surgía al ver el gran raspón. Rápidamente volvió a pedirle al Señor que lo ayudara a perdonar.

—Vi que un hombre puso la bicicleta azul en su camión, y cuando yo llegué, se fue —explicó Todd—. Eso fue lo que me dio la idea de tomar esta. Solo iba a montarla por un rato, y entonces, bueno, yo...

Papá se hizo cargo.

—Gracias por tener el valor suficiente para devolverla —dijo—. Lo apreciamos. —Papá miró al padre de Todd—. Dejaremos cualquier castigo en sus manos —agregó papá—. ¿Verdad, Ty?

—Sí —asintió Ty. La ira se había ido, y alegremente empujó su bicicleta hacia el garaje. *EJB*

¿Y TÚ?

¿Te es difícil perdonar a alguien que te ha hecho daño? No es fácil y muchas veces todos necesitamos de la ayuda de Dios para hacerlo. Pídele a Dios que te ayude a hacer lo que no puedes hacer por tu cuenta.

Perdona a los otros

MEMORIZA:
«Perdonen a otros, y ustedes serán perdonados». Lucas 6:37

26

VENTANAS LIMPIAS

Lee Proverbios 15:1-4

—Siempre desordenas el cuarto —gruñó Jorie, mientras empujaba las cosas de su hermana del tocador.

—No lo hago, ¡y deja mis cosas en paz! —ordenó Kaelin.

—Entonces, mantén tus cosas lejos de mi lado del tocador —dijo Jorie.

—Mis cosas no estaban en tu lado.

—¡Sí estaban!

—¡No estaban!

Jorie y Kaelin peleaban otra vez, y mamá, de mala gana, se dirigió a su habitación. «Estoy cansada de las peleas constantes entre ustedes dos —dijo severamente—. Ustedes son hermanas y deberían mostrarse respeto mutuo. Síganme».

Jorie y Kaelin siguieron a su madre al pasillo de atrás y vieron cómo sacaba unos paños y limpiador de ventanas. «Ahora bien —dijo—, van a limpiar completamente la ventana de la sala. Kaelin va a lavar la parte de afuera, y Jorie va a trabajar la de adentro. ¡Y no se atrevan a sonreírle a la otra! Deben fruncir el ceño todo el tiempo. Quiero que discutan mientras la ventana está entre ustedes».

A Jorie y a Kaelin les fue difícil fruncir el ceño cuando tenían que hacerlo. Kaelin trataba de ocultar sus hoyuelos, pero le era difícil. Mientras trabajaban, a las dos niñas les fue cada vez más difícil fruncirle el ceño a la otra. Lentamente sus caras se pusieron rojas; luego estallaron en carcajadas. ¡Qué tonta se veía su pelea ahora!

Jorie sabía que esto era lo que mamá esperaba. Mamá llamó a las niñas a la cocina y se sentaron a la mesa, mientras ella les llevaba limonada. «¿Saben, niñas? —dijo—, en realidad desobedecen a Dios cuando se enojan y se gritan mutuamente. Él quiere que seamos amables y perdonadores. Deben aprender a discutir sus diferencias y a buscar una solución. Ahora, ¿hablamos primero con el Señor y luego discutimos las cosas que les molestan?». Las niñas se miraron mutuamente y luego asintieron. *CB*

¿Y TÚ?

¿Te sientes enojado con tu hermano, con tus padres o con algún amigo? Si se lo pides, Dios te hará ver si necesitas arreglar las cosas con alguien. Si a tu mente llega alguien, busca a esa persona y discute el problema, y luego ora con ella y pídele a Dios que te ayude a perdonarla y a que se lleven bien.

MEMORIZA:

«Tengan cuidado de que no brote ninguna raíz venenosa de amargura, la cual los trastorne a ustedes y envenene a muchos». Hebreos 12:15

No pelees

EL TALLADOR

Lee el Salmo 103:11-14, 22

Cal sostenía el bate con firmeza. ¡Solo tenía que marcar un sencillo! Él era la última esperanza de los Tigres. Si lo eliminaban, su equipo perdería el juego y lo descalificarían del torneo. La bola volaba hacia él y él bateó tan fuerte como pudo. La pelota rebotó débilmente hasta el lanzador. Un momento después, el juego había terminado.

—¡Verdaderamente lo eché a perder! —se lamentaba Cal mientras volvía a casa con su papá y con su hermano mayor, Samuel.

—Todos nos sentimos así de vez en cuando —dijo su padre—. Recuerda, el Señor lo entiende. Después de todo, ¡él te hizo!

Esa tarde, Cal y Samuel fueron a una exhibición de talla en madera. Pasearon por allí, admirando patos, peces y flores tallados.

—Mira ese ganso del Canadá —exclamó Cal—. ¡Es mi favorito hasta ahora! Y mira, ¡ganó! El rótulo dice: «Jim Bailey, Ganador del Gran Premio».

—Me pregunto si el tallador lo hizo de una sola pieza de madera —murmuró Samuel.

—Si ven de cerca el cuello, podrán ver que las dos piezas de madera fueron unidas —dijo un hombre que estaba parado detrás de ellos.

—Me pregunto de qué clase de madera está hecho —dijo Samuel.

—De pino blanco —dijo el hombre—. Cortado en invierno, secado al aire durante dos años.

—Usted sabe mucho de este ganso —dijo Cal. El hombre asintió.

—Yo soy Jim Bailey —dijo con una sonrisa.

—¡Oh! —dijo Samuel—. Eso lo explica.

Los chicos la pasaron bien, pero cuando volvían a casa, Cal volvió a mencionar su fracaso en el juego de béisbol.

—Oye —dijo Samuel—, el señor Bailey sabía todo lo del ganso porque él lo hizo, ¿verdad? Bueno, recuerda que papá dijo que Dios sabe cómo te sientes por el juego porque él te hizo. Él sabe todo acerca de ti... incluso cómo te sientes.

—Esa es una buena manera de pensar en ello —admitió Cal—. Me alegra que hayamos ido a la exhibición de madera tallada. *LW*

¿Y TÚ?

¿Sientes como que nadie te entiende? ¿Desearías tener a alguien con quien pudieras discutir tus temores, tus problemas, tus decepciones? ¡El Señor te hizo! Él sabe exactamente cómo te sientes y quiere que hables con él de eso.

El Señor entiende

MEMORIZA:
«Pues él sabe lo débiles que somos; se acuerda de que somos tan solo polvo».
Salmo 103:14

AGOSTO 28

UNA MANO FUERTE

Lee el Salmo 71:12-16

—¡Guau, papá! ¿Viste esos peces? —Los ojos de Natán destellaban cuando sacó su cara del agua y se ajustó su máscara de buceo.

—¡Claro que los vi! Esos pequeños azules se parecen a algunos de los peces que hemos visto en los acuarios de la tienda de mascotas.

—Y casi toqué a uno de esos que tienen franjas amarillas y negras. —Natán rebosaba de emoción.

—Bueno, se hace tarde —dijo papá—. Será mejor que comencemos a nadar de regreso a la playa. ¿Estás listo?

—¿Tan pronto? —preguntó Natán—. Está bien... vámonos. Apuesto a que puedo ganarte de regreso.

Pero la playa quedaba más lejos de lo que Natán se había dado cuenta, y después de un rato llamó a su padre.

—Papá, ¿podemos descansar un minuto? —preguntó.

—Si lo hacemos, esta corriente puede llevarnos muy lejos de la playa. Ven. —Papá extendió el brazo para que Natán lo agarrara—. Agárrate de mí y yo te jalaré. —Pronto llegaron a la playa, cansados, pero a salvo.

Mientras guardaban su equipo de buceo, papá se volteó hacia Natán.

—Qué bueno que estaba contigo para jalarte, ¿verdad?

—Ajá —admitió Natán—. Me estaba cansando mucho.

—¿Sabes algo?, creo que vivir la vida cristiana a veces se parece un poco a nadar. De vez en cuando puedes cansarte de hacer las cosas que sabes que son lo correcto. ¿Dónde crees que puedes obtener estímulo y recibir ayuda?

—Contigo —respondió Natán rápidamente.

—Bien —dijo papá—. Te ayudaré cuando pueda. También he aprendido que si le pido a Dios *su* ayuda, a veces siento como que él me dice: *Ven, yo te jalaré.* Cuando luchamos contra la corriente de la tentación o con cosas difíciles en nuestra vida, él frecuentemente usa a otros cristianos para que nos ayuden. También nos enseña, nos consuela y nos anima a través de su Palabra y de su Espíritu Santo. Tenemos que aprender a depender de él. *RSM*

¿Y TÚ?

Cuando te cansas y te desanimas al tratar de vivir para el Señor, ¿buscas a otros cristianos para que te alienten? Ellos pueden serte de gran ayuda. Asegúrate de pedirle al Señor mismo que te ayude a hacer lo correcto. Él siempre te extenderá su mano y te ayudará cuando dependas de él.

MEMORIZA:

«No tengas miedo, porque yo estoy contigo. [...] Te daré fuerzas y te ayudaré; te sostendré con mi mano derecha victoriosa». Isaías 41:10

Busca la ayuda de Dios

CUANDO DIOS DIJO «NO»

Lee Isaías 55:8-13

Cuando los padres de Eric llegaron a casa, él abrió la puerta.

—¿Está bien el abuelito? —preguntó ansiosamente.

—Tu abuelo ya no está sufriendo —le dijo papá suavemente—. Murió esta tarde; ya está en casa en el cielo. —Eric tragó saliva y contuvo las lágrimas. Se alejó mientras papá todavía estaba explicando.

En su habitación, Eric se acurrucó en su cama. «No es justo —dijo entre dientes—. Simplemente no es justo». Levantó la mirada cuando papá entró.

—No lo entiendo —dijo Eric—. Oré todo el día por el abuelito. Dios pudo haberlo sanado, pero ni siquiera me oyó.

—Dios siempre oye, pero a veces la respuesta es «no» —dijo papá suavemente—. Era hora de que el abuelito se fuera. —Hizo una pausa y luego agregó—: ¿Sabes, Eric?, últimamente el abuelito extrañaba muchísimo a la abuelita. Ahora están juntos en el cielo, y algún día los volveremos a ver. —Eric le dio la espalda a las palabras tranquilas de papá.

Papá se sentó al lado de Eric.

—Cuando tú nos pides algo que mamá y yo no podemos comprarte, o cuando pides hacer algo que no podemos dejarte hacer, a veces te enojas —le recordó papá—. Sabes que te amamos y queremos lo mejor para ti, pero también quieres las cosas a tu modo. —Eric se retorció; su temperamento era un problema—. Cuando superas el enojo, hablamos de eso y continuamos amándonos mutuamente. Somos una familia, aunque no estemos de acuerdo —continuó papá—. Bueno, así es con Dios también. Cuando no obtenemos lo que queremos, a veces nos enojamos y nos alejamos de él. Pero cuando superes el enojo, creo que verás cuánto amó Dios al abuelito y cuánto te ama a ti.

—Pero yo voy a extrañar mucho al abuelito —dijo Eric con tristeza mientras las lágrimas corrían por su cara.

—Oye, está bien llorar —dijo papá suavemente—. Podemos sentarnos aquí y llorar juntos. ¡Yo también voy a extrañar muchísimo al abuelito!

Eric abrazó fuertemente a su papá. *JLB*

¿Y TÚ?

¿Has perdido a alguien que amas? ¿Te preocupa que tus padres o abuelos puedan morir? Cuéntale a Dios tu dolor y temor. Él te consolará y te dará paz. Comparte tu dolor con alguien que amas, y deja que él o ella también te consuelen.

Deja que Dios te consuele

MEMORIZA:
«Dios bendice a los que lloran, porque serán consolados». Mateo 5:4

AMOR INCREÍBLE

Lee 1 Juan 4:9-15

—Me alegra haber traído hoy mis lentes oscuros y bloqueador solar —dijo Maura cuando se sentó en la playa—. ¡El sol está muy brillante!

—¡Está haciendo que sea un día abrasador! —asintió papá—. Un artículo que leí recientemente decía que el sol envía corrientes tan enormes de luz y de calor que si hubiera dos mil millones de planetas tierra en lugar de solamente uno, habría suficiente para todos ellos.

—¿De veras? —preguntó Maura—. ¡Qué increíble!

Papá asintió.

—Un Dios increíble creó el sol; un Dios generoso que nunca hace cosas a menor escala —dijo—. En esta época de escasez, ¡por lo menos no se nos acabará el sol!

Maura se limpió la frente.

—Qué bueno, pero estoy a punto de que se me acabe algo, papá, ¡y es el tiempo! Será mejor que me vaya a casa. Tengo que ayudar a la tía Carrie en la guardería esta tarde.

—Bien —dijo papá cuando se voltearon para alejarse de la playa—. Tal vez puedes llevarles un poco de luz del sol.

Durante cinco horas esa tarde, Maura estuvo meciendo bebés, cambiando pañales, calentando biberones, sirviendo galletas de soda, recogiendo juguetes, leyendo historias, secando lágrimas, deteniendo peleas y mucho más. Llegó a casa exhausta y desanimada.

—Bueno, Maura, ¿cómo te fue hoy esparciendo la luz del sol a los niños? —preguntó papá—. ¿Compartiste mucho calor y luz?

—Lo intenté —respondió Maura con un suspiro—, pero no tenía suficientes manos. Podía encargarme de solo uno de ellos a la vez, pero algunos querían más atención que eso.

Papá sonrió.

—Hiciste lo mejor que pudiste, y eso es lo único que cualquiera de nosotros puede hacer, Maura —dijo—. Solo Dios puede hacerlo mejor. Su amor es tan increíble como su asombrosa luz del sol; ¡él nos ama a cada uno como si solo hubiera uno a quien amar! *TMV*

¿Y TÚ?

¿Crees que no es posible que el amor de Dios alcance a cada una de los miles de millones de personas sobre la tierra? Dios ama a esos miles de millones, y Dios te ama a ti, personal y completamente. Te ama tanto que envió a su Hijo a morir por ti. ¿Has aceptado su regalo de amor?

MEMORIZA:
«¡Qué gran amor nos ha dado el Padre!».
1 Juan 3:1, NVI

El amor de Dios no tiene límites

AGOSTO
31

ESTE VIEJO PLANETA

Lee Deuteronomio 10:12-14

—Mamá dice que vamos a hacer un *picnic* en el parque para la cena —anunció Alicia cuando su padre llegó a casa un sábado por la tarde—. ¿Podemos irnos pronto?

—Queremos tener tiempo para jugar en los columpios antes de comer —agregó Vicky.

—Habrá tiempo para eso —dijo papá—, pero antes de irnos, tenemos que lavar y encerar el auto.

—¿Por qué? —preguntó Vicky—. No está tan sucio. Y además, es un auto muy viejo.

—Bueno, quizás sea viejo, pero es el único auto que tenemos —respondió papá—. Y Dios nos llama a ser buenos mayordomos de todo lo que se nos ha dado. Al lavar y encerar el auto y cuidar de él, podemos esperar tenerlo por mucho tiempo.

Las niñas sacaron de mala gana el jabón y la cera para auto mientras papá sacaba la manguera. Lavaron y enceraron el auto hasta que brilló.

—¡Listo! —dijo papá con orgullo—. Se ve casi como si fuera nuevo.

—¿Podemos irnos ya? —preguntó Alicia, y pronto estaban en camino.

En el parque, toda la familia se divirtió en los columpios y en la pista de obstáculos. Luego, todos disfrutaron de su *picnic*.

—Es tan bello aquí —dijo mamá.

—Debemos estar muy agradecidos por vivir en este planeta —asintió papá—. Dios nos ha dado un hogar maravilloso.

Cuando terminaron de comer, Alicia ayudó a papá a llevar la basura a un basurero.

—Mira esto —dijo papá—. El basurero está lleno, así que la gente ha tirado la basura fuera del tacho. Es una vergüenza la manera en que algunas personas tratan a este viejo planeta.

—Tal vez sea un planeta viejo, como nuestro auto viejo —dijo Alicia riéndose—, pero es el único hogar que tenemos ahora. Dios también quiere que seamos buenos mayordomos de nuestro planeta.

—Tienes razón —dijo papá—. Traeré una bolsa de basura del auto, y limpiaremos este desastre. *DBK*

¿Y TÚ?

Tú, tu familia o tus amigos ¿arrojan basura, latas o botellas al suelo? ¿Qué haces cuando encuentras basura que otra gente ha dejado fuera del tacho? Dios nos llama a ser buenos mayordomos de nuestro hogar terrenal.

Cuida la tierra de Dios

MEMORIZA:
«La tierra es del SEÑOR y todo lo que hay en ella». Salmo 24:1

LOS HONGOS VENENOSOS

Lee 2 Pedro 2:1-3, 18-19

«Levanta los brazos hacia el cielo y después acércalos a ti y une tus palmas —instruyó Mía a su hermana, Kit—. Ahora, siéntate y ten paz contigo misma. Respira profundamente este aire fresco, siente el césped debajo de ti y medita en la naturaleza». Las niñas, que acampaban con su familia, probaban un nuevo tipo de meditación del que una compañera de clase le había hablado a Mía. Nunca antes habían oído de meditar de esta manera; solo sabían que debían meditar en las Escrituras y en el amor de Dios. Debe ser algo así, determinaron. Después de todo, Dios creó la naturaleza.

—Voy a recoger hongos para la cena —gritó su hermano, Shel, e interrumpió su concentración. Se detuvo para recoger uno—. Se ven como los que hemos comido antes.

—Podrían ser venenosos —dijo Kit—. Le preguntaré a mamá.

«Cariño —le dijo mamá a Shel un poco después—, deja en paz a los hongos. No estoy segura en absoluto de poder diferenciar entre los venenosos y los buenos, se ven muy similares». A regañadientes, Shel accedió.

Mía y Kit se alejaron y volvieron a su meditación.

—¿Qué están haciendo, niñas? —preguntó mamá.

—Meditando en la tierra, en la paz y en nuestra unidad con el universo —respondió Mía y le habló a mamá de su compañera de clase—. Dijo que te hace sentir en paz y con poder —terminó Mía—. No estábamos seguras si era algo bueno, pero pensamos que lo probaríamos.

Mamá negó con la cabeza.

—Cariño —dijo—, a veces es difícil que los cristianos jóvenes diferencien entre el cristianismo y las religiones falsas, así como es difícil diferenciar entre los hongos buenos y los malos. Si no estás segura de que una práctica religiosa sea correcta, no te involucres en ella. Algunas prácticas pueden parecer inofensivas, pero aun así pueden ser muy malas para ti. Creo que esta es una de ellas. Esto hace énfasis en la naturaleza y en ti, y no en la Biblia ni en Dios. *NEK*

¿Y TÚ?

¿Puedes identificar las religiones falsas? En lugar de arriesgar la posibilidad de mezclarte en la actividad equivocada, quédate con lo que aprendes en la Biblia y con tu iglesia que enseña la Biblia.

MEMORIZA:

«Pues se levantarán falsos mesías y falsos profetas y realizarán grandes señales y milagros para engañar, de ser posible, aun a los elegidos de Dios». Mateo 24:24

Ten cuidado con las enseñanzas falsas

UNAS CUANTAS FLORECILLAS

Lee Efesios 5:8-11, 15-17

Tomás tenía problemas para decidir qué comprarle a su madre para su cumpleaños. Como era usual, le pidió ayuda a Carlos, su mejor amigo.

—Ya sé qué le puedes dar —dijo Carlos, mientras lo guiaba al jardín de flores de la anciana señora Monroe. Tomás pasaba todos los días por la casa de la señora Monroe cuando iba a la escuela. Ella tenía las flores más bellas del vecindario—. Esto es lo que le conseguí a mi mamá para su cumpleaños —dijo Carlos.

Tomás estaba un poco confundido.

—¿Quieres decir que le robaste flores a la señora Monroe? —preguntó.

—No hagas que suene tan terrible —respondió Carlos—. Ella tiene tantas flores que nunca se dará cuenta de que le hacen falta unas cuantas. Adelante. Toma unas cuantas.

—Tal vez mañana —dijo Tomás—. Tengo que llegar a casa para cenar.

Tomás sabía que a su madre le encantaban las flores. Aun así, sabía que no era correcto robar ni siquiera unas cuantas. *Robar es pecado*, le decía su conciencia, por lo que decidió pedirle consejo a su papá.

—Papá —comenzó—, ¿crees que a la señora Monroe le importaría si tomo algunas flores para el cumpleaños de mamá?

—No sé —dijo papá, y no se molestó en levantar la mirada de su periódico—. ¿Por qué no se lo preguntas a ella?

¿Preguntarle a la anciana señora Monroe? ¿Se atrevería? Tomás decidió hacerlo. Requirió todo el valor que tenía para llegar a la puerta de entrada. Un escalofrío le pasó por todo el cuerpo cuando llamó a la puerta. Cuando la señora Monroe finalmente abrió la puerta, él soltó de corrido su solicitud casi sin respirar y esperó su respuesta. Quedó impactado cuando vio que aparecía una amplia sonrisa en la cara arrugada de la señora Monroe. «Debes querer mucho a tu madre —dijo—. ¿No crees que estaría orgullosa si te ganaras esas flores ayudándome en mi jardín? Vuelve mañana y arreglaremos los detalles con un pedazo de pastel de chocolate».

Tomás suspiró aliviado cuando se despidió agitando su mano y corrió a casa. Estaba contento de haber hablado con la señora Monroe. *LLG*

¿Y TÚ?

¿Eres firme con lo que sabes que es correcto? ¿Piensas por ti mismo, o vas con lo que otros piensan? Dios nos permite elegir entre el bien y el mal en nuestra vida. No dejes que los males del mundo te hagan hacer el mal.

Haz lo correcto

MEMORIZA:
«Recuerden que es pecado saber lo que se debe hacer y luego no hacerlo».
Santiago 4:17

NUBES SIN AGUA

Lee Eclesiastés 5:2-7

Caleb se paró en la ventana y vio que una nube oscura se desvanecía en el cielo distante.

—Esa nube no ayudó para nada —dijo—. Esperaba que lloviera para no tener que podar hoy el césped de la señora Badus. —Caleb se sentó y cambió canales en la televisión—. Ah, bueno, de todas formas no iré.

—La señora Badus te espera a las dos en punto, ¿no es cierto? —preguntó el padre de Caleb.

—Sí, pero no importa —dijo Caleb—. El césped todavía estará allí mañana. Además, este es uno de mis programas favoritos.

Papá se paró al lado de la ventana y miró la nube, que casi había desaparecido en el horizonte.

—Esa nube parecía prometer mucho, pero no cumplió nada —dijo—. Y creo que hay otra nube sin agua en esta habitación.

Caleb miró a su alrededor.

—¿En la casa?

Papá asintió.

—A veces la gente es como esa nube —dijo—. Habla mucho y hace promesas, pero a la hora de cumplir, simplemente no tienen el tiempo. —Miró fijamente a su hijo.

Caleb levantó la mirada y miró a su papá, que siempre tenía cuidado de cumplir sus promesas a Caleb y a su mamá. Sabía que su papá era un gran ejemplo de una «nube» que cumpliría su promesa.

De repente, el programa de televisión no le pareció tan interesante a Caleb.

—Creo que te refieres a mí —dijo—. Y si no hago lo que prometí, creo que la señora Badus no pensará mucho mejor de mí de lo que yo pienso de esa nube de tormenta. —Se levantó de un salto y apagó el televisor—. ¡Si monto mi bicicleta estaré en el trabajo a las dos en punto!

Papá le sonrió.

—Buena decisión. *SLS*

¿Y TÚ?

¿Dices que harás cosas y luego tratas de escaparte de ellas? ¿Alguna vez has hecho alguna promesa que realmente no querías cumplir? No tienes que hacer promesas; pero si las haces, siempre debes cumplirlas. Entonces no solo agradarás a la gente, sino que también agradarás a Dios.

MEMORIZA:
«Es mejor no decir nada que hacer promesas y no cumplirlas».
Eclesiastés 5:5

Cumple tus promesas

LA HISTORIA DE UN PEZ

Lee 1 Juan 2:15-17, 26-28

Brent y su papá estaban pescando en la ribera del lago en que acampaban. A veces usaban lombrices grandes y gordas. Otras veces lanzaban uno de los cebos de lujo de papá, que tenían plumas de colores brillantes que ocultaban los anzuelos. Papá le explicó cómo el sonido y la vista de los cebos que viajaban en el agua atraían a los peces, pues se veían como insectos u otra clase de comida.

Se acercaba la caída de la tarde y ya tenían una hilera de peces. También se divertían hablando, algo que no siempre se tomaban el tiempo para hacer en casa.

—Vi un CD en la tienda de música el otro día —le dijo Brent a su padre—. Se veía verdaderamente asombroso; me gustaron las fotos del estuche del CD. Tal vez ahorre de mi entrega de periódicos para comprarlo la próxima semana.

—¿Y qué clase de música es? —preguntó papá.

—En realidad no conozco al grupo; son nuevos —respondió Brent—, pero los chicos de la escuela estuvieron hablando de lo buenos que son. Aunque nunca he oído las canciones.

—Creo que debes examinarlo antes de comprarlo —dijo papá—. Puede parecer bueno por fuera, pero ya sabes lo mala que es alguna música. Hemos hablado antes de cómo escuchar malos mensajes puede tentarte y hacerte tener pensamientos que no son agradables a Dios. —Papá enrolló su sedal y cuidadosamente retiró un pez del anzuelo—. Este pez también pensó que el cebo se veía muy tentador —señaló—, ¡pero mira a dónde lo llevó!

Brent se rió.

—Sí, creo que tienes razón —dijo—. Será mejor que lo examine un poco, antes de gastarme el dinero que me ha costado tanto en algo que al final podría hacerme daño. *JKB*

¿Y TÚ?

¿Quieres algo que a veces se ve interesante a primera vista pero que en realidad es una tentación para pecar? Todos podemos sentirnos confundidos a veces por las cosas que se ven bien. Necesitamos la ayuda de Dios para no pecar. Si se lo pides a él todos los días, él te dará sabiduría, incluso en las pequeñas decisiones ordinarias que debes tomar.

Permanece lejos del pecado

MEMORIZA:
«El Señor sabe rescatar de las pruebas a todos los que viven en obediencia a Dios, al mismo tiempo que mantiene castigados a los perversos». 2 Pedro 2:9

SEPTIEMBRE
5

UN REGALO INMERECIDO

Lee Romanos 10:6-13

Cuando Whitney trepaba el árbol en el jardín del frente de la casa de su abuelita cierto día, oyó que un camión de helados venía por la calle y sonaba su campanilla. Whitney estaba segura de que su abuelita no compraría helados antes del almuerzo, pero decidió jugar una broma. Se inclinó hacia abajo desde el árbol y silbó fuerte para llamar la atención del conductor. El camión de helados se detuvo y el conductor salió con una sonrisa, esperando vender algo. Pero Whitney volvió a subirse alto en el árbol y nadie llegó a comprar. Cuando el camión se fue, ella se bajó del árbol.

«Hola, cariño —dijo la abuelita que salió de la casa—. Vi que le silbaste a ese hombre y lo hiciste creer que iba a vender. ¿No te detuviste a pensar qué se siente ser engañado?».

Whitney se dio cuenta de que al hombre no le debió haber gustado que lo desviaran para detenerse por nada. Ella coincidió con la abuelita en que sería bueno disculparse, por lo que se acercaron al camión que estaba a unas casas de distancia y Whitney lo hizo. Entonces la abuelita compró una barra de helado para cada una.

Whitney se sentía avergonzada.

—No, gracias —dijo cuando la abuelita le ofreció su helado.

—Pero lo compré para ti —dijo la abuelita.

—No tengo hambre —respondió Whitney y lo rechazó. Miró al suelo—. No lo merezco después de la broma que hice.

—Es cierto —admitió la abuelita—. Pero quiero que lo tomes de todos modos; es un regalo de mi parte.

A regañadientes, Whitney tomó el helado y comenzó a comerlo. ¡Sabía tan bien y refrescaba tanto en un día tan caliente! Se alegró de haber aceptado el regalo de la abuelita.

«Hay otro regalo inmerecido que debes aceptar —dijo la abuelita a Whitney—. Todos somos pecadores, pero Jesús murió en la cruz para cancelar el castigo por nuestro pecado. Él ofrece perdón y el regalo de la vida eterna. No rechaces el regalo que Dios ofrece, Whitney. ¿Lo aceptarás?». *NEK*

¿Y TÚ?

¿Has aceptado a Jesús como tu Salvador? Nadie merece el regalo de la vida eterna, pero es para cualquiera que lo acepte, incluyéndote a ti. Primero, dile a Jesús que te arrepientes de tu pecado. Después agradécele por morir por ti, pídele que sea el Señor de tu vida y acepta la vida eterna con él.

MEMORIZA:

«El regalo que Dios da es la vida eterna por medio de Cristo Jesús nuestro Señor». Romanos 6:23

Acepta el regalo de Jesús

LOS NUEVOS AMIGOS

Lee Hechos 4:9-13

Marcos abrió la puerta de un golpe al entrar corriendo a la casa después del primer día en su nueva escuela.

—¡Mamá! —gritó—. ¿Adivina qué? Hice algunos amigos hoy, ¡y van a venir en unos minutos a jugar béisbol!

—¡Qué bueno! —respondió mamá y siguió a Marcos a la sala—. Solo ten cuidado de entrar a tiempo y estar listo para el grupo de jóvenes de la iglesia hoy en la noche.

—Ay —dijo Marcos lentamente—. No creo que vaya después de todo. —Miró a mamá con ansiedad. Mientras ella esperaba, él miró hacia la alfombra—. Mira, mamá, trato de encajar con los chicos —explicó Marcos—, y no creo que alguno de *ellos* vaya a la iglesia.

—Bueno —dijo mamá—, hablaremos de eso cuando papá venga a casa. —Marcos suspiró. Sabía lo que papá iba a decir—. A propósito —continuó mamá—, ¿quién era el chico con el que te vi hablando ayer? ¿El que tenía aparatos ortopédicos en las piernas?

—Ah, es Kyle —respondió Marcos—. Me cae bien; es mi amigo. Pero algunos de los chicos de la escuela se burlan de él, y muchos de los otros también lo evitan. Es algo triste.

—Estoy de acuerdo —dijo mamá—. Es triste que los chicos de la escuela se pierdan de un amigo como Kyle solo por lo que piensan los demás. —Frunció el ceño cuando agregó—: Pero ¿no es eso lo que quieres hacer *tú*, Marcos? Quieres perder la oportunidad de pasar un tiempo en la iglesia con tu mejor amigo, Jesús, porque quizás tus nuevos amigos no lo aprueban.

—Creo que tienes razón, mamá —admitió Marcos finalmente—. Les diré a los chicos que voy a ir a la iglesia esta noche.

Justo entonces llegaron Jared y Mike arrastrando sus guantes y bates.

—¡Comencemos, Marcos! —dijo Mike—. Tenemos que irnos temprano para una reunión especial de la iglesia.

—¿De veras? —exclamó Marcos—. ¡Yo también pensaba ir! —Su madre y él compartieron una pequeña sonrisa.

¿Y TÚ?

Cuando estás con tus amigos, ¿hablas de Jesús o mantienes en secreto tu amistad con él? ¿Tienes miedo de que los demás se rían si descubren que eres cristiano? Ningún amigo terrenal es tan importante o tan valioso como Jesús. Deja que se vea tu amor por él.

Agrada a Dios, no a la gente

MEMORIZA:
«Dejen que sus buenas acciones brillen a la vista de todos, para que todos alaben a su Padre celestial». Mateo 5:16

UN AROMA MÁS DULCE

Lee Lucas 6:27-36

—Ese tonto de Garrett —gruñó Travis al cerrar la puerta de atrás de un golpe—. Me empujó a propósito, y le dije lo que pensaba de eso.

—Travis —comenzó su madre, y lo miró como diciéndole: «A estas alturas ya deberías saberlo»—. ¿Qué pasó?

—Garrett me empujó e hizo que cayera en uno de los rosales de su mamá. Vaya si no se enojó con él; ¡espero que le haya dado una buena!

—Ah, pero hueles a rosas —bromeó su hermana.

—Puedo ver por qué estás enojado —dijo mamá con compasión al ver sus raspones—, pero creo que debes preguntarte cómo querría Jesús que te comportes con Garrett. —Travis solo encogió los hombros.

Después de la cena esa noche, Travis jugó fútbol en la casa de su amigo César. Mamá leía cuando oyó que la puerta se abría más tarde esa noche.

—¡Travis! —exclamó cuando entró—. ¿Se puede saber qué te pasó? ¡Hueles horrible!

—La casa de César no tiene rosas, pero por cierto tiene repollo de zorrillo —respondió Travis—. Me caí sobre algunos de ellos, pero para Garrett fue peor. —Sonrió al pensar en eso—. Intenté ser amable con él, mamá —continuó—. De veras lo intenté, pero hay gente con la que no puedes ser amable. Tendrías que haberlo oído.

—Tal vez Garrett no sabe hacer nada mejor —dijo mamá—, pero tú sí. Sabes lo que Dios dice acerca de cómo amar a tus enemigos.

—Pero, mamá, no puedes ser amable con todos todo el tiempo.

—Si tu corazón es recto, puedes —insistió mamá—. Dime, ¿qué paso cuando te caíste sobre el repollo de zorrillo?

—Olía a zorrillo —dijo Travis.

Mamá asintió.

—Así es —dijo—. Te tropezaste en las plantas de repollo de zorrillo y olías a zorrillo porque ese es el olor que hay en lo profundo de ellas. Pero cuando antes caíste en las rosas y las pisoteaste, ellas dieron su dulce aroma porque eso es lo que tienen en lo profundo. Si el amor de Dios está profundamente en ti, debe ser obvio, incluso cuando te pisoteen. SS

¿Y TÚ?

¿Qué sale de ti cuando te agravian o se ríen de ti? ¿Es ira y deseo de vengarte, o es el amor de Dios? Cuando tengas problemas con gente que no es agradable, pídele a Dios que te ayude a mostrar su amor por ellos de todas formas. Pídele que te ayude a amarlos así como él lo hace.

MEMORIZA:
«Lo que está en el corazón determina lo que uno dice». Mateo 12:34

Muestra el amor de Dios

NO UN CALIENTABANCAS

Lee Éxodo 20:1-6

Clay irrumpió en la cocina, donde mamá y papá ya estaban a la mesa. «Perdón por llegar tarde —dijo Clay. Dejó su casco de fútbol americano y se fue a lavar las manos. Cuando volvió, le sonrió a sus padres—. En partido de práctica de hoy corrí con la pelota para una victoria de veinte yardas —dijo—. Fingí ir a la izquierda, luego corté hacia la derecha...» Tomó un melón del mostrador y zigzagueó hasta el otro lado de la cocina para demostrarlo.

Clay se sentó en su silla con un suspiro de felicidad.

—Me encanta el fútbol —dijo—. El entrenador dice que tienes que hacerlo el número uno en tu vida si en realidad quieres ser bueno. Dice que no solo hay que hablar. Se trata de practicar, practicar y practicar. De otro modo, cuando el gran juego llegue, terminarás siendo un calientabancas, un tipo que solo se sienta en la banca durante el juego.

—Mmm —murmuró papá—. Practicar, practicar y practicar. Es como lo que el Señor espera de ti. Solo que él espera que le des a *él*, no al fútbol, el primer lugar en tu vida.

—¿Qué? —preguntó Clay—. ¿Qué quieres decir?

—Bueno, se requiere mucha práctica para llegar a ser la persona que Dios quiere que seas, al igual que para llegar a ser un buen jugador de fútbol —explicó papá—. Dios debe ser el número uno en tu vida. Como lo diría el entrenador, no se trata solo de hablar, o acabarás sentado durante el juego.

Clay frunció el ceño.

—¡Pero de veras me encanta el fútbol! —protestó—. ¿Estás diciendo que hay algo malo en eso y que Dios espera que renuncie a él? —No le gustaba esa idea en absoluto.

—No hay nada malo con el fútbol, a menos que lo pongas antes que Dios —le aseguró papá—. ¿Cómo va a encajar el fútbol en el plan de Dios para ti? ¿Qué importancia vas a darle? Esas son preguntas por las que debes orar. —Le sonrió a Clay—. En el juego de la vida, Dios quiere que estés ocupado jugando, o mejor dicho, trabajando para él. Él no quiere que acabes como un calientabancas.

¿Y TÚ?

¿Qué es lo más importante en tu vida? ¿Son los deportes, la ropa o andar con tus amigos? Dios quiere el lugar número uno en tu vida. Cuando le des lo mejor de tu tiempo, de tus talentos, de tu energía, él hará que tu vida sea una gran aventura.

Agrada a Dios, no a la gente

MEMORIZA:
«Busquen el reino de Dios por encima de todo lo demás». Mateo 6:33

EL TIGRE Y LA BICICLETA

Lee Mateo 6:7-13

Craig caminaba a casa con los hombros caídos. Cuando llegó al camino de entrada, vio que su papá trabajaba en el auto. Papá levantó la mirada y dijo:

—Te ves desanimado.

—Lo estoy —dijo Craig—. ¿Sabías de la bicicleta nueva que estaban regalando en la tienda Horne? —Papá asintió y Craig continuó—. Alguien más se la ganó. No puedo creerlo. ¡Oré mucho, papá! Necesito esa bicicleta. ¿Por qué Dios permitió que alguien más se la ganara?

Papá se veía pensativo mientras se limpiaba las manos con un paño. Antes de poder responder, el hermanito de Craig, Bryce, salió saltando.

—¡Vi en la televisión un tigre que hizo muchos trucos! ¿Puedo tener un tigre, papi? —dijo Bryce—. Podría enseñarle a mi tigre a que hiciera trucos.

—No puedes tener un tigre, bobito —dijo Craig, poniendo los ojos en blanco—. Un tigre es un animal salvaje. Te comería.

—¡No es cierto! —gritó Bryce—. Voy a conseguir uno, me montaré en él y le enseñaré trucos. ¡Ya lo verás!

—No puedes tener un tigre —repitió Craig.

—¡Sí puedo! —insistió Bryce.

Papá levantó las manos para que se callaran.

—Por qué no vas a jugar en el jardín de atrás, Bryce —dijo—, y finge que tienes un tigre. —Bryce se fue y papá se volteó hacia donde estaba Craig.

—Tú eres mayor que Bryce y entiendes mejor las cosas. Sabes muchas razones por las que no debería tener un tigre como mascota, ¿verdad?

—Es cierto —asintió Craig.

—Pero Bryce no lo entiende. Solo sabe que quiere un tigre —dijo papá—. Esto tal vez se parece un poco a Dios, a ti y a la bicicleta. Sabes que quieres una bicicleta, pero tal vez Dios sabe que no es lo mejor para ti tenerla ahora mismo. Tú no entiendes la razón, pero eso no significa que Dios no la tenga.

—¿Entonces debo confiar en Dios porque él sabe qué es lo mejor, así como tú sabes qué es lo mejor para Bryce? —preguntó Craig. Luego sonrió—. Y supongo que tengo que fingir que monto una bicicleta, ¿no?

—O simplemente sigue montando tu bicicleta vieja —dijo papá. *KEC*

¿Y TÚ?

¿Aceptas de buena gana la respuesta de Dios a tus oraciones aunque no sea la respuesta que te gustaría? Confía siempre en él. Él sabe lo que hace, incluso cuando te dice que no.

MEMORIZA:

«Tu Padre sabe exactamente lo que necesitas, incluso antes de que se lo pidas». Mateo 6:8

Dios sabe qué es lo mejor

¿NO ES LA GRAN COSA?

Lee Proverbios 6:16-19

—¡No está mi guante de receptor! —exclamó Pablo—. Probablemente Benjamín lo tomó. Siempre toma cosas que no le pertenecen.

Benjamín oyó el comentario de su hermano.

—Yo no he *tomado* nada, Pablo.

—¿Tienes el guante de Pablo? —preguntó mamá.

—Sí —admitió Benjamín—. Pero solo lo *tomé prestado*. No es que me lo haya robado. ¡No es la gran cosa!

—Lo es para Pablo —dijo mamá firmemente—. Ahora, ve, trae el guante de tu hermano y devuélveselo. —Silenciosamente, Benjamín hizo lo que se le dijo. Pero cuando volvió con el guante, mamá había salido de la habitación, por lo que no se molestó en decir que lo sentía.

Más tarde esa mañana, Benjamín le llevó una camisa a mamá, que metía ropa en la lavadora.

—Necesito lavar esto —le dijo—. Mira, tiene manchas.

Mamá miró el lugar que Benjamín señaló.

—En realidad no está tan mal, Benjamin —dijo después de un momento—, y ya tengo una carga grande. Puede esperar hasta la próxima vez.

Benjamín frunció el ceño.

—Pero, mamá, está sucia —insistió—, y quiero usarla.

Mamá volvió a mirar la camisa.

—Está bien —dijo—. Creo que hay espacio para una camisa más. —Mientras la metía en la lavadora, lo miró con aire pensativo—. ¿Sabes, Benjamín? —agregó—, la manera en que te sientes respecto a esta camisa es similar a la manera en que Dios se siente con tu pecado. Es posible que pienses que no es la gran cosa, pero Dios odia todo pecado. —Benjamín se sentía culpable y bajó la vista cuando mamá agregó—: Me enteré que ni siquiera te disculpaste con tu hermano. Creo que debes hacerlo y espero que también le digas a Dios que lo sientes. *WEB*

¿Y TÚ?

La Biblia dice que Dios odia todo pecado, incluso lo que podrías considerar que no es la gran cosa. La buena noticia es que si te arrepientes de tu pecado, puedes confesarlo y recibir perdón. Asegúrate de hacerlo tan pronto como estés consciente de cualquier pecado en tu vida.

Ningún pecado es pequeño

MEMORIZA:
«Si confesamos nuestros pecados a Dios, él es fiel y justo para perdonarnos nuestros pecados y limpiarnos de toda maldad». 1 Juan 1:9

DEMASIADOS VÁSTAGOS

Lee Colosenses 3:5-10

Celia ayudaba a su madre en el jardín. No quería hacerlo; de hecho, había armado tal discusión que mamá casi había tenido que arrancarla de la televisión. Pero ahora estaba allí, recogiendo tomates rojos maduros. Era un día cálido y soleado, y ocasionalmente se metía un tomate cereza en la boca y saboreaba el cálido jugo cuando se partía.

Celia miró a su mamá y la vio arrancar un pequeño tallo de la mata de tomate. Confundida, vio cómo mamá arrancó otros más.

—¿Por qué le estás quitando partes a la planta de tomate, mamá? —preguntó Celia—. ¿No le hará daño?

Mamá se enderezó y se acercó a Celia.

—No, solo la estoy podando, quitándole los vástagos —respondió.

—¿Los vástagos? —preguntó Celia—. ¿Qué son esos?

—Mira aquí —indicó mamá señalando el centro de la planta de Celia—. ¿Ves este tallo con flores? —Celia asintió. —¿Y ves este pequeño vástago que está creciendo justo debajo de él, donde se une al tallo principal? —Celia volvió a asentir—. Bueno, si dejamos que este vástago crezca, le robará nutrientes al tallo con flores. Pero si lo arrancamos, se puede desarrollar un fruto mejor y más grande. —Mamá quitó el vástago mientras hablaba.

Celia observó mientras mamá volvía a podar.

«Eso es más o menos lo que hice contigo esta mañana —agregó mamá un minuto después—. Te quité algo que te roba mucho tiempo: la televisión. Y te ayudé a desarrollar algo mejor, como buenos hábitos de trabajo. Quiero que crezcas sabiendo cómo usar tu tiempo de manera sabia para que puedas lograr cosas buenas».

Celia frunció el ceño y no dijo nada.

«¿Y sabes qué? —continuó mamá—. Dios hace lo mismo con nosotros. Nos ayuda a deshacernos de las cosas que evitan que seamos útiles o que «produzcamos buen fruto». Así que debe ser algo bueno, ¿no crees?» *JKB*

¿Y TÚ?

¿Hay cosas en tu vida que te quitan la capacidad de crecer en el Señor y de dar buen fruto? ¿Como la pereza? ¿El mal carácter? ¿No leer tu Biblia ni orar? Pídele al Espíritu Santo que pode estas cosas en tu vida para que el fruto que Dios espera tenga la oportunidad de crecer.

MEMORIZA:

«Él corta de mí toda rama que no produce fruto y poda las ramas que sí dan fruto, para que den aún más». Juan 15:2

Produce buen fruto

POCO A POCO

Lee el Salmo 119:9-16

«¡Diez versículos enteros! —gruñó Jack—. Eso es demasiado. ¡Nunca podré memorizar diez versículos enteros!».

Su papá levantó la mirada de su cena y le sonrió.

—¡Por supuesto que podrás! —lo animó—. Diez versículos no son muchos para memorizar.

Jack se dejó caer en su silla y no dijo nada.

—Claro que puedes aprenderlos —agregó mamá—. Todos podemos hacerlo juntos en nuestro devocional familiar.

Jack dejó de oír. Solo podía pensar en el enorme desafío que era eso.

Cuando terminaron de comer, papá preguntó:

—¿Te acuerdas de nuestras vacaciones del año pasado en la ciudad de Nueva York?

Jack miró a su padre y asintió.

—Sí —respondió—. Nueva York fue divertido, y también todos los lugares donde nos detuvimos en el camino, como aquel zoológico en Ohio y el campo de batalla en Gettysburg. ¿Podemos ir otra vez?

Papá soltó una risa.

—Bueno, ya veremos —dijo—. Si lo hiciéramos, ¿crees que te gustaría que condujéramos directo desde aquí, sin detenernos?

Jack frunció el ceño y negó con la cabeza al recordar la diversión de pasear todos los días y de nadar en las piscinas de los hoteles y de comer en restaurantes.

—No —respondió—. Eso sería mucho menos divertido.

—Bueno —dijo papá—, aquí hay algo en que pensar. Así como nuestro viaje a Nueva York fue divertido porque nos tomamos nuestro tiempo y no nos apresuramos, memorizar la Biblia puede ser placentero si también nos tomamos nuestro tiempo para hacerlo. ¿Sabes?, no tenemos que memorizar los diez versículos en una noche.

Jack pensó en lo que papá había dicho. *Tal vez no sea tan difícil, después de todo*, pensó. Se sintió agradecido por tener la clase de padres que en efecto aprenderían los versículos con él. *Sí, tal vez hasta sea divertido. RSM*

¿Y TÚ?

¿Memorizas la Palabra de Dios? ¿Por qué no te pones la meta de memorizar por lo menos un versículo de las Escrituras cada semana durante un año? Puede parecerte que son muchos versículos, pero si lo haces poco a poco, no te parecerá mucho en absoluto.

Memoriza la Palabra de Dios

MEMORIZA:
«He guardado tu palabra en mi corazón, para no pecar contra ti». Salmo 119:11

13

LA MUÑECA Y EL MONO

Lee 1 Juan 1:5-10

«Averigüé cómo atrapar un mono —le dijo Curt a su hermana, Elisabet—. Tengo que encontrar una calabaza de buen tamaño, hacer un agujero en ella lo suficientemente grande para un banano y colocar uno allí. Voy a intentarlo esta tarde antes de ir a la aldea con papá. ¿No sería divertido tener un mono?».

Elisabet asintió, pero sus pensamientos no estaban en los monos. Curt, Elisabet y su familia eran misioneros en América del Sur. Elisabet pensaba en la visita que habían tenido de una elegante señora española y su hija, Montse, hacía algunos días. Montse había llevado una bella muñeca y juntas habían jugado con ella. Cuando Montse y su madre estuvieron listas para irse, Elisabet se dio cuenta de que Montse había olvidado su muñeca. Pero Elisabet no dijo nada de eso. En lugar de ello, la escondió debajo de la ropa en su baúl.

Para su tranquilidad, nadie había mencionado a la muñeca desde entonces. Elisabet estaba segura de que si mamá la veía jugando con ella, la castigaría y la haría enviarla de regreso a Montse. Por eso la mantenía escondida, pero mientras tanto, se sentía desdichada y culpable.

Elisabet casi había terminado con sus tareas de la tarde cuando oyó un horrible alboroto afuera. Corrió para ver qué era y vio un mono con su pata en la calabaza de Curt; saltaba por todos lados tratando de liberarse, y mientras tanto, chillaba. A Elisabet le dio lástima la criatura que aullaba. «¡Suelta el banano y estarás libre!», gritó. Pero el mono no soltaba su premio. Curt seguramente lo atraparía cuando llegara a casa de la aldea y lo convertiría en su mascota.

Elisabet recordó la muñeca de Montse en su baúl. Una pequeña voz le dijo: *Si sueltas la muñeca de Montse, podrás liberarte de tus sentimientos de culpa y serás feliz otra vez.*

Elisabet vaciló por un momento; luego fue corriendo a la casa a buscar la muñeca. «Jesús, perdóname —dijo con un suspiro mientras la sacaba de su escondite—. La devolveré». *MHN*

¿Y TÚ?

¿Te sientes mal porque escondes algún pecado? Hay una manera de sentirse bien otra vez. Confiesa tu pecado y serás perdonado.

MEMORIZA:

«Los que encubren sus pecados no prosperarán, pero si los confiesan y los abandonan, recibirán misericordia». Proverbios 28:13

La confesión es mejor que la culpa

EL FUEGO

Lee Santiago 3:1-6

Alesa y su padre estaban sentados tranquilamente, cerca de la tienda de acampar. Papá intentaba leer, pero Alesa lo interrumpía con su parloteo.

—Graciela dice que la policía se llevó al padre de Erin a la comisaría —dijo Alesa—. Me dijo que estaba ebrio y que chocó otro auto. Graciela dice que se emborracha todos los fines de semana.

Papá la detuvo.

—Oye, Alesa, espera un momento —dijo—. ¿Cómo sabes que lo que Graciela dice es cierto? Y aunque lo sea, ¿tienes que repetirlo de esa forma? De cualquier manera, podrías herir verdaderamente al padre de Erin al decir cosas como esas.

Alesa se sintió culpable y no pudo mirar a su papá a los ojos, por lo que apartó la mirada a un lado. De repente, se paró y señaló. «¡Papá, mira! ¡Allá en ese otro campamento! ¡Esas hojas están en llamas!».

Corrieron hacia el campamento vacío y tomaron un par de toallas en su trayecto. Un leño había rodado fuera de la fogata y las hojas secas habían comenzado a arder. Alesa y papá pisotearon y atacaron las llamas que se extendían hasta que contuvieron el fuego.

«¡Uf! ¡Estuvo cerca! —exclamó papá—. No estaba seguro de que pudiéramos controlarlo».

Alesa respiraba con fuerza, pero le sonrió, contenta de su éxito. Papá le alborotó su pelo dorado y brillante y le sonrió. «¿Sabes?, nosotros decimos que eres una parlanchina —le dijo—, y la mayor parte del tiempo es divertido para nosotros. Pero queremos que aprendas a tener cuidado de que tu parloteo solo sea eso, divertido, no dañino. Dios dice en la Biblia que la lengua es como el fuego, y viste lo rápido que ese fuego se descontroló. Las cosas que dices pueden aumentar y esparcirse así de rápido, por lo que debes tener cuidado».

Alesa asintió. Iba a ser difícil porque le encantaba hablar, pero decidió tener más cuidado con lo que decía de ahí en adelante. *JKB*

¿Y TÚ?

¿Tienes algún problema con tu lengua? ¿Mientes alguna vez? ¿Insultas? ¿Cuentas chismes? ¿Te burlas de alguien o lo menosprecias? Dios dice que hay mejores maneras de usar nuestras palabras. Debemos alabar a Dios y edificar a los demás con lo que decimos. ¿Le pedirás a Dios que te ayude a controlar tus palabras?

Refrena tu lengua

MEMORIZA:
«¡Entonces refrena tu lengua de hablar el mal y tus labios de decir mentiras!».
Salmo 34:13

LAS GEMAS ESCONDIDAS

Lee el Salmo 119:17-24

El sol acababa de sacar su cabeza por encima de los árboles cuando Dayna y su madre fueron a caminar al bosque. Dayna caminaba adelante, y volteaba a ver a mamá cada cierto tiempo mientras parloteaba tanto como las ardillas rayadas. «No entendí lo que papá leyó en la Biblia esta mañana —dijo—. Algunas partes de la Biblia no parecen tener nada importante que decirme; entonces, ¿por qué tenemos que leerla toda?».

Mientras mamá parecía estar pensando en eso por un minuto, Dayna miró los arbustos a lo largo del camino. Sus ojos habían visto algo que le había dado curiosidad.

—Mamá, mira estos arbustos. ¿Son alguna clase de bayas? —dijo.

Mamá se detuvo y le dio una mirada a los arbustos. Cuando levantó una de las hojas, vio un ramo de moras.

—¡Mmm! —exclamó—. ¡Moras silvestres! Definitivamente sabrían bien en nuestro cereal, ¡o con un poco de leche y azúcar! Vamos por una cubeta y recojamos unas cuantas.

Dayna volvió corriendo al campamento para buscar una cubeta, y pronto se pusieron a recoger la fruta madura y sabrosa.

—Me alegra que tus ojos brillantes las vieran —le dijo mamá a Dayna—. Lo único que yo vi fueron unos arbustos verdes, no lo que estaba escondido debajo de las hojas—. Un rato después agregó—: Tal vez es la respuesta a tu pregunta de hace un rato. Cuando leemos la Biblia, no siempre vemos las pequeñas gemas de sabiduría que pudieran estar escondidas en un pasaje, así como no vi esas bayas. Pero si dedicamos tiempo a estudiar y buscar, Dios siempre puede revelar algo en su Palabra para ayudarnos o enseñarnos algo de sí mismo. Por eso es que leemos todas las partes de la Biblia, incluso las que no nos parecen importantes al principio. ¿Tiene sentido eso?

—Un poco —respondió Dayna y sonrió—. Creo que con mis "ojos brillantes" quizás hasta pueda ser una de las primeras en divisar las pequeñas gemas de Dios, ¿eh? —Mamá se rió y estuvo de acuerdo. *JKB*

¿Y TÚ?

¿Te gusta a veces saltar algunas partes de la Biblia? Allí es cuando sería bueno estudiarla un poco más cuidadosamente o pedir ayuda de tus padres o de tu pastor. Y no te olvides de orar primero; pídele al Espíritu de Dios que te muestre lo que necesitas aprender de su Palabra.

MEMORIZA:
«Me deleitaré en tus decretos y no olvidaré tu palabra». Salmo 119:16

Busca las «gemas» de Dios

LA TORMENTA

Lee el Salmo 46:1-11

Era el último día del viaje de campamento de la familia de Ana y todos querían pasarlo en la playa. Cargaron la camioneta con toallas, trajes de baño y comida, y condujeron hasta la gran playa arenosa al lado del lago.

Por varias horas los niños nadaron, flotaron y construyeron castillos de arena. Papá y Miguel lanzaron el disco volador, y mamá ayudó a Ana y a la pequeña Raquel a practicar sus movimientos para nadar. Estaban tan ocupados divirtiéndose que la tormenta los tomó por sorpresa. A medida que se apresuraban a empacar sus cosas, un rayo iluminó el cielo y un gran trueno hizo temblar la tierra. «Esta tormenta se está acercando rápidamente —dijo papá—. ¡Será mejor que nos apresuremos!».

Todos se apresuraron a recoger las cosas. «¡Corran a la camioneta!», gritó mamá al siguiente destello de relámpago y retumbar de trueno. Un fuerte viento comenzó a soplar, y todos corrieron. Acababan de meter todo y de entrar a la camioneta cuando el cielo se abrió y una cortina de lluvia golpeó el techo de la camioneta. Los relámpagos siguieron destellando y Raquel giró su rostro asustado hacia su padre.

—¿Nos va a alcanzar el relámpago?

—No, cariño, estaremos bien en la camioneta —le aseguró papá—. Tiene llantas de hule y el hule no conduce la electricidad. Eso hace que el auto sea un buen lugar para estar durante una tormenta eléctrica; ¡es mejor que nuestra tienda! —Hizo una pausa—. ¿Te sentirías mejor si oramos juntos? —le preguntó a Raquel. Ella asintió, por lo que papá le pidió a Dios que los mantuviera a salvo.

Después de un rato los relámpagos y truenos habían pasado.

—¡Oigan, el sol está saliendo de nuevo! —exclamó Ana.

—No hay duda de que el clima puede cambiar rápidamente, ¿verdad? —dijo mamá—. Me hace pensar en la vida; los tiempos tormentosos también pueden aparecer rápidamente en ella. Y podemos acercarnos a Dios con cualquier clase de prueba o problema así como pudimos venir a nuestra camioneta para protegernos de la lluvia y de los relámpagos.

—Es cierto —asintió papá—. Y asegurémonos siempre de confiar en que él también hará que el sol vuelva a brillar en nuestra vida. *JKB*

¿Y TÚ?

¿Ha habido muchas tormentas en tu vida? Dios quiere que lo busques cuando estés asustado y solo. Confía en él cuando vengan los problemas.

Dios es tu refugio

MEMORIZA:
«Dios es nuestro refugio y nuestra fuerza, siempre está dispuesto a ayudar en tiempos de dificultad». Salmo 46:1

LA PROMESA «ETERNA» DE DIOS

Lee el Salmo 103:15-18

«Nuestros días sobre la tierra son como la hierba...», leyó el ministro en su Biblia, con una mano en la gran caja cubierta de una capa de flores.

Kathleen estaba parada en silencio en la cálida luz del sol, oyendo a medias las palabras solemnes. Ella se sentía profundamente triste y sola. La abuelita, la dulce y divertida abuelita a quien amaba mucho, había muerto.

Kathleen deseaba estar en la cabaña del lago. Recordó la llamada telefónica que había hecho que sus vacaciones terminaran y que los había llevado de prisa a la ciudad. Antes de que llegaran, la abuelita había muerto.

El ministro terminó y la gente comenzó a dirigirse a sus autos. Solo los familiares se quedaron, hablando suavemente. Kathleen deambuló un poco. «Polvo al polvo». Las palabras del ministro hacían eco en sus oídos.

Un poco de amarillo sobre el césped llamó la atención de los ojos tristes de Kathleen. Una flor se había quebrado y se había caído de la capa de flores. Cuando la levantó suavemente, supo que la flor también moriría pronto, pero recordó otras palabras que el ministro había leído de la Biblia: «desde la eternidad y hasta la eternidad». Dios era eterno y, de alguna manera, ella y la abuelita también lo eran. Ambas habían aceptado a Jesús como Salvador, y él las había salvado de sus pecados y les había dado la vida eterna, ¡una vida que duraría para siempre!

—Cariño, estamos listos para irnos. —Papá le sonrió.

—Ay, papá, yo amaba mucho a la abuelita, y sé que Dios la ama y que algún día la veremos otra vez, ¿verdad?

—No hay duda de que la veremos —dijo papá—. Hay más vida que lo que tenemos aquí. La muerte de Jesús en la cruz hizo posible que todos volvamos a estar juntos. Esa es la buena noticia de Dios para nosotros, Kathleen, y por eso es que podemos sonreír incluso en un tiempo como en este. —Las tiernas palabras fueron como un abrazo para el corazón de Kathleen.

—Papá, definitivamente voy a extrañar a la abuelita —dijo Kathleen—, pero las promesas de Dios hacen que sea más fácil decirle adiós. *PIK*

¿Y TÚ?

Parece difícil decir adiós a las personas que amas, pero si amas a Jesús y ellos también, Dios promete que algún día estarán juntos otra vez.

MEMORIZA:

«Nosotros los que aún sigamos vivos sobre la tierra, seremos arrebatados en las nubes para encontrarnos con el Señor en el aire. Entonces estaremos con el Señor para siempre». 1 Tesalonicenses 4:17

La vida es eterna

UNA TORRE ATERRADORA

Lee el Salmo 27:1; Isaías 41:10, 13

—El señor Robinson me pidió que diera mi testimonio en el grupo de jóvenes el domingo en la noche —le dijo Raquel a su madre cuando caminaban por el sendero del bosque—. Pero estoy aterrada. Voy a decirle que no puedo.

—¿Por qué no lo piensas un poco más? —sugirió mamá y señaló algo—. Mira. Allá está la vieja torre de incendios que yo quería que vieras. Escalémosla.

Raquel miró los tramos de escaleras que llevaban a la cima de la torre.

—No sé... —Vaciló. La cima de la torre se elevaba por encima del árbol más alto—. Se ve aterradora.

—Yo estaré detrás de ti para asegurarme de que no te caigas —le aseguró mamá.

Entonces Raquel comenzó a subirla con mamá inmediatamente detrás de ella. Mientras más ascendían, más le temblaban las rodillas a Raquel. Pero podía sentir la presencia de su madre, que sabía que estaba lista para ayudarla si lo necesitaba.

Finalmente llegaron a la cima. Raquel se sentó cuidadosamente en la grada. Solo entonces miró hacia el bosque. El sol que ya se ponía había dejado colores brillantes que se habían adherido a las nubes en el horizonte.

—¡Qué impresionante! —exclamó Raquel.

—¿Valió la pena aunque tuvieras miedo? —preguntó mamá.

—Claro que sí —dijo Raquel—. Además, aunque tenía miedo, sabía que estabas conmigo.

—¿Sabes, Raquel? —dijo mamá—. Estaba pensando que si dejas que el miedo te impida dar tu testimonio en el grupo de jóvenes, podrías perderte algo tan impresionante como esto. Así como estuve contigo, lista para ayudarte en estas gradas, Dios estará contigo y estará listo para ayudarte cuando hables el domingo en la noche. Puedes hacerlo.

Raquel asintió lentamente.

—Creo que puedo —dijo. *KRA*

¿Y TÚ?

¿Tienes miedo de hacer algo que crees que Dios quiere que hagas? ¿Hay alguien a quien debes invitar a la iglesia o hablarle de Jesús? Dios estará allí contigo, y él podría tener una bendición especial para ti si lo haces, aunque tengas miedo.

Sirve a Dios con valor

MEMORIZA:

«Dios no nos ha dado un espíritu de temor y timidez sino de poder, amor y autodisciplina». 2 Timoteo 1:7

19

EL SORDO QUE PUEDE OÍR

Lee Marcos 8:13-21

Carolina esperaba ansiosamente que el coro de niños cantara. Era el primer domingo que comunicarían con señas las palabras mientras ellos cantaban. Carolina miró al director del coro, pero también vio a Toby, un niño sordo que estaba sentado en la fila del frente. Era emocionante cantar y hacer las señas con un intérprete de lenguaje de señas para que una persona sorda también pudiera entender. Toby miraba con atención y Carolina se sentía feliz. Después, cuando el pastor Glenn habló, ella volvió a observar que Toby miraba cuidadosamente al intérprete.

Posteriormente esa tarde, el hermano de Carolina quería que lo ayudara con un experimento. «¡Ay, estoy harta de tus experimentos bobos! —gruñó ella—. Son tontos y no funcionan, y la mayor parte de ellos ni siquiera tiene sentido». Pero aunque Carolina rehusó ayudarlo, su hermano siguió suplicándole. «Aléjate de mí», le dijo Carolina enfadada. Luego agregó otros comentarios crueles.

Mamá la miró con tristeza.

—Justo estaba recordando que nos dijiste lo dispuesto que tu amigo Toby escuchó el mensaje de Dios para él esta mañana —dijo—. Aunque sus oídos no funcionaban, él oyó. Pero no estoy segura de que tú hayas oído el mensaje.

—Yo no soy sorda —dijo Carolina con el ceño fruncido—. Claro que oí al pastor Glenn.

Mamá levantó las cejas.

—Pues el pastor Glenn habló de cómo los cristianos tenemos que edificarnos mutuamente y estar allí para los demás —dijo—. Después del servicio vi que Toby abrazó a unas personas y ayudó a una mujer en silla de ruedas. Creo que sus acciones dejan ver que, aunque no oye físicamente, oyó con su corazón. A juzgar por la manera en que has estado hablándole a tu hermano, me pregunto si tal vez el mensaje se detuvo en tus oídos.

Carolina se sonrojó. Sabía que mamá tenía razón. Oír el mensaje de Dios con sus oídos no era lo más importante. Responder con el corazón sí lo era. *NEK*

¿Y TÚ?

Cuando oyes mensajes cristianos, ¿solo dejas que las palabras «entren por un oído y salgan por el otro»? ¿Qué te parece oír, entender y responder con tu corazón?

MEMORIZA:

«No solo escuchen la palabra de Dios, tienen que ponerla en práctica».
Santiago 1:22

Oye con tu corazón

¿CUÁL ESTÁNDAR?

Lee Deuteronomio 4:1-2, 5-9

«Jorge —gritó papá desde debajo del capó elevado del auto—, ¿puedes traerme la otra caja de herramientas del cobertizo, por favor? Olvidé que estos pernos son métricos.

Jorge entró al cobertizo de herramientas. Luego de unos momentos volvió cargando del asa una caja de metal azul.

—Aprendimos sobre las medidas métricas en la escuela —le dijo a papá—, pero todavía me confundo con eso.

Papá sacó una llave de copas de la caja y se volvió a meter debajo del capó.

—Métrico —gruñó mientras aflojaba un perno—, es una clase de medida, como pulgadas y pies. La mayoría de los países usa el sistema métrico como su medida estándar, pero nosotros, desafortunadamente, usamos dos estándares de medida. —Se enderezó otra vez y lanzó la llave de vuelta a la caja—. Eso ocasiona un poco de confusión a veces; tienes que recordar qué clase de herramienta se usa en el artículo que estás tratando de reparar.

Jorge se apoyó sobre el costado del auto para ver trabajar a su padre. Después de un rato, papá sonrió y se limpió las manos con un paño. «¿Qué te parecería una limonada?», sugirió.

Unos minutos después, cuando tomaban su limonada, papá dijo:

—La gente evitaría mucha confusión en cuanto a muchas cosas distintas, como de qué manera vivir nuestra vida, por ejemplo, si todos siguiéramos un solo estándar de medida.

Jorge miró a su papá, confundido.

—¿Qué quieres decir? —preguntó—. No es tan importante si usamos las medidas métricas o no, ¿verdad?

Papá bebió otro trago de limonada y sonrió.

—Pensaba en una clase distinta de medida —dijo—. Verás, Dios nos dio la Biblia como su estándar con el que podemos medir nuestra vida, para ver si estamos viviendo como deberíamos hacerlo. Por otro lado, hay muchos libros que le ofrecen a la gente otros estándares de comportamiento. Es fácil confundirse cuando se usa más de un estándar de medida. *RSM*

¿Y TÚ?

¿Cuál estándar usas para vivir la vida cristiana? Al usar solamente el estándar de Dios, la Biblia, siempre estarás seguro sobre cómo quiere Dios que vivas.

Sigue el estándar de Dios: la Biblia

MEMORIZA:

«La hierba se seca y las flores se marchitan, pero la palabra de nuestro Dios permanece para siempre». Isaías 40:8

SEPTIEMBRE

21

LA RUEDA CUADRADA

Lee 1 Tesalonicenses 5:11-18

Rebeca salió corriendo de la casa dejando que la puerta mosquitero se cerrara de golpe. «¡No pertenezco a esta familia!», gritó con enojo, y pasó corriendo por la puerta abierta del garaje.

—¡Espera! —Cuando oyó la voz severa, Rebeca se detuvo y se volteó para mirar a su padre. Estaba sentado en un banco de trabajo en el garaje, sosteniendo un pequeño auto de madera al que le faltaba una llanta—. ¿Qué es esto que estoy oyendo? —preguntó.

—Mamá siempre me da trabajos —se quejó Rebeca—. Jessica apenas tiene que hacer *algo* de trabajo, solo porque es más pequeña que yo.

Papá miró el agujero que había taladrado para la llanta.

—Pásame aquel trozo —dijo. Rebeca lo hizo, y su padre rápidamente unió el trozo al pequeño auto y dijo—: Toma. Dale un paseo de prueba.

—Pero tiene una rueda cuadrada —protestó Rebeca. Empujó el pequeño auto al otro lado de la mesa—. No funcionará con una rueda cuadrada. Tienes que redondearle las esquinas.

—Es cierto. Y las ruedas son como la gente —dijo papá.

—¿Qué? —gruñó Rebeca.

—Se afectan unas a otras. ¿Cuánta gente hay en nuestra familia?

—Cuatro —murmuró Rebeca.

—¿Y quién ha estado quejándose por su porción de trabajo?

—Yo —dijo Rebeca entre dientes.

—Tus quejas nos duelen a todos —le dijo papá.

—Estás diciendo que soy como la rueda cuadrada —dijo Rebeca lentamente—. Lo siento. —Después de un rato agregó con un suspiro—: Pero *todavía* detesto el trabajo de la casa.

—Tal vez podrías hablar de cosas alegres cuando trabajas —sugirió papá. La abrazó mientras caminaban hacia la casa—. Y podrías cantar algunas de las canciones que has aprendido en tu grupo de jóvenes. Dios te ha dado una bella voz para que la compartas con nosotros.

Rebeca abrazó a su padre.

—Está bien, papá —accedió—. Voy a ser una buena trabajadora, ¡y ya no seré una rueda cuadrada! *DAL*

¿Y TÚ?

¿Te quejas cuando tienes que ayudar con las tareas de la casa? Si haces tu trabajo con alegría, tus padres estarán complacidos y Dios también. Estarás haciendo que las «ruedas» de tu familia funcionen sin complicaciones.

MEMORIZA:

«No nos cansemos de hacer el bien». Gálatas 6:9

Trabaja con alegría

LLEGADA CON RETRASO

Lee Proverbios 3:11-18

—No veo por qué el papá de Stewart no le permite ir con nosotros a soltar las palomas —le dijo Clay a su padre cuando cargaban un cajón de palomas mensajeras que gorjeaban en la parte de atrás del camión—. No es justo. ¡Su papá se enojó por *nada*!

—¿Por nada? —preguntó papá.

—Bueno, fue solo porque Stewart no llegó directamente a su casa ayer después de la escuela —dijo Clay.

—¿Y crees que estuvo bien que Stewart dejara que sus padres se preocuparan por él? —preguntó papá.

—Fue solo como media hora —respondió Clay.

—Dios les dio a los padres la responsabilidad de cuidar de sus hijos —dijo papá—. También les dio a los hijos la responsabilidad de obedecer.

Después de que hubieron conducido como dieciséis kilómetros en el área rural, se detuvieron y soltaron las palomas. «Hasta pronto, chicos», dijo Clay cuando los pájaros comenzaron a circular cada vez más alto.

«Probablemente llegarán a casa antes que nosotros —dijo papá—. Volarán en una ruta más recta de la que nosotros podemos usar».

Cuando Clay y su papá llegaron, fueron al pequeño edificio donde vivían las palomas. «Tenías razón, papá —dijo Clay—. Nos ganaron».

Entró y vio a los pájaros, comiendo y bebiendo después de su vuelo.

—Oye, ¡no veo al Gran Rojo! —dijo. El Gran Rojo era el pájaro favorito de Clay—. ¿Y si lo agarró un halcón?

—Probablemente vendrá pronto —dijo papá.

—Creo que esperaré aquí un rato —decidió Clay.

Durante lo que pareció un largo tiempo, Clay estuvo parado mirando el cielo. Finalmente vio una mancha oscura en una nube blanca. La mancha se acercó y el Gran Rojo aterrizó en la parte superior del palomar, saltó hacia la pequeña puerta giratoria y entró.

«¡Buen chico! —murmuró Clay cuando el Gran Rojo comenzó a comer con las otras palomas—. Estaba preocupado por ti». Entonces Clay pensó en algo más. *Mmm*, pensó, *creo que ahora entiendo cómo se sintieron los padres de Stewart cuando no llegó a casa de la escuela a tiempo.* SLS

¿Y TÚ?

¿Te molestan las reglas que tus padres tienen para ti? Ellos te aman. Cuando los obedeces y los respetas, los honras como Dios quiere que lo hagas.

Obedece a tus padres

MEMORIZA:
«Obedece los mandatos de tu padre, y no descuides la instrucción de tu madre».
Proverbios 6:20

SEPTIEMBRE
23

UNA CUESTIÓN DE TIEMPO

Lee 2 Corintios 5:18-21; 6:1-2

Los nudillos de Jasón se pusieron blancos al agarrar la parte de atrás de la banca que tenía enfrente. Por primera vez en su vida, realmente había escuchado el sermón de la noche. «Ahora es el tiempo de acercarse a Jesús —decía el pastor—. Más tarde podría ser demasiado tarde». Pero Jasón no quería rendirse. Los otros chicos podrían reírse y, además, todavía era joven. Habría suficiente tiempo después. El servició terminó, y Jasón no había tomado una decisión por el Señor.

Al día siguiente, Jasón jugó fútbol en su clase de gimnasia. Era el mejor jugador de fútbol de su clase, y estaba seguro de que su equipo ganaría fácilmente. Pero Jasón simplemente no era el mismo de siempre. Seguía pensando en la iglesia y en la noche anterior. El juego comenzó, y pronto el otro equipo iba ganando dos a cero.

«Los alcanzaremos», dijo uno de los compañeros del equipo de Jasón.

Solo faltaba poco más de un minuto para que el juego terminara cuando Jonás, uno de los compañeros del equipo de Jasón, salió de la nada y se apropió de la pelota. Corrió zigzagueante a la izquierda y a la derecha y venció al portero con un gol. Ahora iban dos a uno.

El señor Berg, el maestro de gimnasia, miraba su cronómetro mientras sostenía su silbato en su boca para señalar el final del juego. Entonces Jonás hizo una movida increíble y lanzó en diagonal un pase perfecto a Jasón, que estaba parado frente al portero. «¡Patéala!», gritó Jonás.

«¡Empata el marcador!», gritó otro compañero. Pero Jasón pateó un poco tarde. La pelota rodó inútilmente fuera del arco justo cuando el señor Berg soplaba su silbato.

—Hoy no actuaste en el tiempo oportuno, Jasón —dijo el señor Berg después.

—Sí —dijo Jasón entre dientes. En el tiempo apropiado pudo haber empatado el marcador para su equipo. De repente pensó en algo más. *¿Y si calculo mal mi tiempo y espero demasiado para aceptar a Jesús como mi Salvador?* Los otros chicos se habían ido de los vestidores, pero Jasón se quedó e inclinó su cabeza para decirle en silencio al Señor su decisión de aceptarlo inmediatamente. *AAS*

¿Y TÚ?

¿Has hecho que Jesús sea tu Señor? Ahora es el tiempo adecuado. No esperes a ser mayor; *ahora* es el tiempo para aceptarlo.

MEMORIZA:
«El "momento preciso" es ahora. Hoy es el día de salvación». 2 Corintios 6:2

No esperes para aceptar a Jesús

DENTRO DE LOS LÍMITES

Lee Colosenses 3:20-25

—Papá, ¿puedo dormir en la casa de Heyden mañana en la noche? —preguntó Josías, mientras su padre y él jugaban a atrapar la pelota en el jardín de atrás.

—¿Heyden? —preguntó su papá. —¿Conozco a Heyden? Creo que no.

—Es un chico nuevo en la escuela.

Papá negó con la cabeza.

—Ya sabes la regla, Josías —dijo—. No puedes ir a la casa de alguien hasta que mamá y yo lo conozcamos a él y a su familia.

—Anda, vamos, ¿solo esta vez? —suplicó Josías—. Te caerá bien. Es un buen chico.

Papá negó con la cabeza otra vez.

Josías se puso cabizbajo.

—¿Por qué tenemos que tener tantas reglas? —dijo desanimado.

Justo entonces, un par de chicos pasaron en sus bicicletas. La perrita de Josías, Sheba, les ladró y corrió a lo largo de la orilla del césped y se detuvo abruptamente donde su jardín terminaba y comenzaba el del vecino. Josías sonrió. «¡Buena chica!», le gritó a la perrita.

—Hemos entrenado bien a Sheba, ¿verdad, papá?

—Sí —dijo papá—. Tomó un poco de tiempo enseñarle, pero ahora sabe dónde están sus límites y no da ni un paso más allá de ellos. Permanecer dentro de los límites la mantiene a salvo, ¿verdad? —Josías asintió mientras le daba unas palmadas a su perrita—. Es similar a las reglas de Dios y a las de nuestra familia —continuó papá—. Es posible que no siempre nos gusten, pero están allí para protegernos. ¿Está bien?

Josías asintió lentamente.

—En vez de eso, ¿tal vez Heyden podría venir a dormir? —sugirió.

—Qué buena idea, si mamá está de acuerdo. Tal vez vayamos todos a recogerlo para que mamá y yo podamos conocer a la familia de Heyden.

—Gracias, papá —dijo Josías con una sonrisa. *TKM*

¿Y TÚ?

¿Te frustras con algunas de las reglas de tu familia? Quizás sea bueno que hables con tus padres para que puedan explicarte cómo te protege cada regla. Luego puedes agradecerle a Dios por los límites que provee a través de tus padres.

Sigue las reglas de tu familia

MEMORIZA:
«Hijos, obedezcan siempre a sus padres, porque eso agrada al Señor».
Colosenses 3:20

EL SELLO DE «DIFERENTE»

Lee Romanos 12:9-18

Nicolás y su amigo Landon caminaban por el centro comercial mirando varias tiendas mientras esperaban que los padres de Nicolás terminaran de comprar. Después de un rato, se sentaron a descansar en medio del centro comercial.

Poco después, una pareja de edad avanzada se sentó al lado de ellos. Usaban ropa inusual y hablaban en un idioma que ni Nicolás ni Landon entendían. Nicolás frunció el ceño y se levantó. «Continuemos —dijo. Los chicos se alejaron y cuando no los escuchaban, Nicolás agregó—: No me gusta la gente de otros países. No puedes entender su idioma y se visten raro. Creo que deberían tratar de ser como nosotros y dejar de ser tan diferentes si quieren vivir aquí».

Señaló la vitrina de una tienda. «¡Mira! —dijo con emoción—. ¡Una tienda para coleccionistas de sellos! ¡Es nueva!». Nicolás y su papá coleccionaban sellos y los guardaban en un gran álbum.

Los chicos se asomaron a ver la exhibición de sellos en la vitrina. Landon observó los precios y abrió bien los ojos.

—¡Algunos de estos sellos son terriblemente caros! —exclamó—. ¿Por qué cuestan tanto? No son más que pequeños pedazos de papel. —Sacudió su cabeza con incredulidad.

—Algunos sellos son valiosos porque no se imprimieron muchos —explicó Nicolás—, o porque tienen imágenes inusuales. Y algunos de los más caros son los que se imprimieron mal. Son valiosos porque son distintos a los demás.

Precisamente entonces, la pareja pasó por la tienda de sellos y Nicolás les dio una mirada agria. Landon frunció el ceño.

—Si es tan grandioso que los sellos sean diferentes, ¿por qué toda la gente tiene que ser igual? —preguntó—. Tal vez ser distinto es lo que también los hace interesantes. Además, Dios nos ama a todos, así que, ¿no deberíamos hacerlo nosotros también?

Nicolás se detuvo a pensar. Tal vez Landon tenía razón. Asintió y entró a la tienda de sellos. *DBK*

¿Y TÚ?

¿Juzgas a la gente por el color de su piel? ¿Por el país de donde procede o por el idioma que habla? Es importante recordar que Dios nos hizo a todos. Él dice que nos amemos unos a otros, no que ames solo a los que son como tú.

MEMORIZA:

«Ámense unos a otros con un afecto genuino y deléitense al honrarse mutuamente». Romanos 12:10

Valora a todos

SEMBRAR Y COSECHAR

Lee Gálatas 6:7-10

—¡Guácala! ¡Tomates! —se quejó Karina al ver a su madre en la cocina—. Quisiera que estuvieras haciendo conservas de habichuelas. Detesto los tomates.

—No puedo hacer conserva de habichuelas si no las sembré este año —dijo mamá—. Sembramos tomates y tomates salieron. Así que eso es lo que voy a envasar.

El teléfono sonó y Karina lo respondió. «¡No me digas! ¡Ay, no!» —dijo gimiendo. Oyó por unos minutos—. No es justo», protestó. Terminó la conversación con un susurro y luego colgó el teléfono.

—¿De qué se trató todo eso? —preguntó mamá, y siguió trabajando con los tomates.

—Es un gran lío —dijo Karina entre dientes. No quería entrar en detalles, pero podía ver que mamá iba a pedir más información—. Tara le dijo a Melody que yo creo que Bethany es engreída. Melody se lo dijo a Madison y Madison se lo dijo a otros chicos. De alguna manera, llegó a Bethany. Ahora Bethany ha invitado a todos a su fiesta de cumpleaños, menos a mí.

—¿Y de dónde sacó Tara la idea de que a ti no te cae bien Bethany? —preguntó mamá. Tuvo que repetir la pregunta antes de que Karina contestara.

—Bueno... yo se lo dije —admitió Karina—, pero no pensé que se lo diría a alguien más. —Gimió—. ¡Quiero ir a la fiesta! Va a ser en la granja de los abuelos de Bethany, ¡y todos van a montar a caballo y tendrán una fogata!

Mamá le dio a Karina una olla de tomates.

—Lávame estos, por favor —dijo—, y mientras trabajas, piensa en esto: plantamos tomates la primavera pasada, por eso estamos cosechando tomates. La Biblia nos enseña que cosechamos lo que sembramos, en la vida y en las acciones así como en el jardín. No puedes esperar que pasen cosas buenas como resultado de tus palabras crueles.

—Supongo que no —dijo Karina con un suspiro. Con tristeza comenzó a lavar los tomates. *NEK*

¿Y TÚ?

¿Siembras palabras y acciones cristianas amables? ¿O a veces dices cosas malas y haces cosas desagradables? Recuerda que cosechas lo que siembras. Cuando siembras amabilidad, haces un buen trabajo para Jesús.

Siembra cosas buenas

MEMORIZA:
«Siempre se cosecha lo que se siembra».
Gálatas 6:7

SEPTIEMBRE
27

EL GRAN IMPACTO

Lee Mateo 7:24-29

«¡Papá! —gritó Ernesto—. ¡Mira esto! —Señaló la televisión. Las noticias de la noche estaban mostrando secuencias de una violenta tormenta costera—. Mira, papá. Creo que esa es la playa a donde vamos todos los veranos para nuestras vacaciones», agregó Ernesto. Miraron en silencio cómo una ola enorme llegaba a la playa y se llevaba una gran cantidad de arena de debajo de una casa. Pronto todo el edificio fue arrastrado hacia el mar.

—Así como dice la Biblia —dijo Ernesto después de un rato—, nunca construyas tu casa sobre la arena.

—Cuánta razón tienes —asintió papá. Luego hizo señas hacia el sofá—. Mamá y yo tenemos algo que compartir contigo; sentémonos todos.

—Ernesto obedeció rápidamente; eso sonaba serio—. Como saben —continuó su padre—, muchos lugares de nuestro país están pasando por tiempos difíciles en cuanto a dinero y a trabajo se refiere. Muchas compañías no hacen negocio suficiente para pagar sus facturas. Bueno, eso es lo que ha ocurrido en mi compañía, y va a cerrar.

—¡Vaya! —Fue lo único que Ernesto pudo pensar en decir. Se le hundió el corazón y se volvió a dejar caer en su silla.

—Vamos a tener que seguir adelante por algún tiempo con mucho menos dinero —continuó papá—. Tendremos que hacer cambios, no habrá vacaciones en la playa, pero Dios nos dará las fuerzas para pasar por lo que tengamos que enfrentar. Nuestra familia está edificada sobre el fundamento de Jesucristo, porque cada uno de nosotros ha aceptado a Jesús como Salvador. Nuestra vida y nuestra familia no serán arrastradas como una casa que está construida en la arena.

—La familia de Thad Parker sí —dijo Ernesto en voz baja—. Poco después de que su padre perdió su trabajo, él los abandonó y nunca volvió.

—Lo sé —dijo papá—. La iglesia está tratando de ayudarlos.

La madre de Ernesto sonrió.

—Nosotros permaneceremos juntos, cariño —dijo—. Recuerda que tenemos a Jesús como nuestro fundamento. *HAD*

¿Y TÚ?

¿Están pasando cosas malas en tu familia? ¿Tienes miedo de que tu familia se desintegre por los problemas de tus padres? Si es así, pon tu fe en Jesús y confía en que él te cuidará. Él es tu fundamento y te ayudará en medio de tus problemas.

MEMORIZA:
«Si el SEÑOR no construye la casa, el trabajo de los constructores es una pérdida de tiempo». Salmo 127:1

Haz que Jesús sea tu fundamento

LA SORPRESA DE LOS FRIJOLES DE SOYA

28

Lee 2 Timoteo 1:6-12

—¿Vamos a comer *chop suey* en la cena? —preguntó Chloe cuando entró a la cocina después de la escuela. Mamá asintió—. ¡Qué bueno! —exclamó Chole—. ¡Me muero de hambre! En la escuela hoy tuvimos algo que se llama Bistec Sorpresa, pero definitivamente no sabía a bistec. Zora dice que lo hacen de frijoles de soya. ¡Guácala!

—Bueno, me agrada que hagas amigas en tu escuela nueva —dijo mamá sonriendo—. ¿Son cristianas algunas de ellas?

—No lo creo —respondió Chloe con un suspiro—. Extraño mucho a mis amigas cristianas. Estoy segura de que todos aquí piensan que soy rara, como hoy cuando cerré los ojos para orar en el almuerzo. Cuando los abrí, Zora me estaba mirando.

—Tal vez pensó que no te sentías bien. ¿Le dijiste que estabas orando?

—Bueno, no —admitió Chloe—, pero ella no lo entendería, de todos modos. Ayer cuando comenzó a decir palabrotas, simplemente me alejé, y ella me insultó. Se disculpó hoy y preguntó si quería ver un video en su casa esta noche. Sabía que no era uno bueno, por lo que le dije que tenía que hacer tareas. —Volvió a suspirar.

Después, durante la cena, Chloe pidió repetir *chop suey*. Mamá le sonrió.

—¿Sabías —preguntó mamá— que estos retoños de soya que estás disfrutando están muy relacionados con los frijoles de soya del Bistec Sorpresa que no te gustó nada?

—¿De veras? —preguntó Chloe y miró su plato—. Supongo que cuando sé que son vegetales, espero que tengan sabor de vegetales. Pero no me gusta cuando la gente trata de hacerme pensar que los frijoles saben a carne. ¡Simplemente es falso!

—¿Sabes, Chloe? —dijo mamá—, me pregunto si esa podría ser la respuesta de por qué tienes problemas en la escuela. Tal vez si le dijeras directamente a Zora y a las otras chicas que eres cristiana, ellas te aceptarían e incluso esperarían que actuaras distinto a la manera en que ellas lo hacen. Pero si no saben de tu fe en Cristo, solo seguirán sorprendiéndose por tu comportamiento. *SLK*

¿Y TÚ?

¿Conoces a Jesús como tu Salvador? ¿Les has dicho a tu familia y a tus amigos sobre tu fe en él? Es importante hacerlo. Muy probablemente ellos te respetarán más si eres sincero y valiente en cuanto a tu fe.

Cuéntales a los demás que eres cristiano

MEMORIZA:
«Has obedecido mi palabra y no negaste mi nombre». Apocalipsis 3:8

UN ESPÍRITU HAMBRIENTO

Lee 2 Reyes 22:3-10; 23:1-3

—Que duermas bien, cariño —dijo papá cuando llegó a desearle buenas noches a Alexa—. ¿Ya leíste tu Biblia? —Se inclinó sobre Alexa y le dio un beso en la frente.

—Leeré el doble mañana, papá —dijo Alexa; reprimió un gran bostezo y agregó—: Hoy practiqué mucho los lanzamientos con Kelly y casi no puedo mantener los ojos abiertos.

Papá vaciló, luego dijo buenas noches y apagó la luz.

Cuando Alexa estuvo lista para la escuela a la mañana siguiente, se sentó en una silla de la cocina.

—¡Me muero de hambre! —declaró—. ¿Qué hay para desayunar hoy?

—Estaba tan cansado esta mañana que no tuve las fuerzas para preparar nada, cariño —dijo papá—. De hecho, tal vez simplemente me tome unas vacaciones de cocinar todo el día. Pero no te preocupes, te prepararé *dos* de cada comida mañana.

—¡Papá! —gritó Alexa—. ¡Tengo hambre ahora!

—Pero, Alexa, si tu espíritu puede ayunar un día, pensé que no te importaría si tu cuerpo también ayunaba —le dijo papá.

—¿Ayunar? —preguntó Alexa, confundida.

—No comer —explicó papá—. Te saltaste tu comida espiritual anoche: te saltaste tu lectura bíblica.

—¿Y leer la Biblia es la forma en que obtenemos comida espiritual? —preguntó Alexa. Ya sabía la respuesta.

—Esa es una forma —coincidió papá—. Pero no comer un día y duplicarlo el día siguiente en realidad no funciona, ya sea para tu cuerpo o para tu espíritu. Así como tu cuerpo, tu espíritu tiene que alimentarse regularmente.

—Creo que tal vez será mejor que alimente mi espíritu con la comida de anoche, *antes* de irme a la escuela —dijo Alexa. Saltó para ir por su Biblia.

—Creo que mi energía acaba de aumentar —dijo papá—. Prepararé el desayuno para tu cuerpo mientras tú alimentas tu espíritu. —Con una sonrisa, papá tomó la sartén. *MLD*

¿Y TÚ?

¿Te olvidas de alimentar tu espíritu? Dios te habla a través de su Palabra. ¿Tomarás la importante decisión de dejar que él te hable todos los días?

MEMORIZA:

«Sé un buen obrero, alguien que no tiene de qué avergonzarse y que explica correctamente la palabra de verdad».
2 Timoteo 2:15

Aliméntate con la Palabra de Dios

LA RIÑA

Lee Colosenses 3:12-17

—¡Qué torpe eres! —exclamó Jill—. ¿Por qué no ves lo que haces?

—No seas tan delicada —contestó Roberto—. Fue un accidente.

La riña había comenzado cuando Roberto le lanzó un avión de papel a su hermana, Jill. La nariz del avión le golpeó el ojo a Jill. Ella se vengó dándole un empujón. Pronto Roberto y Jill se estaban insultando, lo cual llevó a una fea pelea en el suelo de la sala.

Papá apareció en la puerta.

—Ya es suficiente —dijo—. Levántense del suelo. Quiero paz en esta casa, comenzando ahora. —Jill y Roberto se miraron mutuamente con cólera—. Parece que los dos tienen mucha energía extra esta tarde —dijo papá—, y el garaje necesita limpieza. Ustedes pueden hacerla.

—Y sin pelear —agregó mamá, que había entrado al salón.

Era una tarde tranquila. Mientras que papá y mamá trabajaban en el jardín, Roberto y Jill limpiaron el garaje sin decirse una palabra. Roberto dejó que Jill batallara cargando varias cajas grandes de basura. Jill se rió en su interior cuando Roberto dejó caer una bolsa de tierra para macetas en el suelo del garaje recién barrido. No le ofreció ayuda para limpiarlo.

Después de un rato, mamá y papá entraron al garaje.

—Oigan, ¡esto se ve muy bien! —dijo mamá.

—Claro que sí —coincidió papá. Pero sacudió su cabeza con tristeza—. Sin embargo, qué lástima que Roberto y Jill no estén en paz.

—¿Qué quieres decir, papá? —preguntó Jill—. No peleamos en toda la tarde.

—Lo sé —respondió papá—, pero tampoco se ayudaron. Fingieron mantener la paz entre ustedes; es decir, no pelearon en voz alta. Pero me temo que todavía estaban enojados el uno con el otro y se alegraron al ver que el otro tenía dificultades.

Mamá asintió.

—Cuando en realidad quieren hacer las paces con alguien, quieren ser amigos —agregó—. Entonces, ¿quién quiere dar el primer paso para ser un verdadero pacificador y demostrar un poco de amor y perdón? *LJO*

¿Y TÚ?

Después de que has peleado con alguien o has tenido algún desacuerdo, ¿continúas guardándole rencor a esa persona? ¿O dejas la amargura y la ira? No solo dejes de pelear en voz alta; trata verdaderamente de volver a ser amigo de la otra persona. Eso produce verdadera paz entre ustedes.

Vivan pacíficamente

MEMORIZA:
«Tened paz los unos con los otros».
Marcos 9:50, RVR60

LOS EXÁMENES
(PARTE 1)

Lee Job 28:12-20, 28

—Seguramente voy a reprobar nuestro examen de matemáticas —le dijo Benjamín a Alison cuando caminaban para la escuela—. Soy tonto cuando se trata de calcular porcentajes.

—Yo también —dijo Alison—, pero no voy a reprobar. —Del puño apretado de su manga le pasó una tarjeta que comparaba fracciones, decimales y porcentajes—. Tengo una tarjeta más. ¿La quieres?

—Eso es hacer trampa —objetó Benjamín.

—¿Y qué es peor? —preguntó Alison—. ¿Hacer trampa o reprobar?

Benjamín tomó la tarjeta y la miró. Qué fácil sería hacer trampa. Su escritorio estaba cerca de la parte de atrás del salón, y el señor Collins rara vez miraba alrededor del salón cuando tenían un examen.

—No voy a hacerlo —dijo Benjamín, y le entregó la tarjeta a Alison—. Creo que tú tampoco deberías hacerlo. No es correcto.

—*Eres* un tonto —respondió Alison—, y no solo para las matemáticas.

Benjamín batalló durante el examen sin mirar a su alrededor. No quería ver a Alison haciendo trampa.

Después de la escuela, Benjamín corrió a casa.

—¿Cómo te fue en la escuela? —le preguntó su madre cuando entró a la cocina por algo de comer.

—Bien —respondió Benjamín—, pero creo que reprobé el examen de matemáticas.

—Qué lástima —dijo mamá, pero no parecía muy decepcionada. Habían trabajado juntos para ayudarlo a entender su tarea de matemáticas—. ¿Hay algo que te hubiera hecho sentir bien hoy?

—Bueno —comenzó Benjamín—, me sentí bien en cuanto al examen. Tuve la oportunidad de hacer trampa, pero decidí ser honesto.

—¡Muy bien hecho! —Mamá se oía complacida—. Piensa en esto —dijo ella—. Pasaste un examen más difícil: fuiste tentado y resististe. Sabías qué era lo correcto, ¡y lo hiciste! Pasaste la prueba de sabiduría de Dios. Estoy orgullosa de ti. —Mamá estaba tan complacida que cortó una rodaja muy grande de pastel para la merienda de Benjamín. *DGD*

¿Y TÚ?

¿Te animan a veces tus amigos a hacer algo malo? ¿Resistes la tentación de unirte a ellos? Dios dice que debes decir que no a esa tentación. Si se lo pides, él te dará la sabiduría para tomar las decisiones correctas.

MEMORIZA:

«Si necesitan sabiduría, pídansela a nuestro generoso Dios, y él se la dará; no los reprenderá por pedirla». Santiago 1:5

Pídele
sabiduría
a Dios

LOS EXÁMENES (PARTE 2)

Lee Santiago 5:7-11

Cuando el señor Collins devolvió los exámenes, a cada uno le entregó el suyo, excepto a alguien. «Benjamín, quiero verte después de la clase», dijo. *De seguro reprobé,* pensó Benjamín.

«Mala suerte, tonto —susurró Alison al salir del salón después de la clase—. Yo saqué una "B"». Benjamín no respondió. Fue al escritorio del señor Collins.

—Benjamín, sé que tienes problemas con las matemáticas —dijo el señor Collins—, pero esa no es excusa para hacer trampa. —Benjamín se quedó con la boca abierta. Estaba impactado—. Pensé que te había ido bien —continuó el señor Collins y le enseñó su examen—. Te di una "C", pero después comparé tu examen con el de Keith. Cada respuesta es la misma.

—Pero yo no hice trampa —dijo Benjamín.

—No me mientas —dijo el señor Collins severamente—. Quiero que esta tarde te quedes después de la escuela. Te daré otro examen para ver cómo lo haces solo. Puedes irte ahora. —Lentamente, Benjamín salió del aula.

Alison y Keith lo estaban esperando para saber qué había pasado.

—Conque sí hiciste trampa —dijo Alison al oír lo que el señor Collins había dicho—. Actúas como un santurrón, pero hiciste trampa.

—No, no hice trampa —protestó Benjamín—. Tal vez Keith me copió.

—Eso sí que no —dijo Keith—. ¿Quién querría copiarte a ti?

—¿Quieres usar mi tarjeta de trampa esta tarde? —preguntó Alison. Benjamín negó con la cabeza—. Si te acusan de hacer trampa —le dijo Alison—, bien podrías hacerla.

—¡Todos hacen trampa! —dijo Keith—. Y de nada vale ser honesto si el señor Collins de todas formas cree que haces trampa. No tiene sentido.

—Para ti tal vez no —respondió Benjamín. Él sabía que en realidad no importaba lo que otros pensaran; sus padres y Dios esperaban que él fuera honesto. Su padre había dicho que sacar una "F" honestamente era mucho mejor que sacar una "A" deshonestamente, y Benjamín estaba de acuerdo con eso. Pero oraba para que le fuera lo suficientemente bien para sacar otra "C" esa tarde. *DGD*

¿Y TÚ?

Recuerda que lo que otros piensen no es tan importante como lo que Dios piensa. Vive para agradarlo.

Permanece firme ante la tentación

MEMORIZA:

«Dios bendice a los que soportan con paciencia las pruebas y las tentaciones, porque después de superarlas, recibirán la corona de vida». Santiago 1:12

LOS EXÁMENES (PARTE 3)

Lee el Salmo 34:1-4, 14-17

Benjamín se sentó en el asiento del frente para tomar el examen que el señor Collins había preparado solo para él. El señor Collins se sentó en su escritorio y revisaba tareas mientras Benjamín trabajaba.

Benjamín batalló con los primeros problemas. ¡Entonces algo ocurrió! De repente entendió cómo convertir decimales y fracciones a porcentajes. ¡Lo que había sido difícil de repente tuvo sentido!

—¿Terminaste tan pronto? —preguntó el señor Collins cuando Benjamín le entregó su examen—. Bueno, vuélvete a sentar y voy a calificarlo ahora mismo. —Benjamín observaba nerviosamente mientras el señor Collins calificaba el examen—. Esto es asombroso, Benjamín —dijo el señor Collins después de un rato—. ¡Solo tienes dos errores! Es lo mejor que has hecho en matemáticas todo el año.

—No sé cómo explicarlo —dijo Benjamín—, pero cuando estaba trabajando los problemas, finalmente entendí lo que ha estado enseñando.

—Perdóname por acusarte de hacer trampa —dijo el señor Collins.

—Está bien —dijo Benjamín—. Por lo menos ahora sé cómo resolver los problemas. ¿Puedo irme? —Estaba ansioso por contárselo a sus padres.

—¡Mamá! —gritó Benjamín cuando entró corriendo a la casa—. ¡Solo tuve dos problemas incorrectos en mi examen de matemáticas!

—Cuéntamelo —dijo mamá—, y dime por qué has llegado tarde.

Benjamín le contó de la acusación del señor Collins y del otro examen.

—Es extraño cómo de repente supe cómo resolver los problemas aunque antes no los hubiera entendido.

—Tal vez no es tan extraño —dijo mamá—. Estudiaste mucho y también me dijiste que oraste por eso. Dios responde las oraciones. También fuiste honesto, y no hiciste trampa, y ahora Dios hizo posible que se lo demostraras al señor Collins. ¿Le agradeciste a Dios por eso, y por ayudarte a entender tus matemáticas? *DGD*

¿Y TÚ?

¿Oras cuando las cosas te salen mal en la vida? ¿Te sorprendes cuando Dios responde? A él le importan incluso las cosas más pequeñas de tu vida. Cuéntaselo todo y recuerda agradecerle cuando las cosas salgan bien.

MEMORIZA:

«Todo lo que es bueno y perfecto desciende a nosotros de parte de Dios nuestro Padre, quien creó todas las luces de los cielos. Él nunca cambia ni varía como una sombra en movimiento». Santiago 1:17

Dios da buenos regalos

GOBELINO

Lee Romanos 5:1-5

La tía Lidia estaba sentada en el sillón, y hacía su gobelino cuando Marcos entró al salón y se sentó a su lado. La miró con sus ojos llenos de lágrimas.

—¿Por qué permitió Dios que el abuelito muriera? —preguntó—. Oramos y oramos por él, pero de todas formas se murió.

Su tía estuvo callada por un rato antes de contestarle.

—En realidad no sé por qué el Señor llamó al abuelito ahora —dijo—, pero... —Hizo una pausa, luego tomó su gobelino y lo levantó para que Marcos pudiera ver la parte de atrás—. Esto no es muy bonito en la parte de atrás, ¿verdad? —dijo con una sonrisa. Entonces le dio vuelta al gobelino para que él pudiera ver el lado acabado. Marcos pudo reconocer inmediatamente las letras del alfabeto que rodeaban un oso café y blanco; era un regalo de bebé para una amiga.

La tía Lidia puso el gobelino otra vez en su regazo y miró a Marcos.

—A veces las cosas que nos pasan a nosotros y a los que amamos se ven como la parte de atrás de un cuadro de gobelino —dijo suavemente—. Si pudiéramos ver el lado acabado del gran "gobelino" de Dios, veríamos lo bonito que es su trabajo en realidad. Podemos confiar en Dios para eso, ¿verdad?

—Bueno, me es difícil confiar en Dios en cuanto a esto —admitió Marcos—. Amaba mucho al abuelito, y me siento enojado porque lo perdimos.

—Una persona no está perdida si sabes dónde está, Marcos —le recordó la tía Lidia—. El abuelito está en el cielo, con Jesús. —Pensó por un momento—. ¿Sabes lo que significa la palabra "soberano"?

—No. —Marcos negó con la cabeza.

—Decimos que Dios es soberano porque él está a cargo y en control de todo, ¡y Dios es poderosamente bueno! Por eso es que tenemos que confiar en él, aun cuando ocurran cosas difíciles. —La tía Lidia le dio un fuerte abrazo a Marcos—. Yo ya estoy extrañando al abuelito, pero confío en que los planes de Dios siempre son buenos. *RSM*

¿Y TÚ?

¿Ha ocurrido algo triste en tu vida? Aunque no puedas entender algunas cosas de esta vida, puedes estar seguro del gran amor de Dios por sus hijos. Puedes confiar en que él hará lo mejor para ti.

Confía en Dios

MEMORIZA:
«Confía en el Señor con todo tu corazón». Proverbios 3:5

OCTUBRE
5

LOS PEQUEÑOS REMOLCADORES

Lee 2 Reyes 5:1-4, 9-14

La brisa se sentía fría en las mejillas de Víctor. El tío Pablo y él estaban parados tranquilamente en el muelle y miraban los barcos entrar y salir del gran puerto.

—¿Ves cómo esos pequeños remolcadores pueden empujar esos grandes barcos en el agua, Víctor? —El tío Pablo señaló hacia un gran buque cisterna en medio del puerto mientras hablaba.

Víctor se protegió los ojos del sol y miró en la dirección que señalaba el tío Pablo.

—Ajá —dijo.

—Una persona no pensaría que un barco tan pequeño pudiera dirigir a un barco tan grande a salvo a través de la bahía, ¿verdad? —preguntó el tío Pablo. Víctor negó con la cabeza y el tío Pablo continuó—: Ver esos remolcadores me hace pensar en... bueno... —El tío Pablo hizo una pausa—. Verlos me hace pensar en cómo hasta una persona joven puede guiar a un adulto a salvo hacia el Señor Jesús.

Víctor retiró la vista de los barcos y miró a su tío.

—¿Qué quieres decir, tío Pablo? —preguntó.

—Bueno, pensaba en algo que leí esta mañana en la Biblia: «Aun a los niños se les conoce por su modo de actuar —el tío Pablo citó de Proverbios 20:11—, si su conducta es o no pura y recta». —Miró a Víctor y sonrió—. Al dar un buen ejemplo sobre cómo debe vivir un cristiano, hasta un niño pequeño puede demostrar que es distinto a los que lo rodean y que no son cristianos. El Espíritu Santo puede usar a esa clase de niño para llevar incluso a un adulto a Cristo. —Víctor volvió a mirar los remolcadores en el puerto.

«Los adultos pueden quedar muy impresionados con la forma en que actúa alguien de tu edad», agregó el tío Pablo.

Víctor sonrió al entender que Dios podía usarlo para llevar a alguien más, incluso a un adulto, a Cristo. *RSM*

¿Y TÚ?

¿Crees que eres demasiado joven para que Dios te use para llevar a alguien a Cristo? No subestimes lo que Dios puede hacer a través de ti, aunque no seas muy mayor. Dios puede usar a cualquiera que esté dispuesto a que él lo use.

MEMORIZA:

«Aun a los niños se les conoce por su modo de actuar, si su conducta es o no pura y recta». Proverbios 20:11

Dios puede usarte

LA LLUVIA Y LAS BUENAS OBRAS

Lee Marcos 10:35-45

Set y su papá eligieron un lugar en medio del jardín de atrás para colocar su medidor de lluvia. Set estaba orgulloso del tubo vacío y de la parte de arriba parecida a un embudo. «Este es el mejor proyecto que haya hecho en la escuela —dijo—. ¡Espero que pronto haya una tormenta para que mi medidor comience a medir la lluvia!».

Mamá colgó el teléfono cuando Set y papá entraban a la casa.

—El señor Blake teme que sus basureros puedan rodar a nuestra calle —dijo—. Su artritis lo afecta y le es difícil caminar. ¿Podrías ir a guardar sus basureros, Set? —Agregó—: Esta es una oportunidad para servir.

—Correcto —dijo Set sarcásticamente—. Pero en realidad es una tarea tonta. —Se levantó y fue a encargarse de eso.

Cuando Set volvió, mamá estaba sacando una hornada de pastelillos de chocolate del horno.

—Puedes llevarle algunos al señor Blake. Quizá le levanten el espíritu.

—Di que soy el mandadero —dijo Set entre dientes.

—Estás sirviendo —le dijo mamá.

—Ah, vamos —protestó Set—. Estas cosas que he estado haciendo son solo pequeños mandados. ¡Sería mejor hacer algo grande!

Más tarde ese día, Set sintió unas gotas de lluvia.

—¡Está lloviendo! —exclamó cuando abrió la puerta de atrás—. ¡Mi medidor va comenzar a medir la lluvia! ¡Vengan a ver!

Mamá y papá se unieron a Set en el jardín de atrás.

—Solo es una pequeña llovizna —dijo papá—. Requerirá de mucha más lluvia que esto para que marque una diferencia en tu medidor.

—¡Cada gota cuenta! —insistió Set—. Todas las gotas se sumarán y el agua aumentará. Ya lo verán.

—Tienes razón —asintió mamá—. ¿Y sabes qué? De la misma manera, cada una de tus obras, no importa cuán pequeña, será parte de un testimonio que sigue creciendo. Cada cosa pequeña que hagas cuenta, Set. Por ejemplo, mientras más cosas pequeñas hagas por el señor Blake, más se unirán para mostrarle un cuadro más grande del amor de Dios. *NEK*

¿Y TÚ?

Nada de lo que hagas para los demás es demasiado simple o insignificante. Todo es parte de tu testimonio que puede llevar a otros al amor de Cristo.

El servicio desarrolla el testimonio

MEMORIZA:
«Pues ni aun el Hijo del Hombre vino para que le sirvan, sino para servir a otros y para dar su vida en rescate por muchos». Marcos 10:45

¿ALGUIEN QUIERE LIMONADA?

Lee Romanos 8:18, 28-31

Pedro trató de mantenerse fuera del camino de los de la empresa de mudanza mientras cargaban los muebles al apartamento. Él detestaba mudarse, y se veía en su expresión.

—¿Por qué esa cara tan larga? —le preguntó uno de los hombres cuando se detuvo para descansar un rato.

—No me gusta este apartamento —dijo Pedro—. No tiene un jardín para jugar. —No agregó que tampoco tenía una habitación propia y que tendría una escuela nueva.

—Bueno —dijo el hombre—, si la vida te da un limón, haz limonada. En otras palabras, haz lo mejor de lo que te llega. Podría parecer un limón amargo, pero puede resultar en algo dulce. Ya lo verás.

Pedro se sentó en las gradas de atrás y pensó en lo que el hombre le había dicho. De repente vio a un niño sentado en las gradas de atrás del siguiente apartamento. Curioso, Pedro caminó para hablar con él.

—Hola —dijo—. El niño levantó la mirada. Parecía que había estado llorando, porque las lágrimas corrían por su piel oscura—. ¿Qué te pasa?

—*No gusta aquí* —respondió el niño—. En mi casa, mi país, los soldados mataron a mi padre. Mi madre, hermana y yo, venimos a Estados Unidos, pero *no gusta*. No *habla* bien inglés. Niños de Estados Unidos ríen cuando *habla* en la escuela.

Pedro no estaba seguro de cómo responder, pero estaba ocupado pensado. ¿Lo había enviado Dios allí para que ayudara a ese niño? ¿Era esa la manera en que Dios quería que hiciera limonada con sus limones?

Pedro se sentó en las gradas al lado de su vecino nuevo.

—Yo te ayudaré a aprender inglés —dijo—. Iremos juntos a la escuela, y podemos jugar juntos.

El niño miró a Pedro. Después de un rato, sonrió.

—*Traigo pelota* —dijo. Corrió a su apartamento.

Pedro se sintió bien mientras esperaba a su nuevo amigo. ¡Tal vez vivir en un apartamento había resultado en algo bueno, después de todo! *MHN*

¿Y TÚ?

¿Tienes algún «limón» en tu vida, algo que es difícil o desagradable? Pídele a Dios que te ayude a aceptarlo y a ver lo bueno que él quiere sacar de eso.

MEMORIZA:
«Pues yo sé los planes que tengo para ustedes —dice el SEÑOR—. Son planes para lo bueno y no para lo malo, para darles un futuro y una esperanza». Jeremías 29:11

Saca el mejor provecho de la vida

EN ENTRENAMIENTO

Lee 1 Timoteo 4:6-10, 15-16

Mientras Cole caminaba a casa, oyó una voz familiar que lo llamaba por su nombre. Giró y vio a su maestro de escuela dominical, el señor Myers.

—¡Hola, señor Myers! —exclamó Cole y corrió a saludarlo—. ¿Qué está haciendo en esta calle?

—Vengo de la casa de Tomás Herman —respondió el señor Myers—. Visitó nuestra clase el domingo pasado. Cuando tenemos una visita, siempre trato de conocer a sus padres tan pronto como sea posible.

—Se acaban de mudar aquí —dijo Cole—. Tomás parece ser muy agradable, pero hoy me sentí muy mal por él en la escuela. Fue un día de atletismo y Tomás fue el último en todo.

—Parece que a ti te fue bien —dijo el señor Myers—. ¿Qué es esto? ¿Tres listones azules y uno rojo en tu camisa?

—Sí —dijo Cole—. Me fue bien en muchos de los eventos.

—Los deportes reciben mucha atención, ¿verdad? —dijo el señor Myers—. Y siempre ha sido así. Incluso el apóstol Pablo mencionó el entrenamiento físico en sus escritos.

—¿De veras? —preguntó Cole—. ¿Y qué dice?

—Pues dice que aunque el entrenamiento físico tiene algo de valor, es más importante que te entrenes para que seas piadoso, porque la piedad nos ayuda en cada área de nuestra vida.

Cole pensó en eso. Luego dijo:

—Entonces usted no cree que él estaría muy impresionado con mis listones, ¿verdad?

El señor Myers sonrió.

—Pablo no menospreciaba el entrenamiento físico. Solo quería que Timoteo se ocupara más en ser como Jesús —explicó—. Puedes sentirte orgulloso de haber ganado esos listones. Pero si, al igual que Tomás, no hubieras recibido ningún listón, eso no sería tan grave. Es mucho más importante ser como Jesús que ser bueno en los deportes. Siempre tienes que recordar que lo que verdaderamente importa en la vida es el carácter piadoso. *RJC*

¿Y TÚ?

¿Le das mucho valor a la capacidad física y al entrenamiento? ¿O eres una de esas personas que no son muy atléticas? Es bueno ser atlético, pero no es tan importante como ser semejante a Jesús.

La piedad tiene mucho valor

MEMORIZA:
«Entrénate para la sumisión a Dios».
1 Timoteo 4:7

OCTUBRE

TIEMPO PARA ESPERAR

Lee Génesis 25:29-34

—¿Cuándo florecerán estas plantas, papá? —preguntó Daniela cuando habían enterrado el último bulbo en la tierra fría de otoño. Ella y su papá habían disfrutado eligiendo varios bulbos de flores en un vivero cercano, y después habían trabajado juntos para diseñar su jardín de atrás.

—Cuando llegue la próxima primavera —respondió papá—. Podrás ver pequeños brotes verdes en unas cuantas semanas, pero crecerán muy lentamente durante el invierno. Cuando llegue el sol de la primavera comenzarán a crecer más rápidamente, y entonces tendremos algunas flores: tulipanes y narcisos.

—¡La primavera! —exclamó Daniela—. ¡Es demasiado tiempo para esperar!

Papá se rió.

—Bien podrías olvidarte de ellos por un tiempo —dijo—. Concéntrate en disfrutar este otoño y el invierno, y antes de que te des cuenta, la primavera estará aquí, y tendremos flores.

—Parece que siempre tengo que esperar para todo —dijo Daniela con un suspiro—. Mayormente me siento impaciente porque tengo que esperar para crecer. Soy como esas flores.

Papá sonrió y abrazó a Daniela.

—Muchos niños tratan de crecer demasiado rápido —dijo—. Sé que es difícil esperar el tiempo perfecto de Dios, pero tratar de apresurar el proceso de crecimiento generalmente trae problemas. Estás en la edad perfecta, en la que Dios quiere que estés ahora mismo. Lo más importante que puedes hacer mientras esperas es llegar a conocer mejor a Dios. Entonces, al igual que estas flores, tu vida florecerá en algo muy bello. —Papá levantó el rastrillo y le entregó el azadón a Daniela—. Vamos a preparar algo para almorzar —dijo—. Una buena sopa caliente sería lo ideal, ¡aunque tengo tanta hambre que no sé si podré esperar a que se caliente!

—Papá —dijo Daniela en tono de broma—, tienes que pensar en algo más hasta que sea la hora perfecta para almorzar. *POY*

¿Y TÚ?

¿Quieres lo que quieres cuando lo quieres? En la historia de Jacob y Esaú, Esaú se rehusó a esperar. No vio las consecuencias de la decisión que tomó. No tienes que cometer ese error. Puedes ser paciente mientras creces. Espera el tiempo perfecto de Dios para llegar a ser adulto.

MEMORIZA:

«Espera con paciencia al Señor; sé valiente y esforzado; sí, espera al Señor con paciencia». Salmo 27:14

Espera lo mejor de Dios

EL OJO ALERTA

Lee Proverbios 3:1-8

El elegante auto negro avanzaba lentamente por la calle rodeada de árboles, cuando Natalie y Liana volvían a casa del club bíblico. Estaban planifi-
cando un fin de semana activo, y no vieron el auto hasta que disminuyó
la velocidad al borde de la acera. El piloto bajó la ventana y preguntó:
«¿Saben donde está la calle Magnolia?»

Natalie y Liana se detuvieron y miraron a su alrededor. ¿Les hablaba a
ellas el hombre del auto que estaba al otro lado de la calle?

—Recuerda, no debemos hablar con extraños —susurró Natalie.

Liana ignoró la advertencia de su amiga y se dirigió al auto.

—No hará daño darle indicaciones —dijo—. Parece lo suficientemente
agradable. Y acabamos de tener una lección sobre cómo Dios nos cuida.

Natalie se quedó sobre la vereda y miró. De repente el hombre salió
del auto. Agarró a Liana del brazo y trató de meterla al asiento de atrás.
Gritando, Liana se sacudió y tiró a la calle los libros que llevaba.

Sin pensarlo, Natalie corrió a ayudar a su amiga. *¡Señor, por favor, ayúdanos!*, oró en silencio al balancear su bolsa de libros con todas sus fuerzas y
golpear al hombre en la cara. El hombre soltó a Liana y cayó sobre el auto,
sosteniéndose la cara con las manos. Las niñas corrieron a la vereda, gritando con todas sus fuerzas, mientras la señora Nesbitt salía por su puerta.
La gente llegó de todos lados. El hombre entró de un salto al auto que se
alejó rugiendo por la calle. La señora Nesbitt rápidamente metió a las niñas
a la casa. Después de llamar a la policía y a sus padres, les dio un discurso
severo en cuanto a no hablar con los extraños.

—¿No les han dicho sus padres estas cosas? —preguntó.

—S-sí. P-pero nuestra maestra del club bíblico dijo que Dios n-nos
c-cuidaría —balbuceó Liana.

—Y las cuidó —le aseguró la señora Nesbitt—, de otra manera no estarían
aquí ahora. Pero solo porque él las cuida no quiere decir que pueden ignorar
las advertencias que sus padres les hacen. De hecho, hacerles esas advertencias es una de las maneras de protegerlas. ¡Recuérdenlo siempre! *ELN*

¿Y TÚ?

¿Olvidas a veces las advertencias de tus padres o maestros? Una manera
en que Dios te cuida es dándote el consejo y la advertencia de gente
responsable. ¡Ponles atención! Y no olvides agradecerle a Dios por su
cuidado atento.

Escucha a tus padres

MEMORIZA:
«Hijo mío, presta atención cuando
tu padre te corrige; no descuides la
instrucción de tu madre». Proverbios 1:8

EL TRASLADO ACERTADO

Lee Jeremías 29:11-14

—¿Cuál quieres primero? —preguntó mamá cuando Morgan llegó a casa de la escuela—. ¿La mala noticia o la buena?

—Creo que la mala. —Morgan sabía que cuando mamá jugaba a la buena/mala noticia con ella, la noticia nunca era terriblemente mala.

—La transferencia de papá es a Dalton y no a Briggs.

—¿Dalton? —gruñó Morgan—. Eso es demasiado lejos para ver a mis amigos frecuentemente. Y ya encontramos una casa en Briggs.

—Lo siento, cariño, pero tal vez encontremos una casa aún mejor. Y tus amigos pueden ir a visitarte por más tiempo, ya que es más lejos.

—¿Y cuál es la buena noticia? —preguntó Morgan.

—Kit tuvo a sus gatitos hoy. Están en la lavandería —dijo mamá.

Morgan fue a verlos. Pero cuando miró en la caja, estaba vacía. «Kit debe haberlos trasladado», dijo mamá, y ella y Morgan comenzaron a buscar.

«Aquí están, debajo de mi cama», gritó Morgan.

«Ese no es buen lugar para tus bebés —le dijo mamá a Kit—. Será mejor que los lleves de regreso a la bonita caja que te preparé».

—Kit no te entiende. Además, sería divertido tenerlos en mi cuarto.

—Tal vez, pero tu cuarto es un lugar muy activo, contigo y tus amigas entrando y saliendo a la carrera tan a menudo —señaló mamá—. Los gatitos estarían más seguros en la lavandería.

—Sí, supongo que sí —coincidió Morgan—. Quisiera poder explicarle a Kit que no los trasladó a un buen lugar.

—Eso me hace pensar en nosotros —dijo mamá cuando trasladaron los gatitos—. Pensamos que Briggs era el mejor lugar para vivir, pero el Señor cerró la puerta de esa idea. Debe haber tenido una buena razón.

—Así como tuvimos buenas razones para no dejar que Kit mantuviera a sus gatitos debajo de mi cama, ¿verdad? —preguntó Morgan mientras cerraba la puerta de su habitación para que Kit no los llevara de regreso—. Bueno, entonces creo que tu noticia no era tan mala después de todo; sabía que no lo sería. *KRA*

¿Y TÚ?

¿Has tenido un cambio decepcionante en los planes de tu vida? Es posible que Dios haya permitido que esos planes cambiaran por alguna razón que no entiendes. Puedes confiar en que él hará lo mejor para ti.

MEMORIZA:

«Dios hace que todas las cosas cooperen para el bien de los que lo aman y son llamados según el propósito que él tiene para ellos». Romanos 8:28

Dios sabe qué es lo mejor

NO SE NECESITA UNA GRABACIÓN

Lee el Salmo 139:1-6

—¿Por qué estás viendo el juego de los Panthers? —preguntó Liita a su hermano mayor cuando entró a la sala familiar—. Pensé que habías dicho que ibas a ver a los Hawkeyes.

—Sí, bueno, estoy grabando ese juego para verlo después —respondió Oliver mientras masticaba palomitas de maíz. En ese momento apareció un comercial en la televisión y Oliver encendió una radio portátil. Le sonrió a su hermana—. Nuestro equipo de la secundaria juega fuera de la ciudad esta noche, por lo que durante los comerciales lo enciendo para ver cómo les va —le dijo—. Tienes un hermano inteligente, ¿verdad?

En poco tiempo llegó la hora de ir a la cama.

—¿Podemos orar juntos antes de que te duermas? —sugirió el padre de Liita cuando llegó a su habitación a desearle buenas noches.

—Supongo que sí —accedió Liita—. ¿Pero no están muchos niños orando ahora mismo?

—Sí, me imagino que sí —asintió papá.

—Bueno, ¿nos graba Dios para oírnos más tarde? —quiso saber Liita.

—Parece que has estado hablando con Oliver —respondió papá—. No, cariño, Dios no tiene que hacer eso. Él puede oír la oración de cada uno al mismo tiempo.

—Bueno, cuando los comerciales aparecen, Oliver cambia a la radio —dijo Liita—. Si mi oración no es muy interesante, ¿oye Dios a alguien más?

—Ay, cariño, Dios no es como Oliver ni como ninguno de nosotros —dijo papá. Le dio un abrazo—. Dios es Dios. Él puede oír a todos en el mundo al mismo tiempo —le aseguró—. Él es más grande de lo que podemos entender. No necesita televisión, ni una videograbadora, ni un quemador de CD. Él oye todo lo que decimos e incluso sabe todo lo que pensamos. Nunca podemos entender verdaderamente cómo lo hace, pero confiamos en que lo hace porque él es Dios.

—Me alegro. —Liita sonrió y se puso de rodillas al lado de su cama—. Ya estoy lista para orar. *RKM*

¿Y TÚ?

¿Te preguntas alguna vez cómo puede Dios oír tus oraciones cuando tanta gente está orando a él al mismo tiempo? ¿Crees que Dios puede dejar de prestarte atención y darle su atención a alguien más? No te preocupes; Dios se interesa por cada detalle de tu vida, y él oye todas tus oraciones. Dios escucha las veinticuatro horas del día, los siete días de la semana.

Dios es omnisciente

MEMORIZA:
«Sabes lo que voy a decir incluso antes de que lo diga, SEÑOR». Salmo 139:4

OCTUBRE
13

DE PIE

Lee 1 Juan 1:8-10; 2:2

El bebé Clint caminaba inseguro del sofá a la silla, y Peyton volvió a prestarle atención al libro que leía. Pero entonces su hermanito volvió a moverse, esta vez hacia un sillón al otro lado de la sala. Como a medio camino, Clint titubeó por un momento y luego cayó sentado con fuerza. Se veía sorprendido, como si se preguntara qué lo había hecho tropezar. Un rato después se volvió a poner de pie. Luego siguió caminando hacia el sillón.

—Me sorprende que Clint se vuelva a levantar tan pronto —le dijo Peyton a su papá—. A veces se cae muy duro, pero se levanta y continúa.

—Algunos bebés están determinados a llegar a donde quieren ir —respondió papá y sonrió al ver al niñito—. Quisiera que los cristianos fueran así de determinados para llegar a su meta —agregó en tono pensativo.

—¿Qué meta? —preguntó Peyton.

—Bueno, como cristianos debemos tener la meta de llegar a ser más como el Señor Jesús —respondió papá—, pero como Clint, a veces nos caemos; caemos en pecado.

—Sí —coincidió Peyton, pensando en su batalla para dejar su hábito de mentir.

—Cuando caemos, nos volvemos a poner de pie al confesarle nuestro pecado a Dios y a cualquier persona que hubiéramos ofendido —agregó papá—. Seguimos adelante al obedecer los mandamientos de la Biblia.

—Pero siempre termino volviendo a caer —dijo Peyton suspirando.

Precisamente entonces, el pequeño Clint se cayó haciendo un ruido seco. Lloriqueó y gateó un poco, pero entonces se volvió a levantar cuidadosamente y comenzó a caminar otra vez.

—A medida que Clint aprende a caminar, se cae más de una vez —dijo papá—, pero en cada vez se vuelve a levantar, y mejorará más y más hasta que casi no se caerá. Como Clint, tú y yo caemos; fallamos en obedecer a Dios, más de una vez. Cada vez que lo hacemos, debemos confesar nuestro pecado. A medida que decidimos una y otra vez hacer el bien con la ayuda de Dios, le fallaremos menos frecuentemente. *RLV*

¿Y TÚ?

Cuando desobedeces, mientes o haces alguna otra cosa mala, ¿confiesas tu pecado y comienzas a obedecer la Biblia otra vez? ¿O decides que tal vez sería mejor rendirte? Dios espera que te levantes y que continúes.

MEMORIZA:

«Si confesamos nuestros pecados a Dios, él es fiel y justo para perdonarnos nuestros pecados y limpiarnos de toda maldad». 1 Juan 1:9

Confiesa el pecado

SIN RAMAS DESNUDAS

Lee el Salmo 1:1-6

Maura y su amiga Jennifer se abrieron camino por los montones de hojas caídas, mientras que otras hojas de un amarillo encendido, rojo y dorado flotaban como mariposas indolentes desde los árboles.

—Ah, Jen, ¿no es bello? —suspiró Maura con ensoñación—. ¿Te preguntas alguna vez qué hace que las hojas se conviertan de verde en el verano a esos colores tan bellos del otoño?

—Escribí un reporte sobre eso apenas la semana pasada —respondió Jennifer—. En el verano, los árboles producen clorofila, que hace que las hojas sean verdes. Luego, cuando los días se acortan, otros químicos toman el control, generando los colores brillantes del otoño.

—Eso sí que suena aburrido —gruñó Maura.

—Sí, aburrido y tedioso —dijo Jennifer—, ¡pero cierto!

—Quisiera que las hojas bonitas permanecieran en los árboles todo el invierno también.

—Mi libro dice que los tallos se ponen débiles mientras los días se acortan, y las hojas finalmente se rompen y caen al suelo —dijo Jennifer.

—Y tenemos que rastrillar —terminó Maura.

—¡Correcto! —coincidió Jennifer—. Así que disfrútalo mientras dure. —Miró a su amiga—. En la escuela dominical de la semana pasada, mi maestra comparó a la gente con los árboles. La señora Graham dijo que las bellas hojas coloridas le recuerdan las cosas buenas que mucha gente hace con la esperanza de ir al cielo; finalmente, esas buenas obras se caen como las hojas viejas, y no dejan nada más que ramas desnudas.

—¿De veras? —preguntó Maura.

—Ella dijo que cuando conocemos a Jesús como Salvador, crecemos constantemente en él como las hojas nuevas y verdes de un árbol. —Jennifer sonrió—. Como cristianos podemos tener al mismo tiempo las bellas hojas coloridas de buenas obras, pero ellas no nos llevarán al cielo.

—Eso se oye muy bonito, Jennifer —dijo Maura—. Quisiera saber más.

—¡Puedes saberlo! Ven conmigo la próxima semana —la invitó Jennifer—. La señora Graham es una gran maestra.

Maura sonrió y asintió. *PIK*

¿Y TÚ?

¿Está llena tu vida de buenas obras? Eso es bueno, pero no te pueden llevar al cielo. Tienes que confiar en Jesús para la salvación.

Las buenas obras no salvan

MEMORIZA:

«Como las hojas del otoño, nos marchitamos y caemos, y nuestros pecados nos arrasan como el viento». Isaías 64:6

LÍMITES

Lee Efesios 6:1-4

Ryan y sus amigos dibujaron un gran círculo de yeso en el camino de entrada.

—¿Para qué es eso? —preguntó papá, que estaba afuera rastrillando hojas.

—Estamos jugando al escondite —respondió Ryan—, y esta es la zona de seguridad. Si nos encuentran, todavía estaremos a salvo si podemos llegar a la zona antes de que nos toquen.

Después de un rato, lo chicos se fueron, y Ryan corrió hacia su padre.

—Papá —dijo—, todos se van a la casa de Mitch a ver un programa. ¿Puedo ir también? —Papá le hizo unas preguntas a Ryan, luego sacudió la cabeza y dijo que no. Ryan hizo un puchero y frunció el ceño—. Ay, papá, ¿qué tiene de malo el programa? Joey va a nuestra iglesia y él lo va a ver.

—El juego que estaban jugando puede ayudarme a explicártelo —dijo papá—. Es como si Satanás fuera el que «la lleva» en tu vida. Tu madre y yo te protegemos de él al dibujar un límite en lo que puedes hacer. Adentro de ese límite está tu zona de seguridad. Cuando elegimos tus límites, dejamos afuera las cosas que definitivamente son malas.

—¿Como beber, fumar y decir palabrotas? —preguntó Ryan.

—Sí. Esas cosas están mucho más lejos de tu círculo de seguridad. Pero hay un rango completo de actividades que la Biblia no menciona específicamente. Algunas son mejores que otras. Algunas tienen más mal que bien en ellas —explicó papá—. Para mantenerte a salvo tenemos que elegir algún punto, dibujar un límite y decir: «Hasta aquí puedes llegar».

—¿Y el programa está más allá de la zona de seguridad? —preguntó Ryan.

—Otros padres pueden dibujar límites en lugares diferentes, y eso no los hace que sean malos —dijo papá—. Pero para nosotros, aquí está la línea.

—¿Y Satanás no puede atraparme si estoy dentro de los límites? —preguntó Ryan.

—Quisiera que eso fuera cierto —dijo papá—, pero los límites no pueden mantenerlo afuera por completo. Él no tiene tanta libertad dentro de ellos, pero tienes que depender de Jesús para una protección total de Satanás.

—Entiendo —dijo Ryan—. Les diré a los chicos que no puedo ir. *CYP*

¿Y TÚ?

¿Te has preguntado alguna vez por qué tus padres no te dejan ir a una fiesta, a un baile o a una película a la que todos tus amigos van a ir? Recuerda, los límites existen para tu seguridad. Permanece en ellos y agradécele a Dios por padres que cuidan de ti.

MEMORIZA:

«Su enemigo el diablo ronda como león rugiente, buscando a quién devorar».
1 Pedro 5:8, NVI

Las reglas te protegen

PEPPER E HILARIA, TAMBIÉN

Lee 1 Juan 4:7-11

—Sé que Dios ama a todos, pero incluso a él le debe ser difícil amar a Hilaria —le dijo Shelby a su hermana mayor mientras rastrillaban hojas.

—¿Es la chica de tu clase que empuja a los chicos en la fila de la cafetería? —preguntó Kendra mientras llenaba una bolsa de hojas.

—Sí —dijo Shelby—. También hace trampa y escribe palabrotas en las paredes del baño.

—¡Vaya, ella...! —El perro de Shelby, Pepper, interrumpió a Kendra cuando pasó corriendo por su montón de hojas y las volvió a esparcir todas. «¡Perro malo!», gritó Kendra.

Justo cuando Shelby y Kendra habían vuelto a rastrillar las hojas y a hacer otro montón, Pepper volvió con un ratón muerto en su boca. «Qué asco —dijo Kendra y de un salto se alejó del perro—. Llévatelo». Pepper pasó corriendo por el montón de hojas hacia el callejón.

Las hermanas decidieron tomar un descanso y se sentaron sobre las hojas secas. Pronto volvió Pepper y se echó a los pies de Shelby.

—Sinceramente, Shelby —dijo Kendra—, no veo cómo puedes querer a esa fea criatura. Pepper tiene un aspecto raro, tiene el aliento de un perro, trae animales muertos y le gruñe a la abuelita cada vez que viene.

—Pepper tiene muchas cualidades buenas también —insistió Shelby—. Y aunque no las tuviera, aun así lo amaría porque es mío.

—Sí... —Kendra estaba pensativa—. ¿Crees que Dios se siente igual en cuanto a Hilaria? —preguntó—. El pastor Blandish habló de cómo fuimos hechos a la imagen de Dios, ¿te acuerdas?

—Creo que tienes razón en cuanto a que Dios ama a Hilaria —dijo Shelby finalmente—, pero yo no puedo amarla.

Kendra se levantó y comenzó a rastrillar las hojas otra vez.

—No te tienen que gustar las cosas que Hilaria hace —dijo—, pero debes amarla porque está hecha a la imagen de Dios, así como nosotros. —Le sonrió a su hermana—. Te diré algo, Shelby. Trataré de encontrar las cualidades buenas de Pepper si tú buscas las cualidades buenas de Hilaria. *RKM*

¿Y TÚ?

¿Conoces a chicos o chicas que son malos y hacen cosas malas? ¿Te preguntas cómo puede amarlos Dios? Él no ama las cosas malas que hacen, y tú tampoco deberías hacerlo, pero sí los ama a ellos. Él quiere que aprendamos a amar a la gente, no sus obras.

Aprende a amar a todos

MEMORIZA:
«Este es mi mandamiento: ámense unos a otros de la misma manera en que yo los he amado». Juan 15:12

UN GRAN PRIVILEGIO

Lee Romanos 8:14-17

Kris se sentó a la mesa del comedor con su madre, su padre y sus dos hermanos mayores. Había pertenecido a la familia exactamente nueve años. Mientras se tomaban de las manos, el padre de Kris oró: «Padre que estás en el cielo, hoy celebramos el día en que trajiste a Kris a nuestra familia. Gracias por darnos la oportunidad de adoptarlo; él nos ha dado mucha alegría. Bendice a nuestro hijo en todo sentido. En el nombre de Jesús, amén». Kris levantó la mirada y vio sonreír a su madre, y no había nada que superara lo bien que se sentía por dentro. Pero el quinto grado había despertado algunas preguntas. Ser adoptado era un misterio y él había estado haciendo preguntas al respecto. Por eso, Kris escuchó atentamente mientras su padre hablaba del tema durante el devocional familiar.

—Los historiadores nos dicen que en los tiempos bíblicos muchos hijos fueron adoptados —dijo papá—. Algunos creen que es bastante posible que José adoptara a Jesús como su propio hijo, aunque Dios mismo era el verdadero padre de Jesús.

—Así que estás en buena compañía, Kris —dijo mamá, y le abrazó.

—En los tiempos bíblicos, un hombre sin hijos adoptaba un hijo para heredarle todo lo que tenía —agregó papá—. Ese hijo llevaba su nombre y lo llamaba padre.

—¡Parece que la adopción en realidad es un privilegio! —dijo Keith, el hijo mayor, bromeando—. Esa parte de la herencia también suena bien. Creo que me gustaría ser adoptado.

Papá volvió a hablar.

—Lo maravilloso es que Dios no solo nos creó, sino que quiere que cada uno de nosotros sea adoptado como su hijo. Podemos llamar a Dios «Padre» cuando recibimos a Cristo como Salvador. ¡Qué privilegio!

Keith le guiñó el ojo a Kris y preguntó:

—¿Y qué de la herencia?

—Es mucho mayor de lo que podamos imaginar —dijo papá—. La Biblia dice que somos "herederos de Dios" y "coherederos con Cristo" (vea Romanos 8:17, RVR60). ¡Nada podría ser mejor que eso! *CPK*

¿Y TÚ?

Dios quiere ser tu Padre celestial. Pagó un gran precio para darte todo lo que posee. ¿Aceptarás su ofrecimiento hoy y serás su hijo adoptivo?

MEMORIZA:

«Dios decidió de antemano adoptarnos como miembros de su familia al acercarnos a sí mismo por medio de Jesucristo». Efesios 1:5

Puedes llamar «Padre» a Dios

MEJORES AMIGOS

Lee Juan 15:11-17

—Mamá, qué fabuloso va a ser que Tiffany viva al otro lado de la calle —dijo Kerry—. Vamos a ser mejores amigas. La invité a mi clase de la escuela dominical, y la pizza es su comida favorita, ¡igual que la mía!

Mamá sonrió mientras sacaba una pizza del horno.

—Qué bueno que tú y Tiffany tengan tanto en común —dijo.

—Vamos a hacerlo todo juntas —asintió Kerry.

Unas cuantas semanas después, Kerry entró furiosa a la casa.

—Tiffany ya no es mi mejor amiga —declaró enojada.

—¿Qué ocurrió? —preguntó papá.

—Fui a jugar con ella, pero ella se fue a un recital de piano con Justine —dijo Kerry quejándose—. Ni siquiera me había dicho que iban.

—Sé razonable, Kerry —dijo Mamá—. A Justine y a Tiffany les gustan los recitales de piano y a ti no.

—No me importa —dijo Kerry obstinadamente—. Se supone que somos mejores amigas, ¡y las mejores amigas no actúan así!

En la cena, Kerry se sorprendió al ver espagueti en los platos de sus padres, mientras que su plato solo tenía sobras de pizza fría.

—Esto se ve bien, pero ¿no voy a comer espagueti también? —preguntó.

—Yo sé que la pizza es tu comida favorita, por lo que decidí dejar que la comieras en cada comida —le dijo mamá—. Hay un poco que también puedes comer en el desayuno de mañana.

—Me gusta la pizza —dijo Kerry—, pero no me gustaría comerla todo el tiempo; eso sería aburrido. —Levantó el pedazo crujiente y miró a su madre con recelo—. ¿Qué es lo que tratas de decirme en realidad? —preguntó.

Mamá sonrió.

—Bueno, esperaba que vieras que así como es bueno tener variedad en lo que comes, es bueno tener variedad de amigos. No hay razón por la que debas estar celosa si Tiffany tiene otros amigos.

—Es cierto, Kerry —asintió papá—. Recuerda, ni siquiera Jesús pasó todo su tiempo solo con una persona. Su influencia en ti será mayor si muestras interés y amor hacia varias personas. *RKM*

¿Y TÚ?

¿Te pones celoso si tu mejor amigo tiene otros amigos? Dios quiere que muestres amor hacia esa persona y hacia muchas más también. Cada uno necesita pasar tiempo con la familia y otros amigos. Él quiere que ores por todos tus amigos como él lo hizo, y que lo hagas tu mejor amigo entre todos.

No seas celoso

MEMORIZA:
«Un amigo es siempre leal».
Proverbios 17:17

BORRÓN Y CUENTA NUEVA

Lee el Salmo 32:1-5

Caitlyn no podía abrir la puerta corrediza que daba al patio. En su frustración, dijo algunas palabras que le había oído decir a su amiga en la escuela cuando estaba disgustada.

—Caitlyn, ¿dónde oíste eso? —preguntó mamá. Se oía impactada.

—En la escuela —dijo Caitlyn con aire de culpabilidad.

—Creo que tú lo sabes bien —dijo mamá—. Esas son palabrotas, y si amas a Dios, no deberías hablar de esa forma.

—Lo siento —murmuró Caitlyn, y lo estaba. Salió, pero ya no tenía ganas de jugar. En lugar de eso, encontró un lugar tranquilo y le pidió a Dios que la perdonara por decir palabrotas.

Cuando Caitlyn se sentó para comer su sándwich ese mediodía, inclinó la cabeza para orar. Le agradeció a Dios por la comida, y otra vez le pidió que la perdonara por las malas palabras que había usado.

—Me alegra verte agradecerle a Dios por tu comida aunque estés comiendo sola —elogió mamá a Caitlyn.

—Le pedí a Dios que me perdonara por decir palabrotas, pero todavía me siento mal —dijo Caitlyn con un suspiro, mientras jugueteaba con su sándwich. Ni siquiera tenía ganas de comer.

Mamá levantó las cejas. Después de un momento dijo: «Pon a un lado tu sándwich por un rato y ven conmigo. —Llevó a Caitlyn al patio de atrás—. Esto es lo que pasó, Caitlyn», dijo mamá mientras tomaba un pedazo de tiza y escribía en el concreto: *Caitlyn es culpable de decir palabrotas*. Eso hizo que Caitlyn se sintiera aún peor, pero entonces mamá se alejó y tomó la manguera del jardín.

«Esto es lo que sucedió cuando le pediste a Dios que te perdonara», continuó mamá. Abrió el grifo, dirigió la corriente de agua sobre lo que había escrito y lavó las palabras acusadoras.

Una sonrisa se formó en la cara de Caitlyn. No volvió a inclinar su cabeza, pero su corazón dijo: *Gracias, Señor. EMB*

¿Y TÚ?

¿Le has fallado a Dios incluso después de haber aceptado a Jesús como tu Salvador? ¿Has sido desagradable, has dicho o hecho algo malo, quizás incluso sin pensar? Satanás te dirá que todo se acabó entre Dios y tú, pero no le creas. Confiesa tu pecado y recibe el perdón de Dios.

MEMORIZA:

«Finalmente te confesé todos mis pecados y ya no intenté ocultar mi culpa [...] ¡y tú me perdonaste! Toda mi culpa desapareció». Salmo 32:5

Confiesa el pecado

UN ABUELITO EN ADOPCIÓN

Lee Romanos 8:28-32

Mario y su amigo José caminaban por la calle hacia el hogar de ancianos. Iban a visitar al abuelito de José. Mario se sentía defraudado porque *su* abuelito vivía lejos. Mario había orado para que el abuelito fuera a vivir con ellos cuando ya no pudiera vivir solo. Pero el abuelito no había querido. Mamá le había dicho a Mario que a veces Dios responde a la oración de distinta manera a lo que uno quiere, pero que siempre responde.

El abuelito de José saludó a los chicos cálidamente cuando entraron a su habitación. Estaba sentado en una silla de ruedas. Un hombre delgado en la otra cama llamó a los chicos: «Será mejor que salgan de aquí tan pronto como puedan, o los van a atar también. Es la primera vez en mi vida que he estado en la cárcel». Los chicos miraron al abuelito.

—Él cree que está en la cárcel —susurró el abuelito.

—¿Y quién viene a visitarlo para animarlo? —preguntó Mario.

El abuelito negó con la cabeza.

—Su esposa y su único hijo murieron en un accidente automovilístico. Nadie viene a visitarlo.

Mario caminó lentamente hasta la cama del anciano. El hombre lo miró con enojo, y luego su cara se suavizó cuando extendió su mano para tomar la mano de Mario.

—Tú eres mi chico —dijo. Mario miró a José con incertidumbre—. Sí —continuó el anciano—, mi chico vino a visitarme a la cárcel.

Mario no sabía qué decir. Le estrechó la mano al anciano.

—Vendré otra vez —le prometió con una sonrisa—. Tal vez pueda traerte algunos bizcochos de chocolate.

—Tú eres mi chico —volvió a decir el anciano, y parecía mucho más feliz de lo que había estado antes.

Cuando Mario y José se fueron, Mario estaba ansioso por llegar a casa y contarles a sus padres de su amigo nuevo. «Voy a adoptarlo como mi abuelito, ya que mi abuelito no vive con nosotros —les dijo—. Si Dios hubiera respondido mis oraciones como yo pensé que debería, ese anciano no tendría a nadie que llegara a verlo. Ahora me tiene a mí, así que ya no estará tan solo. ¡Creo que Dios lo sabe todo!» *MHN*

¿Y TÚ?

¿Confías en que Dios responderá tus oraciones de la manera en que él sabe que es mejor? ¿Le agradecerás incluso cuando estés decepcionado, y esperarás a ver qué hará?

Dios responde la oración

MEMORIZA:
«El camino de Dios es perfecto».
Salmo 18:30

¿DÓNDE ESTÁ TU PASAPORTE?

Lee Efesios 2:13-14, 18-22

—En nuestra clase de estudios sociales fingimos que viajamos a Europa —dijo Max a su familia—. Planificamos nuestro viaje, hicimos pasaportes, programamos los arreglos del viaje y empacamos nuestras maletas. Hoy fuimos a París. Todos los días viajamos a un lugar nuevo y aprendemos toda clase de cosas increíbles.

—Parece que es una manera divertida de aprender —dijo papá.

—Mañana volaremos de regreso a Estados Unidos —reportó Max una semana después—, pero ¡no puedo encontrar mi pasaporte!

—¿Por qué no haces uno nuevo? —sugirió mamá.

Max copió la información, pegó una foto nueva y agregó su firma. «Se ve casi igual al otro», dijo, y le mostró su pasaporte nuevo a sus padres.

Al día siguiente, Max se sentó en el avión fingido de su clase, que se dirigía a Estados Unidos. Después de que el avión aterrizó, todos sacaron su pasaporte e hicieron una fila para volver a entrar a Estados Unidos.

—Lo siento —dijo el estudiante que revisaba los pasaportes—. No puedes entrar. Este pasaporte no es genuino. No tienes prueba de ciudadanía.

—Pero yo *soy* ciudadano —insistió Max—. No pude encontrar el pasaporte que hicimos en clase, por lo que hice uno nuevo. Vamos, este tiene todas las cosas correctas.

—Hágase a un lado, señor. Tendremos que revisar esto —respondió el compañero de Max—. ¡Seguridad! —gritó.

—No me permitieron entrar de regreso a Estados Unidos —dijo Max a su familia esa noche—. No había prueba válida de ciudadanía.

—¿Entonces no funcionó tu pasaporte falso? —preguntó papá. Max negó con la cabeza—. Eso me hace recordar el sermón del pastor Burns de la semana pasada —dijo papá—. Nos recordó que a los que no han aceptado a Jesús no los dejarán entrar al cielo, aunque crean que han hecho todas las cosas correctas.

—Ciertamente estoy contenta de que tengamos una prueba válida de nuestra ciudadanía para entrar al cielo —dijo mamá—. Nuestra ciudadanía se garantiza cuando le pedimos a Jesús que sea nuestro Salvador. La prueba está en nuestro corazón y en el libro de la vida de Dios. *NEK*

¿Y TÚ?

¿Eres ciudadano del cielo? Recuerda, hacer las cosas correctas no te llevará al cielo. La única manera es por medio de Jesús.

MEMORIZA:

«Son ciudadanos junto con todo el pueblo santo de Dios. Son miembros de la familia de Dios». Efesios 2:19

Acepta a Jesús

FIESTA DE PIZZA

Lee Job 23:10-14

—He tratado de comenzar a leer mi Biblia todos los días —dijo Trisha cuando alcanzaba un pedazo de pizza—, pero parece que nunca puedo continuar. Leo un montón por algunos días, y entonces solo... bueno... vuelvo a dejarla. —Varios de los otros jóvenes asintieron, identificándose con el mismo problema. Estaban en una combinación de estudio bíblico y fiesta de pizza, y su líder, el señor McRae, los había estado animando a que desarrollaran un tiempo devocional diario.

—La lectura bíblica es como comer —dijo el señor McRae—. Primero das una mordida, luego masticas, después tragas y finalmente digieres.

—¿Pero cómo se le da una mordida a la Biblia? —preguntó Kylie.

—Esta pizza está dividida en secciones, y la Biblia también está en secciones —dijo el señor McRae—. Elige una sección cada día, pero no trates de dar una mordida muy grande. Una mordida podría ser solo un versículo o dos, o podría ser un capítulo.

—Como dice la señora Griswold: "No tomes más de lo que puedas masticar" —dijo Miguel, imitando a la supervisora del almuerzo escolar.

—Ese es un buen consejo —dijo el señor McRae—. Masticar podría compararse a pensar en lo que has leído.

—¿Y tragar? —preguntó Serena—. ¿Qué es eso?

—Bueno, alguien dice: "Esa historia seguramente fue difícil de tragar", significa que es difícil de creer, ¿verdad? —dijo el señor McRae—. Tragar es creer; creer que la Palabra de Dios es verdad. Eso nos lleva a la digestión. ¿Qué pasa cuando digerimos comida?

—Acabamos de estudiar eso en la escuela —dijo Miguel—. Cuando la comida se digiere, cambia a algo que el cuerpo puede usar.

—Bien —asintió el señor McRae—. Cuando se trata de leer la Biblia, la digestión sería aplicar la Palabra de Dios a tu vida. Significa dejar que la Palabra de Dios marque una diferencia en tu vida.

—Por eso creo que en realidad necesitamos comer cuatro comidas al día: desayuno, almuerzo, cena y una tajada de nuestra Biblia —dijo Miguel. *SS*

¿Y TÚ?

¿Te es difícil estudiar tu Biblia? Tal vez estás dando una mordida demasiado grande; trata de comenzar solo con un versículo o dos. Pero entonces piensa en lo que has leído y en lo que Dios te quiere enseñar a través de eso. Luego sigue esa enseñanza.

«Cómete» tu Biblia

MEMORIZA:
«La gente no vive solo de pan, sino de cada palabra que sale de la boca de Dios». Mateo 4:4

ALGUIEN QUE ESCUCHE

Lee Mateo 6:8-13

Jackie miró hacia afuera a los altos edificios que rodeaban su nuevo hogar. Un gran bulto se formó en su garganta al pensar en el tormentoso divorcio. Jackie había tratado de hablar con su madre acerca de lo sola que se sentía, pero mamá no la escuchaba. Siempre hablaba de *sus* problemas, no de los de Jackie. Hoy, su mamá estaba nerviosa porque era su primer día en un trabajo nuevo. *Ni siquiera piensa en mi primer día en una escuela nueva*, se dijo Jackie a sí misma con lágrimas en sus ojos.

Jackie temía ir a la escuela nueva, pero la directora fue amable y envió a un asistente para que la llevara a su clase del sexto grado. Cuando el timbre sonó para el almuerzo, la niña que estaba sentada delante de Jackie se volteó. «¿Quieres almorzar conmigo?», le preguntó. Jackie suspiró profundamente aliviada cuando fue a almorzar a la cafetería con su amiga nueva.

—¿Qué hace tu papá? —preguntó Nina.

Jackie había esperado que nadie le preguntara por su papá.

—Es vendedor —contestó vagamente—. ¿Y el tuyo?

—Se fue cuando yo era bebé —dijo Nina, encogiendo los hombros.

Jackie no respondió inmediatamente; luego dijo en voz baja:

—Mis padres también están divorciados. Y parece que mamá solo piensa en sus propios problemas y no me escucha cuando hablo de los míos.

—Sé lo que quieres decir —respondió Nina—. Yo estaba verdaderamente sola hasta que conocí a mi Padre celestial.

—¿A tu qué?

—A mi Padre celestial, ¡a Dios! —respondió Nina—. Él siempre escucha. Puedo hablar con él de cualquier cosa. Está conmigo todo el tiempo y me ayuda a no sentirme tan sola.

—Debe ser bonito —dijo Jackie con añoranza.

—¿Por qué no vas conmigo a mi escuela dominical para que también aprendas sobre él? —la invitó Nina—. Cuando no tienes papá, es maravilloso tener un Padre celestial.

—Alguien que escuche, ¿verdad? —preguntó Jackie.

—Que escuche y que ayude —asintió Nina.

—Está bien —dijo Jackie—. Trato hecho. *MHN*

¿Y TÚ?

¿Conoces al Padre celestial? Incluso si tienes un padre terrenal, necesitas conocer al que está listo para escucharte, no importa cuál sea tu problema.

MEMORIZA:

«Tu Padre sabe exactamente lo que necesitas, incluso antes de que se lo pidas». Mateo 6:8

Dios siempre escucha

EL CUARTO SECRETO

Lee Romanos 6:11-14

El día después del funeral del abuelito Henry, los padres de Mateo fueron a ayudar a la abuelita a encargarse de las cosas del abuelito. Mateo estaba emocionado. Iban al cuarto que el abuelito Henry siempre mantenía bajo llave. Ni la abuelita había entrado allí nunca. *¿Qué tenía escondido el abuelito Henry en ese cuarto todos esos años?*, se preguntaba Mateo.

—¿Por qué la abuelita no puede entrar a todos los cuartos? —le había preguntado una vez a su padre—. Es su casa, ¿no es cierto?

—Sí —había dicho papá—, pero cuando mi padrastro, tu abuelito, se mudó, tomó ese cuarto para él. Para mantener la paz, la abuelita simplemente lo dejó tener su cuarto secreto.

Cuando entraron al cuarto secreto, vieron solamente unas cajas viejas. Pero cuando miraron dentro de las cajas, ¡descubrieron montones de dinero! «¡No puedo creerlo! —dijo la abuelita—. Pensé que éramos pobres. Tuve que vivir sin muchas cosas, pero en realidad había suficiente».

Mateo se sintió tanto emocionado como triste cuando contaron el dinero. Se alegró de que la abuelita lo tuviera, pero lamentaba que ella no lo hubiera tenido antes. Cuando iban a casa habló con sus padres de eso.

—Ese cuarto y el dinero le pertenecían tanto a la abuelita como al abuelito Henry, pero el abuelito Henry lo mantuvo para sí mismo. ¡Qué avaro!

—Me temo que sí —dijo mamá—, y ambos sufrieron por eso.

—Creo que podemos aprender una lección de esto —dijo papá—. A veces también somos así de avaros y egoístas. Nuestro cuerpo y vida realmente le pertenecen a Dios. Él nos creó, y compró nuestra vida eterna con la preciosa sangre de Jesús. Pero a veces queremos guardar parte de nuestra vida para nuestros propios deseos y placeres. No queremos que Dios la tenga.

—Es cierto —dijo mamá—. Entonces, así como el abuelito Henry, no tenemos una ganancia verdadera para nosotros ni para Dios, ni para nadie.

—Cada uno de nosotros debe darle toda su vida a Dios —agregó papá—. Después de todo, en realidad es suya. *MRP*

¿Y TÚ?

¿Tienes un «cuarto secreto» en tu vida que estás manteniendo apartado de Dios? Jesús pagó un gran precio, su sangre, para comprar tu salvación. ¿Le permitirás entrar a cada parte de tu vida?

Dale a Dios toda tu vida

MEMORIZA:
«No dejen que ninguna parte de su cuerpo se convierta en un instrumento del mal para servir al pecado. En cambio, entréguense completamente a Dios».
Romanos 6:13

OCTUBRE
25

En la calle donde vivía Connor se estaba construyendo una iglesia nueva. Un día, el señor Davis, miembro del equipo de construcción, dejó que Connor entrara, para que pudiera ver la belleza de los vitrales en las ventanas cuando la luz del sol entraba a través de ellos.

Al pasar por la iglesia en su camino a la escuela el día siguiente, Connor se sorprendió al ver pedazos de vidrio de colores por todo el suelo. Durante la noche, unos vándalos habían lanzado piedras y habían destrozado las ventanas.

—¡Quién pudo haber hecho algo tan terrible! —exclamó Connor con una voz enojada.

El señor Davis, que estaba parado cerca de allí, lo oyó.

—Es muy triste cuando la gente le tiene tan poco respeto a Dios y a las cosas que le pertenecen a él —coincidió el señor Davis y sacudió su cabeza—. Pero —agregó—, ¿sabías que mucha gente le hace a su cuerpo lo mismo que le hicieron los vándalos a esas ventanas de vitrales? —Connor lo miró con una expresión confundida—. Usar drogas, fumar y beber le hacen daño a nuestro cuerpo así como las piedras dañan las ventanas de vitrales —explicó el señor Davis—. Los cristianos son el templo del Dios vivo, así como esta iglesia es un templo para los creyentes.

Connor recogió un pedazo de vidrio azul oscuro y lo volteó una y otra vez a la luz del sol.

—¿No es bonito? —preguntó.

—Sí —asintió el señor Davis —, y así como este pedazo de vidrio refleja la luz del sol, nosotros debemos reflejar la luz de Jesús.

—Y no podemos hacerlo bien si hemos arruinado nuestro cuerpo con drogas y cosas así, ¿verdad? —preguntó Connor.

El señor Davis asintió.

—Es cierto— dijo. *MMK*

¿Y TÚ?

¿Le perteneces a Jesús? Entonces debes guardar tu cuerpo puro y libre de cosas como las drogas, el alcohol y el tabaco, para que puedas reflejar verdaderamente la belleza de Jesús. ¿Le dices que no a cosas dañinas?

MEMORIZA:
«Honren a Dios con su cuerpo».
1 Corintios 6:20

No uses drogas, tabaco ni alcohol

CLIMA DE PARAGUAS

Lee Efesios 6:10-18

Tallie se despertó una mañana al sonido de gotas de lluvia en la ventana de su habitación. Se levantó de la cama de un salto y jaló la persiana. «¡Ah, qué clima de paraguas más grandioso!», gritó. Por semanas Tallie había ahorrado dinero para su paraguas nuevo, de colores del arco iris. Su amiga Erin, que vivía al lado, tenía uno, y las chicas estaban ansiosas por caminar a la escuela bajo la lluvia. Así que en poco tiempo, iban caminando juntas.

Llovía otra vez cuando volvió a casa. Erin se detuvo en la casa de Tallie.

—Fue muy divertido, mamá —dijo Tallie entusiasmada cuando entraron a la cocina—. ¡Nos mantuvimos bien y secas bajo nuestros paraguas!

—La lluvia estuvo divertida, pero la escuela no —dijo Erin con un suspiro—. No podía terminar una tarea anoche, y nadie me quiso ayudar. A veces creo que tampoco le importo a Dios.

Tallie miró a su madre. Aunque Erin había aceptado a Jesús como su Salvador, cuando surgían los problemas dudaba que le importara a alguien, incluyendo a Dios. Tallie había orado para encontrar una manera de ayudar a su amiga. Mamá señaló los paraguas abiertos en el piso.

—Erin, ¿cómo es que los paraguas te mantienen seca? —preguntó.

—¿Los paraguas? —repitió Erin—. Simplemente evitan que la lluvia caiga sobre nosotros.

—Son un escudo contra la lluvia, ¿verdad? —dijo mamá—. Bueno, hay otro escudo que también deben usar. La Biblia nos dice que usemos el «escudo de la fe» contra las dudas que Satanás pone en nuestra mente. Tienes que aprender más de Dios, y entonces aprenderás a amarlo más y a confiar más en él cuando surjan los problemas.

—Ven al estudio bíblico conmigo hoy por la noche —sugirió Tallie rápidamente—. Tal vez cada semana podamos hacer nuestro estudio bíblico juntas. Sé que eso te ayudará a levantar un escudo contra las dudas sobre Dios, ¿verdad, mamá? —Mamá asintió, y Erin también.

—Tal vez ayudaría —coincidió—. Por lo menos voy a intentarlo. *CEY*

¿Y TÚ?

¿Dudas de que Dios te ama y de que le importas? Aprende todo lo que puedas de él. Escucha cuidadosamente en la escuela dominical, en el club bíblico y en la iglesia. Sé fiel en leer la Palabra de Dios y en hacer tus estudios bíblicos. Al conocer mejor a Dios y al recordar sus promesas, estarás protegido contra las dudas.

Protégete de las dudas

MEMORIZA:
«Levanten el escudo de la fe para detener las flechas encendidas del diablo». Efesios 6:16

UNA CARGA PESADA

Lee Mateo 11:28-30

Aarón gritaba de emoción mientras el tractor se esforzaba por jalar la pesada carga. Avanzaba centímetro a centímetro y luego tomó velocidad hacia la meta. «¡Lo logró!», gritó Aarón y aplaudió junto con otros en la multitud del concurso de jalar con tractor.

«La próxima carga será más pesada», dijo el abuelito.

Se oían unos rugidos fuertes de la gran máquina cuando el conductor aceleraba el motor. La carga detrás del tractor que crujía se arrastraba a la velocidad de un caracol hacia la meta. Aarón se levantó de un salto de su asiento y gritó mientras la multitud se paraba y vitoreaba.

Pero Aarón se puso más ansioso al ver que los trabajadores le agregaban más peso a la siguiente carga. El conductor encendió el motor, pero nada ocurrió. Otra vez rugió el motor, pero la carga no se movió. El conductor se inclinó sobre el timón como para convencer a la máquina que hiciera un último intento antes de que se acabara el tiempo. Los nudillos blancos de Aarón mostraban su temor de que el tractor pudiera fallar. Sentía como si él mismo estuviera en el concurso, y gritó palabras de ánimo cuando el tractor comenzó a avanzar poco a poco. Avanzó lento, muy lentamente, hasta que al fin llegó a la meta. La multitud se volvió loca, vitoreando, gritando y aplaudiendo tan fuertemente como había rugido el tractor.

Después, el abuelito y Aarón hablaron del concurso. «Me hizo pensar en los grandes concursos que tenemos en la vida —dijo el abuelito—. A veces, nuestras cargas son casi demasiado pesadas como para poder jalarlas».

Aarón asintió con sobriedad, pensando en el tiempo difícil que había pasado en la clase de lectura en la escuela. Parecía que no podía leer tan bien como los demás chicos. Pero ahora el abuelito le sonreía. «Hace mucho tiempo, cuando era un chico como tú, me enteré de que Jesús quiere ayudarnos a jalar las cargas pesadas de la vida —dijo el abuelito—, por lo que le pido que me ayude cuando siento que las cosas son muy difíciles. Con Jesús a mi lado, la carga es mucho más liviana».

Aarón le devolvió la sonrisa al abuelito, y supo lo que tenía que hacer. Hablaría con Jesús acerca de su tarea de lectura. *CEY*

¿Y TÚ?

¿Te parece que algo en tu vida es demasiado difícil para soportarlo? Jesús quiere ayudarte con tus problemas. Él quiere consolarte y hacer que tu carga sea más fácil. Pídele que lo haga, no solo una vez, sino cada vez que lo necesites.

MEMORIZA:

«Pues mi yugo es fácil de llevar y la carga que les doy es liviana». Mateo 11:30

Jesús aligera las cargas

SUCIEDAD ES SUCIEDAD

Lee el Salmo 101:1-8

—Ay, por favor, mamá —suplicó Vanya—, ¿puedo ver ese programa de televisión del que Olivia me habla siempre?

—No, no puedes —respondió mamá mientras revolvía la mezcla del pastel—. No es un buen programa para ver; no es aceptable para un cristiano.

—Lo miraré solo esta vez —lloriqueó Vanya—. Olivia dice que va a ser muy emocionante esta semana. —Miró a su madre—. Olivia dice que deberías dejarme ver unas cuantas cosas como esa —continuó Vanya—. Ella cree que tengo ideas pasadas de moda. Dijo que este programa le da una muestra de la realidad. —Como su madre todavía no decía nada, Vanya agregó—: Además, este programa no es *tan* malo. Olivia dice que otros son mucho peor.

—Por favor pon un poco de la tierra sucia de la maceta que está allí en esta mezcla del pastel —dijo mamá y le entregó la pala del azúcar. Vanya miró a su madre sorprendida. No podía creer lo que oía—. ¡No! Espera un minuto —dijo mamá—. En lugar de eso, saca una pala de esa bonita arena blanca del arenero de Jack. Es nueva, por lo que no está tan sucia.

Vanya siguió mirando a su madre.

—¡Pero la suciedad todavía es suciedad! —exclamó.

Mamá se rió.

—¿Y no quieres nada de suciedad en este pastel? —preguntó—. ¿Ni siquiera la suciedad "limpia", solo para darle una muestra de la realidad?

Vanya vio el brillo en los ojos de su madre.

—Está bien, mamá —dijo—. Entiendo tu punto.

—Bien —dijo mamá—. Esta receta no tiene suciedad, y agregarle suciedad arruinaría el pastel. Nuestra receta de la vida tampoco debería incluir "suciedad". Debemos tener cuidado de que lo que vemos y oímos sea agradable a Dios, porque todas las cosas que vemos y oímos nos afectan, ya sea que lo creamos o no. *BM*

¿Y TÚ?

¿Piensas que algunas cosas que no son buenas son aceptables de todas formas, solo porque algunas otras cosas son peores? Recuerda que la suciedad es suciedad. Evítala. En lugar de eso, escucha y mira las cosas que le agradan al Señor.

Sé agradable a Dios

MEMORIZA:
«Me negaré a mirar cualquier cosa vil o vulgar». Salmo 101:3

OCTUBRE
29

UN ACONTECIMIENTO ESPECIAL

Lee el Salmo 132:1-7

—Julia, ¿puedes venir a jugar damas conmigo esta noche? —preguntó Lindsey mientras las dos niñas caminaban a casa después de la escuela.

—No puedo —respondió Julia—. Tengo que prepararme para el viaje de campo de mi clase mañana. Es un acontecimiento especial: vamos a ver el monte Vernon, donde vivió George Washington. Estudiamos sobre él en la escuela y también fui a la biblioteca y saqué algunos libros sobre él. Esta noche voy a decidir qué voy a ponerme para que todo esté listo. ¡Estoy ansiosa por ir!

Después del viaje de campo, Julia llegó a casa y rebosaba de alegría. Emocionadamente les contó a sus padres todo acerca del buen tiempo que pasó. «Fue muy divertido ver las cosas y los lugares sobre los que he leído —dijo—. Incluso sabía algunas cosas que el guía no mencionó».

En el desayuno el domingo siguiente, papá les preguntó a los niños si habían estudiado sus lecciones de escuela dominical. «Yo no —confesó Julia—. Estuve demasiado ocupada esta semana». Luego, cuando era hora de ir a la iglesia, su pelo todavía no estaba seco y no podía encontrar su Biblia. Finalmente salió corriendo al auto sin ella. Suspiró cuando entraron al estacionamiento de la iglesia.

—La iglesia ha estado un poco aburrida últimamente —dijo quejándose—. No me beneficio mucho de ella.

—No me sorprende —le dijo mamá—. ¿Sabes?, antes de tu viaje al monte Vernon hiciste todo lo que pudiste para prepararte para él. Entonces lo disfrutaste verdaderamente. ¿Por qué no haces lo mismo con la iglesia?

—Pero ese viaje era muy especial... —comenzó Julia.

—Y ¿qué es más especial —preguntó papá—, un presidente y su casa, o Dios y su casa?

Julia se sonrojó.

—Yo... yo voy a mejorar —prometió—. Después de esto, me prepararé temprano el domingo. *MRP*

¿Y TÚ?

¿Te aburres en la iglesia? Intenta prepararte temprano. Estudia para tu lección si tienes una, y ora por tu maestro. Prepara tu ropa el sábado en la noche. En la iglesia, enfoca tu mente en Dios y ponle atención a la lección. Podrías sorprenderte al darte cuenta de que la iglesia se convierte en la parte más especial de tu semana.

MEMORIZA:

«Yo con todas mis fuerzas he preparado para la casa de mi Dios». 1 Crónicas 29:2, RVR60

Prepárate para la iglesia

TALLA ÚNICA

Lee Gálatas 3:8-9, 26-29

—¡Ah! ¡Mira, mamá! —exclamó Destiny mientras tomaba un par de guantes de invierno azul marino en la tienda—. ¡Estos harían juego a la perfección con mi chaqueta nueva que es azul marino! Pero dudo que sean de mi talla; hoy no han tenido en mi talla nada de lo que quería. —Destiny y su madre estaban pasando un día de compras sin éxito.

—Bueno, veamos —dijo mamá—. Tal vez esta vez nos vaya mejor.

Destiny miró la etiqueta y leyó: «Talla única» y dejó caer el guante.

—Ah, claro que sí —dijo gruñendo—. Esas cosas nunca me quedan.

—Bueno, pruébate uno —sugirió mamá—. Tal vez te sorprendas.

Con el ceño fruncido, Destiny tomó un guante y se lo puso en la mano.

—¡Me queda bien! —gritó con alegría.

—¡Y que lo digas! —dijo mamá—. Y el precio también está bien. Entonces... ya tienes guantes nuevos.

De vuelta en casa, Destiny le contó a papá del día de compras. «No creo en esas etiquetas de talla única, pero esta vez la etiqueta decía la verdad. Mamá dice que mis guantes están hechos de un material tan elástico que probablemente le quedan a casi todos». Papá sonrió y asintió.

Esa noche, después de leer los pasajes de las Escrituras en el devocional familiar, papá dijo: «Esto me hace pensar en tus guantes de talla única. Dios dice que la salvación por medio de Jesucristo "le queda bien" a todos. Hay gente que cree que es demasiado buena como para necesitar salvación, y algunos creen que son demasiado malos como para poder recibirla, como si Dios no pudiera o no quisiera perdonarlos. Pero Dios dice que todas esas cosas no hacen ninguna diferencia para él. Él ofrece salvación para uno y para todos, y es solo cuando se acepta que las personas llegan al cielo». *HM*

¿Y TÚ?

¿Has aceptado a Jesús como tu Salvador? Tu ciudadanía, tus buenas obras, tus relaciones familiares... esas cosas no hacen ninguna diferencia para Dios. Todos necesitan la misma salvación, y se te ofrece como un regalo. ¿Qué te parece si la aceptas hoy?

La salvación «le queda bien» a todos

MEMORIZA:
«No hay diferencia entre los judíos y los gentiles en ese sentido. Ambos tienen al mismo Señor, quien da con generosidad a todos los que lo invocan».
Romanos 10:12

BLANCO PURO

—¿Cuántos huevos? —preguntó Shelly mientras su papá le ponía mantequilla y azúcar a la batidora y giraba el botón a velocidad medio-alta.

—Tres —respondió papá—. Esta receta es para muchas galletas.

Shelly llevó los huevos del refrigerador a la mesa de trabajo.

—¿Puedo romperlos? —preguntó y papá asintió. A medida que agregaban cada huevo, papá lo batía en la masa de las galletas. Shelly agregó dos cucharaditas de sabor de vainilla.

—Ahora bien —dijo papá—, tenemos que agregar harina, bicarbonato y sal. —Midió la harina en el cernidor y Shelly midió el bicarbonato. Con una cuchara agregó el bicarbonato encima de la harina.

—Pensé que esta harina era blanca —dijo Shelly sorprendida.

—A mí me parece blanca —dijo papá.

—Pero mira —dijo Shelly—. El bicarbonato es verdaderamente blanco. Al lado del bicarbonato, la harina es como de un blanco amarillento.

—Es cierto —dijo papá lentamente. Agregó la sal y cernió los ingredientes juntos—. Shelly —dijo después de un rato—, si dijera que la harina es como nosotros y que el bicarbonato es como la Palabra de Dios, ¿a qué creerías que me refiero?

Shelly frunció el ceño.

—Creería que no tiene sentido lo que dices —dijo y encogió los hombros.

Papá sonrió.

—Frecuentemente pensamos que estamos bien, lo suficientemente puros, pero la Biblia nos deja ver que no somos tan buenos como creemos —explicó.

—Ah, ya entiendo —dijo Shelly—. Así como la harina no es tan blanca comparada con el bicarbonato, nuestra vida no es tan buena comparada con lo que la Biblia dice que debería ser.

Papá asintió.

—Me temo que frecuentemente eso es cierto —dijo—. A medida que aprendemos a seguir las enseñanzas de Dios y llegamos a ser cada vez más como él, la diferencia es cada vez menor. *POY*

¿Y TÚ?

¿Cómo se compara tu vida con el estándar de Dios: su Palabra? Él quiere que la leas a diario para que veas lo que él dice. Y él te ayudará a cambiar cualquier acción y actitud equivocadas si se lo pides.

MEMORIZA:

«¿Cómo puede un joven mantenerse puro? Obedeciendo tu palabra». Salmo 119:9

Vive por la Palabra de Dios

EL COLLAR DE PERLAS

Lee Colosenses 4:2-6

Francesca miraba por la ventana de su habitación cuando su madre entró.

—¿Cómo te sientes? —preguntó mamá al sentarse sobre la cama y tocarle la frente a Francesca—. Creo que todavía tienes fiebre.

—¿Por qué tengo que estar enferma hoy? —gimió Francesca—. Mi clase de la escuela dominical presentará un acto de títeres en el Hospital Infantil y no podré estar allí. —Su labio inferior le temblaba un poco. Francesca se volteó sobre su espalda—. Mi maestra dijo que podemos hacer esto para el Señor, y yo realmente quería hacerlo. Pero ahora no puedo.

Mamá estuvo callada por un rato.

—Puedes orar para que el Señor use el ministerio de títeres —sugirió.

—Es que no parece ser lo mismo —dijo Francesca con un suspiro.

—Vuelvo en un momento —dijo mamá después de un rato. Salió de la habitación y rápidamente volvió con su collar de perlas blancas. Sabía que eran las favoritas de Francesca—. La parte más importante de este collar es la parte que no puedes ver —dijo mamá.

—¿Qué quieres decir? —preguntó Francesca.

Mamá sonrió.

—Todos ven las perlas —explicó—, pero mira esto. —Cuidadosamente separó dos perlas para revelar el delgado hilo blanco que las mantenía juntas—. Nadie observa este hilo común y corriente, pero sin él mi collar se desintegraría. —Todavía confundida, Francesca miró el collar de perlas y luego a su madre. Mamá sonrió otra vez—. ¿No lo puedes ver? —preguntó—. La oración es como este hilo que no se ve. La oración es la fortaleza que está detrás de todo lo que hacemos para Dios, incluso los ministerios de títeres—. Mamá acarició las perlas que tenía en la palma de su mano—. Aunque estés demasiado enferma para estar con los demás en el hospital, Dios todavía puede usar tus oraciones para hacer que el ministerio para él tenga éxito.

Francesca tomó las perlas, las puso en su mano y las miró a la luz del sol que entraba por la ventana. Luego sonrió.

—Gracias, mamá —dijo. *RSM*

¿Y TÚ?

¿Sientes a veces que no puedes hacer nada que valga la pena para Jesús porque eres demasiado joven o estás muy enfermo o por alguna otra razón? ¿Te desanimas por eso? Recuerda que cada cristiano puede orar, y eso es lo más importante que alguien puede hacer.

La oración es importante

MEMORIZA:
«Dedíquense a la oración con una mente alerta y un corazón agradecido».
Colosenses 4:2

NOVIEMBRE
2

LOS ZAPATOS NUEVOS DE MARCOS

Lee Mateo 23:5-7, 11-12

Marcos tomó el zapato que estaba en exhibición.

—Quiero este, mamá —dijo. Mamá parecía indecisa—. Todos los chicos compran de esta marca —insistió Marcos—. El anuncio de la televisión dice que la suela especial reduce el golpe que recibes del suelo del gimnasio. —Marcos imaginó lo que sus amigos dirían si llegaba a la práctica con ellos. Miró a su mamá esperanzado, pero ella comenzó a alejarse.

—¿Y qué te parece este? —preguntó mamá y señaló un zapato casi igual.

—¡Qué asco! —protestó—. Nadie compra *esa* marca.

—Quiero comprarte los zapatos que te gusten, pero no pagaré un montón de dinero adicional por un nombre de marca —dijo mamá.

—Pero yo no quiero otros zapatos —lloriqueó Marcos, pensando en sus amigos, y comenzó a quejarse en voz alta.

Mamá se veía triste.

—Hablemos de esto en casa —dijo, y lo sacó rápidamente de la tienda.

Durante la cena esa noche, papá preguntó:

—¿Quién estaba en la puerta hace un rato?

—Ese creído de Curtis —respondió Marcos—. Solo vino a presumir de su patineta nueva. Le dieron una nueva hace unos meses, y ahora compró otra solo para impresionar a los chicos. Es repugnante.

Mamá lo miró sorprendida.

—¿Pero no era eso lo que tenías en mente en la tienda? ¿Impresionar a tus amigos? —Marcos la miró, impactado, y mamá continuó suavemente—: Solo piénsalo, Marcos. ¿En realidad necesitas la marca de zapato por la que suplicaste? ¿O eres como Curtis y estás tratando de usar tus posesiones para elevarte ante los ojos de tus amigos?

Marcos masticó su comida lentamente. Era cierto, *había* querido la atención de sus amigos. Actuaba como los fariseos que había estudiado en la escuela dominical. Su maestro había hablado de cómo esos líderes también habían intentado impresionar a los demás.

—Creo que Curtis y yo tenemos mucho que aprender —admitió. *CYP*

¿Y TÚ?

¿Molestas a tus padres por ropa de ciertas marcas? ¿En realidad necesitas esos artículos? Está bien vestirse bien y verse bien, pero nunca debes vestirte solamente para presumir.

MEMORIZA:

«Solo se comparan el uno con el otro, empleándose a sí mismos como estándar de medición. ¡Qué ignorantes!» 2 Corintios 10:12

No te vistas para impresionar

DESENFOCADO

Lee Marcos 14:32-38

Habían terminado de cenar y Daniel estaba pensando en fastidiar a su hermana, cuando la voz de papá cambió toda la atmósfera.

«Hoy recibimos una llamada de tu maestra, Daniel». La cocina se quedó en silencio. Solo Shane, el perro de la familia, tenía algo que decir cuando ladró para que le dieran algo. «¡Shane! ¡Tranquilo!», ordenó papá. Shane se sentó inmediatamente y esperó. Conocía muy bien la voz de su amo.

—La señora Bultema no estaba muy contenta —continuó papá—. Y yo tampoco. Me dijo que hiciste trampa en un examen.

Daniel no podía levantar la vista.

—Yo... es que creo que no pude evitarlo —dijo—. Heidi no tapó su examen para nada, y yo seguía pensando en estar en el listado de honor.

Papá cortó un poco de carne y se lo extendió a Shane. Shane comenzó a lamerse la boca con hambre. «¡Shane... quédate ahí!», ordenó papá en voz alta, luego colocó la carne en el suelo, frente a él. Shane agitaba la cola golpeándola con emoción, pero se quedó allí.

—¿Por qué crees que Shane es capaz de resistir la tentación? —dijo papá.

—Porque sabe que Joy ayudó con la cena esta noche... *¡Ay!* —El codo de su hermana golpeó directo en las costillas de Daniel.

—Mira los ojos de Shane —dijo papá, que obviamente no había considerado divertido el comentario de Daniel—. Me están mirando, ¿verdad? —Daniel asintió—. Si Shane siguiera mirando la carne, no podría resistirlo —continuó papá—. En lugar de eso, se está enfocando en su amo. —Se volteó hacia Daniel—. Cuando te veas tentado, ¿en quién debes enfocarte?

—En Jesús —dijo Daniel—. Lo sé, pero lo haces parecer tan fácil.

—Admito que no es fácil —respondió papá—, pero cuando perdemos nuestro enfoque, tenemos que dirigir nuestros pensamientos a donde deben estar. ¿Y sabes qué? Creo que cuando tenemos éxito al hacerlo, Dios nos recompensa ricamente. —Tomó el pedazo de carne y lo lanzó al aire. Shane lo atrapó y se lo tragó, casi sin masticar. Se sentó y se volvió a lamer la boca como para decir que había valido la pena esperar. *AJS*

¿Y TÚ?

¿Te encuentras en situaciones en las que te sientes tentado a hacer cosas que sabes que no deberías hacer? No pases tiempo deseando poder hacerlo. En lugar de eso, piensa en Jesús y en lo que a él le agrada. Deja que él sea tu fortaleza.

Enfócate en Jesús

MEMORIZA:
«Dios es fiel; no permitirá que la tentación sea mayor de lo que puedan soportar». 1 Corintios 10:13

ENTRE BASTIDORES

Lee 1 Corintios 12:14-27

—Pon este cubo azul aquí —le sugirió Justin a Jeannie, su hermana de cuatro años. Justin la ayudaba a construir una torre con cubos. Ya casi habían terminado la estructura cuando Jeannie sacó un cubo verde, cerca de la parte de abajo. La torre se bamboleó y luego se vino abajo.

—Lo arruinaste —la reprendió Justin—. ¿Por qué lo hiciste?

—Quería ese cubo verde encima —dijo Jeannie—. Casi no se podía ver.

En ese momento sonó el teléfono. «Justin, es para ti», dijo mamá.

Cuando colgó el teléfono, Justin dijo con desánimo:

—Era mi maestro de escuela dominical. Quiere que vaya a un ensayo para esa obra de teatro que van a hacer en la noche de jóvenes. Dijo que no tiene ninguna parte disponible en la obra, pero que necesitan a alguien que ayude a mover los accesorios entre las escenas.

—¿Y cuál es el problema con eso? —preguntó mamá.

—Yo no quiero ayudar —gruñó Justin con el ceño fruncido—. No soy lo suficientemente bueno para la obra, ¡pero soy bueno para mover muebles!

—Bueno, mover los accesorios podría parecer que no es tan glamoroso como actuar en la obra, pero es un trabajo muy importante —le dijo mamá—. Toda la producción podría arruinarse si los accesorios no están en el lugar adecuado. —Hizo una pausa y luego agregó—: Es como el cubo que Jeannie sacó de la torre que estaban construyendo.

—¿Qué quieres decir? —preguntó Justin.

—Cuando Jeannie sacó solo un cubo, todo el edificio se derrumbó —dijo mamá—. Era una parte importante de la estructura aunque no se luciera tanto como los de arriba. Y la Biblia nos enseña que en la iglesia, cada uno de nosotros también es necesario. Si no hacemos nuestra parte, la iglesia no alcanzará a tanta gente para Cristo como lo haría de otra manera.

—Lo haces sonar como si mover muebles para una obra de teatro es alcanzar a gente para Cristo —murmuró Justin. Suspiró—. Bueno, creo que será mejor que llame al señor Clark y le diga que iré al ensayo. *TKM*

¿Y TÚ?

¿Te gusta hacer solo los trabajos que mucha gente ve? Recuerda que eres importante para Dios. ¡Haz tu parte aunque no sea glamorosa!

MEMORIZA:

«Algunas partes del cuerpo que parecieran las más débiles y menos importantes, en realidad, son las más necesarias. [...] Todos ustedes en conjunto son el cuerpo de Cristo».
1 Corintios 12:22, 27

Usa tus talentos para Dios

UNA LECCIÓN DE VALOR

Lee Daniel 3:14-18, 24-27

La maestra de la escuela dominical de Rubén, la señorita Fuentes, le había dado a la clase un cuestionario.

—¡Ups! —susurró Rubén cuando le entregó su hoja de papel—. Debí haber puesto siete, no cinco, en este espacio en blanco. Calentaron el horno *siete* veces más de lo usual cuando lanzaron allí a los amigos de Daniel.

—Yo te lo cambiaré —dijo la señorita Fuentes. Se volteó hacia la clase.

«No lo olviden —dijo—. Pídanle a Dios que los ayude a tomar las decisiones correctas esta semana. Luego prepárense para hablar de una decisión que no fue fácil: una que requirió de valor».

En la iglesia esa mañana, Rubén se sentía un poco culpable y en realidad no escuchó el sermón del pastor Zavala. Más bien, trató de pensar en algo valiente que podría hacer. Pero ¿qué?

Rubén no estuvo muy contento toda la semana, y no pensó en el valor otra vez hasta el sábado en la mañana, cuando fue a la tienda de abarrotes con su padre. La cajera olvidó cobrarle a papá un artículo que había comprado, por lo que él se lo dijo.

—Papá, ¿se requirió de valor para eso? —preguntó Rubén cuando se dirigían al auto con el carrito de los abarrotes.

—La verdad es que no. Solo era lo correcto, pero no fue difícil.

De repente, Roberto sintió que el estómago le dio vueltas cuando le sobrevino un sentimiento de culpa. Había estado batallando con ese sentimiento toda la semana. Había algo que tenía que hacer y que requería de valor.

Su maestra y él fueron los primeros en llegar a la clase a la mañana siguiente.

—Señorita Fuentes —comenzó—. Yo... yo... —Tragó saliva—. Yo no sabía la respuesta correcta en aquel espacio en blanco que usted me corrigió. Lo vi en el cuestionario de Jill.

La señorita Fuentes se veía seria, pero le dio una palmada en la espalda.

—Se requirió de valor para decirme eso, ¿verdad? —dijo—. Pero me alegra mucho que lo hicieras.

Rubén respiró profundamente. Ya se sentía mucho mejor. *MMP*

¿Y TÚ?

¿Te quedas callado cuando hay algo que deberías decir? ¿Haces lo correcto aunque te dé miedo? Pídele a Dios que te dé el valor para tomar las decisiones correctas, y especialmente para admitir cuando te hayas equivocado.

Ten valor para hacer lo correcto

MEMORIZA:
«Jamás tengan miedo ni se desanimen».
Josué 10:25

«LA VIEJA SARA»

Lee Efesios 4:1-6

Sara y su hermano, Ross, veían entusiasmados el video que papá había tomado de sus vacaciones en Yellowstone. «¡Allí está el Viejo Fiel!», exclamó Ross cuando el agua brotaba del suelo y se disparaba hacia el aire.

—¿Recuerdan lo que hizo que los géiseres hicieran erupción de esa manera? —preguntó papá. Ross asintió.

—El guardabosque dijo que la roca que está profundamente dentro de la tierra está tan caliente que sus gases calientan el agua del manantial.

—Sí, y luego cuando el agua llega al punto de ebullición, se desarrolla presión y el agua hace erupción —agregó Sara.

Un poco después, Sara y Ross tuvieron un desacuerdo por un juego que estaban jugando. Enojada, Sara empujó su silla hacia atrás y la volcó.

—¡Ah, te crees muy listo!

—¿Qué hice yo? —preguntó Ross con una sonrisa de satisfacción.

—Toda clase de cosas —replicó Sara—. Usaste mi bicicleta sin pedirla. Me avergonzaste frente a mis amigos. —El tono de la voz de Sara se puso más agudo—. ¡Me enojas tanto que simplemente podría explotar! —Corrió a su habitación y de un golpe cerró la puerta.

Ross iba detrás de ella cuando mamá llegó a la habitación de Sara.

—Sabes que en esta casa no golpeamos las puertas —dijo mamá severamente—. Y tu explosión de ira no fue aceptable.

—Hiciste erupción como el Viejo Fiel —agregó Ross—. "La Vieja Sara".

—Ross —dijo mamá—, vete a tu habitación. Hablaré contigo después. —A Sara le dijo—: Ross tiene razón en cierto sentido.

—Bueno, Ross es tan cruel que no pude evitarlo —dijo Sara.

—Todos tenemos sentimientos de ira —dijo mamá—, pero necesitamos lidiar con esos sentimientos, y no solo dejar que se desarrollen. La Biblia dice que no debemos dejar que el sol se ponga sobre nuestro enojo.

—¿Qué significa eso? —preguntó Sara.

—Significa que antes de que el día pase, tenemos que encontrar la manera de perdonar al que nos haya ofendido —dijo mamá—. Hablar con la persona. Explicar lo que te molesta. No guardar ningún sentimiento de enojo ni rencor. *NEK*

¿Y TÚ?

¿Qué haces con tu ira? ¿Le pides a Dios que te ayude a lidiar con ella?

MEMORIZA:

«"No pequen al dejar que el enojo los controle". No permitan que el sol se ponga mientras siguen enojados». Efesios 4:26

No te aferres a la ira

EL SOPLADO DE VIDRIO

Lee Juan 15:1-8

—Me estoy perdiendo todo desde que me dio varicela —se lamentó Victoria—. Primero, no pude cantar en el concierto. Luego me perdí la fiesta de Ana. ¡Y ahora no puedo ir al viaje de campo de la escuela a la compañía de vidrio! —Se limpió una lágrima del ojo.

—Qué lástima —dijo mamá con compasión—. Tal vez puedas ir en otra ocasión.

—Pero he estado esperando el viaje desde que estudiamos el soplado de vidrio en la escuela —dijo Victoria con un suspiro—. Muchos lugares usan máquinas modernas para darle forma al vidrio, pero en esta compañía todavía lo hacen los mismos trabajadores.

—Suena muy interesante —asintió mamá—. ¿Y qué aprendiste en la escuela acerca de darle forma al vidrio?

—Hay que calentar o derretir el vidrio hasta que esté en un estado manejable —dijo Victoria—. Luego la persona puede soplar el vidrio y usar herramientas para darle formas distintas. Si todavía no se ve bien, el soplador de vidrio puede volver a calentarlo y soplar un poco más.

—Suena un poco como lo que Dios hace en nuestra vida —dijo mamá en tono pensativo—. A veces necesita devolvernos a un estado manejable para que él también pueda darnos la forma correcta.

—¿De veras? —preguntó Victoria—. ¿Y cómo lo hace?

—Pues él usa varias maneras —respondió mamá—. A veces usa las enfermedades. —Le sonrió a Victoria—. Tal vez Dios te permite este tiempo para descansar de tu vida activa, para darte forma otra vez y recordarte que él quiere tener el primer lugar en tu vida.

Victoria se quedó callada, y recordó cómo se había quejado recientemente porque sus actividades ocupaban mucho de su tiempo. Además, había pasado mucho tiempo desde que tuvo un tiempo a solas con Dios. Bueno, ahora tenía el tiempo; pasaría un poco de ese tiempo conociendo mejor a Dios, permitiéndole dar forma otra vez a su vida. *NEK*

¿Y TÚ?

¿Algunas cosas que pasan en tu vida parecen frustrantes y definitivamente no son las que habías planificado? Tal vez Dios quiere usar esos tiempos para volver a darle forma a tu vida. Pídele que te ayude a aceptarlos y a crecer más fuerte en tu fe cristiana.

Deja que Dios te dé forma

MEMORIZA:
«Él corta de mí toda rama que no produce fruto y poda las ramas que sí dan fruto, para que den aún más».
Juan 15:2

LA CUERDA FLOJA

Lee el Salmo 33:13-22

—¿No estuvo grandioso el circo? —preguntó el papá de Lucas.

—¡Sí! —Lucas tenía los ojos bien abiertos de la emoción—. Sí que lo fue; especialmente el número de la cuerda floja.

—Mmm —murmuró papá y asintió—. Fue muy interesante. También fue muy aterrador, cuando un hombre iba en los hombros del otro y el hombre perdió el equilibrio. ¿Qué pensaste cuando los dos se cayeron?

—Me alegró que hubiera una red que los recibiera —dijo Lucas.

Papá coincidió, y condujeron un rato en silencio.

—¿Sabes? —dijo papá suavemente—, esos actos de la cuerda floja son como la vida en general.

—¿Qué quieres decir? —preguntó Lucas.

—Bueno —dijo papá—, el hombre que estaba sentado en los hombros del otro puso toda su confianza en la habilidad de su compañero de caminar en la cuerda a salvo, ¿verdad?

—Sí, pero el otro tipo no pudo hacerlo —dijo Lucas—. Si esa red no hubiera recibido su caída, ¡podrían haber muerto!

—Bueno, todos somos como ese hombre que confió en su compañero —dijo papá—. Todos ponemos nuestra confianza en algo o en alguien. Algunos de nosotros ponemos nuestra confianza en otra gente para que nos ayude con los peligros de la vida. Algunos ponemos nuestra confianza en el dinero o en nuestro trabajo. Pero cuando esas cosas fracasan... bueno, frecuentemente le sigue una tragedia.

Lucas miró por la ventana mientras conducían por las calles. Pensó en su lección de la clase de la escuela dominical de la semana anterior.

—Se parece a lo que mi maestra nos dijo —aseveró—. Ella dijo que siempre debemos confiar en Jesús para que nos cuide porque él nunca falla.

Papá sonrió.

—Eso es cierto —dijo—. Se puede confiar en el Señor Jesús para que nos sostenga en medio de los problemas de la vida. Él nunca perderá su equilibrio. *RSM*

¿Y TÚ?

¿Confías en Jesús para que se encargue de tus necesidades? Solo Jesús no te decepcionará nunca. Puedes confiar en él, no solo para que te lleve al cielo un día, sino para que te ayude cada día aquí en la tierra.

MEMORIZA:

«Algunas naciones se jactan de sus caballos y sus carros de guerra, pero nosotros nos jactamos en el nombre del Señor nuestro Dios». Salmo 20:7

Se puede confiar en Jesús

EL ESPEJISMO

Lee Romanos 16:17-20

Todos los días, varios chicos de la escuela instaban a Raúl y a sus amigos para que probaran drogas. Los chicos prometían que drogarse sería la mejor experiencia que un chico podría tener. Decían que las drogas hacían que la vida pareciera feliz, que todo era «un sueño». Afirmaban que las drogas creaban cierto poder y los hacía capaces de hacer cosas que nunca antes les fueron posibles. Hasta ofrecían las drogas gratis las dos primeras veces. Aunque Raúl sabía que no debía usarlas, le fue difícil dejar pasar algo que sonaba tan bueno.

Un día en el que Raúl y su madre iban en el auto a la ciudad, el cielo estaba despejado. Él se preguntó qué tan azul o claro lo vería si usara drogas. Cuando el auto se acercó a una montaña, Raúl pensó que había visto agua en el camino más adelante.

—¿De dónde vendrá esa agua? —preguntó—. Hace días que no llueve.

—No hay agua —dijo mamá. Cuando el auto se acercó más al charco, Raúl vio que el agua había desaparecido—. Eso fue un espejismo —le dijo mamá—. A veces, los rayos de luz del cielo se curvan con el aire caliente encima del pavimento y eso hace parecer que el camino está húmedo. Pero en realidad no lo está.

—¡Guau! —dijo Raúl—. Qué genial.

—No siempre —dijo mamá—. ¿Qué pasaría si estuvieras en el desierto, sediento, y vieras un lago refrescante adelante? Pero después te das cuenta de que el lago solo era un espejismo.

—¡Un truco! —dijo Raúl—. Eso sería horrible.

—Hay cosas en la vida que se ven igual de atractivas, pero resultan ser enormes decepciones, o incluso dañinas —dijo mamá—. Como las drogas, por ejemplo. —Raúl sintió que se sonrojaba—. El efecto puede parecer como algo divertido —continuó mamá—, pero resulta ser como un espejismo. En lugar de ser buenas, las drogas resultan ser muy dañinas para tu cuerpo, así como adictivas y caras. Lo que podría parecer que le añade una emoción maravillosa a la vida en realidad la destruye. —Hizo una pausa y luego agregó—: Las drogas son dañinas, y usarlas es pecado. *NEK*

¿Y TÚ?

Piensa en lo decepcionante que son los espejismos. Como cristiano, no te dejes engañar con algo que dañará tu vida y que también es ilegal.

No uses drogas

MEMORIZA:
«Ustedes no se pertenecen a sí mismos, porque Dios los compró a un alto precio. Por lo tanto, honren a Dios con su cuerpo». 1 Corintios 6:19-20

NOVIEMBRE
10

UNA ENSALADA DE FRUTAS ESPECIAL

Lee Gálatas 5:22-25

—Josefina, ¿te gustaría ayudarme a hacer un poco de ensalada de frutas para el almuerzo? —preguntó mamá un día.

—¿Ensalada de frutas? —preguntó Josefina—. Seguro. Me encanta y siempre se ve tan colorida. —Le sonrió a su madre cuando comenzaron a lavar las frutas que iban a usar—. Esto me hace recordar mi versículo para memorizar de la escuela dominical. Enumera el fruto del Espíritu.

—¡Qué bueno! —dijo mamá—. ¿Sabes?, la fruta que comemos nos da nutrientes que ayudan a nuestro cuerpo a llevar a cabo las funciones diarias, y el Espíritu Santo produce "nutrientes" especiales que nos ayudan a formar buenos pensamientos y buenos hábitos.

—¿Podemos usar nueve clases distintas de fruta en nuestra ensalada y fingir que estamos poniendo el fruto del Espíritu? —preguntó Josefina.

—No sé si tenemos tantas —dijo mamá—, pero intentémoslo. Nómbralas mientras las ponemos, comenzando con las rodajas de naranja.

—Está bien —asintió Josefina. Puso los pedazos de naranja en un tazón grande—. A estas las llamaremos *amor*. Los trozos de piña serán *alegría*. —Abrió una lata y los agregó—. ¿Qué más tenemos?

—Tengo listos unos trozos de durazno fresco, y aquí hay unos kiwis.

Josefina llamó a los duraznos *paz* y a los kiwis *paciencia*.

—Las manzanas en rodajas serán *gentileza* y los cubos de pera serán *bondad* —dijo—. Y voy a hacer rodajas de banano y los llamaré *fidelidad*. ¿Qué más tenemos?

—Uvas —dijo mamá, y Josefina las llamó *humildad*. Miró a su alrededor.

—Necesitamos una más, pero ya hemos usado todo —dijo Josefina y se oía algo decepcionada.

—Pasas —dijo mamá—. Podemos agregar unas cuantas pasas. —Josefina rápidamente lo hizo y las llamó *control propio*.

—Excelente, Josefina. Estoy orgullosa de que los recordaras todos —dijo mamá con una sonrisa—. Espero que siempre recuerdes que así como Dios espera que cuidemos bien nuestro cuerpo, también quiere que el fruto espiritual sea parte de nuestra vida diaria. *LMW*

¿Y TÚ?

¿Deja ver la manera en que hablas y actúas que conoces a Jesús? ¿Saben tu familia y amigos que le perteneces a él por tus «frutos»?

MEMORIZA:

«De la misma manera que puedes identificar un árbol por su fruto, puedes identificar a la gente por sus acciones». Mateo 7:20

Exhibe el fruto del Espíritu

CONVERSACIÓN CON PAPÁ

Lee Mateo 6:5-13

—Es la hora de orar —dijo mamá y cerró la Biblia que ella y Travis habían estado leyendo. Estaban en su tiempo devocional juntos, solo los dos porque papá estaba fuera de la ciudad.

—Ora tú —dijo Travis—. Yo no sé qué decir.

—Con gusto comenzaré —accedió mamá—, pero ¿no quieres hablar con Dios también?

Travis negó con la cabeza.

—Hoy no —dijo—. Luego se movió inquieto cuando mamá oraba en voz alta. Deseaba que ella se apurara. Quería salir a jugar. *Además, Dios ya lo sabe todo, ¿verdad?*, pensó. *¿Por qué mamá tiene que decirle todas esas cosas que él ya sabe?*

Más tarde, cuando Travis jugaba, oyó que sonó el teléfono. Siguió jugando hasta que de repente se le ocurrió que podría ser papá el que llamaba. Travis se apresuró a la cocina justo a tiempo de ver que mamá colgaba el teléfono.

—¿Era papá? —le preguntó Travis—. Yo quería hablar con él. Quería contarle que Brian se enojó hoy conmigo en la escuela y pedirle que me dijera qué piensa que debo hacer.

—Él también quería hablar contigo —dijo mamá—, pero por lo menos sabe lo de Brian. Yo le conté lo que pasó.

—No es lo mismo que yo se lo diga —insistió Travis—. Además, no hemos hablado hoy. Quiero hablar con papá.

—Pues, llamémoslo otra vez —sugirió mamá.

Cuando Travis terminó de hablar con papá y colgó el teléfono, mamá le sonrió.

—A los padres terrenales les encanta tener conversaciones con sus hijos, y a tu Padre celestial también —le recordó ella.

Travis asintió lentamente.

—Supongo... supongo que también debería decirle a Dios lo de Brian, ¿verdad? —dijo. *KRA*

¿Y TÚ?

¿Tienes problemas para orar porque no sabes qué decir? Tienes que orar porque Dios te instruye a que lo hagas, pero más que eso, debes orar porque amas a Dios y quieres compartir con él lo que pasa en tu vida. Dios te ama y quiere que hables con él.

Dios quiere hablar

MEMORIZA:
«Oren en el Espíritu en todo momento y en toda ocasión». Efesios 6:18

EL SAGUARO GENEROSO

Lee Filipenses 4:8-10

—¡Miren! —dijo Summer, y señaló un agujero en la rama de un gran cactus saguaro—. ¿Ven ese búho? —Un pequeño búho enano los miraba solemnemente desde el interior del agujero—. Aprendimos en la escuela que los pájaros carpinteros y los carpinteros escapularios hacen los agujeros que ves en estos cactus. Ellos hacen un nuevo nido-agujero cada primavera. Luego otras aves se trasladan a los que están vacíos y que han abandonado.

—Cada vez que la corteza de cactus se perfora con un pico o garra, sale un líquido espeso y pegajoso del cactus y forma una bolsa dentro de la rama —dijo papá—. Este líquido luego se endurece, como una costra, y la bolsa se convierte en un apartamento ideal para las aves del desierto.

Summer miró agujeros en el cactus, algunos bajos y otros muy altos.

—Este saguaro es como un edificio de apartamentos —dijo riéndose—. Qué lugar tan activo y lleno de gente para habitar.

—Como nuestra casa —dijo Grant—. Tenemos a la abuelita en la habitación adicional, Lars comparte la habitación conmigo y ahora Julia quiere traer a Roberto. —Lars era un estudiante de intercambio de Suecia, y Julia, la hermana mayor de Summer y Grant, se había casado con un militar a quien habían llamado a trabajar en el extranjero. Roberto era su hijo.

Summer recordó bien la discusión que habían tenido acerca del regreso de Julia. «¡Está bromeando! —había dicho Summer—. ¿Dónde van a dormir?». Pero, en realidad, ella sabía la respuesta. Julia dormiría en la otra cama de su habitación, y Roberto...

—Julia no puede dormir en mi habitación; necesita estar con Roberto —había señalado rápidamente Summer. Papá no había respondido. Solo había mirado fijamente a Summer—. No piensas meter la cuna de Roberto en mi habitación, ¿verdad?

—Ora acerca de eso —había sugerido papá. Summer lo había intentado, pero sabía que estaba siendo egoísta. Pero ahora Summer veía el viejo saguaro que le ofrecía un hogar a cualquier criatura que lo necesitara, aunque implicara más agujeros en su pared. *Lo haré*, pensó, *aunque también se hagan agujeros en mis paredes, ¡y se harán si conozco bien a Roberto!* TMV

¿Y TÚ?

¿Estás dispuesto a renunciar a alguna comodidad para ayudar a otros? ¿Le pedirás a Dios que te haga generoso? Recuerda, nunca serás más semejante a Jesús que cuando das.

MEMORIZA:

«No se preocupen por su propio bien, sino por el bien de los demás». 1 Corintios 10:24

Sé generoso

DESPUÉS DE NIEVE

Lee 1 Pedro 5:5-11

Jordán se sentó en las gradas de atrás con su amigo Timoteo. Distraídamente movía sus pies de atrás para adelante, con una correa que colgaba y que su gato, Bigotes, perseguía. «No sé si pueda soportarlo, Timoteo —declaró Jordán rotundamente—. Perry puede ser una persona agradable, pero no es papá. ¡Me pregunto a quién se le ocurrió la palabra *padrastro*! Como si alguien simplemente pudiera reemplazar a papá».

Timoteo estaba callado. Conocía a Jordán desde hacía mucho tiempo. Sabía lo difícil que había sido para Jordán cuando su padre murió y, de nuevo, lo triste que Jordán se había sentido cuando a su gata, Nieve, la habían atropellado hacía algunas semanas. Sabía que Jordán estaba perturbado ahora, al pensar en el nuevo matrimonio de su madre con Perry. Pero también sabía que Perry, que iba a su iglesia, era un hombre bueno.

Bigotes se cansó de la correa del zapato y saltó hacia el regazo de Jordán, donde ronroneó. Jordán acarició al gato. Eso le dio una idea a Timoteo.

—Me sorprende mucho que trates a Bigotes de esa manera —dijo Timoteo—. Lo estás tratando tan bien como lo hacías con Nieve, tu primera mascota. Él no se parece en nada a ella. Hasta es de otro color.

—¿Y qué? —exigió Jordán.

—Pues, ¿no extrañas a Nieve? —preguntó Timoteo.

—Claro que la extraño —dijo Jordán—. Pero como Nieve se ha ido, me ayuda tener a Bigotes. También lo quiero.

—¿Cómo puedes amar a Bigotes, Jordy? —preguntó Timoteo, fingiendo incredulidad—. No es tu primera mascota. ¡Es un *gatastro*!

—¿Por qué dices eso? —preguntó Jordán—. No es como que estoy tratando de hacer que Bigotes sea igual que Nieve. Es un gato distinto.

—Creo que Perry tampoco tratará de ser igual a tu papá —dijo Timoteo—. Él es un hombre distinto, pero tú y tu mamá le importan, y sé que él ama mucho a Dios. Tal vez debes darle una oportunidad. *SA*

¿Y TÚ?

¿Tienes padrastro o madrastra? Pídele a Dios que te ayude a ser amistoso y respetuoso. Pídele que te ayude a aceptar los cambios en tu familia. ¡Dales a los padrastros y madrastras una oportunidad justa!

Dales una oportunidad a los padrastros y a las madrastras

MEMORIZA:
«Todos deben ser de un mismo parecer. Tengan compasión unos de otros. Ámense como hermanos y hermanas. Sean de buen corazón y mantengan una actitud humilde». 1 Pedro 3:8

OTRA VEZ ATÚN

Lee Marcos 8:1-9

—Guácala —dijo Devin y arrugó la cara con desagrado—. ¡Cazuela de atún! Quisiera que pudiéramos pedir pizza. Creo que podría vivir de pizza.

—Sí, eso es lo que siempre quieres —le dijo su hermana Miranda—. Si no tienes cuidado, te convertirás en pizza.

—Es mejor que convertirse en atún —contestó Devin. Imaginó a Miranda y a mamá como atúnes plateados, tratando de tomar un tenedor con sus aletas. Estalló de la risa.

«¿Significa esa risa que has decidido disfrutar de tu cena? », preguntó mamá. Ella inclinó la cabeza para dar gracias a Dios y los chicos también.

Devin tomó su tenedor y jugó con los montones de fideos que mamá le había servido en su plato. Arvejas verdes y brillantes, pedazos de atún y fideos nadaban en una salsa blanca y cremosa.

—Apuesto a que Jesús nunca tuvo que comer cazuela de atún —le murmuró a Miranda.

—Tal vez no —dijo Miranda—, pero sí comió pescado. Alimentó a más de cinco mil personas con cinco panes y dos pececillos. Otra vez alimentó a cuatro mil personas solo con unos cuantos panes y peces, ¿lo recuerdas?

Mamá asintió.

—La gente tenía hambre, y Jesús les dio comida —dijo—. Probablemente les pareció como un banquete del Día de Acción de Gracias.

—¡No me digas que tendremos cazuela de atún para el Día de Acción de Gracias! —dijo Devin bromeando.

—Eso no es lo que quise decir —dijo mamá—, pero tal vez sería una buena idea. —Devin gimió—. Solo bromeaba —dijo mamá—, pero sabes que en realidad deberías estar agradecido por esta buena comida. Esto es lo que Dios te proveyó hoy.

Devin se metió a la boca un tenedor lleno.

—Está muy buena —admitió y llenó su tenedor por segunda vez—, especialmente porque tengo hambre. Gracias por cocinarnos la cena, mamá.

—Con mucho gusto, Devin —respondió mamá—. Come. *EAR*

¿Y TÚ?

¿Te quejas alguna vez por la comida de tu mesa? ¿Olvidas a veces que Dios provee la comida para mantenerte sano para que puedas hacer tu trabajo en el mundo? La próxima vez que comas, recuerda agradecerle a Dios por la comida, aunque no sea tu favorita.

MEMORIZA:

«¡Den gracias al Señor, porque él es bueno! Su fiel amor perdura para siempre». Salmo 107:1

Sé agradecido por tu comida

SIN MENTIRAS

Lee el Salmo 33:4-9

—¿Cómo te fue en la escuela hoy? —preguntó mamá cuando Antonio llegó a casa una tarde.

—Creo que bien —respondió Antonio.

—No pareces muy seguro; ¿fue un día difícil? —preguntó mamá.

—Es que la señorita Hensel enseña que los humanos llegaron aquí por la evolución —respondió Antonio—. Yo dije que creía que Dios había creado al hombre, y algunos de los chicos dijeron que yo era un tonto. Sé que también la señorita Hensel lo piensa, pero dice que no es importante si crees en la creación o en la evolución.

—*Es* importante —dijo mamá—. Dios dice que *él* creó el mundo, y eso incluye al hombre. El primer versículo de la Biblia nos lo dice.

—Sí, pero la señorita Hensel dice que ese es solo un versículo. Ella dice que cree en Dios, pero cree que debemos ocuparnos de las cosas importantes, como el amor de Dios y... —Antonio se detuvo al mirar por la ventana—. Allí va Greg, ese chico nuevo —murmuró—. Prometió venderme su bicicleta, y hasta le di cinco dólares para que la reservara, como dijiste que podía hacerlo. ¿Pero sabes qué hizo? ¡Esta mañana me dijo que se la había vendido a otro chico! ¡Y yo sí la quería!

—Qué pena —dijo mamá con compasión—. ¿Y te devolvió tu dinero?

—¡No; qué desagradable! —dijo Antonio—. Lo primero que dijo cuando se trasladó fue: "¿Quieres comprar mi bicicleta?" y prometió guardármela. Pero ahora dice que no le di el dinero. ¡Nunca más le volveré a creer!

Mamá lo miró con aire pensativo.

—¿Sabes, Antonio? —dijo—, no puedes creer en Greg porque las primeras palabras que te dijo eran mentira. Ahora, ¿y Dios? Si las primeras palabras de la Biblia fueran una mentira, ¿crees que alguna vez podríamos estar seguros de que dice la verdad en el resto de la Biblia?

Antonio pensó por un momento.

—Tienes razón, mamá —dijo—. El primer versículo *es* importante, y es cierto. Dios nunca miente. *VMH*

¿Y TÚ?

¿Crees en el relato de la Biblia sobre la creación? Algunos pueden decir que no es importante creer en esa parte de la Biblia en particular. Solo recuerda... Dios *nunca* miente. La Biblia es verdadera de principio a fin.

Dios nunca miente

LOS PRIMEROS PASOS DE JESSIE

Lee 2 Timoteo 1:6-10

Cuando el señor Brady le dijo a su clase de la escuela dominical que presentarían una obra de teatro en el banquete de la iglesia, Bryan se encogió en su asiento, esperando que no le dieran una parte hablada. ¡Pero el señor Brady le entregó una página entera del guión!

Más tarde, Bryan se quejó con sus padres.

—No puedo pararme frente a esa multitud y hablar —dijo—. ¿Y si me equivoco? Me avergonzaría mucho.

Sus padres solo sonrieron.

—Ah, estoy segura de que puedes hacerlo —dijo mamá—. Será un buen comienzo para ayudarte a vencer tu timidez.

Papá asintió.

—Bryan, necesitas aprender a hablar acerca de Dios donde sea que estés. Y la mejor manera de obtener la confianza que necesitas es hablando en la realidad.

Esa tarde, Bryan leyó su parte. Fue interesante y se dio cuenta de que podía memorizarla fácilmente. Pero ¿cómo podía decirlo, parado frente a toda esa gente? Mamá interrumpió sus pensamientos. «Mira a Jessie —dijo—. Está caminando».

Bryan miró. Su padre sostenía la mano de la bebé Jessie mientras daba un paso tras otro. Luego la soltó lentamente, y Jessie dio varios pasos sola. De repente, se tambaleó y se dio un sentón. Con una gran sonrisa, dejó que su papi la ayudara a levantarse, y volvió a dar otro paso.

«¡Ya eres una niña grande!», exclamó Bryan.

Mamá y Bryan se sonrieron el uno al otro y mamá observó el guión que tenía en su mano. «La única manera en que Jessie aprenderá a caminar es caminando —dijo mamá—. Es lo mismo contigo, Bryan. Nunca superarás tu temor de hablar en público si no comienzas a hacerlo. —Bryan asintió con aire pensativo mientras mamá agregaba—: Papá ayuda a Jessie a aprender a caminar, y Dios te ayudará a aprender a hablar. Confía en él». *MRP*

¿Y TÚ?

¿Tienes problema para testificar ante otros o para participar en los programas de la iglesia? Nunca adquirirás la confianza que necesitas hasta que en realidad comiences a hacer lo que te es difícil. Recuerda, no estás solo cuando haces algún trabajo para el Señor. Él está contigo para ayudarte.

MEMORIZA:
«El SEÑOR está de mi parte, por tanto, no temeré». Salmo 118:6

Habla audazmente por Dios

LOS CUADERNOS

Lee 1 Juan 4:7-12

—Ese Brad Cooper definitivamente me es repugnante —gruñó Eric—. Él cree que lo sabe todo de todo; es un sabelotodo. —Eric tomó una gran porción de lasaña y miró alrededor de la mesa en busca de apoyo.

Mamá suspiró y papá frunció el ceño, pero Paige asintió con complicidad.

—Joy Summers también es así —dijo—. Y también está Audrey; su ropa simplemente es horrible. Alguien debería enseñarle a vestirse.

Papá alcanzó un pequeño paquete café que estaba al lado de su silla.

—Chicos —dijo—, tengo algo para ustedes. —Abrió la bolsa, sacó dos cuadernos pequeños y le entregó uno a cada uno de sus hijos.

—¡Ah, gracias, papá! —exclamó Paige—. Esto será perfecto para ciencias.

—Lo siento —dijo papá—. Estos son cuadernos especiales.

—Estamos cansados de oír de los defectos de sus así llamados amigos —dijo mamá—. Así que cada noche deben escribir los nombres de cualquiera que los moleste y hacer una lista de lo que les molesta acerca de ellos.

—Luego —agregó papá—, enumeren cada cosa buena que puedan pensar de ellos. Han sido muy criticones durante varias semanas, así que, por favor, no dejen el cuaderno vacío ni digan que ya no se sienten así, porque no lo creeremos. El próximo lunes en la noche queremos ver sus cuadernos, así que tráiganlos a la mesa en la cena y los discutiremos.

El lunes siguiente, tanto Eric como Paige se vieron un poco avergonzados cuando llegaron a la mesa con los cuadernos, pero sonreían.

—¿Sabes de qué me di cuenta? —preguntó Paige al abrir su cuaderno—. Que mi lista de cosas buenas acerca de los chicos siempre es más larga que mi lista de sus defectos.

—Lo mismo me pasó a mí —dijo Eric.

—¡Qué bueno! —dijo mamá con una sonrisa—. Creo que será mejor que sigan haciendo esto hasta que hayan llenado el cuaderno por completo. Eso les ayudará a quitarse el hábito de criticar.

—Sí —dijo papá—. Ahora busquemos un versículo que nos ayude. *DRO*

¿Y TÚ?

¿Estás tan ocupado mirando los errores de algunos de los chicos que conoces que no te das cuenta de sus buenas cualidades? ¿Te es difícil amar a algunos de ellos? Recordar que Dios te ama aunque no merezcas su amor te hará más fácil amar a otros.

Ama a los demás

MEMORIZA:

«Ya que Dios nos amó tanto, sin duda nosotros también debemos amarnos unos a otros». 1 Juan 4:11

NOVIEMBRE
18

TODO PARA NADA
Lee Filipenses 4:4-9

—Hola, mamá —dijo Kora—. ¿Tuviste caries? —Su madre acababa de volver a casa después de ir al dentista.

—Ni una —dijo mamá. Pero luego suspiró—. No había nada malo, pero de todas formas tengo que pagar una gran factura —dijo gruñendo.

—Ay, mamá —dijo Kora riéndose—. Eres divertida. Suenas como si hubieras estado más contenta si tuvieras la boca llena de dientes podridos.

—Sí, estoy siendo tonta —admitió mamá—. Sé que hay que pagarle al dentista por su trabajo ya sea que tenga caries o no, y estoy verdaderamente agradecida porque no las tengo. Pagaré con gusto mi factura.

Después de la cena esa noche, Kora sacó el guión de una comedia del Día de Acción de Gracias.

—¿Quién quiere oírme recitar mis líneas? —preguntó.

—Nadie —gruñó su hermano Bailey—. Todos estamos cansados de oírlas. Además, las sabes perfectamente desde hace una semana.

—Pero ¿y si se me olvidan? —dijo Kora con preocupación.

—No se te olvidarán —dijo Bailey—. En cuanto a mí, me alegra que el programa sea el domingo, ¡así no tendremos que oírlo otra vez!

—Me pregunto si Allen ya se aprendió su papel —dijo Kora—. Si se le olvida, yo podría perder la pista para comenzar el mío.

—Él también lo hará bien —dijo Bailey—. Es inteligente.

—Espero que Lori se acuerde de llevar el delantal que dijo que me prestaría —murmuró Kora—. El efecto no será el mismo sin él.

—Bueno, definitivamente espero que algo te salga mal —dijo Bailey—. Después de todo, detestaría que te hubieras preocupado tanto para nada.

En ese momento, mamá llamó la atención de Kora.

—¿Nada de caries? —preguntó mamá con expresión de tristeza.

Mamá y Kora comenzaron a reírse.

—Soy tan mala como tú, mamá —dijo Kora—. Creo que peor. Tú sí tienes que pagar una factura, pero las cosas por las que yo refunfuño ni siquiera han ocurrido. —Papá y Bailey se miraron desconcertados, pero mamá y Kora solo se rieron. *HM*

¿Y TÚ?
La mayoría de las cosas por las que la gente se preocupa nunca ocurre. E incluso, si pasan, preocuparse no cambiará nada. Recuerda que Dios está en control, y confía en él.

MEMORIZA:
«Pongan todas sus preocupaciones y ansiedades en las manos de Dios, porque él cuida de ustedes». 1 Pedro 5:7

No te preocupes; ora

CAMISAS Y VESTIDOS

Lee 1 Juan 3:16-19

—¿Puedes creerlo, mamá? —preguntó Tara con emoción—. Lily finalmente accedió a ir a la escuela dominical conmigo la próxima semana... Bueno, casi accedió.

—¡Excelente! —exclamó mamá—. ¿Qué pasó?

—Lily finalmente admitió que la única razón por la que no quería ir era porque no tiene un vestido —dijo Tara—. Solo tiene jeans. Le dije que estaba bien, pero dijo que se sentiría fuera de lugar con pantalones.

—Estoy segura de que será bienvenida con la ropa que tenga —observó mamá—, pero no me gustaría que se sientiera incómoda.

—Bueno —dijo Tara—. Tengo una solución para el problema. ¿Sabes que en la Biblia dice que si una persona tiene dos camisas debe regalar una? Pues yo tengo más de un vestido y quiero darle uno a Lily.

—¿De veras? —Mamá estaba sorprendida, pero se veía complacida. —Está bien —accedió—. Si en realidad quieres hacerlo, adelante. Solo asegúrate de que no te importe usar el mismo vestido en cada ocasión en la que haya que vestir elegante.

—Realmente quiero hacer lo que dice la Biblia —insistió Tara—. Iré corriendo donde Lily a decírselo.

Cuando Tara le dijo a Lily su plan, se sorprendió con la respuesta de Lily. «¡Qué idea más tonta! —exclamó Lily—. Yo no podría usar tu vestido, Tara. Todos en tu clase de escuela dominical sabrían que era tuyo. ¡Sería muy incómodo!».

Tara volvió a casa llorando.

—Traté de hacer lo que dice el versículo de la Biblia —dijo lloriqueando—, y no funcionó.

Mamá le dio a Tara un pañuelo.

—De todas formas, estoy orgullosa de ti —declaró—. Estoy segura de que Dios también está complacido. En realidad intentaste seguir el ejemplo de la Biblia. Y durante toda su vida, es probable que Lily recordará que por amor cristiano le ofreciste tu vestido. —Hizo una pausa y luego agregó—: Ahora veamos qué otra cosa podemos hacer para que Lily se sienta cómoda para ir a la escuela dominical. *RKM*

¿Y TÚ?

Cuando tratas de seguir los ejemplos de la Biblia, ¿te malinterpretan tus amigos o se burlan de ti? Dios siempre entiende. Pídele que te ayude cuando las cosas no funcionen, y sigue intentando hacer lo que la Biblia te dice.

Comparte con otros

MEMORIZA:
«Si tienes dos camisas, da una a los pobres». Lucas 3:11

NOVIEMBRE
20

COSAS IMPORTANTES

El señor Wagner caminó hasta el pizarrón de la clase de la escuela domini-cal de los niños. «Díganme lo que creen que debería ser importante en su vida, las cosas verdaderamente importantes —dijo—, y yo las escribiré en la pizarra».

Los niños comenzaron a gritar sus respuestas: «iglesia», «Jesús», «fami-lia», «amigos», «el estudio bíblico», «la oración».

«Está bien —dijo el señor Wagner—. Esa es una buena lista. —Se movió hacia otra parte de la pizarra—. Ahora hagamos una lista distinta —dijo—. ¿Cuáles son sus pasatiempos? ¿Con quién pasan la mayor parte de su tiempo?»

Los niños se interesaron de verdad en esta pregunta. «Béisbol», «televi-sión», «¡juegos de computadora!», «¡fútbol!». Las respuestas siguieron lle-gando en medio de mucha risa y emoción.

El señor Wagner dio un paso atrás y miró las dos listas. «Mmm —murmuró—. Díganme ahora, ¿cómo encaja la lista número dos con la número uno?»

Algunos de los niños se rieron nerviosamente. Algunos se encogieron en sus sillas. Podían ver que la forma en que pasaban su tiempo no estaba de acuerdo con lo que habían dicho que debía ser importante para ellos. Finalmente, Jason habló.

—Bueno, como lo dijimos, se supone que esas cosas de la primera lista son lo más importante en nuestra vida.

—Se supone que son, pero si somos sinceros, tenemos que admitir que no siempre lo son, ¿verdad? —preguntó el señor Wagner. Los niños asintie-ron lentamente—. Creo que es hora de decir lo que pensamos y pensar lo que decimos, ¿no creen? —continuó el señor Wagner—. Vean las dos listas y decidan sinceramente, ante el Señor, qué van a cambiar para poder hacer que estén de acuerdo. —Hizo una pausa y luego agregó—: No sugiero que quiten totalmente las cosas de la lista número dos, pero espero que les den un lugar de menos importancia. *POY*

¿Y TÚ?

¿Qué es lo más importante para ti? ¿Dejan ver las cosas que haces todos los días que Dios y su Palabra te interesan? Jesús te amó tanto que murió para salvarte de tus pecados. ¿Dejan ver tus actividades diarias que lo amas?

MEMORIZA:
«Busquen el reino de Dios por encima de todo lo demás y lleven una vida justa, y él les dará todo lo que necesiten».
Mateo 6:33

En verdad, pon a Jesús primero

LAS TERMITAS DIMINUTAS

Lee Juan 6:5-13

—Quisiera poder ayudar con las canastas del Día de Acción de Gracias —dijo Shannon. Los chicos del grupo de jóvenes de su hermano mayor iban a entregar las canastas de comida a gente que la necesitaba.

—Ya ayudaste —dijo mamá a Shannon—. Llevaste unas latas de comida a la escuela dominical para ponerlas en las canastas. Incluso hiciste tareas extras para ganar dinero para comprar comida tú misma.

—Gran cosa —murmuró Shannon.

—Sí, lo es —dijo papá—. Si nadie llevara comida, te darías cuenta de la gran cosa que es. —Le sonrió a la niña—. Es una gran cosa para Dios si lo hiciste por él —le aseguró.

Shannon acompañó a papá cuando llevó a Todd a la iglesia esa tarde.

—Bueno, ¡miren eso! —exclamó papá cuando iba conduciendo por la calle—. Parece que están demoliendo la antigua casa Paulson. Sabía que alguien había comprado el lugar, y pude ver que necesitaba reparaciones, pero me pregunto por qué simplemente no la reparan.

—Supe que estaba llena de termitas —dijo Todd.

—Ah, eso lo explica. Qué pena, parecía una bonita casa antigua.

—¿Qué son las termitas? —preguntó Shannon.

—Las termitas son insectos —dijo papá—. Se parecen a las hormigas.

—¿Hormigas? —preguntó Shannon—. ¿Están botando todo ese edificio solo por esas cosas tan pequeñitas?

—Se ven como las hormigas, pero se comen la madera —le dijo papá—. Si se les permite seguir comiendo, pueden arruinar las vigas que sostienen el edificio, y entonces llega a ser inseguro.

—Sí, y entonces puede ser más caro arreglarlo que derribarlo y comenzar de nuevo —agregó Todd.

—Las cosas pequeñas pueden marcar una gran diferencia —dijo papá. Después de un rato agregó—: Cosas como las termitas. O tal vez las latas de comida.

—¿Latas de comida? —preguntó Shannon. Luego comprendió. Papá otra vez le estaba diciendo que su contribución para las canastas del Día de Acción Gracias era importante. Y pudo ver que en realidad lo era. *HM*

¿Y TÚ?

¿Sientes que las cosas que puedes hacer por el Señor son demasiado pequeñas como para que sean importantes? Ningún esfuerzo es demasiado pequeño.

Ayuda como puedas

MEMORIZA:
«El Amo a quien sirven es Cristo».
Colosenses 3:24

EL DÍA DE ALABANZA

Lee el Salmo 150:1-6

Alejandro presionó su nariz en la ventana. Llovía otra vez. Su hermana, April, lo golpeó al pasar caminando.

—Quítate de mi camino —dijo bruscamente.

—Déjame en paz, mocosa —dijo Alejandro. Pronto los dos se gritaban.

«¿Qué ocurre allá? —exclamó mamá desde la cocina—. ¿Y bien?», preguntó al entrar a la habitación.

Alejandro se inquietó y no dijo nada. Para sorpresa suya, April tampoco.

«¡Alabado sea Dios! —exclamó mamá en voz alta. Hizo que Alejandro diera un salto. Mamá sonrió cuando los niños la miraron con curiosidad—. Estaban quejándose en voz alta —dijo—, por lo que pensé que alabaría al Señor de una manera igual de fuerte. Después de todo, la lluvia regará todas las plantas sedientas. Estoy agradecida por eso, ¿y ustedes?»

Alejandro miró la lluvia que corría por la ventana.

«Creo que necesitan hacer una lista de alabanzas —continuó mamá—. Escriban todas las cosas maravillosas que Dios es y hace. Tengamos un día de alabanza en lugar de un día de discusión». Fue a la gaveta del escritorio y sacó papel y lápices. Luego volvió a la cocina.

Después de pensar, Alejandro escribió: *Dios me ayudó con mi lección de matemáticas.* April escribió: *Dios nos da comida todos los días.*

Alejandro dijo: «Oye, peguemos nuestras páginas juntas para hacer una hoja larga; veamos qué tan larga podemos hacer la lista». La lista seguía creciendo cuando papá llegó. Mamá le preguntó cómo había estado su día.

—Terrible —dijo papá—. Primero, se me pinchó una llanta en la lluvia, me hizo llegar tarde al trabajo, y luego...

—¡Alabado sea el Señor! —interrumpió Alejandro. Papá miró a mamá—. Tenemos un día de alabanza, papá —explicó Alejandro, y levantó la lista.

—Vamos, papá —lo animó April—. Alaba al Señor por algo.

En ese momento, el estómago de papá hizo ruido. Sonrió.

—Alabo al Señor por tu mamá, y estoy agradecido porque es una buena cocinera. Ahora, agradezcamos por nuestra comida, ¡y comamos! *CAD*

¿Y TÚ?

¿Refunfuñas cuando estás aburrido o cuando no puedes hacer lo que quieres? ¿Hay días en los que nada te sale bien? Cuando pase eso, haz una lista de alabanzas. Haz que cada día sea un «día de acción de gracias».

MEMORIZA:

«Por medio de Jesús, ofrezcamos un sacrificio continuo de alabanza a Dios, mediante el cual proclamamos nuestra lealtad a su nombre». Hebreos 13:15

No te quejes; alaba

LA CRUEL MAESTRA DE MATEMÁTICAS

Lee Proverbios 9:9-10; Romanos 16:17-20

Ariel suspiró mientras se sentaba a la mesa del comedor para corregir su tarea de matemáticas.

—A veces parece que no puedo hacer *nada* que satsifaga a la señorita Crandell —dijo—. Parece que lo único que hace es criticar. Quisiera tener otra maestra.

—Bueno, Ariel —dijo papá, que la estaba ayudando—, en realidad, me alegré cuando te pusieron a la señorita Crandell en matemáticas, porque sé lo particular que es ella. Te irá mucho mejor en el siguiente nivel de matemáticas si te enseñan a ser cuidadosa y a hacer bien las cosas. ¿Qué crees que aprenderías si la señorita Crandell solo te dijera lo bueno que haces cada día, y nunca te dijera lo que hiciste mal?

—Creo que no mucho —admitió Ariel a regañadientes, e imaginó a la señorita Crandell poniéndole un «100» en la parte de arriba de un examen lleno de respuestas equivocadas.

—Yo tampoco lo creo —asintió papá y le sonrió a Ariel—. Ella sería como la gente que la Biblia llama aduladores, que solo le dicen a la gente lo que quiere oír aunque no sea cierto.

Ariel sonrió.

—¿Quieres decir que la Biblia habla de maestros de matemáticas? —preguntó.

Papá sonrió.

—No, la verdad es que la Biblia no habla de matemáticas —dijo—, pero el principio es el mismo. Como cristianos, es importante que seamos sinceros con los otros. A veces hasta necesitamos señalar los errores de los otros, así como la señorita Crandell señala los errores en tus tareas. Necesitamos oír las cosas malas así como las buenas de nosotros si vamos a aprender.

—Creo que tienes razón, papá —admitió Ariel con un aire pensativo—. Creo que solo tendré que seguir intentándolo y ser agradecida por tener una muy buena maestra "cruel".

¿Y TÚ?

¿Te es difícil aceptar la corrección de otros? Es bueno aprender a verla como ayuda y no como crítica. Eres inteligente si dejas que Dios te enseñe a través de la ayuda de padres, maestros y ancianos.

Aprende de la corrección

MEMORIZA:
«Corrige a los sabios y te amarán».
Proverbios 9:8

LAS OTRAS MADRES

Lee el Salmo 68:3-6

—Mamá —dijo Kristin con una voz preocupada—, me siento mal por Hope. Hoy pasé por su casa después de la escuela. Su madre estaba en su habitación e inmediatamente comenzó a llamar a gritos a Hope para que fuera a cargar al bebé. Entonces Hope sacó al pequeño Milo de su cuna. El pobrecito tenía el pañal muy húmedo, ¡y su cara estaba sucia!

—¡Qué pena! —Mamá se oía triste y pensativa.

—Hope quería que oyera un CD del que habíamos hablado —continuó Kristin—, pero cuando puso la música, su madre corrió a la habitación; ¡más enojada no podía estar! "Apágalo", gritó, ¡y le dio a Hope una fuerte bofetada en la mejilla! ¿Por qué haría algo así una mamá?

—Bueno, es posible que estuviera cansada o enojada, pero esa no es una buena excusa. Aparentemente necesita mucha ayuda para ser mamá.

Esa noche en la televisión, Kristin y su madre vieron un reporte de unas pequeñas grullas que habían salido del cascarón en el zoológico de la ciudad. Pero la madre grulla fue mala con sus bebés. Para salvar la vida de los polluelos, se los quitaron a la madre. La persona que cuidaba a los pájaros bebés usaba un títere de mano que se parecía a su madre grulla. Abriendo el «pico» del títere con sus dedos, ella tomaba granos y los ponía en las grandes bocas abiertas de los polluelos. «Con el tiempo —explicó el guarda del zoológico—, las pequeñas grullas se reunirán con su madre y se espera que se lleven bien como familia».

—Yo diría que el guarda del zoológico y su títere están funcionando como ayudantes de madres para esos pájaros —le dijo mamá a Kristin—. ¿Y sabes qué? Creo que eso es lo que necesita la mamá de Hope.

—Pero ¿cómo podemos ayudar? —Kristin quería saber.

—Buscando "otras madres" que ayuden a Hope. Tu maestra de la escuela dominical quiere mucho a las niñas; ella ayudaría mucho a Hope. Y creo que yo ofreceré cuidar a Milo una tarde cada semana para darle un descanso a la mamá de Hope. Una vez que ella sepa que estamos para apoyarla, es posible que sienta menos estrés y sea más tierna con sus hijos. *TMV*

¿Y TÚ?

¿Alguna vez sientes que no le interesas mucho a tu mamá o papá? Está bien que pidas un poco de amor y cuidado de una maestra, tía o de una buena amiga. Recuerda, si eres cristiana, el Señor es tu Padre celestial y nunca te abandonará.

MEMORIZA:

«Aunque mi padre y mi madre me abandonen, el SEÑOR me mantendrá cerca». Salmo 27:10

Dios no te abandonará

DE LOS PUCHEROS A LA ALABANZA

Lee Hechos 16:19-26; Filipenses 4:11-13

—Estrella es extraña —bromeó Scott, hermano de Estrella—. Tiene puestos los lentes oscuros cuando afuera está nublado y llueve. —Scott señaló las gotas de lluvia en la ventana del auto—. Los lentes oscuros son para los días en que sale el sol.

—El sol *está* afuera —dijo Estrella—. El sol *siempre* está afuera. Las nubes pueden bloquearlo, pero todavía está allí. Y sigue brillando. —Mantuvo puestos sus lentes oscuros.

Cuando la familia de Estrella llegó a casa, había varios mensajes de voz. Eran de algunos de los amigos de Estrella que querían que fuera con ellos a comer pizza. Ella trató de comunicarse con ellos, pero ya se habían ido. «Grandioso —dijo Estrella sarcásticamente—. Pude haber salido con mis amigos. ¡Pero no! La lluvia tenía que hacer que nos tardáramos para que no llegara a casa a tiempo. ¡Qué día más horrible y sombrío!».

Scott tomó los lentes oscuros de Estrella del mostrador y se los puso en la cara.

—No es un día sombrío —dijo—. El sol está brillando.

—¡Déjame en paz! —gritó Estrella.

—¡Estrella! —la reprendió mamá—. Tienes que trabajar con tu actitud. Sé que estás contrariada, pero eso no significa que tengas que sentirte desdichada y ser desagradable.

—Dile a Scott que me deje en paz —dijo Estrella gruñendo.

—Tú eres quien dijo que el sol siempre brilla, incluso en los días lluviosos —le recordó Scott.

—Y en realidad tenías razón —le dijo mamá—. Pero debes pensar en una Luz diferente que sigue brillando aunque no te guste lo que está ocurriendo hoy en particular. No es la luz del sol, sino la luz de Jesús, el Hijo de Dios. Aunque las cosas no salgan como tú quieres, él aún está presente. Tienes que reconocer su presencia en tu día sombrío, y pronto te encontrarás alabando, en lugar de hacer pucheros. *NEK*

¿Y TÚ?

¿Nublan a veces tu día las cosas malas? Recuerda que Jesús está contigo en esos momentos. Cuando te sientes contrariado, tienes miedo o te sientes solo, cuando tú o alguien que amas están enfermos, cuando oyes malas noticias, piensa en Jesús en esos momentos y dile adiós a la negatividad.

Sé alegre

MEMORIZA:
«¡Me alegraré en el SEÑOR! ¡Me gozaré en el Dios de mi salvación!». Habacuc 3:18

DEMASIADO QUE DECIR

Lee Lucas 11:5-13

Janie había pasado la noche llamando a una amiga tras otra. Cuando mamá le dijo que se preparara para ir a la cama, Janie preguntó:

—¿Puedo llamar primero a Ginger rápidamente? Quiero ver si está tan nerviosa como yo por las pruebas de actuación.

—No; ya has hablado por teléfono suficiente esta noche. Es hora de ir a la cama —dijo mamá.

—Bueno, ¿puedo llamar a Lynn por dos segundos, solo para asegurarme de que se sentará conmigo en el bus mañana? —suplicó Janie.

—¡A la cama! —dijo mamá señalando.

Janie fue a prepararse. «Quisiera poder hablar con mis amigas», murmuró y se metió a la cama en el momento en que mamá aparecía en la puerta.

—¿Lista para dormirte? —preguntó mamá—. ¿Ya oraste?

—Ah, se me olvidó. —Janie se sentó—. De todos modos, lo cierto es que no tengo nada que decir, excepto pedirle a Dios que cuide a todos y él ya sabe eso —agregó.

Mamá se sentó a un lado de la cama de Janie.

—Si te dejo llamar a Ginger, ¿tendrías mucho que decirle? —preguntó.

—¿Puedo llamarla? —preguntó ansiosamente Janie—. Sí tengo mucho que decirle; los amigos siempre tienen cosas que decirse.

—Los amigos comparten sus intereses, sentimientos y actividades, ¿verdad? —preguntó mamá—. Comparten sus esperanzas, sueños y secretos. Hablan de diversión y de sus temores.

—¡Sí! Los amigos necesitan tiempo para hablar, mamá —dijo Janie, esperando usar otra vez el teléfono.

—¿Es tu amigo el Señor? —Mamá quiso saber. Janie asintió con la cabeza—. Entonces, ¿por qué no tienes nada que decirle? Piensa en eso.
—Le dio un beso de buenas noches, apagó la luz y salió de la habitación.

Janie deseaba poder llamar a sus amigas; tenía mucho que decirles. Pero después de un rato decidió hablar con un Amigo que había ignorado últimamente. Se arrodilló al lado de su cama y compartió sus temores y sueños con el Señor. «Cuando pienso en ti como mi Amigo —oró Janie—, realmente tengo muchas cosas que decirte». *NEK*

¿Y TÚ?

¿Te preguntas qué decirle a Dios? Él es tu mejor Amigo y quiere estar incluido en cada parte de tu vida. Puedes hablarle de todas las cosas que compartirías con cualquier buen amigo.

MEMORIZA:

«El amigo verdadero se mantiene más leal que un hermano». Proverbios 18:24

Habla con Dios

BOLETO DE IDA

Lee Lucas 16:20-26

—Este es un día triste, ¿verdad, papá? —dijo Colin cuando él y su padre iban a la ciudad en el auto. Iban a comprar boletos para volar a la ciudad natal de papá, para el funeral del abuelito. Había muerto después de estar enfermo por algún tiempo.

—Sí, es triste —coincidió papá mientras hacía las señales para dar un giro a la izquierda, a la calle Principal—. Habría sido aún más triste si no supiéramos que tu abuelo era salvo y que ahora está en el cielo. —Papá entró a un espacio del estacionamiento, frente a la agencia de viajes.

Colin y su padre entraron a la oficina y pronto hablaron con un agente. «Necesito cuatro boletos de ida y vuelta», dijo papá.

—De ida y vuelta; eso significa que volveremos, ¿verdad? —preguntó Colin cuando él y su padre se sentaron en el área de espera, mientras el agente revisaba los vuelos en la computadora.

—Correcto. Si no fuéramos a volver, compraríamos boletos de ida —le dijo papá.

—Creo que el abuelito adquirió un boleto de ida para el cielo —dijo Colin con aire pensativo.

—Es cierto. Es un buen pensamiento —dijo papá.

—Mi amigo Brandon dice que él no necesita ser salvo —le dijo Colin a papá—. Brandon dice que si acaba en el infierno y no le gusta allí, simplemente irá a otra parte.

—Brandon está equivocado —dijo papá, y colocó el folleto otra vez en el estante—. La eternidad es para siempre. Si tu amigo Brandon muere y no es salvo, tendrá un boleto de ida al infierno. No puede recibir una transferencia al cielo después de muerto.

—Como el hombre rico de la Biblia que se fue al infierno y luego quería unirse a Lázaro en el cielo —recordó Colin en voz alta—. Los dos tenían boletos de ida. De verdad me alegra ser salvo, papá. Y me alegra que el abuelito también lo fuera.

—Y los dos podemos comenzar a orar por Brandon y su familia, ¿no crees? —sugirió papá. *RKM*

¿Y TÚ?

¿Tienes un boleto de ida al cielo? Puedes decidir ahora mismo aceptar a Jesús como tu Salvador. Entonces puedes estar seguro de que tu boleto de ida te llevará al cielo.

La eternidad es para siempre

MEMORIZA:
«Y ellos [los no salvos] irán al castigo eterno, pero los justos entrarán en la vida eterna». Mateo 25:46

POR TU PROPIO BIEN

Lee Deuteronomio 6:24-25; 10:12-13

«Jeff, ¡apaga ese televisor! —exclamó mamá—. No es bueno que veas un programa como ese con disparos, asesinatos y toda clase de mal». Gruñendo, Jeff hizo lo que se le dijo. Luego, cuando salió airadamente del salón, oyó las palabras conocidas de su madre: «Solo pienso en tu propio bien, Jeff».

«Yo sé lo que es bueno para mí», dijo Jeff entre dientes cuando entró a su habitación. Su perrito, Veloz, estaba acurrucado a los pies de su cama. Al ver a su perro, Jeff se acordó de otra cosa que no le gustaba. La noche anterior había leído en el periódico que ya no se permitía que los perros anduvieran libremente por el vecindario. Tenían que estar atados o sujetos con una correa cuando estuvieran afuera.

Jeff suspiró. Veloz iba a detestar estar atado. Le encantaba correr. Por eso era que Jeff le había puesto Veloz.

Cuando papá llegó a casa del trabajo, llevaba un collar y una cadena.

—Aquí tienes, Jeff —dijo—. Puedes atar esta cadena al tendedero. Veloz podrá caminar bastante y aun así no se alejará.

—Qué reglas más tontas —se quejó Jeff, pero le puso el collar a su perro, enganchó la cadena al collar y llevó a su perro al jardín de atrás. A Veloz no le gustó la cadena. Trató de deshacerse de ella, pero no pudo. Corría en círculos y ladraba lastimosamente.

Finalmente, Jeff tomó a su perro en sus brazos. «Por favor, trata de entender —le suplicó—. Si no estás encadenado, te llevarán y tal vez no te vuelva a ver nunca. Lo hago por tu propio bien, Veloz».

Jeff se dio cuenta de que repetía las palabras de su madre en cuanto a apagar el programa de televisión. Sabía que actuaba como Veloz, con enojo y resentimiento. ¿No debería tratar de entender la sabiduría de su madre, así como quería que su perro entendiera la suya?

«Créeme, Veloz —dijo—. Te quiero y solo quiero lo mejor para ti». Cuando dijo esas palabras, se dio cuenta de que su madre también lo amaba. Tal vez debía buscar a su madre y disculparse con ella. *MHN*

¿Y TÚ?

¿Te cuesta obedecer las reglas que Dios y tus padres te dan? Recuerda, son para tu bien. Obedécelos. Algún día te alegrará haberlo hecho.

MEMORIZA:
«¡Ah, si solo hubieras hecho caso a mis mandatos! Entonces habrías tenido una paz que correría como un río manso». Isaías 48:18

Las reglas son amigas, no enemigas

EN EL INTERIOR

Lee Romanos 12:9-16

Cuando Abigail llegó a casa de la escuela, lanzó su mochila dentro de la puerta de atrás y se unió a su padre que trabajaba en el pequeño manzanar detrás de su casa.

—Te ayudaré a recoger unas manzanas, papá —dijo.

—Bueno. Gracias —dijo papá—. ¿Cómo te fue hoy en la escuela?

—Bien —respondió Abigail. Cortó una pequeña manzana de una rama y la metió en su canasta—. Hay una niña nueva que se llama Jessica. Pero no me cayó muy bien. Se ve rara, toda agachada. Algo anda mal con ella. —Vio que papá fruncía el ceño y se apresuró a cambiar el tema—. ¡Aaah! ¡Mira esta! —exclamó y alcanzó una gran manzana roja—. Creo que me la comeré.

—No creo que... —comenzó papá, pero luego se calló y asintió.

Abigail le dio una gran mordida a la manzana.

—¡Ay, guácala! —exclamó y la escupió. Estaba toda suave y tenía gusanos dentro.

Papá sonrió y le dio una manzana deforme y con bultos. Luego sacó una pequeña navaja de su bolsillo y cortó un pedazo.

—Toma, Abigail —le ofreció—, prueba una mordida de esta.

Abigail no estaba muy segura, pero probó el pedazo de manzana.

—¡Mmm! Esa está buena —dijo—. Mucho mejor de lo que se ve. Fue una sorpresa.

—No importa cómo se vean por fuera las manzanas sino cómo están por dentro, ¿verdad? —preguntó papá—. Eso es algo importante para recordar de las manzanas... y de la gente también. Dios nos llama a amar a todos.

Abigail le dio a papá una sonrisa avergonzada.

—Te refieres a Jessica, ¿verdad? —dijo—. No puedes "juzgar al libro por su portada", y no puedes juzgar una manzana por su apariencia exterior. Así que creo que será mejor que averigüe qué hay en el interior de Jessica. *DKB*

¿Y TÚ?

¿Decides cómo actuar con la gente por la manera en que se ven? Esa no es la manera en que Dios juzga, y no es la manera en que él quiere que juzgues. La belleza externa te dice poco de lo que la persona realmente es por dentro.

No juzgues por las apariencias

MEMORIZA:
«Sean amables unos con otros, sean de buen corazón». Efesios 4:32

FRANJAS DE ADVERTENCIA

Lee el Salmo 23:1-6

¡Brrrrum! ¡Brrrrum! ¡Brrrrum!

—¿Qué fue eso? —Alarmada, María se irguió en su asiento y miró por la ventana.

—Todo está bien. Me desvié a la orilla de la carretera —respondió su padre mientras se movía en su asiento y ajustaba el retrovisor.

—Pero ¿qué fue ese ruido? —preguntó María.

—Hay unos pequeños vibradores en la orilla de la carretera para advertir a los conductores de que se están acercando mucho a la orilla. Conducir sobre los vibradores hizo el ruido que oíste —explicó papá—. Todo está bien ahora.

—Eso me asustó —dijo María y se recostó.

Su padre sonrió.

—También me llamó la atención. Me hizo recordar que sería bueno que le pusiera atención a mi forma de conducir —dijo. Después de un rato agregó—: Es bueno que estén allí esas franjas de advertencia, ¿verdad? De otra manera podríamos haber acabado fuera del camino y en la zanja. —María miró a su padre y asintió—. Podría parecer divertido —continuó papá—, pero esto me ha hecho recordar que Dios tiene maneras de advertirnos cuando comenzamos a alejarnos de él. —María se veía desconcertada, por lo que su padre le explicó—. Por ejemplo —dijo—, Dios nos ha dado una conciencia a cada uno para que cuando hagamos algo malo, nos sintamos mal. Entonces sabemos que tenemos que arrepentirnos y confesar nuestro pecado para volver a su camino. —Papá le sonrió a María—. Dios también nos da maestros piadosos que nos ayudan a aprender sus verdades.

María asintió.

—¡Mi maestra de la escuela dominical dice que Dios también nos da su Espíritu Santo para enseñarnos! —dijo.

—Eso es cierto —coincidió papá—. Dios usa muchas maneras distintas para evitar que nos alejemos del camino correcto.

María sonrió.

—Algo así como sus propias franjas de advertencia —dijo ella. *RSM*

¿Y TÚ?

¿Has sentido el empujoncito del Espíritu Santo o de la Palabra de Dios cuando has hecho algo malo? ¿Ha usado Dios a tus padres o a otra gente para que te mantengas en el camino correcto? Él te ama mucho y no quiere que te lastimes porque te has alejado en la dirección incorrecta.

MEMORIZA:
«Me guía por sendas correctas, y así da honra a su nombre». Salmo 23:3

Dios da advertencias

UNA NAVIDAD FICTICIA

Lee Juan 3:14-21

Heath se paró frente a la barrera y miró maravillado el árbol de Navidad en el centro comercial. Todo, las bolas brillantes, las estrellas resplandecientes, los ángeles en miniatura y la nieve destellante, se veía tan bello.

—Podemos comprar un poco de esa nieve para ponerla en nuestro árbol —dijo Rodrigo, su hermano mayor.

—¿De veras? —preguntó Heath—. ¿Cómo?

—Solo la compras —dijo Rodrigo—. Viene en un rociador y simplemente la rocías en el árbol.

—Se veía tan real —dijo Heath—. ¿Y para quién son todos los regalos que están abajo?

—No son regalos de verdad —dijo Rodrigo—. Solo son cajas vacías envueltas para que se vean como regalos; son parte de todos los adornos.

Heath casi no podía creerlo. Él quería agitar uno de ellos.

Ya en casa, los niños le contaron a la señora Seidler, su vecina, acerca del árbol con su nieve y regalos ficticios.

La señora Seidler asintió.

—¿Saben?, para la gente que no sabe de la verdadera Navidad, cuando Dios nos dio su regalo, la celebración de la Navidad puede ser tan vacía como esos regalos ficticios —dijo.

—¿Qué quiere decir con "su regalo"? —preguntó Heath. Le pareció que Rodrigo también se veía interesado.

—Dios nos dio a Jesús, su Hijo, para que fuera nuestro Salvador —dijo la señora Seidler—. Es eso lo que celebramos en realidad en Navidad.

—Bueno, una exhibición en el centro comercial se supone que pone a la gente con un estado de ánimo para comprar regalos, no para adorar a Jesús —dijo Rodrigo—. No tiene mucho que ver con la verdadera Navidad.

—Es como la nieve ficticia y los regalos ficticios —coincidió Heath.

—Bueno, ¡me interesa mucho más la Navidad cuando es la verdadera! —dijo Rodrigo. *POY*

¿Y TÚ?

¿Celebras la verdadera Navidad? Dios te dio su mejor regalo cuando envió a Jesús para que fuera tu Salvador. Su regalo no es ficticio. No se gasta ni se pone viejo, y nunca te quedará chico. Si no has recibido ese regalo, puedes recibirlo ahora.

Jesús es el regalo de Dios para ti

MEMORIZA:
«Pues Dios amó tanto al mundo que dio a su único Hijo, para que todo el que crea en él no se pierda, sino que tenga vida eterna». Juan 3:16

LA FOTO PERFECTA

Lee Efesios 2:1-9

—¡Mañana nos entregan las fotos de la escuela! —exclamó Andrea una noche—. Espero que la mía haya salido bien.

—Bueno, ¿y qué tan buenas pueden ser? Después de todo, la cámara solo toma lo que ve —bromeó su hermano Mateo. Se agachó cuando su hermana le lanzó una pequeña almohada.

Al día siguiente, después de la escuela, Andrea entró lentamente a la casa.

—Ay, mis fotos están horribles —dijo lamentándose cuando vio a su madre—. ¿Te acuerdas que me caí de la bicicleta hace un par de semanas? ¿Que me salió un chichón en la cabeza y que me raspé la nariz? No pensé que los raspones se verían en la foto, ¿pero adivina qué? ¡Sí se ven!

—¿Por qué creíste que no se verían? —preguntó mamá.

—Me los cubrí bien con un talco que la señorita Felty me dio —dijo Andrea—. Y además, Catie dijo que no se verían. Dijo que su hermana acababa de recibir sus fotos de graduación y que ella tenía herpes en la boca cuando se las tomaron y que no habían salido en las fotos. —Hizo una pausa y luego agregó—: Catie dijo que cada cabello estaba perfectamente en su lugar, aunque Dana había tenido un día malo con su cabello. ¡Pero mira cómo sobresale mi cabello!

—Bueno —dijo mamá—. Estoy segura de que las fotos de Dana las tomaron en un estudio y que el fotógrafo las retocó. Eso significa que cubrieron todos los pequeños defectos, como cabellos fuera de lugar.

Esa noche, papá también oyó las quejas de Andrea.

—¿Así que crees que tus fotos necesitan un poco de retoque? —preguntó.

—Como se lo dije, la cámara solo deja ver lo que está ahí —dijo Mateo—. No puedes engañarla.

—Esto me hace recordar de cómo le gusta a la gente cubrir sus pecados —dijo papá—, pero no importa lo bien que crean que se han hecho ver, la "cámara" de Dios deja ver exactamente lo que está allí; muestra un corazón lleno de pecado.

—Y solo Dios puede retocar la foto y quitar el pecado —agregó mamá—. Él lo hace con nosotros cuando confiamos en él como Salvador. *HM*

¿Y TÚ?

¿Has confiado en Jesús como tu Salvador? Si no, hay pecado que no puedes cubrir, no importa lo bueno que trates de ser. Jesús se encargará de ello cuando lo aceptes como tu Salvador. Hará perfecta la foto de tu corazón.

MEMORIZA:

«Crea en mí, oh Dios, un corazón limpio y renueva un espíritu fiel dentro de mí». Salmo 51:10

Jesús hace los corazones perfectos

PUERTAS ABIERTAS

Lee el Salmo 31:14-16, 21-24

Ricardo estaba contento de pasar un día con el tío Vito en la gran ciudad. Los problemas en casa estaban aumentando demasiado y no parecía que hubiera una salida. Estaba contento de alejarse por un tiempo. Ricardo esperaba ansioso su primer paseo en el tren subterráneo y se paró cerca a ver cómo el tío Vito ponía las monedas en la máquina de boletos. Entonces el tío Vito señaló el destino escrito en el lado del vagón subterráneo. «Allí es a donde queremos ir», dijo, por lo que se subieron.

El paseo fue un poco movido, pero divertido, y a Ricardo le gustaron los ruidos del tableteo. De repente, las luces se apagaron por un momento. Luego se restablecieron.

«Estación Plaza», anunció el megáfono unos minutos después. El subterráneo se detuvo, y varias personas se pararon cerca de la puerta para salir. Pero la puerta no se abrió. Entonces las luces se apagaron otra vez cuando el tren comenzó otra vez y se dirigió hacia la próxima parada. Los pasajeros se veían enojados y confusos.

Lo mismo ocurrió en las siguientes paradas. Ya que todos los vagones estaban conectados con puertas entre ellos, la gente comenzó a irse al siguiente vagón y a salir por allí. Ricardo y el tío Vito también lo hicieron.

—¡Me alegro de que hubiera una salida! —dijo Ricardo cuando él y el tío Vito estuvieron en la calle—. No me gustó cuando la luz se fue y la puerta no se abrió.

—Eso no pasa normalmente —le aseguró el tío Vito—, pero ¿sabes qué? Eso me hace pensar en la vida. A veces surgen problemas que parecen demasiado grandes. No podemos ver una salida para las circunstancias y todas las puertas para una solución parecen estar cerradas. Oramos, pero sentimos que no recibimos respuesta. —Ricardo asintió mientras pensaba en los problemas de su casa—. Lo que debemos recordar es que el Señor va a cuidar de nosotros —continuó el tío Vito—. Él abrirá una salida para nosotros en el momento preciso. *NEK*

¿Y TÚ?

¿Parece a veces que las relaciones, el trabajo de la escuela, los problemas de salud u otros problemas son más de lo que puedes soportar? ¿No hay salida? Dios proveerá la puerta que necesitas, precisamente cuando él crea que la necesitas. Confía en él.

Confía en el tiempo de Dios

MEMORIZA:
«En tu mano están mis tiempos».
Salmo 31:15, RVR60

LOS PIONEROS

Lee Hebreos 11:32–12:2

Kent y su padre habían ido a la granja del tío Jeff a cortar un árbol de Navidad. Todos se subieron al camión del tío Jeff y se dirigieron por un camino a través de los campos nevados, hasta que llegaron al bosque.

—¡Guau! —dijo Kent—. La nieve está muy alta. Lo bueno es que tienes tracción en las cuatro ruedas de tu camión. No se atascará, ¿verdad?

—No, siempre y cuando sigamos el camino —dijo el tío Jeff, mientras señalaba al camino angosto, pero bien señalado, que tenían adelante. En poco tiempo se detuvieron—. Hay unos árboles bonitos por la orilla de este claro. —Pronto encontraron el árbol perfecto y lo pusieron en el camión.

—Recuerdo cuando el abuelito Donovan era el dueño de esta granja y lo ayudé a abrir este sendero con un equipo de caballos —dijo el tío Jeff—. Fue un trabajo difícil, ¡pero usamos mucho este camino!

—¿Tú ayudaste? —preguntó Kent. Estaba impresionado—. Entonces eres un pionero —declaró—. Aprendimos acerca de pioneros con los Niños Exploradores, pero era una clase de pioneros distinta a esto.

—Leí sobre unos pioneros esta mañana —dijo papá—. Estuve leyendo de los héroes de la fe: Enoc, Moisés, Abraham y otros. Debido a que tuvieron éxito viviendo para Dios a través de tiempos difíciles, han servido como ejemplo para otros cristianos por muchísimos años.

—Sí, ellos fueron verdaderos pioneros —admitió el tío Jeff—. Nosotros seguimos sus huellas. Y también puedo pensar en algunos más recientes. Por ejemplo, el abuelito Donovan nos enseñó que no tienes que tener mucho dinero para ser feliz.

—¿Y quién más? —preguntó Kent.

—Bueno, el ejemplo del señor Potts cuando perdió a su esposa me ayudó cuando la tía Rita murió el año pasado —dijo el tío Jeff.

—Yo conozco a otros dos buenos pioneros —dijo Kent con una sonrisa—. Tú y papá. Ustedes me han enseñado mucho acerca de amar a Dios, y ustedes viven tal y como dicen que debe ser. *SLK*

¿Y TÚ?

¿Has leído sobre los héroes de la Biblia y sobre otros grandes hombres y mujeres de Dios? Deja que su ejemplo te enseñe la manera correcta de vivir para Jesús. Busca el consejo de los cristianos que conozcas y admires. Es posible que haya veces en las que tú mismo tendrás que abrir un camino, con la ayuda de Dios.

MEMORIZA:

«Amados hermanos, tomen mi vida como modelo y aprendan de los que siguen nuestro ejemplo». Filipenses 3:17

Sigue buenos ejemplos

LA HORA DE PRÁCTICA

Lee el Salmo 119:9-16

Ethan pasaba por la puerta de la cocina cuando oyó la voz de su hermanito.

—Papá, ¿me puedes comprar, por favoooor, esos zapatos?

—No sé por qué no puedes comprar normales, más baratos —dijo papá.

—Yo sé por qué —anunció Ethan al entrar a la cocina—. La clase de zapatos que Set quiere son de los que usa Miguel Hopkins. Como él es una estrella de básquetbol, Set cree que esos zapatos automáticamente lo harán también un gran basquetbolista.

—Bueno... podrían ayudar —dijo Set.

—¡Oye! Tal vez si compras también una camisa de los Héroes, ¡te invitarán a jugar en su equipo! —dijo Ethan bromeando.

—En lugar de fastidiar a tu hermanito, tal vez puedas ayudarlo a entender que el esfuerzo, y no un par de zapatos costosos, lo ayudará a ser un buen basquetbolista —sugirió papá.

—Es cierto —dijo Ethan—. Set, si practicas todos los días, mejorarás cada vez más; no importará la clase de zapatos que uses.

—Creo que comenzaré a practicar, entonces —dijo Set con un suspiro al dirigirse a la canasta de básquetbol del patio de atrás.

—Yo me estaba yendo al grupo de estudio bíblico de la secundaria, pero tal vez vaya a ayudar a Set con su práctica de básquetbol en vez de eso —dijo Ethan a su papá.

—¿Es esa la Biblia que te dimos la Navidad pasada? —preguntó papá.

—Sí... Es una de las más bonitas de la clase —dijo Ethan orgullosamente.

—Mmmm —murmuró papá—. Todavía se ve nueva, como si no se hubiera usado mucho. Solo recuerda que el simple hecho de tener una Biblia costosa no te ayudará a crecer espiritualmente.

—Así como Set necesita practicar para llegar a ser un buen basquetbolista, yo necesito estudiar la Biblia y trabajar para ser un mejor cristiano, ¿verdad? —preguntó Ethan. Metió su Biblia debajo de su brazo y se dirigió a la puerta—. Creo que será mejor que me vaya al estudio bíblico, después de todo —decidió—. ¡No quiero llegar tarde a la "práctica"! *AJS*

¿Y TÚ?

Para ser bueno en los deportes o tocando un instrumento, necesitas aprender las reglas y pasar mucho tiempo practicando. Lo mismo es cierto para llegar a vivir como debe hacerlo un cristiano. Es importante que uses tu Biblia frecuentemente y que luego practiques lo que aprendes.

Estudia la Palabra de Dios

MEMORIZA:
«¿Cómo puede un joven mantenerse puro? Obedeciendo tu palabra».
Salmo 119:9

NO ES UN PULGAR LASTIMADO

Lee 2 Corintios 6:14-18

Cuando Tyler entró a la casa, su hermanito, Zeb, lo recibió en la puerta.

—¡Mira lo que tengo! —dijo Zeb orgullosamente con su mano extendida. Su pulgar estaba envuelto con un vendaje grueso—. Me golpeé el pulgar.

—Eso no fue muy inteligente —respondió Tyler—. ¿Cómo se siente?

—Mejor —dijo Zeb, y se fue a jugar.

A la hora de la cena, Zeb estaba cansado de su venda. Era un obstáculo cuando trataba de usar la mano. Pero tenía miedo de que el dedo le doliera otra vez si se quitaba la venda. Tyler le sonrió.

—Ahora entiendo por qué alguna gente dice que algo sobresale como un pulgar lastimado —dijo Tyler—. Sería muy difícil no ver el tuyo. —Empujaba su comida distraídamente—. Me hace pensar en mí hoy —agregó—. Yo también sobresalí como un pulgar lastimado.

—¿Cómo así? —preguntó papá.

—Bueno, primero que nada, los chicos estaban contando unos chistes malos antes de la clase, y yo fui el único que no se rió —respondió Tyler—. Después hablaron de algunos de los programas de televisión que ustedes no me permiten ver, por lo que no tuve nada que decir. Incluso en la clase sobresalí. Nuestra maestra preguntó qué pensábamos de la regla de que los nacimientos no podían ponerse en la escuela. Yo dije que como el nacimiento de Jesús es de lo que se trata la Navidad, se debería permitir el nacimiento. Pero parece que todos los demás piensan que esa regla está bien.

—Bueno, quizás sobresaliste como un pulgar lastimado para los chicos de la escuela, pero no para mí —declaró mamá, y extendió su brazo para abrazar a Tyler—. Los pulgares lastimados no son los únicos dedos que sobresalen. Hoy vi a nuestra vecina anterior, Julie Richards. Inmediatamente vi que está comprometida para casarse. Tenía el diamante más grande que alguna vez hayan visto. Sobresalía, como ustedes lo dirían, como un pulgar lastimado. —Mamá le dio un apretón en el hombro a Tyler—. Creo que hoy sobresaliste como un diamante. ¿Y sabes qué? Creo que eso es también lo que Dios piensa. *HM*

¿Y TÚ?

¿Sobresales entre los que no son creyentes? Los cristianos deben hacerlo. Dios dice que salgamos «de entre los incrédulos». ¿Eres firme con las cosas que sabes que son correctas: las cosas que le agradan a Dios? Sobresaldrás, no como un pulgar lastimado, sino ¡como un diamante!

MEMORIZA:

«Salgan de entre los incrédulos y apártense de ellos, dice el Señor».
2 Corintios 6:17

Destaca para Dios

ATAQUE SORPRESA

Lee Josué 24:14-16

—¡Oye, papá! —gritó J. C. mientras entraba corriendo a la casa—. Le conté a Marcos todo lo de Pearl Harbor, y dijo que no sabía de lo que hablaba. ¡Marcos dijo que pasó en Alaska, no en Hawái! ¡Él es el que no sabe de lo que habla! —Las palabras de J. C. explotaron con calor y enojo.

—Tranquilízate —dijo papá—. ¿Cómo sabes tanto de Pearl Harbor?

—¡El bisabuelito me lo dijo! Él estaba allí cuando los aviones de guerra enemigos volaron sobre nuestra base militar en un ataque sorpresa —respondió J. C.—. El bisabuelito dijo que miles de personas murieron, y que un montón también fueron heridas, ¡y no fue en Alaska!

—¿Y por qué hablabas con el bisabuelito de Pearl Harbor? —preguntó papá.

—Cuando le pedí ayuda con una pregunta de la escuela dominical, él me lo explicó con una de sus historias de guerra —dijo J. C.—. Él dijo que el ataque a Pearl Harbor sucedió en diciembre de 1941, y que nadie lo esperaba. No se dieron cuenta de lo que ocurría hasta que fue demasiado tarde. El bisabuelito dijo que estamos en una guerra espiritual, y que Satanás se acerca sigilosamente como lo hicieron esos aviones. Él hace que los cristianos crean que tienen suficiente tiempo para comenzar a servir a Dios después, ¡no ahora! Los cristianos creen que les va bien en su vida cristiana, cuando ¡bum! ¡La guerra comienza y es demasiado tarde para prepararse!

—Tu bisabuelo tiene razón —asintió papá—, en cuanto a la batalla de Pearl Harbor y a la batalla espiritual en la que estamos. Es importante que siempre estemos listos para defendernos como ciudadanos de nuestro país, y como ciudadanos del cielo.

—Sí —asintió J. C. enfáticamente—. Voy a decirle a Marcos que debería comenzar por escuchar en lugar de pensar que lo sabe todo.

Papá abrazó a J. C. con cariño.

—¿Te atacó Satanás por sorpresa? —le preguntó suavemente—. Sé que estás tratando de testificarle a Marcos y hacer que vaya a la escuela dominical contigo, pero te oyes bastante enojado con él. Me parece que esa no es la manera de ganarlo para el Señor, ¿no crees? *PIK*

¿Y TÚ?

¿Crees que tendrás suficiente tiempo para servir al Señor cuando seas mayor? Eso es lo que Satanás quiere que pienses. ¡No esperes! Sigue aprendiendo cada vez más acerca de Dios y comienza a servirlo ahora.

Sirve al Señor

MEMORIZA:
«Elige hoy mismo a quién servirás. [...] En cuanto a mí y a mi familia, nosotros serviremos al Señor». Josué 24:15

LA NIEVE Y LAS BUENAS OBRAS

Lee el Salmo 103:8-14

—¡Aaah! ¡Nevó anoche! —exclamó Tara al mirar por la ventana los campos y los árboles—. ¡Ah, es tan maravilloso! Es tan limpia y blanca. Me encanta, ¿a ti no?

—¡Ay, sí! ¡Es tan beeeella! —se burló Holt, hermano de Tara—. Ay, adoro la nieve —continuó—. No hay nada que me guste más que se cubra la suciedad, con lo limpio que soy. Creo que es simplemente... —Sus bromas se interrumpieron con la servilleta que su hermana trató de meterle en la boca.

—Bueno, ustedes dos —dijo mamá con una sonrisa—. Solo prepárense para la escuela. No quiero que pierdan el bus.

Para la hora de la cena, la nieve había comenzado a derretirse.

—Espero que vuelva a nevar esta noche —dijo Tara cuando terminaron de comer—. Estaba muy bonito en la mañana, pero ahora todo comienza a verse sucio otra vez. Creo que deberíamos tener un poco de nieve todos los días para cubrir la nieve vieja y que las cosas siempre se vean limpias.

—Eso sería bonito —coincidió mamá.

—¡Ay, encantadooor! —comenzó Holt—. ¡Ay, la nie... *¡auch!* —Sus palabras se interrumpieron cuando la mano de su hermana cubrió su boca.

—¡Suficiente! —dijo papá, pero sonrió—. ¿Saben qué me recuerda esta nieve derritiéndose? —Nadie se aventuró a adivinar—. Me hace recordar las buenas obras que la gente hace cuando intenta abrirse camino al cielo —dijo papá.

—Bueno, eso es nuevo —dijo Holt—. Generalmente los predicadores nos dicen que la nieve nos recuerda que a nosotros se nos limpia de nuestro pecado y quedamos más blancos que la nieve.

—Eso es cierto —coincidió papá—. Pero algunas personas creen que las buenas obras los llevarán al cielo. Así como la nieve cubre la tierra, piensan que las buenas obras cubren las cosas malas que han hecho. Pero la suciedad, el pecado, todavía está abajo y se vuelve a ver cuando las buenas obras se derriten. La sangre de Jesús es lo único que cubre el pecado. Jesús puede quitar permanentemente la suciedad del pecado, no simplemente cubrirla por un momento. *HM*

¿Y TÚ?

¿Haces cosas buenas para tratar de contrarrestar, o cubrir, las cosas malas de tu vida? Cubrirlas con tus propias fuerzas no es lo suficientemente bueno. Si invitas a Jesús a tu vida y le pides que se lleve tu pecado, él lo hará.

MEMORIZA:
«¡Miren! ¡El Cordero de Dios, que quita el pecado del mundo!». Juan 1:29

Jesús quita el pecado

LISTO, PERO...

Lee 2 Corintios 5:5-9

—Te vi, Evan —dijo Mónica—. Te tapaste los oídos durante el sermón.

—Solo por un minuto —dijo Evan entre dientes. Generalmente escuchaba cuando el pastor hablaba, pero hoy había sido distinto. No pensó que alguien se hubiera dado cuenta porque se había agachado en la banca.

—¿Y por qué lo hiciste? —exigió Mónica—. El pastor Gray habló de que Jesús vendría otra vez. ¿Acaso no quieres que venga?

—Claro, algún día —respondió Evan.

—A veces quisiera que viniera inmediatamente —dijo Mónica con un suspiro—. Como antes de mi examen de matemáticas de mañana.

—Si estudiaras no tendrías que desear eso —dijo Evan.

—Es algo bueno que desear —insistió Mónica—. La abuelita siempre ora: "Señor, ven pronto".

—Eso es algo fácil de orar para ella; es anciana. Yo primero quiero un caballo. —Evan había dejado que se le saliera; la razón principal por la que esperaba que el Señor no volviera por algún tiempo. Pensaba, soñaba y leía de caballos. Algún día esperaba tener uno. Si el Señor volvía demasiado pronto, eso nunca pasaría. Papá había estado oyendo la conversación.

—Siempre te gustaron los caballos —recordó—, y no me sorprendería que algún día tengas uno de verdad.

—Pero ¿y si Jesús viene hoy? —preguntó Evan.

—¿Te acuerdas de nuestro viaje de campamento? —preguntó papá—. Prometí que iríamos, pero no pude poner una fecha exacta porque no sabía cuándo podría salir del trabajo. Por eso nos preparamos para acampar y luego seguimos con nuestra vida diaria. Hicimos nuestro trabajo y también programamos tiempo divertido. Cuando finalmente dije: "Podemos ir", todos nos alegramos de dejar nuestro horario normal y nos fuimos. Nadie quería quedarse atrás, incluso para esos tiempos de diversión.

Evan entendió. Estar con Jesús sería mejor que cualquier cosa aquí en la tierra, incluso un caballo. Pero hasta que llegara ese tiempo, él seguiría ocupado trabajando para el Señor y disfrutando de sus bendiciones. *BLK*

¿Y TÚ?

¿Deseas que Jesús no venga antes de que tengas tiempo para las cosas que quieres hacer? Aunque Dios te bendiga con muchas cosas buenas en la tierra, recuerda que nada puede compararse con lo que te espera en el cielo.

Entusiásmate por el cielo

MEMORIZA:
«Preferiríamos estar fuera de este cuerpo terrenal porque entonces estaríamos en el hogar celestial con el Señor».
2 Corintios 5:8

LA MEJOR MANERA DE DIOS

Lee Romanos 8:25-28

Sentada frente al árbol de Navidad del vecino, Justine veía las luces intermitentes. *Bien podrían apagarse y quedarse así*, pensó. ¿Cómo podía estar contenta cuando Dios no le había respondido su oración? Por semanas había estado orando para que tuvieran una Navidad tranquila, sin que papá y mamá discutieran. Pero la noche anterior habían tenido la peor noche de todas. Luego, esta mañana, mamá y papá habían salido y Justine no sabía a dónde. Papá solo le había dicho que después de la escuela tenía que irse a la casa de al lado, con los Ryan.

Cuando el auto de papá llegó al camino de entrada un poco después, Justine vio que mamá no venía en el auto, sino la abuelita. Justine corrió a casa, y papá se quedó afuera en el garaje, mientras que la abuelita entraba a la casa con ella. Justine se sentía triste y confundida.

—¿Dónde está mamá? —preguntó.

La abuelita se sentó al lado de Justine.

—Cariño —dijo—, tu padre me pidió que hablara contigo porque él no sabía cómo decírtelo. —Abrazó a Justine—. Esta mañana tu padre llevó a tu madre a una clínica, a una clínica de desintoxicación —le explicó.

—Quieres decir... —Justine temía saber lo que la abuelita le quería decir.

—Tu madre admitió que es alcohólica y se fue para que la trataran —dijo la abuelita. Justine se apoyó en la abuelita y comenzó a llorar. La abuelita la abrazó fuertemente.

Cuando Justine se secaba las lágrimas, dijo:

—Abuelita, he estado orando como me enseñaste. Pero Dios no respondió mi oración. —Le explicó por lo que había estado orando.

—Creo que Dios sí respondió tu petición, Justine —dijo la abuelita—, pero no de la manera que esperabas. Tus padres discutían mucho porque tu madre negaba ser alcohólica. Pero ahora lo está enfrentando y tiene un tratamiento. Con la ayuda de Dios, ella mejorará y las peleas también se acabarán, no solo para Navidad.

Justine se quedó sentada en silencio por un rato. Luego sonrió levemente.

—Vamos a encender las luces de Navidad —dijo. *EMB*

¿Y TÚ?

¿Crees que sabes cómo Dios debería responder tu oración? ¿Estás dispuesto a dejar que él se encargue de tu problema? La responderá a su manera y a su tiempo. Confía en él.

MEMORIZA:

«El Espíritu intercede por nosotros, los creyentes, en armonía con la voluntad de Dios». Romanos 8:27

Dios responde la oración

CÓMO ACEPTAR AYUDA

Lee el Salmo 25:8-14; Isaías 58:11

Addie estaba sentada en su escritorio, haciendo tareas de matemáticas, cuando su hermanita, Yvonne, entró.

—Yo también quiero escribir números —dijo Yvonne.

Addie sonrió. Yvonne apenas tenía tres años. Era demasiado joven para resolver problemas de matemáticas, pero quería ser como su hermana mayor. Por lo que Addie cuidadosamente escribió los números del uno al diez en una hoja del cuaderno. Luego tomó la mano de Yvonne y la ayudó a comenzar a escribir.

—Uno, dos...

—Yo puedo hacerlo —dijo Yvonne y retiró su mano.

—Está bien —dijo Addie, y volvió a su tarea. Estaba terminando cuando Yvonne comenzó a llorar—. ¿Qué pasa? —preguntó Addie.

—Mis números no se ven bien —dijo Yvonne lloriqueando. Sus números estaban desordenados en el papel; muchos de ellos no se reconocían.

—Déjame ayudarte —sugirió Addie y se inclinó para volver a tomar la mano de Yvonne.

—¡No! —Yvonne se soltó—. Yo lo haré —insistió.

—Está bien —dijo Addie. Salió de la habitación y encontró a su madre que ordenaba ropa en la sala. —Traté de ayudar a Yvonne a escribir sus números, pero ella no me deja —le dijo a mamá—. Prefiere llorar porque no puede hacerlo en vez de dejarme ayudarla.

—Creo que todos necesitamos aprender a aceptar ayuda —dijo mamá y le entregó unas toallas a Addie para que las doblara. Después de trabajar en silencio por un rato, mamá agregó—: A veces nos parecemos mucho a Yvonne. Sus números no le salieron bien cuando no te dejó guiarla. Nuestras decisiones frecuentemente no resultan bien cuando no le pedimos ayuda a Dios, cuando no lo dejamos que nos guíe con su Palabra y con el impulso de su Espíritu en nuestro corazón y en nuestra mente.

—Sí, trataré de recordarlo —dijo Addie—. Voy a ver a Yvonne en caso de que haya cambiado de parecer y quiera ayuda ahora. *KEC*

¿Y TÚ?

¿Le pides ayuda a Dios? ¿Lees su Palabra para que puedas entender mejor lo que él quiere y espera de ti? ¿Obedeces cuando sientes que él quiere que actúes de cierta manera? Serás mucho más feliz cuando sigas la guía de Dios.

Deja que Dios te guíe

MEMORIZA:
«Te enseñaré los caminos de la sabiduría y te guiaré por sendas rectas».
Proverbios 4:11

CÁSCARAS DE PAPA

Lee Mateo 12:34-37

Cory subía las gradas fatigosamente hacia la cocina. Su madre estaba parada ante el fregadero, pelando papas para la cena.

—Hola, llegas tarde. ¿Volvieron a tener tiempo extra en la práctica de básquetbol? —preguntó con una sonrisa.

—Sí —respondió Cory, mientras bajaba la cremallera de su chaqueta y miraba hacia el televisor—. ¡Mira quién está en la televisión! —exclamó.

En la pantalla, un reportero de noticias le hacía preguntas a un hombre alto, apoyado descuidadamente en la baranda de un cerco.

—Es una de esas entrevistas a los actores de películas —respondió mamá—. La verdad es que no estaba oyendo.

¡No estaba oyendo! ¡Vaya!, pensó Cory. Reconocía al actor como uno de los favoritos de sus amigos. *¡Este tipo es fenomenal y esta es mi oportunidad de escucharlo!*, pensó.

A medida que la entrevista se desarrollaba, Cory se dio cuenta de la obvia incomodidad en la conducta de la estrella de cine. Cambiaba su postura de manera incómoda, miraba nerviosamente hacia la cámara y batallaba con las palabras. Finalmente, hubo una explosión de lenguaje ofensivo que fue silenciada rápidamente.

—Eso sí que fue bochornoso —dijo mamá con el ceño fruncido.

—¡Y que lo digas! —asintió Cory—. ¡Se oía horrible! —Cory se preguntaba qué le había pasado al famoso tipo agudo, afable y listo.

—¡Uy! ¡Aquí hay una papa podrida! Nadie habría adivinado solo con verla. —Mamá sostuvo una papa grande que había partido por la mitad. El exterior estaba limpio y blanco, pero todo el centro estaba negro.

—¡Guácala! —exclamó Cory—. ¡Qué asco!

—Creo que esa papa nos da una imagen exacta de ese actor, Cory. Él se veía bastante bien por fuera, pero ni siquiera es capaz de una conversación decente cuando no tiene un guión escrito. Aparentemente tiene poco que valga la pena por dentro. Dios nos advierte de la gente que es así. Como lo dice el antiguo dicho: ¡no puedes juzgar un libro por su cubierta!

—No —dijo Cory—, ¡ni puedes juzgar una papa por su cáscara! *PIK*

¿Y TÚ?

¿Quedas embelesado con la apariencia de los ídolos de adolescentes? Escucha cuidadosamente para descubrir cómo es la gente por dentro. Si no son agradables para Dios, tampoco deberían ser agradables para nosotros.

MEMORIZA:

«Lo que uno dice brota de lo que hay en el corazón». Lucas 6:45

Admira a la gente que vale la pena

ATRAPADOS EN LA TORMENTA

Lee el Salmo 119:89-96

El viento batía la nieve por todo el auto, y la familia Carter temblaba en sus asientos. Se habían desviado del camino y estaban en un ventisquero. Papá presionó el pedal del acelerador y trató de mover el auto hacia delante y luego hacia atrás. No pasó nada; el auto estaba atascado.

«El invierno pasado compré una pala para mantenerla en el auto, en caso de que pasara algo así —gruñó papá—. Entonces tuvimos un invierno suave y nunca la necesité. Por lo que la guardé en el sótano, y todavía está allí. —Dio un suspiro—. Ahora tendremos que pedir ayuda». Encendió las luces de emergencia del auto y marcó un número de emergencia en su teléfono celular. Pareció tomar mucho tiempo antes de que alguien llegara para ayudarlos a regresar el auto al camino.

«Cuando lleguemos a casa, lo primero que haré será volver a poner esa pala en el auto —declaró papá cuando finalmente estuvieron de vuelta en el camino—. Uno nunca sabe cuándo puede haber problemas».

Esa noche, papá entró a desearle buenas noches a Pablo.

—¿Dónde está tu Biblia? —preguntó papá y miró la mesa de noche.

—No sé —dijo Pablo—. Creo que está en la gaveta.

—Debe estar en tu corazón y en tu memoria —dijo papá y abrió la gaveta—. Me he dado cuenta de que es importante leer la Biblia todos los días, y que tú lo necesitas también. Siento no haberte animado a hacerlo.

—Está bien —dijo Pablo—. De todas formas, no tengo tiempo para leer mucho.

—Pablo —dijo papá—, leer unos cuantos versículos no te tomaría mucho más de lo que yo hubiera tardado en sacar la pala de nieve del sótano y ponerla en el auto. Desde que llegamos a casa hoy, he estado pensando en estar preparado. Mientras el invierno fue suave, no me molesté en poner la pala en el auto. Cuando las cosas en nuestra vida van bien, frecuentemente no leemos la Palabra de Dios. Pero tarde o temprano, vamos a ser desafiados con una tormenta de nieve o con una tentación o problema. Tenemos que estar preparados. *NEK*

¿Y TÚ?

¿Te estás preparando para cualquier cosa que pueda llegar a tu vida? No esperes hasta que haya problemas para leer la Palabra de Dios. Leerla todos los días te ayudará a estar preparado tanto para los tiempos buenos como para los malos.

Prepárate con la Palabra de Dios

MEMORIZA:
«Si tus enseñanzas no me hubieran sostenido con alegría, ya habría muerto en mi sufrimiento». Salmo 119:92

DICIEMBRE
14

SORPRESAS DE PELUCHE

Lee Deuteronomio 15:7-8; Proverbios 19:17; 22:9

—¿Quién va a envolver todos estos regalos? —le preguntó Chelsea a su madre cuando entraron por la puerta del frente, cargadas de cajas y bolsas. Acababan de comprar lo último de muchos regalos de Navidad que les darían a las familias pobres de la ciudad. Mucha gente ya había comprado y entregado los regalos a la iglesia. Pero muchos otros habían donado dinero para regalos, que Chelsea y su madre habían comprado.

—Mañana en la noche, un grupo de personas se reunirá en la iglesia para envolver estos regalos. Quisiera que tuviéramos suficiente dinero para comprar un pequeño juguete para cada niño de la lista. —Los regalos consistían mayormente en ropa—. Apuesto a que estos serán los únicos regalos que muchos de los niños recibirán este año.

Chelsea se fue a su habitación. Al iniciar sus tareas escolares, sus ojos se dirigieron a una colección de animales de peluche que llenaban los estantes. En sus doce años, Chelsea había coleccionado más de cien osos, conejos, perros, lagartos, gatos, monos y cualquier otra clase de criatura imaginable de peluche. *La verdad es que ya no juego con ellos*, pensó, *y todos esos niños casi no tienen juguetes*.

Chelsea batalló por mucho tiempo con su decisión y finalmente se dirigió a la sala.

—Mamá y papá —dijo—, ¿creen que a esos niños pobres les gustarían algunos de mis animales de peluche?

—Pues, seguro, Chelsea —dijo mamá, que se veía sorprendida—. ¿Por qué? ¿Qué tenías en mente?

—Bueno, quiero guardar algunos de mis favoritos —dijo Chelsea—, pero pensaba llevar algunos de mis animales de peluche a la iglesia mañana en la noche. Podríamos empacar uno con el regalo de cada niño.

—Es una idea maravillosa —dijo papá—. Ayudarás a muchos niños a que tuvieran una feliz Navidad.

—Y Dios también estará complacido —dijo mamá.

A la tarde siguiente, mientras empacaban regalos, Chelsea se despidió de muchos amigos animales de largo tiempo. Pero sonreía. Nunca había sentido su corazón tan cálido en la época de Navidad. *TKM*

¿Y TÚ?

¿Conoces familias pobres de tu ciudad? ¿Tienes cosas que podrías compartir con ellos? Piensa en alguna manera en la que podrías darle a los pobres esta semana.

MEMORIZA:

«Al que ayuda al pobre no le faltará nada». Proverbios 28:27

Comparte con los pobres

ÁNIMO

Lee Colosenses 1:10-14

Jillian y su hermana mayor, Kelsey, preparaban una merienda después de la escuela. Jillian esparció mantequilla de maní y jalea en el pan. Luego, camino a la mesa... *¡plaf!* El pan cayó boca abajo al suelo. Kelsey comenzó a reírse, pero en la cara de Jillian corrían lágrimas.

—¡Ay, no! Se arruinó mi sándwich —dijo balbuceando—. Qué horrible.

—Ah, vamos, Jill. Anímate —la alentó Kelsey mientras la ayudaba a limpiar el desastre—. No es tan malo. —Pero Jillian siguió quejándose por eso, y por otras cosas que le habían pasado ese día.

Cuando llegó el domingo, la maestra de escuela dominical de Jillian, la señora Krause, llegó un minuto tarde y sin aliento. «Todo salió mal esta mañana —le dijo a su clase de manera afable mientras se quitaba el abrigo. Luego comenzó a reírse—. ¡Mírenme! —exclamó—. Olvidé cambiarme la blusa. Ah, bueno, todos ustedes tendrán que aguantar el gran rasgón de mi manga por un rato. Este es un buen chiste para mí».

La clase se rió con su maestra, y luego fue hora de decir el versículo de memoria de Proverbios 17:22. «"El corazón alegre es una buena medicina"», recitó Jillian.

«No esperaba ser tan buen ejemplo de lo que significa ese versículo —dijo la señora Krause—, pero sí trato de no tomar muy en serio las cosas que no son importantes. Si puedo reírme de esas cosas y dejar que los demás se rían conmigo, todos podemos pasar un buen tiempo. Nos hace bien compartir la risa. Puedo reírme de cosas como esta si recuerdo que Dios está en control, incluso cuando las cosas salen mal. Él cuida de mí, por lo que puedo tener un corazón liviano, pase lo que pase».

Jillian recordó las cosas por las que se había quejado esa semana. Si se hubiera reído de esas cosas en lugar de contrariarse, ella y Kelsey habrían pasado un buen tiempo juntas. Jillian decidió que la próxima vez que las cosas le salieran mal, recordaría que Dios siempre ama y cuida a sus hijos. Eso la ayudaría a animarse. *CEY*

¿Y TÚ?

¿Puedes estar alegre cuando te sientes avergonzado o cuando parece que todo te sale mal? Trata de recordar que Dios te ama y cuida de ti. Eso es lo que es verdaderamente importante. Pensar en el amor y cuidado de Dios te dará un corazón alegre y te ayudará a darte ánimo.

Ten un corazón alegre

MEMORIZA:
«El corazón alegre es una buena medicina». Proverbios 17:22

DICIEMBRE
16

EL ENGAÑADOR ASTUTO

Lee Proverbios 23:29-35

Shawn vio la propaganda de cerveza en la televisión. Mostraba chicas bonitas y chicos bien parecidos que bebían y reían. Sus padres siempre le decían que beber podría arruinar la vida, pero se veía divertido en la televisión. «Shawn, apaga eso y haz tu tarea», exclamó mamá.

A regañadientes, Shawn apagó la televisión y tomó sus libros para comenzar a escribir su reporte sobre las hormigas. Buscó información en una enciclopedia. Escribió los hechos sorprendentes que había encontrado: Cada hormiga tiene un trabajo que debe hacer en la comunidad. Algunas son enfermeras que cuidan a los huevos y a los bebés hormigas. Algunas son constructoras. Otras son guardias. Algunas son agricultoras, que cosechan semillas y siembran hongos. Otras son vaqueras, que buscan pequeños pulgones verdes, a los que ordeñan frotándolos por el líquido dulce que ellos dan. Incluso construyen pequeños establos de barro para los pulgones y los protegen de los insectos ladrones de «ganado».

A medida que Shawn seguía estudiando estas pequeñas criaturas maravillosas, encontró una información asombrosa: ¡algunas hormigas tienen problemas con la bebida! Obtienen un líquido embriagante de un escarabajo que llega a su nido. El escarabajo chorrea su licor en los pelos de su espalda, y las hormigas lamen los pelos. Esto las hace embriagarse.

¿Y qué pasa después? Las hormigas que toman esta sustancia llegan a estar tan ebrias que no se dan cuenta de que los escarabajos les roban sus huevos y larvas. A medida que las hormigas llegan a estar ebrias e inactivas, no realizan su trabajo, los bebés mueren y la comunidad de hormigas se convierte en un pueblo fantasma.

Shawn dejó de escribir y miró por la ventana por un largo rato. *¿Tienen razón los anuncios de cerveza de la televisión?*, se preguntó. *¿O tienen razón mamá y papá, cuando dicen que beber alcohol frecuentemente arruina a la gente?*

Él sabía la respuesta. A las hormigas las engañaban los escarabajos, y a mucha gente la engañan los anuncios de cerveza. Shawn decidió en ese momento que no sería uno de ellos. *MHN*

¿Y TÚ?

¿Crees que el pecado que ves en la televisión se ve divertido? ¿O piensas a dónde te llevaría ese pecado? Beber alcohol puede ser peligroso y destructivo.

MEMORIZA:

«El vino produce burlones; la bebida alcohólica lleva a la pelea. Los que se dejan llevar por la bebida, no pueden ser sabios». Proverbios 20:1

Beber alcohol es peligroso

EL DÍA DE LOS ABUELITOS

Lee Juan 20:24-29

«¡Bienvenidos al Día de los Abuelitos!» —saludó la señora Perry a todos en el salón de clases del segundo grado—. Estamos muy contentos de tenerlos aquí. Siéntense, relájense y disfruten nuestro programa».

Todos los abuelos se sentaron mientras los estudiantes cantaban, recitaban poemas y mostraban las manualidades que habían hecho. Cuando el programa terminó, los chicos tomaron turnos para presentar a sus abuelos a la clase. Había abuelitas y abuelitos, litos y litas, abues y nanas. Un niño llamaba *oma* y *opa* a sus abuelitos, que eran de Polonia.

Finalmente, fue el turno de Mateo. Pasó al frente del salón y sostuvo una foto para que todos la vieran. «Este es mi abuelito —dijo orgullosamente—. No está aquí hoy porque está en el cielo. Se fue allá antes de que yo naciera, por lo que no lo recuerdo. Pero mi papá me habla de él. El abuelito solía hacer muebles y otras cosas. Siempre fue agradable y le daba comida a la gente que no tenía nada. Oigo grabaciones del abuelito cantando y tocando la guitarra. ¡Lo amo mucho!». Luego Mateo se sentó.

Posteriormente ese día, Mateo le contó a sus padres acerca del Día de los Abuelos. Papá se quedó callado por unos minutos; luego dijo:

—Sabes, Mateo, yo también amo a alguien a quien nunca he visto. ¿Sabes quién es?

—¿Jesús? —preguntó Mateo. Papá asintió y sonrió.

—Yo también amo a Jesús —dijo Mateo.

—Tú amas al abuelito porque yo te cuento lo bueno y amable que era. ¿Por qué amas a Jesús?

—La Biblia me dice lo bueno que es —respondió Mateo—. ¡Él también me ama!

Papá sonrió.

—Es cierto, Mateo —dijo—. Lo amamos aunque nunca lo hemos visto. Pero algún día lo veremos, ¿verdad?

—¡Sí! —Mateo asintió. Sonrió y agregó—: ¡Y también veremos al abuelito! *TMB*

¿Y TÚ?

¿Amas a Dios aunque nunca lo has visto? Él te ama tanto que envió a su Hijo, Jesús, a la tierra. ¿No le quieres dar tu amor también? Entonces puedes esperar verlo cara a cara algún día. ¡Esa será una gran alegría!

Corresponde al amor de Dios

MEMORIZA:

«Ustedes aman a Jesucristo a pesar de que nunca lo han visto [...] y se gozan con una alegría gloriosa e indescriptible».
1 Pedro 1:8

LA MEJOR MEDICINA

Lee Filipenses 4:4-9

Más de una hora después de haberse ido a la cama, Kendra todavía no se había dormido. Intentó todo lo que se le ocurrió para relajar su mente, pero nada funcionó. Finalmente, se salió de la cama y se fue a buscar a la abuelita.

—Abuelita, ¿tienes píldoras para dormir? —le preguntó Kendra ansiosamente.

—No, no tengo, y de todas formas no creo que sería bueno para ti tomar algo como eso, Kendra —dijo la abuelita.

Kendra suspiró. Había pensado que quizás la abuelita diría algo así.

—Lo sé, pero es que no me puedo dormir —dijo.

La abuelita abrazó a Kendra y ella se sintió mejor solo con tenerla cerca.

—Probablemente estás preocupada por la audiencia de mañana por el divorcio, ¿verdad? —preguntó la abuelita.

Kendra asintió. Deseaba poder decirle a la abuelita exactamente cómo se sentía, pero no podía poner sus emociones en palabras.

—A mí también me ha estado molestando —le dijo la abuelita—. Sigo preguntándome qué tan distintas serían las cosas si tu padre hubiera vivido como yo lo crié, en lugar de alejarse de Dios. —La abuelita se quedó callada por un momento—. En una hora como esta, solo sé de un lugar en donde buscar ayuda —continuó la abuelita. Tomó su Biblia—. Déjame leerte uno de mis pasajes favoritos. Está en Filipenses 4:4-9, y creo que nos ayudará a las dos.

Mientras la abuelita leía en voz alta, Kendra observó que los versículos de la Biblia la estimulaban a orar. Lo que más le gustó a Kendra fue la promesa de paz de Dios. Cuando la abuelita terminó de leer, oró para que Dios tranquilizara sus nervios y las ayudara a descansar.

«Creo que ya me puedo dormir —dijo Kendra mientras abrazaba a la abuelita—. ¡Tienes buena medicina para curar los nervios!» *EMB*

¿Y TÚ?

¿Te están contrariando los problemas? ¿Dónde buscas ayuda con un problema grande? La paz duradera que Dios da es mucho mejor que cualquier píldora. La promesa de paz es para los hijos de Dios que confían en su Padre celestial.

MEMORIZA:
«La paz de Dios cuidará su corazón y su mente mientras vivan en Cristo Jesús».
Filipenses 4:7

Cambia la preocupación por la paz

«HAIL TO THE CHIEF»

Lee Mateo 6:9-13

Andrés tomó su Biblia y trató una vez más de memorizar el Padre Nuestro. «"Padre nuestro que estás en el cielo"», citó, luego se detuvo y suspiró. Siempre le costaba la palabra que seguía.

—Ni siquiera sé qué significa la palabra que sigue —se quejó con su padre.

—¿La palabra *santificado*? —preguntó papá.

—Sí —dijo Andrés—. Santificado. ¿Qué significa "santificado sea tu nombre"?

—Santificado significa santo o sagrado. Cuando decimos sinceramente "santificado, o santo, sea tu nombre", honramos a Dios —explicó papá—. Siempre debemos recordar que el nombre de Dios es santo, y debemos usarlo solamente de manera respetuosa.

Más tarde ese día, Andrés y su padre fueron a ver un desfile. El presidente de Estados Unidos iba a llegar a su ciudad y daría un discurso en el centro de la ciudad. Andrés estaba emocionado por ver a los hombres del Servicio Secreto alrededor, y también estaba ansioso por ver al presidente. Se paró con papá cerca de la plataforma del orador, y pronto llegó un automóvil largo y negro. Cuando el presidente salió, la banda tocó una canción patriota. Entonces presentaron al presidente en medio de muchos vítores y aplausos.

—¿Escuchaste la canción que la banda tocó cuando el presidente salió de su auto? —preguntó papá, cuando él y Andrés regresaban a casa. Andrés asintió—. Es *"Hail to the Chief"*, y siempre la tocan cuando llega el presidente —agregó papá.

—Sí, es impresionante —dijo Andrés.

—Le hace recordar a la gente que nuestro presidente es el líder de nuestro país y que debemos honrarlo como tal —dijo papá—. Si la gente es así de cuidadosa para honrar a un líder terrenal, ¿cuánto más deberíamos honrar a Dios? Las palabras por las que preguntaste del Padre Nuestro nos hacen recordar esto. *CEY*

¿Y TÚ?

¿Recitas a veces el Padre Nuestro? ¿Has pensado en lo que significa «santificar» el nombre de Dios? A medida que recitas las palabras, piensa en la santidad de Dios y en lo grandioso, lo fuerte y lo bueno que es. Deja que esas palabras te recuerden honrar a Dios con tus pensamientos y con tu vida.

Honra el nombre de Dios

MEMORIZA:

«Padre nuestro que estás en el cielo, santificado sea tu nombre, venga tu reino, hágase tu voluntad en la tierra como en el cielo». Mateo 6:9-10, NVI

DICIEMBRE
20

BLANCA NAVIDAD

Lee el Salmo 51:1-9

—Todavía está nevando, abuelito —dijo Jasón mirando por la ventana—. Tendremos una blanca Navidad. —Jasón no había visto mucha nieve cuando vivía en el valle, pero ahora estaba con sus abuelos en las montañas.

—Tan pronto como termine de hacer este tobogán puedes probarlo en la montaña —dijo el abuelito mientras martillaba otro clavo.

Para cuando el abuelito terminó, Jasón ya se había puesto su nueva chaqueta y sus botas. Tomó su gorro y sus guantes y salió con el abuelito.

—¡Todo el mundo se ve tan limpio!

—Me hace recordar un versículo bíblico favorito —dijo el abuelito con una sonrisa—. "Aunque sus pecados sean como la escarlata, yo los haré tan blancos como la nieve" (Isaías 1:18). Jasón no sabía mucho de la Biblia, pero le gustaba oír al abuelito hablar de ella. Sin embargo, ahora mismo, estaba ansioso por experimentar su primer paseo en el tobogán nuevo.

Después de acostumbrarse a la emoción de deslizarse hacia abajo, la mente de Jasón volvió al versículo de la Biblia acerca del pecado.

—Abuelito, dijiste que papá aceptó a Jesús como su Salvador —comenzó Jasón, mientras tomaba el chocolate caliente que la abuelita le había servido. El abuelito asintió—. ¿Significa que sus pecados son tan blancos como la nieve? —preguntó Jasón.

—Efectivamente, así es —le aseguró el abuelito.

—¿Entonces por qué papá todavía está en la cárcel? —preguntó Jasón.

—Jasón, cuando tu padre era joven, no quería tener nada que ver con Jesús —dijo el abuelito—. Tomó el camino equivocado y quebrantó la ley, y ahora tiene que pagar por los pecados de esta vida, aunque Dios ya limpió su corazón.

—No quiero esperar hasta estar en problemas para que mis pecados sean limpios como la nieve —dijo Jasón después de un rato.

—No tienes que hacerlo —dijo el abuelito—. Ahora mismo puedes pedirle a Dios que perdone tus pecados y permitirle a Jesús que viva en tu vida. —Le sonrió a Jasón—. Entonces puedes tener una "blanca Navidad" por dentro, así como por fuera. ¿Te gustaría hacerlo? *EMB*

¿Y TÚ?

¿Vas a tener una «blanca Navidad» por dentro? Eso es mucho más importante que tener un mundo cubierto de nieve. Recuerda que una vida de pecado tiene consecuencias, aunque Dios perdona. ¿Aceptarás a Jesús como tu Salvador ahora, mientras eres joven?

MEMORIZA:

«Acuérdate de tu Creador en los días de tu juventud». Eclesiastés 12:1, NVI

Acepta a Jesús ahora

PELIGRO

Lee Proverbios 1:10-19

«No, no, Gris —le advirtió Renee a la gata de la familia—. Mantén tus patas lejos de esa cubeta». Gris trataba de jugar en un poco de agua en la que Renee había puesto una fuerte solución de limpieza. Renee sabía que cuando Gris se lamiera las patas, la solución podría hacerle daño. Pero Gris no se podía resistir, por lo que Renee tomó a su mascota, la puso en la siguiente habitación y cerró la puerta. Gris lloró, pero Renee fue firme.

«Esa es la única manera de mantenerte lejos del peligro, Gris», dijo.

Más tarde ese día, Renee se reunió con unas amigas en el centro comercial. Toda la semana había estado emocionada por esta primera vez en que le permitieron comprar en el centro comercial sin su madre. Pero la aventura dio un giro decepcionante cuando las chicas se detuvieron para mirar unos aretes.

—¡Guau! Qué caros —dijo Jordán, una de las chicas—. Pero no importa; voy a adquirirlos gratis. No me miren; solo actúen naturalmente mientras los meto en mi chaqueta.

—Pero eso es robar —objetó Renee.

—Es ser inteligente —respondió Jordán, y las otras chicas asintieron—. ¿O eres demasiado bebé?

Renee no sabía qué hacer. Si se quedaba con las chicas, sería parte de sus actos aunque ella no tomara nada. Pero si se iba, probablemente las chicas nunca más la invitarían a hacer cosas con ellas. La harían a un lado. Renee se sintió aliviada cuando Jordán dijo: «La verdad es que no veo aquí los que quiero. Vamos a una tienda distinta».

Las chicas se voltearon para irse. «Vamos, Renee», dijo una, pero Renee vaciló. Cuando vio a Jordán tocando los aretes, se acordó de Gris y el agua. La única manera en que había podido evitar que Gris se hiciera daño había sido manteniéndola lejos de la tentación. Y Renee sabía que la única manera de evitar participar de un robo era mantenerse lejos de estas chicas.

«Me voy a casa», dijo, se volteó y se alejó, ignorando las risas detrás de ella. Las lágrimas le hacían arder los ojos, pero su corazón estaba muy alegre. *CEY*

¿Y TÚ?

Cuando estás con otros que planifican hacer el mal, ¿te quedas con ellos o te vas tan pronto como puedes? Es difícil ser el único que se va, pero es la mejor manera de evitar participar en cosas que Dios prohíbe.

Aléjate del mal

MEMORIZA:
«No te dejes llevar por la mayoría en su maldad». Éxodo 23:2

VISIÓN CON CLARIDAD

Lee 1 Corintios 13:8-13

—¡Oye, papá! —exclamó Javier—. ¡Mira eso! —Señaló hacia adelante, a la silueta de la ciudad, que estaba casi totalmente escondida por la neblina—. Hemos estado en esta autopista muchísimas veces, pero nunca he visto neblina como esta —agregó Javier, con un matiz de asombro.

—Sigue mirando esos edificios —dijo papá—. Mientras nos acerquemos, parecerá que la neblina desaparece y los edificios se verán más nítidos.

En los siguientes minutos condujeron en silencio, mientras Javier miraba el nublado paisaje familiar de la ciudad. Efectivamente, como su padre lo había dicho, mientras más se acercaban, todo comenzó a verse más nítido. Javier le sonrió a papá.

—¿Te acuerdas de 1 Corintios 13:12: "Ahora vemos todo de manera imperfecta, como reflejos desconcertantes, pero luego veremos todo con perfecta claridad. Todo lo que ahora conozco es parcial e incompleto, pero luego conoceré todo por completo, tal como Dios ya me conoce a mí completamente"? —preguntó papá.

—Sí —dijo Javier sonriendo porque sabía que su papá se alegraría porque sabía el versículo—. Tuve que memorizarlo para el club bíblico una vez.

Papá señaló con la cabeza en dirección a la ciudad.

—La neblina me hace recordar ese versículo —dijo—. A veces se nos hace difícil entender el amor y lo maravilloso de Dios. Pero cuando nos acercamos más a él, al leer su Palabra, al ir a la iglesia y al hablarle todos los días, comenzamos a entenderlo más claramente.

—Qué increíble, papá —coincidió Javier.

—Lo mejor de todo —agregó papá—, es que llegará el día en que lo conoceremos perfectamente. *RSM*

¿Y TÚ?

¿Lees tu Biblia y oras todos los días? Recuerda que mientras más leas la Palabra de Dios y hables con él, más entenderás cuánto te ama. Te encontrarás anhelando el día en que lo verás cara a cara y lo conocerás completamente.

MEMORIZA:

«Ahora vemos todo de manera imperfecta, como reflejos desconcertantes, pero luego veremos todo con perfecta claridad. Todo lo que ahora conozco es parcial e incompleto, pero luego conoceré todo por completo, tal como Dios ya me conoce a mí completamente».
1 Corintios 13:12

Algún día conocerás a Dios completamente

CÓMO TIRAR LOS CACHIVACHES

Lee Hebreos 12:12-15

Adrián y su madre estaban sentados en el suelo con las gavetas de la cómoda de Adrián desplegadas al lado de ellos. Mamá lo ayudaba a limpiar sus gavetas y le sugería que tirara muchas cosas, para hacer más espacio para ropa y otras pertenencias nuevas.

—No sé por qué guardas todos estos cachivaches —dijo—. No tienes espacio para todas las cosas buenas que tienes.

—¡Cachivaches! —exclamó Adrián—. Esas son cosas importantes.

—¿Cosas importantes? —Mamá hizo eco y levantó una pelota de bás-quetbol desinflada, un gancho de pesca doblado, un par de zapatos tenis estropeados, una cometa rota—. Estas cosas pertenecen a la basura.

Adrián tomó la cometa.

—Pero esta era mi cometa favorita —dijo—. ¿Te acuerdas del día en que Jamie la rompió? Me la pidió prestada para ir al parque con sus amigos, y dejó que quedara atrapada en un árbol. Todavía me enojo cuando pienso en eso.

—Me acuerdo —respondió mamá—. Tal vez necesitas poner más que la cometa en la basura.

—¿Qué quieres decir? —preguntó Adrián.

—Creo que te estás aferrando a algunos recuerdos desdichados —explicó mamá—. De hecho, no hace mucho tiempo Jamie pidió usar algo tuyo, y tú le hiciste recordar la cometa rota. Sabes, la Biblia dice que no hay que ser severos ni enojados.

Adrián se quedó callado por un minuto mientras pensaba en lo que mamá había dicho.

—Creo que tienes razón, mamá —admitió. Lentamente colocó la cometa rota en la basura. Luego sonrió—. ¿Sabes qué? —preguntó—. Hoy Jamie me preguntó si podía usar mi guante de béisbol mañana, y voy a dejar que lo use.

—¡Excelente! —dijo mamá—. Ahora, ¿de qué otra cosa podemos desha-cernos? —preguntó ella, y levantó una bolsa para basura extragrande. *PJK*

¿Y TÚ?

¿Guardas rencor? ¿Raspó alguien tu bicicleta nueva? ¿Eligió primero tu amigo a alguien más para el equipo? Pídele a Jesús que te ayude a perdonar.

Líbrate del rencor

MEMORIZA:

«Líbrense de toda amargura, furia, enojo, palabras ásperas, calumnias y toda clase de mala conducta». Efesios 4:31

DICIEMBRE
24

EL SALVAVIDAS

Lee Mateo 1:18-25

Valencia se metió a la boca un grano de palomita de maíz. Se sentó hacia adelante en su silla, con los ojos clavados en la pantalla de televisión. La música sonaba. La emoción aumentaba. Valencia tomó otra palomita de maíz mientras miraba que el hombre en la pantalla luchaba por su vida. Se había caído de su bote al océano. Las olas feroces se revolcaban y amenazaban con ahogarlo. El hombre pateaba y chapoteaba, buscando un salvavidas.

La aleta de un tiburón se deslizaba en el agua detrás del hombre, y el corazón de Valencia latía con fuerza. El tiburón estaba cada vez más cerca, mientras el hombre luchaba contra el mar, sin saber del peligro que tenía atrás. Cuando parecía que el tiburón seguramente se lo tragaría, un bote apareció rugiendo. Le lanzaron un salvavidas. El hombre se aferró al salvavidas y fue llevado a un lugar seguro.

—¡Vaya! —dijo Valencia—. Ese bote apareció de la nada.

—La verdad es que no —dijo Esteban, su hermano mayor—. El bote estuvo allí todo el tiempo. ¿No te acuerdas? Al principio de la película enviaron al bote a tomar muestras de agua del área.

—Ay, es cierto —dijo Valencia—. Ahora me acuerdo. Pero sin duda fue algo bueno que llegara cuando llegó.

Esteban asintió.

—Fue el salvavidas del hombre —dijo—. Fue una buena historia.

Valencia bostezó.

—Sí, pero no muy navideña —dijo.

—No —admitió papá, que había visto el programa con los chicos—, pero si piensas en la historia, puedes hacer que parezca más navideña al recordar que mañana celebramos el día en que Dios nos envió a nuestro salvavidas. Dios sabía que todos nos hundiríamos en el mar del pecado, por lo que envió a su único Hijo, Jesucristo, para salvarnos.

—Oye, eso es cierto —dijo Esteban—. Jesús también ha estado allí todo el tiempo, ¿verdad? Lo único que tenemos que hacer es aceptarlo como nuestro Salvador personal, y él nos llevará a donde estemos seguros. *JAP*

¿Y TÚ?

¿Todavía te estás «ahogando» en tu pecado? Jesús te ofrece un salvavidas. Él vino como un bebé a Belén. Creció y vivió una vida perfecta. Pero fue a la cruz para salvarnos del pecado. Él quiere salvarte, y lo hará si lo aceptas como tu Salvador personal.

MEMORIZA:

«Y tendrá un hijo y lo llamarás Jesús, porque él salvará a su pueblo de sus pecados». Mateo 1:21

Jesús salva

NAVIDAD DE LLORONES

Lee Isaías 9:2-3, 6-7

—Esta es la peor Navidad que he tenido —se quejó Brittany con su hermano adolescente, Logan, que reorganizaba algunas piezas del nacimiento—. Aquí estamos en un pueblo extraño a donde transfirieron a papá, y el único lugar que encontramos para vivir es este apartamento de mala muerte. La calefacción no funciona bien, y ni siquiera tenemos un televisor.

—Cuando María y José llegaron a Belén, lo único que pudieron encontrar fue un establo —respondió Logan—. Por lo menos nosotros tenemos una cama. Probablemente ellos solo tuvieron paja.

Brittany miró a los ángeles del nacimiento.

—Bueno, María y José oyeron cantar a los ángeles —dijo—. Y los magos llevaron regalos.

—Fueron los pastores, no María y José, los que oyeron a los ángeles —le dijo Logan—. Además, tuvimos cantantes de villancicos anoche. Y cuando abramos nuestros regalos en el desayuno, estoy seguro de que recibiremos más regalos de los que merecemos, especialmente tú —dijo en tono de broma. Le sonrió a su hermana y después agregó—: Siempre dices que esta Navidad es la peor, pero no lo será a menos que tú permitas que así sea, a menos que la conviertas en una Navidad de llorones.

—¿Qué quieres decir? —preguntó Brittany.

—Cada año oigo a chicos que se quejan de que no tienen suficiente dinero para comprar regalos de Navidad —dijo Logan—. O se quejan por la parte que no obtuvieron en la representación del nacimiento en la iglesia. Muchas veces también se quejan de que no reciben todos los regalos que quieren, o que alguien más recibió más regalos, distintos o mejores que ellos. ¡Solo son unos llorones!

Brittany le hizo una mueca a su hermano.

—Bueno, yo no lo soy —le dijo—. Por lo menos, no voy a serlo. —Sonrió y agregó—: ¡Y será mejor que no te oiga quejarte de tener que escribir notas de agradecimiento! *RKM*

¿Y TÚ?

¿Te has quejado últimamente? ¡La Navidad debería ser una temporada maravillosa y alegre! Alégrate por el nacimiento de Jesús y por el regalo de vida eterna que puede ser tuyo por su venida. No tengas una «Navidad de llorones» en tu casa.

Alégrate en Navidad

MEMORIZA:
«El ángel los tranquilizó. "No tengan miedo —dijo—. Les traigo buenas noticias que darán gran alegría a toda la gente"». Lucas 2:10

DICIEMBRE
26

SOLO ES SUCIEDAD DE LODO

Lee 1 Juan 1:5-9

—¡Natán! —La voz de mamá hizo que se sobresaltara cuando entró a la cocina—. ¡Mira tus zapatos! —Natán miró sus pies y luego el rastro de lodo que había detrás de él—. ¿En dónde has estado para ensuciarte tanto?

Natán encogió los hombros y caminó hacia atrás, a la puerta.

—No he estado en ningún lugar en especial —dijo—. Solo afuera.

—Pues ve afuera otra vez, por favor, y limpia tus zapatos —dijo mamá cuando le abrió la puerta.

Unos minutos después, Natán volvió a entrar a la casa. Mamá estaba de rodillas limpiando los últimos bultos de tierra.

—Lo siento —dijo Natán.

—No hiciste ningún daño —dijo mamá—. Sé que fue un accidente. ¿Quieres un poco de leche y algunas de las galletas de Navidad que quedaron de las que la tía Luisa hizo para nosotros?

—¡Por supuesto! —Los ojos de Natán se iluminaron.

Cuando había terminado su galleta de azúcar, mamá sonrió y dijo:

—Es fácil que tus zapatos adquieran tierra sin que te des cuenta, ¿no?

—Ajá —dijo Natán—. No sé cómo se ensuciaron tanto, de veras.

—Bueno —dijo mamá—, por lo menos solo era suciedad de lodo, no suciedad de pecado. —Natán se veía desconcertado—. Ensuciar tus zapatos con lodo se parece un poco a ensuciar tu vida con el pecado —explicó mamá—. A veces ni siquiera te das cuenta de lo que ocurre hasta que de repente el Señor te muestra lo sucio de pecado que estás.

—¿Y te pasa eso a veces? —preguntó Natán sorprendido.

—Sí, me temo que sí.

—Pero ¿cómo puedes volver a limpiarte? —preguntó Natán. Estaba confundido. Sabía que una persona no podía salir y sacudirse el pecado, como podía sacudirse la tierra de los zapatos.

—Nos limpiamos otra vez al pedirle perdón al Señor —le dijo mamá. Citó 1 Juan 1:9—: "Si confesamos nuestros pecados a Dios, él es fiel y justo para perdonarnos nuestros pecados y limpiarnos de toda maldad". *RSM*

¿Y TÚ?

¿Se ha adherido el pecado a tu vida sin que te dieras cuenta de lo que ocurría? Pídele a Dios que te muestre esas cosas de las que necesitas limpiarte. Luego confiésalas y no las repitas.

MEMORIZA:

«Si confesamos nuestros pecados a Dios, él es fiel y justo para perdonarnos nuestros pecados y limpiarnos de toda maldad». 1 Juan 1:9

Confiesa el pecado; sé limpio

MEJOR QUE FINGIR

Lee el Salmo 96:1-10

Daria corrió a saludar a su prima Robin. Cada niña había recibido una muñeca para Navidad y estaban ansiosas por jugar juntas. «Finjamos que somos misioneras —dijo Daria cuando terminaron de admirar a la muñeca de la otra—. Podemos fingir que nuestras muñecas son niñas africanas».

Robin accedió, y llevaron sus muñecas afuera y las colocaron en una banca debajo de un árbol; los misioneros frecuentemente tenían los servicios de la iglesia afuera en África. Daria y Robin imaginaban que África era como Alabama. Les pusieron nombres africanos a sus muñecas, Chuma e Indosio, nombres que la señorita Randall había usado cuando habló.

Después de que las niñas habían jugado un rato, fingiendo que les enseñaban a los niños sobre la venida de Jesús como un bebé a Belén, la mamá de Daria las llamó para una merienda.

—Quisiera que pudiéramos darle a la señorita Randall unas galletas para que se las lleve a los niños africanos —murmuró Daria, mientras mordisqueaba una galleta—. Me gustaría ser misionera cuando crezca.

—Tal vez puedas, pero no tienes que esperar tanto —dijo mamá—. Podrías ayudar a los misioneros ahora mismo.

—¿Podríamos? ¿Cómo? —preguntó Daria.

—He estado haciendo algunas colchas livianas para que la señorita Randall las lleve al África —dijo mamá—. Ustedes podrían ayudarme a cortar un poco. —Sacó dos rollos de tela.

Entonces las niñas se pusieron a trabajar. Daria y Robin habían ayudado a la mamá de Daria con proyectos de costura en el pasado, mayormente ropa para sus propias muñecas favoritas. Eso era divertido, pero coser para los misioneros era más importante. Daria hizo su mejor trabajo, y observó que Robin también cortaba cuidadosamente. Cuando terminaron, mamá dijo:

—¡Piensen en lo felices que estarán algunos niños africanos cuando se cubran con esto!

—Ayudar es mucho mejor que fingir —dijo Daria, y Robin estuvo de acuerdo. *EMB*

¿Y TÚ?

Tal vez puedas encontrar a una familia misionera con un niño de tu edad. Podrías escribirle o quizás podrías enviarle regalos pequeños cada cierto tiempo para hacerle saber a tu amigo nuevo que te interesa. También puedes elegir a un misionero para orar por él todos los días.

Trabaja para Jesús ahora

MEMORIZA:

«Anuncien sus gloriosas obras entre las naciones; cuéntenles a todos las cosas asombrosas que él hace». Salmo 96:3

DICIEMBRE
28

ALARDEO Y JACTANCIA

Lee 2 Corintios 10:12-18

«¡Estoy ansiosa por llegar a casa y mostrarles a todos mis amigos de la escuela la foto y el autógrafo!», gritó Carmen al subirse al auto. Ella y su familia disfrutaban de un viaje de Navidad, y habían ido a ver a una famosa patinadora, Adele Norlund. Carmen estuvo encantada cuando sus padres le tomaron una foto con Adele. Después Adele le había firmado su libro de autógrafos.

Una semana después, Carmen entró corriendo a la cocina después de su primer día de regreso a la escuela.

—¡Mamá, no creerás lo que pasó hoy! —exclamó mientras rebuscaba en el refrigerador un yogurt.

Mamá se rió.

—Apuesto que toda la escuela sabe que conociste a Adele Norlund —dijo.

Carmen asintió.

—Todos mis amigos casi se mueren cuando les mostré mi foto con Adele —dijo con una risita—. ¡Todos pensaron que era grandioso!

—Fue bonito conocerla, ¿verdad? —asintió mamá—. También les conté hoy a las damas de mi clase de computación. —Después de un rato, agregó con seriedad—: Me pregunto, ¿sabe toda la escuela que conoces a Jesús? ¿Saben las damas de mi clase que yo lo conozco?

—¡Vaya, mamá! Nunca lo había pensado de esa manera —dijo Carmen.

—Frecuentemente nos gusta jactarnos de la gente importante que conocemos, pero nos avergüenza mencionar siquiera a la persona más importante de nuestra vida —continuó mamá—. Si en realidad creemos que Jesús es el Hijo de Dios, y si creemos que nos amó lo suficiente como para morir por nosotros, entonces debemos sentirnos emocionadas de hablarles a los demás sobre él. En lugar de eso, frecuentemente nos sentimos incómodas o nos da vergüenza hablarles a nuestros amigos acerca de él . —Sacudió la cabeza—. Tratemos las dos de hacerlo mejor, ¿te parece?

Carmen asintió.

—Sí, hagámoslo. *BLD*

¿Y TÚ?

¿Has conocido a Jesús como tu Salvador? Si así es, ¿lo saben tus amigos? ¿Les hablas de las cosas que él ha hecho en tu vida? ¿Por qué no tratas hoy de «jactarte» de Jesús?

MEMORIZA:

«Que nunca me jacte de otra cosa que no sea la cruz de nuestro Señor Jesucristo». Gálatas 6:14

Cuéntales a otros que conoces a Jesús

EL REGALO ESCONDIDO

Lee Romanos 5:8-15

Se había acabado la Navidad y Manuel y Elena ayudaban a sus padres a quitar cuidadosamente los adornos de las ramas del árbol de Navidad. Ayudaban a quitar las luces y las guirnaldas. Pronto, lo que había sido un árbol resplandeciente y festivo se veía desnudo, excepto por la sábana blanca que rodeaba el pie del árbol.

—¡Oye! —exclamó Manuel y señaló una pequeña caja envuelta en verde y rojo, que sobresalía por un doblez de la sábana—. ¡Mira eso!

—Ah, ¿qué es esto? —exclamó mamá inclinándose para recoger la caja—. Debemos haberlo pasado por alto cuando abrimos nuestros regalos. —Sostuvo la caja con sus manos y buscó un nombre—. Vaya, es de la tía Marta para mí —dijo sorprendida—. No pensé que hubiera enviado algo este año, y estuvo aquí debajo de este árbol todo el tiempo.

Cuando mamá abrió el regalo, sus ojos se iluminaron.

—¡Ah! —exclamó—. ¡Qué lindo! —Sacó un bello collar de oro.

—¿Saben qué me hace recordar esto? —preguntó papá después de que todos habían admirado el collar. Nadie podía adivinarlo, ni siquiera mamá—. Este regalo estuvo aquí todo el tiempo, esperando que mamá lo recibiera. Pero ella no sabía que estaba allí —dijo papá con una sonrisa—. El regalo de Dios de la salvación es como este collar. El regalo está disponible, pero mucha gente ni siquiera sabe que está allí. Y sigue escondido hasta que alguien se lo muestra, como lo hiciste con mamá, Manuel.

Elena y Manuel miraron a papá por un momento, mientras pensaban en lo que él había dicho. Entonces Manuel asintió.

—Y cuando nosotros le mostramos a otra gente que Jesús es el regalo de Dios, ellos también pueden tener su regalo: el regalo de la vida eterna —dijo.

Mamá y papá sonrieron.

—Es cierto —asintió mamá—. Asegurémonos de decírselo a todos. *RSM*

¿Y TÚ?

¿Has aceptado el regalo de Dios de la salvación eterna? ¿Les dices a otros dónde pueden encontrar también el regalo de Dios de la vida eterna? Él quiere mucho que todos lo tengan.

Acepta el regalo de Dios

MEMORIZA:
«El regalo que Dios da es la vida eterna por medio de Cristo Jesús nuestro Señor». Romanos 6:23

EL PASEO EN EL TRINEO DE PERROS

Lee 1 Timoteo 4:6-16

—No quiero ir a la escuela dominical mañana —dijo Sara a sus abuelos.

—Nosotros tampoco queremos ir —anunciaron sus hermanos menores, Julián y Scott.

—Todos iremos —anunció firmemente el abuelito—. Pero ¿estás lista ahora mismo para un paseo en el trineo de perros, Sara?

—¡Sí! —exclamó Sara. Los paseos en el trineo de perros eran algo especial que ellos disfrutaban en la casa del abuelito, y Sara lo siguió ansiosamente hasta el trineo—. Solo dame un minuto, creo que voy a enganchar a Ramsey también— dijo el abuelo.

—Ay, abuelito, déjalo aquí —objetó Sara—. Cuando lo llevamos, los otros perros no corren muy bien. —Pero el abuelito ya le estaba colocando un arnés a Ramsey. Sara dio un gran suspiro y se sentó en el trineo. Detestaba llevar a Ramsey. Cuando todos los otros perros estaban corriendo rápidamente, Ramsey decidía detenerse y rascarse algo. Antes de que uno se diera cuenta, todos los perros se detenían también, y sus lazos se enredaban.

El abuelito se subió al trineo y gritó: «¡Vámonos!». Salieron por el camino de entrada y por el camino lleno de nieve. Se apresuraron a la cima de la montaña. Sara aplaudía de emoción. Justo entonces, Ramsey vio una vieja rama que sobresalía en la nieve. Jaló el trineo a un lado y se detuvo. Los otros perros trataron de seguir, pero pronto estaban tan distraídos como Ramsey. Y, como Sara lo había esperado, todos se enredaron con el lazo de los demás. El abuelito se bajó del trineo para desenredarlos.

—¿Por qué tuvimos que traer a Ramsey? —preguntó Sara mientras el abuelito trabajaba.

El abuelito sonrió.

—Bueno, él se parece mucho a ti —dijo—. Tú y Ramsey distraen a los demás de hacer lo correcto. Quería que vieras los problemas que ocasiona. —Sara miró al abuelito—. Ramsey distrae a los otros perros, y tú distraes a tus hermanos —explicó el abuelito—. Cuando te resistes a ir a la escuela dominical, Julián y Scott tampoco quieren ir. —Giró a los perros en dirección de la casa—. Ahora llevaremos a Ramsey de regreso —dijo. *CCF*

¿Y TÚ?

¿Eres un buen ejemplo para tus hermanos, hermanas y amigos? ¿Distraes alguna vez a los demás de que hagan lo correcto? Piensa en tus actos y entonces trata de actuar de una manera que glorifique a Dios.

MEMORIZA:
«Sé un ejemplo para todos los creyentes». 1 Timoteo 4:12

Sé un buen ejemplo

LA HORA DE HACER INVENTARIO

Lee Deuteronomio 8:1-6

—Hola, papá. ¿Qué hay de nuevo? —preguntó Kristi cuando papá llegó del trabajo—. ¿Tienes que volver a la tienda después de la cena? —Papá era el gerente de una gran tienda por departamentos.

—No, es la víspera de Año Nuevo —dijo papá—, y me alegra que hayamos cerrado esta noche. Toda la semana hemos estado muy ocupados con devoluciones y cambios de los regalos de Navidad, y con las ventas después de Navidad. Nos gusta vender tanto como podamos antes de hacer el inventario el próximo mes.

—¿Inventario? —preguntó Kristi—. ¿Qué es eso?

—Ah, ya sabes —dijo su hermano Brent—. Es cuando cuentan todo lo que hay en la tienda para ver qué tan bien les fue, y para averiguar lo que se vendió y lo que no se vendió, para saber de qué cosas pedir mucho el año entrante, y cuáles pasar por alto, cosas como esas. ¿No es cierto, papá?

Papá sonrió.

—Esa es una muy buena descripción —admitió—. Lo hacemos una vez al año. —Hizo una pausa y después agregó—: Sería una buena idea para todos hacer un inventario de nuestra vida una vez al año, y la víspera de Año Nuevo sería un buen tiempo para hacerlo.

—¿Y cómo lo haríamos? —se preguntó Brent.

—¿Contamos cuántos pares de zapatos, pantalones y camisas tenemos? —preguntó Kristi—. Oye, eso sería una buena idea. ¡Entonces tal vez mamá podría darse cuenta de que necesito más!

—Apuesto a que vería que ya tienes demasiado —dijo Brent bromeando—. Entonces no recibirías nada de ropa nueva en todo un año. —Le sonrió a su hermana.

Papá se rió.

—Eso no es exactamente lo que tenía en mente —dijo—. Me refiero a ver las cosas que hemos hecho durante este año que pasó, y tomar nota de lo que fue bueno y agradable a Dios y de lo que no lo fue. También me refiero a decidir, con la ayuda de Dios, repetir esas cosas buenas y a evitar las otras. Esa clase de inventario valdría la pena. *HM*

¿Y TÚ?

Al recordar el año pasado, ¿ves acciones que a Dios le gustaría que repitieras? Pídele a Dios que te ayude con esas cosas otra vez. ¿Ves también los errores que cometiste? Pídele a Dios que te ayude a evitar esas cosas en el año venidero.

Aprende del pasado

MEMORIZA:
«Recuerda cómo el Señor tu Dios te guió». Deuteronomio 8:2

ÍNDICE DE TEMAS

Dar
11 de febrero, 5 de julio

Dinero. Ver Dar.

Dios
8 de abril; 3, 15 de junio; 24 de julio;
   12 de octubre

Disciplina
18 de mayo, 23 de agosto

Divorcio, separación
23 de marzo, 23 de octubre

Drogas
14 de abril, 25 de octubre,
   9 de noviembre

Ejemplos piadosos
16 de agosto; 4, 30 de diciembre

Enemigos
3 de marzo

Errores
6 de febrero

Espíritu Santo
30 de noviembre

Evolución
15 de noviembre

Extraños
10 de octubre

Falsas religiones, enseñanzas
14 de marzo, 1 de septiembre

**Favoritismo. Ver Apariencia y
   Juzgar a los demás.**

Fe, fidelidad
23 de enero; 16, 27 de abril;
   10, 11 de mayo; 26 de octubre

Forma de pensar
15 de febrero

Fruto del Espíritu
26 de febrero, 8 de junio,
   10 de noviembre

Fumar
5 de abril

Hábitos
12 de abril; 7, 14 de mayo

Hacer lo correcto
9, 17 de julio; 7, 10 de agosto

Hacer trampa
1, 2, 3 de octubre; 3 de noviembre

Hermanos y hermanas
4 de febrero; 26 de agosto; 19,
   30 de septiembre

Identidad
5 de marzo, 6 de abril, 9 de mayo,
   27 de agosto

Iglesia
2 de mayo, 29 de octubre

Infierno
27 de noviembre

Ira
13, 20 de enero; 21 de febrero; 10 de
   marzo; 28 de mayo; 6 de noviembre

Jesús
28 de marzo, 27 de septiembre

**Juzgar a los demás. Ver
   Apariencia.**

Llamado de Dios
26 de julio

Maldecir
6 de mayo, 19 de octubre

Mentir
1, 23 de abril; 28 de junio; 9 de agosto

Muerte, funerales
24 de marzo, 2 de abril, 30 de mayo,
   29 de agosto, 17 de septiembre

Murmuración
6 de enero; 14, 26 de septiembre

Música rock secular
19 de marzo

Navidad
3 de agosto; 1, 20, 24, 25 de diciembre

Obediencia
27 de marzo, 25 de mayo, 28 de julio,
   24 de agosto, 31 de octubre

Obras, buenas
7 de marzo; 19 de mayo; 5 de agosto;
   6, 14 de octubre; 8 de diciembre

Odio. Ver Ira.

Oración
3, 5, 29 de enero; 4 de abril; 20 de
   junio; 9, 16 de septiembre; 1, 11,
   26 de noviembre; 10 de diciembre

Orgullo
10 de abril

Paciencia
6 de marzo, 29 de abril, 9 de octubre

Padres
15 de mayo; 22, 24 de septiembre;
   10, 15 de octubre

Padrastros y madrastras
17 de febrero, 13 de noviembre

Palabras malas
6 de enero, 8 de marzo

Pecado
10, 12 de enero; 17, 20 de marzo;
   21, 23-25 de abril; 20, 29 de mayo;
   7 de junio; 14 de julio; 21 de agosto;
   10 de septiembre

Pedir perdón
18 de enero

Perdonar, perdón
20, 24 de enero; 1 de junio;
   25 de agosto; 23 de diciembre

Perdón de Dios
25 de junio, 13 de octubre

Personas de la tercera edad.
   Ver también Abuelos.
26 de marzo, 20 de octubre

Pornografía
18 de abril, 14 de junio

Posesiones. Ver Dar.

Prejuicio
25 de septiembre

Preocupación
18 de marzo, 4 de mayo, 19 de junio,
   15 de agosto, 18 de noviembre,
   18 de diciembre

Presión de grupo
18 de febrero; 31 de mayo; 18 de junio;
   6, 21 de diciembre

Problemas, pruebas
16 de febrero, 18 de marzo, 8 de mayo,
   10 de junio, 3 de diciembre

Promesas
3 de septiembre

Robar
2 de septiembre

Sacrificio
30 de marzo, 23 de agosto

Salvación
15, 28, 30 de enero; 1, 14 de febrero;
   13, 15, 21 de marzo; 1, 13 de abril;
   2, 4, 26 de junio; 10, 25 de julio;

8, 17, 23 de agosto; 5, 23 de
   septiembre; 21, 30 de octubre;
   2, 29 de diciembre

Satanás
16 de enero, 20 de febrero, 27 de junio

Seguir a Jesús
21 de enero, 3 de abril, 17 de junio,
   22 de agosto

Servicio
26 de marzo, 19 de julio, 21 de
   noviembre, 27 de diciembre

Sexo
24 de junio

Talentos
3 de febrero; 16 de marzo; 2, 29 de
   julio; 4 de noviembre

Temor
11 de marzo, 11 de junio, 20 de agosto,
   18 de septiembre, 16 de noviembre

Tentación
8 de enero; 20 de febrero; 21 de abril;
   16 de mayo; 6, 22 de julio; 4 de
   septiembre

Testificar
1, 27 de enero; 19 de febrero;
   30 de abril; 23 de mayo; 5, 6,
   9, 13 de junio; 23, 27 de julio;
   28 de septiembre; 5 de octubre;
   28 de diciembre

Trabajo
15 de abril, 21 de septiembre

Traslado
26 de enero; 10 de febrero; 16, 21, 29 de
   junio; 7 de octubre

Trinidad
27 de febrero

Valor
5 de noviembre

Ver televisión
2 de enero, 2 de febrero, 17 de marzo,
   9 de abril, 28 de octubre, 28 de
   noviembre

Videos/películas
9 de marzo

Voluntad de Dios
27 de mayo; 1, 21 de julio

ÍNDICE DE PASAJES BÍBLICOS

Salmo 33:13-22
8 de noviembre

Salmo 34:1-4
3 de octubre

Salmo 34:1-8
25 de enero

Salmo 34:11-16
21 de abril

Salmo 34:14-17
3 de octubre

Salmo 36:7-8; 37:3-5
16 de junio

Salmo 37:3-6
15 de agosto

Salmo 37:3-11
28 de mayo

Salmo 37:27-31
12 de mayo

Salmo 46:1
3 de mayo

Salmo 46:1-3, 10-11
30 de junio

Salmo 46:1-11
16 de septiembre

Salmo 51:1-9
20 de diciembre

Salmo 51:1-12
18 de agosto

Salmo 51:10-15
13 de junio

Salmo 51:10-17
14 de febrero

Salmo 61:1-4
20 de agosto

Salmo 63:1-8
23 de julio

Salmo 68:3-6
24 de noviembre

Salmo 71:12-16
28 de agosto

Salmo 96:1-10
27 de diciembre

Salmo 101:1-7
9 de abril

Salmo 101:1-8
28 de octubre

Salmo 103:8-14
24 de enero, 8 de diciembre

Salmo 103:11-14, 22
27 de agosto

Salmo 103:15-18
17 de septiembre

Salmo 104:1-6, 10-19, 24-31
7 de julio

Salmo 105:1-5
8 de enero

Salmo 119:1-11
31 de octubre

Salmo 119:9-11, 105, 165
31 de marzo

Salmo 119:9-16
24 de mayo, 12 de septiembre,
   5 de diciembre

Salmo 119:9-18
17 de agosto

Salmo 119:17-24
15 de septiembre

Salmo 119:24-33
14 de agosto

Salmo 119:89-96
13 de diciembre

Salmo 119:97-105
26 de mayo

Salmo 119:105-112
24 de febrero

Salmo 119:105, 113-117
1 de agosto

Salmo 119:127-135
11 de enero

Salmo 119:137-144
1 de mayo

Salmo 121:1-8
14 de enero

Salmo 132:1-7
29 de octubre

Salmo 139:1-3, 13-18
31 de enero

Salmo 139:1-6
12 de octubre

Salmo 139:5-11
29 de junio

Salmo 139:13-16
1 de julio

Salmo 139:13-18
6 de abril, 12 de julio

Salmo 139:23-24
12 de enero, 12 de julio

Salmo 150:1-6
22 de noviembre

Proverbios 1:10-19
21 de diciembre

Proverbios 2:1-11, 20
25 de mayo

Proverbios 2:3-9
29 de enero

Proverbios 3:1-6
27 de mayo

Proverbios 3:1-8
10 de octubre

Proverbios 3:11-18
22 de septiembre

Proverbios 4:14-19
31 de mayo

Proverbios 4:20-27
2 de enero, 9 de marzo, 14 de abril

Proverbios 4:23-27
14 de junio

Proverbios 6:4-11
17 de enero

Proverbios 6:16-19
10 de septiembre

Proverbios 9:9-10
23 de noviembre

Proverbios 15:1-4
6, 26 de agosto

Proverbios 15:13-16
28 de febrero

Proverbios 19:17; 22:9
14 de diciembre

Proverbios 22:3-8
5 de abril

Proverbios 23:29-35
16 de diciembre

Proverbios 28:13-14
9 de agosto

Eclesiastés 5:2-7
3 de septiembre

Eclesiastés 5:18-20
9 de julio

Eclesiastés 8:6-8; 9:1
30 de mayo

Eclesiastés 11:7–12:1
21 de marzo

Isaías 1:16-19
20 de marzo

Isaías 1:16-20
15 de enero, 2 de junio

Isaías 9:2-3, 6-7
25 de diciembre

Isaías 29:13-16, 20-21
8 de agosto

Isaías 40:25-31
9 de mayo

Isaías 41:10, 13
18 de septiembre

Isaías 45:6-13
19 de enero

Isaías 55:8-11
27 de julio

Isaías 55:8-13
29 de agosto

Isaías 58:11
11 de diciembre

Isaías 61:1-7
21 de junio

Jeremías 9:3-9
23 de abril

Jeremías 29:11-13
28 de abril

Jeremías 29:11-14
11 de octubre

Daniel 1:8, 11-15
5 de febrero

Daniel 3:14-18, 24-27
5 de noviembre

Daniel 4:29-37
10 de abril

Daniel 6:10, 16-23
20 de junio

Amós 7:7-9
9 de enero

Mateo 1:18-25
24 de diciembre

Mateo 2:13-15
15 de mayo

Mateo 5:33-37
6 de mayo

Mateo 5:43-48
20 de enero

Mateo 6:1-4
7 de marzo

Mateo 6:5-13
11 de noviembre

Mateo 6:7-13
9 de septiembre

Mateo 6:8-13
23 de octubre

Mateo 6:9-13
19 de diciembre

Mateo 6:25-34
4 de mayo

Mateo 6:31-34
20 de abril

Mateo 7:1-5
20 de mayo

Mateo 7:15-23
18 de julio

Mateo 7:24-29
27 de septiembre

Mateo 8:5-10, 13
8 de abril

Mateo 8:23-27
11 de junio

Mateo 10:27-31
2 de agosto

Mateo 10:32-38
5 de enero

Mateo 11:28-30
27 de octubre

Mateo 12:34-37
12 de diciembre

Mateo 13:3-8
6 de junio

Mateo 18:1-6; 19:13-14
27 de marzo

Mateo 21:28-32
17 de julio

Mateo 22:34-40
3 de junio

Mateo 23:5-7, 11-12
2 de noviembre

Mateo 23:23-28
8 de julio

Mateo 25:14-29
3 de febrero

Marcos 4:35-41
19 de junio

Marcos 5:18-20
27 de enero

Marcos 8:1-9
14 de noviembre

Marcos 8:13-21
19 de septiembre

Marcos 8:34-38
5 de junio

Marcos 9:41
19 de julio

Marcos 10:35-45
19 de julio, 6 de octubre

Marcos 11:22-26
25 de agosto

Marcos 12:28-34
28 de julio

Marcos 12:41-44
11 de febrero, 5 de julio

Marcos 14:32-38
3 de noviembre

Lucas 2:1-7
3 de agosto

Lucas 4:1-13
21 de mayo

Lucas 4:1-14
22 de julio

Lucas 6:27-31
10 de agosto

Lucas 6:27-36
7 de septiembre

Lucas 6:31-36
3 de marzo

Lucas 6:32-36
7 de agosto

Lucas 6:43-46
19 de marzo

Lucas 11:5-13
26 de noviembre

Lucas 11:9-13
3 de enero

Lucas 12:6-7
25 de abril

Lucas 12:13-21
19 de agosto

Lucas 12:15-21
17 de abril

Lucas 14:12-14
7 de marzo

Lucas 16:10-13
27 de abril, 26 de julio

Lucas 16:20-26
27 de noviembre

Lucas 17:11-19
7 de abril

Juan 3:14-21
1 de diciembre

Juan 3:16-21
4 de julio

Juan 5:2-9
7 de mayo

Juan 6:5-13
4 de marzo, 19 de abril,
  21 de noviembre

Juan 6:35-40
15 de marzo

Juan 6:37-40
26 de junio

Juan 10:2-5, 14
22 de agosto

Juan 10:7-15
1 de abril

Juan 10:30
27 de febrero

Juan 14:1-6
24 de marzo

Juan 14:16-20, 26
27 de febrero

Juan 15:1-8
8 de junio, 7 de noviembre

Juan 15:4-11
12 de marzo

Juan 15:11-17
18 de octubre

Juan 19:28-30
30 de enero

Juan 20:24-29
17 de diciembre

Juan 20:26-29
10 de mayo

Hechos 1:7-9
9 de febrero

Hechos 2:42-47
26 de abril, 15 de julio

Hechos 4:9-13
6 de septiembre

Hechos 4:13-20
1 de enero

Hechos 10:28-35
25 de marzo

Hechos 16:19-26
25 de noviembre

Hechos 16:25-32
23 de enero

Hechos 17:1-4, 10-12
11 de julio

Romanos 5:1-2
25 de julio

Romanos 5:1-5
16 de febrero, 29 de abril, 4 de octubre

Romanos 5:6-11
25 de julio, 23 de agosto

Romanos 5:8-15
29 de diciembre

Romanos 6:11-14
7 de junio, 24 de octubre

Romanos 8:1-9
21 de febrero

Romanos 8:14-17
23 de marzo, 17 de octubre

1 Corintios 10:10-12
15 de abril

Romanos 8:18-25
25 de abril

1 Corintios 11:23-26
10 de febrero

Romanos 8:18, 28-31
7 de octubre

1 Corintios 12:11-14
22 de enero

Romanos 8:19-25
1 de marzo

1 Corintios 12:12-14, 18-20
22 de junio

Romanos 8:25-28
10 de diciembre

1 Corintios 12:13, 18-25
16 de marzo

Romanos 8:28-32
20 de octubre

1 Corintios 12:14-25
12 de junio

Romanos 10:6-13
5 de septiembre

1 Corintios 12:14-27
4 de noviembre

Romanos 10:9-13
13 de abril

1 Corintios 13:8-13
22 de diciembre

Romanos 12:1-2, 21
2 de febrero

1 Corintios 13:9-13
30 de julio

Romanos 12:3-8
2 de julio

1 Corintios 15:20-26, 54-57
2 de abril

Romanos 12:3-10
22 de marzo

2 Corintios 4:6-10
18 de marzo

Romanos 12:4-13
29 de julio

2 Corintios 5:5-9
9 de diciembre

Romanos 12:9-16
29 de noviembre

2 Corintios 5:14-17
13 de marzo

Romanos 12:9-18
20 de julio, 25 de septiembre

2 Corintios 5:14-21
1 de febrero

Romanos 13:12-14
15 de febrero

2 Corintios 5:18-21; 6:1-2
23 de septiembre

Romanos 14:12-13, 19-21
16 de agosto

2 Corintios 6:14-18
21 de agosto, 6 de diciembre

Romanos 16:17-20
9, 23 de noviembre

2 Corintios 10:3-6
16 de enero

1 Corintios 3:5-10
19 de febrero

2 Corintios 10:12-18
28 de diciembre

1 Corintios 3:9-15
29 de marzo

Gálatas 3:8-9, 26-29
30 de octubre

1 Corintios 4:1-2
27 de abril

Gálatas 5:16-23
26 de febrero

1 Corintios 5:6-8
18 de junio

Gálatas 5:16-25
22 de abril

1 Corintios 6:9-11
4 de agosto

Gálatas 5:22-25
10 de noviembre

1 Corintios 6:12-13, 19-20
25 de octubre

Gálatas 5:22-26
14 de julio

Gálatas 6:1-6
13 de febrero

Gálatas 6:7-10
5 de mayo, 26 de septiembre

Efesios 2:1-9
2 de diciembre

Efesios 2:11-18
4 de junio

Efesios 2:11-22
4 de enero

Efesios 2:13-14, 18-22
21 de octubre

Efesios 2:19-22
28 de marzo

Efesios 4:1-2, 32; 5:1-2
30 de marzo

Efesios 4:1-6
23 de febrero, 6 de noviembre

Efesios 4:17-24
10 de enero, 5 de marzo

Efesios 4:22-32
14 de mayo

Efesios 4:25-32
28 de junio

Efesios 4:29-32
18 de enero

Efesios 5:1-8
6 de enero

Efesios 5:8-11, 15-17
2 de septiembre

Efesios 6:1-4
17 de febrero, 15 de mayo,
    15 de octubre

Efesios 6:10-18
26 de octubre

Filipenses 1:6, 9-11
11 de agosto

Filipenses 3:12-16
6 de febrero

Filipenses 4:4-9
18 de noviembre, 18 de diciembre

Filipenses 4:7-9
10 de marzo

Filipenses 4:8-10
12 de noviembre

Filipenses 4:11-13
10 de junio, 25 de noviembre

Colosenses 1:10-14
15 de diciembre

Colosenses 1:15-18
22 de mayo

Colosenses 2:1-7
16 de abril

Colosenses 3:1-8
17 de marzo

Colosenses 3:5-10
11 de septiembre

Colosenses 3:8-14
12 de abril

Colosenses 3:12-17
30 de septiembre

Colosenses 3:20-25
24 de septiembre

Colosenses 4:1-6
30 de abril

Colosenses 4:2-6
1 de noviembre

1 Tesalonicenses 1:6-10
9 de junio

1 Tesalonicenses 5:11-18
21 de septiembre

1 Tesalonicenses 5:11-22
2 de marzo

1 Timoteo 4:6-10, 15-16
8 de octubre

1 Timoteo 4:6-16
30 de diciembre

1 Timoteo 4:8-16
24 de junio

2 Timoteo 1:6-7
9 de febrero

2 Timoteo 1:6-10
16 de noviembre

2 Timoteo 1:6-12
28 de septiembre

2 Timoteo 3:13-17
14 de marzo

2 Timoteo 3:14-17
13 de enero

Tito 3:1-8
5 de agosto

Hebreos 4:12
27 de julio

Hebreos 5:12-14
11 de abril

Hebreos 6:9-12
16 de julio

Hebreos 6:17-20
17 de junio

Hebreos 9:11-15
28 de enero

Hebreos 10:19-25
17 de mayo

Hebreos 11:32–12:2
4 de diciembre

Hebreos 12:1-3
1 de junio

Hebreos 12:5-11
18 de mayo

Hebreos 12:12-15
23 de diciembre

Hebreos 13:7-9
25 de febrero

Santiago 1:2-6, 12
8 de mayo

Santiago 1:12-15
27 de junio

Santiago 2:8-13
24 de abril

Santiago 3:1-6
14 de septiembre

Santiago 3:5-10
8 de marzo

Santiago 4:6-10
6 de julio

Santiago 4:13-17
13 de julio

Santiago 5:7-11
2 de octubre

1 Pedro 1:6-8
13 de agosto

1 Pedro 2:19-25
3 de abril

1 Pedro 3:1-6
23 de junio

1 Pedro 4:7-10
3 de julio

1 Pedro 4:7-11
16 de mayo

1 Pedro 4:12-16
12 de febrero

1 Pedro 5:5-11
13 de noviembre

1 Pedro 5:8-9
20 de febrero

2 Pedro 1:2-8
6 de marzo

2 Pedro 1:19-21
22 de febrero

2 Pedro 2:1-3, 18-19
1 de septiembre

1 Juan 1:5-9
26 de diciembre

1 Juan 1:5-10
25 de junio,
    13 de septiembre

1 Juan 1:8-10; 2:2
13 de octubre

1 Juan 2:15-17, 26-28
4 de septiembre

1 Juan 2:15-17; 3:1-3
18 de abril

1 Juan 3:1-2
23 de marzo

1 Juan 3:16-19
19 de noviembre

1 Juan 4:7-11
16 de octubre

1 Juan 4:7-12
17 de noviembre

1 Juan 4:9-15
30 de agosto

1 Juan 4:16-20
4 de febrero

1 Juan 5:1-5
20 de noviembre

1 Juan 5:13-15
4 de abril

Apocalipsis 2:1-5
13 de mayo

Apocalipsis 21:1-14, 22-27
7 de febrero

ÍNDICE DE VERSÍCULOS PARA MEMORIZAR

Éxodo 20:12
17 de febrero

Éxodo 23:2
21 de diciembre

Deuteronomio 8:2
31 de diciembre

Josué 10:25
5 de noviembre

Josué 24:15
4 de enero, 9 de marzo, 7 de diciembre

1 Samuel 12:21
2 de mayo

1 Samuel 16:7
5 de julio

2 Samuel 24:24
11 de febrero

1 Crónicas 28:9
26 de marzo

1 Crónicas 29:2
29 de octubre

Job 14:5
30 de mayo

Job 23:10
21 de julio

Job 23:11
19 de mayo

Job 38:4
15 de junio

Salmo 1:1
18 de febrero

Salmo 9:9
28 de abril

Salmo 16:11
13 de mayo

Salmo 18:30
20 de octubre

Salmo 18:32
11 de mayo

Salmo 19:11
24 de agosto

Salmo 19:14
6 de agosto

Salmo 20:7
8 de noviembre

Salmo 23:3
24 de enero, 30 de noviembre

Salmo 23:4
29 de junio

Salmo 24:1
31 de agosto

Salmo 25:2
16 de febrero

Salmo 25:4
14 de agosto

Salmo 27:10
31 de julio, 24 de noviembre

Salmo 27:14
9 de octubre

Salmo 31:15
3 de diciembre

Salmo 32:5
19 de octubre

Salmo 33:4
15 de noviembre

Salmo 33:8
24 de julio

Salmo 34:3
25 de enero

Salmo 34:13
14 de septiembre

Salmo 34:14
21 de abril

Salmo 37:8
28 de mayo

Salmo 37:31
24 de mayo

Salmo 46:1
16 de septiembre

Salmo 51:7
18 de agosto

Salmo 51:10
2 de diciembre

Salmo 51:15
13 de junio

Salmo 52:8
26 de enero

Salmo 56:3
11 de marzo, 20 de agosto

Salmo 83:18
8 de abril

Salmo 85:8
21 de enero

Salmo 90:17
23 de junio

Salmo 96:3
27 de diciembre

Salmo 101:2
12 de febrero

Salmo 101:3
9 de abril, 28 de octubre

Salmo 103:14
27 de agosto

Salmo 104:24
7 de julio

Salmo 105:4
8 de enero

Salmo 107:1
14 de noviembre

Salmo 118:6
16 de noviembre

Salmo 119:9
31 de octubre, 5 de diciembre

Salmo 119:11
21 de mayo, 12 de septiembre

Salmo 119:16
31 de marzo, 15 de septiembre

Salmo 119:18
17 de agosto

Salmo 119:92
13 de diciembre

Salmo 119:105
9 de enero, 24 de febrero, 26 de mayo,
1 de agosto

Salmo 119:111-112
27 de mayo

Salmo 119:140
1 de mayo

Salmo 121:1-2
14 de enero

Salmo 126:3
10 de marzo

Salmo 127:1
27 de septiembre

Salmo 133:1
23 de febrero

Salmo 139:3
31 de enero

Salmo 139:4
12 de octubre

Salmo 139:14
6 de abril

Salmo 139:23
12 de enero

Salmo 147:3
21 de junio

Proverbios 1:8
10 de octubre

Proverbios 1:10
18 de abril, 18 de junio

Proverbios 2:2
25 de mayo

Proverbios 3:5
13 de agosto, 4 de octubre

Proverbios 4:11
11 de diciembre

Proverbios 4:23
14 de junio

Proverbios 4:25
2 de enero

Proverbios 4:26
14 de abril

Proverbios 6:20
22 de septiembre

Proverbios 9:8
23 de noviembre

Proverbios 11:2
10 de abril

Proverbios 15:1
3 de marzo

Proverbios 16:4
12 de agosto

Proverbios 17:17
18 de octubre

Proverbios 17:22
28 de febrero, 15 de diciembre

Proverbios 18:24
23 de marzo, 26 de noviembre

Proverbios 19:9
23 de abril

Proverbios 20:1
16 de diciembre

Proverbios 20:11
5 de octubre

Proverbios 22:8
5 de abril

Proverbios 23:7
15 de febrero

Proverbios 28:13
29 de mayo, 13 de septiembre

Proverbios 28:20
27 de abril

Proverbios 28:27
14 de diciembre

Proverbios 30:5
22 de febrero

Eclesiastés 5:5
3 de septiembre

Eclesiastés 9:10
16 de julio

Eclesiastés 10:12
8 de marzo

Eclesiastés 12:1
20 de diciembre

Isaías 1:18
15 de enero, 20 de marzo

Isaías 1:19
17 de julio

Isaías 40:8
11 de enero, 20 de septiembre

Isaías 40:31
9 de mayo

Isaías 41:10
8 de febrero, 28 de agosto

Isaías 48:18
28 de noviembre

Isaías 53:6
30 de enero

Isaías 64:6
2 de junio, 14 de octubre

Isaías 65:25
1 de marzo

Isaías 66:13
11 de junio

Jeremías 18:6
19 de enero

Jeremías 29:11
1 de julio, 7 de octubre

Jeremías 33:3
29 de enero

Ezequiel 18:31
14 de febrero

Oseas 14:8
10 de julio

Habacuc 3:18
25 de noviembre

Mateo 1:21
24 de diciembre

Mateo 4:4
22 de octubre

Mateo 5:4
29 de agosto

Mateo 5:13
23 de julio

Mateo 5:16
6 de septiembre

Mateo 5:44
20 de enero

Mateo 6:8
9 de septiembre, 23 de octubre

Mateo 6:9-10
19 de diciembre

Mateo 6:20
7 de marzo, 19 de agosto

Mateo 6:33
20 de abril, 8 de septiembre,
   20 de noviembre

Mateo 6:34
15 de agosto

Mateo 7:1
20 de mayo

Mateo 7:20
10 de noviembre

Mateo 10:8
10 de agosto

Mateo 10:31
2 de agosto

Mateo 11:28
15 de marzo, 26 de junio

Mateo 11:30
27 de octubre

Mateo 12:34
7 de septiembre

Mateo 15:8
8 de agosto

Mateo 16:26
17 de abril

Mateo 19:14
27 de marzo

Mateo 22:37
3 de junio

Mateo 23:28
8 de julio

Mateo 24:24
1 de septiembre

Mateo 25:46
27 de noviembre

Mateo 26:41
16 de mayo

Marcos 5:19
27 de enero

Marcos 9:50
30 de septiembre

Marcos 10:44
19 de julio

Marcos 10:45
6 de octubre

Lucas 2:10
25 de diciembre

Lucas 3:11
19 de noviembre

Lucas 6:31
7 de agosto

Lucas 6:37
25 de agosto

Lucas 6:45
12 de diciembre

Lucas 6:46
19 de marzo

Lucas 8:11
23 de mayo

Lucas 9:23
3 de abril

Lucas 11:9
3 de enero

Lucas 12:2
9 de agosto

Lucas 22:19
10 de febrero

Juan 1:29
8 de diciembre

Juan 3:16
4 de julio, 1 de diciembre

Juan 4:42
11 de julio

Juan 5:6
7 de mayo

Juan 7:24
7 de enero

Juan 10:27
22 de agosto

Juan 14:2
24 de marzo

Juan 14:6
25 de julio

Juan 14:23
12 de marzo

Juan 15:2
11 de septiembre, 7 de noviembre

Juan 15:4
18 de julio

Juan 15:12
16 de octubre

Juan 16:33
29 de abril

Juan 20:29
10 de mayo

Hechos 2:42
15 de julio

Hechos 4:20
1 de enero

Hechos 10:34-35
25 de marzo

Hechos 16:31
23 de enero, 13 de abril

Hechos 17:11
26 de abril

Hechos 20:35
30 de marzo

Romanos 1:16
5 de enero, 5 de junio

Romanos 5:8
23 de agosto

Romanos 6:13
24 de octubre

Romanos 6:14
7 de junio

Romanos 6:23
5 de septiembre, 29 de diciembre

Romanos 8:18
25 de abril

Romanos 8:27
10 de diciembre

Romanos 8:28
11 de octubre

Romanos 10:12
30 de octubre

Romanos 12:2
2 de febrero

Romanos 12:5
22 de marzo, 12 de junio

Romanos 12:6
2 de julio, 29 de julio

Romanos 12:10
20 de julio, 25 de septiembre

Romanos 12:17
17 de enero

Romanos 14:13
16 de agosto

1 Corintios 3:6
19 de febrero

1 Corintios 3:11
28 de marzo

1 Corintios 3:14
29 de marzo

1 Corintios 6:19-20
9 de noviembre

1 Corintios 6:20
5 de febrero, 21 de agosto,
    25 de octubre

1 Corintios 10:13
3 de noviembre

1 Corintios 10:24
12 de noviembre

1 Corintios 12:22
16 de marzo

1 Corintios 12:22, 27
4 de noviembre

1 Corintios 12:27
22 de enero, 22 de junio

1 Corintios 13:12
30 de julio, 22 de diciembre

1 Corintios 15:2
12 de mayo

1 Corintios 15:33
31 de mayo

1 Corintios 15:55
2 de abril

2 Corintios 5:8
9 de diciembre

2 Corintios 5:17
13 de marzo

2 Corintios 5:20
1 de febrero

2 Corintios 6:2
21 de marzo, 23 de septiembre

2 Corintios 6:17
6 de diciembre

2 Corintios 9:7
28 de julio

2 Corintios 9:15
3 de agosto

2 Corintios 10:5
16 de enero

2 Corintios 10:12
2 de noviembre

Gálatas 3:26
5 de marzo

Gálatas 5:22-23
26 de febrero

Gálatas 6:1
13 de febrero

Gálatas 6:2
3 de julio

Gálatas 6:7
26 de septiembre

Gálatas 6:9
5 de mayo, 6 de junio, 21 de septiembre

Gálatas 6:10
19 de abril

Gálatas 6:14
28 de diciembre

Efesios 1:5
17 de octubre

Efesios 2:13
4 de junio

Efesios 2:19
21 de octubre

Efesios 4:22, 24
12 de abril

Efesios 4:26
6 de noviembre

Efesios 4:29
6 de enero, 6 de mayo

Efesios 4:31
23 de diciembre

Efesios 4:32
18 de enero, 28 de junio,
29 de noviembre

Efesios 6:2
15 de mayo

Efesios 6:16
26 de octubre

Efesios 6:18
11 de noviembre

Filipenses 1:6
11 de agosto

Filipenses 2:13
9 de febrero

Filipenses 3:13-14
6 de febrero

Filipenses 3:17
4 de diciembre

Filipenses 4:5
13 de enero

Filipenses 4:6
19 de junio

Filipenses 4:7
18 de diciembre

Filipenses 4:8
17 de marzo

Filipenses 4:11
15 de abril

Filipenses 4:13
8 de mayo

Filipenses 4:19
4 de mayo

Colosenses 1:10
8 de junio

Colosenses 1:17
22 de mayo

Colosenses 2:6-7
16 de abril

Colosenses 3:5
14 de mayo

Colosenses 3:15
7 de abril

Colosenses 3:20
24 de septiembre

Colosenses 3:24
21 de noviembre

Colosenses 4:2
1 de noviembre

Colosenses 4:5
30 de abril

1 Tesalonicenses 4:17
17 de septiembre

1 Tesalonicenses 5:11
2 de marzo

1 Tesalonicenses 5:21
20 de febrero

1 Tesalonicenses 5:22
10 de enero

2 Tesalonicenses 3:3
22 de abril

1 Timoteo 2:8
20 de junio

1 Timoteo 4:7
8 de octubre

1 Timoteo 4:12
30 de diciembre

1 Timoteo 5:22
24 de junio

1 Timoteo 6:17
9 de julio

1 Timoteo 6:20
14 de marzo

2 Timoteo 1:7
18 de septiembre

2 Timoteo 1:9
26 de julio

2 Timoteo 2:15
29 de septiembre

2 Timoteo 2:19
1 de abril

2 Timoteo 4:2
27 de julio

Tito 3:8
5 de agosto

Hebreos 6:19
17 de junio

Hebreos 10:23, 25
17 de mayo

Hebreos 11:16
7 de febrero

Hebreos 12:1
1 de junio

Hebreos 12:6
18 de mayo

Hebreos 12:15
14 de julio, 26 de agosto

Hebreos 13:5
30 de junio

Hebreos 13:9
25 de febrero

Hebreos 13:15
22 de noviembre

Santiago 1:2-3
10 de junio

Santiago 1:5
1 de octubre

Santiago 1:12
2 de octubre

Santiago 1:14
27 de junio

Santiago 1:17
3 de febrero, 3 de octubre

Santiago 1:22
19 de septiembre

Santiago 2:10
24 de abril

Santiago 4:3
4 de abril

Santiago 4:7
6 de julio, 22 de julio

Santiago 4:14
13 de julio

Santiago 4:17
2 de septiembre

1 Pedro 1:2
27 de febrero

1 Pedro 1:8
17 de diciembre

1 Pedro 1:18-19
28 de enero

1 Pedro 3:8
13 de noviembre

1 Pedro 5:7
18 de marzo, 3 de mayo, 16 de junio,
18 de noviembre

1 Pedro 5:8
15 de octubre

2 Pedro 1:5-6
6 de marzo

2 Pedro 2:9
4 de septiembre

2 Pedro 3:18
11 de abril

1 Juan 1:7
4 de agosto

1 Juan 1:9
25 de junio, 10 de septiembre,
   13 de octubre, 26 de diciembre

1 Juan 3:1
30 de agosto

1 Juan 3:18
4 de marzo, 9 de junio

1 Juan 4:4
21 de febrero

1 Juan 4:10
12 de julio

1 Juan 4:11
17 de noviembre

1 Juan 4:19
4 de febrero

Apocalipsis 3:8
28 de septiembre

Experimente la verdad diariamente.

PASE TIEMPO CON DIOS CADA DÍA.

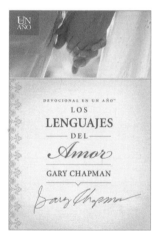

DEVOCIONAL EN UN AÑO™
LOS
LENGUAJES
— DEL —
Amor
GARY CHAPMAN

JILL BRISCOE
DEVOCIONAL
EN UN AÑO™
PARA mujeres
365 inspiradoras lecturas diarias

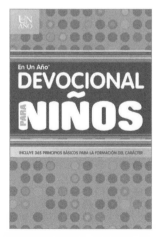

En Un Año™
DEVOCIONAL
PARA NIÑOS
INCLUYE 365 PRINCIPIOS BÁSICOS PARA LA FORMACIÓN DEL CARÁCTER

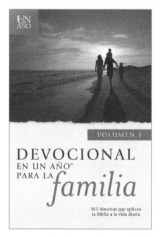

VOLUMEN 1
DEVOCIONAL
EN UN AÑO™
PARA LA familia
365 historias que aplican
la Biblia a la vida diaria